진노의 잔

믿음이란
한 알의 밀알이 땅에 떨어져 죽음으로 많은 열매를 맺음과 같이
진리의 열매를 위하여 스스로 죽는 것을 뜻합니다.
눈으로 볼 수는 없으나 영원히 살아 있는 진리와
목숨을 맞바꾸는 자들을 우리는 믿는 이라고 부릅니다.
「믿음의 글들」은 평생, 혹은 가장 귀한 순간에
진리를 위하여 죽거나 죽기를 결단하는
참 믿는 이들의, 참 믿는 이들을 위한, 참 믿음의 글입니다.

소설 본회퍼

진노의 잔

메리 글래즈너 지음_권영진 옮김

홍성사.

베를린 1933-45

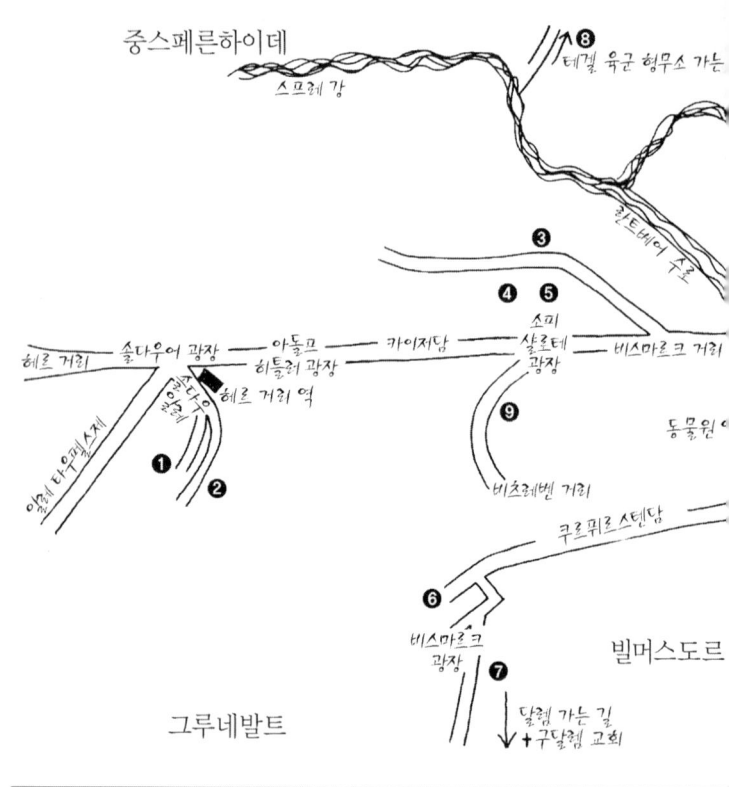

- ❶ 쿠르란더 알레
- ❷ 마리엔부어거 알레 42, 43번지
  (본회퍼와 슐라이허의 집)
- ❸ 샬로텐부르크 궁
- ❹ 레스토랑 '검은 독수리'
- ❺ 청년연맹 사무실
- ❻ 그루네발트 김나지움
- ❼ 방엔하임 거리 14번지
- ❽ 테겔 육군 형무소 가는 길
- ❾ 비츠레벤 거리
- ❿ 플뢰첸제 형무소
- ⓫ 프리드리히 베르더 김나지움
- ⓬ 티르피츠 강변
- ⓭ 초소
- ⓮ 독일군 최고 사령부(OKH)

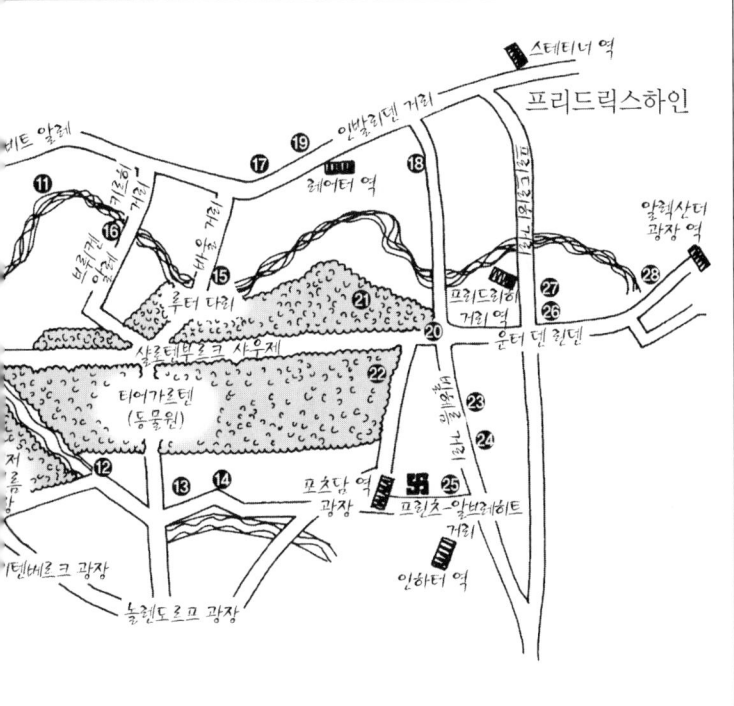

- ⑮ 루터 다리
- ⑯ 브뤼켄 알레
- ⑰ 모아비트 형무소
- ⑱ 샤리테 병원
- ⑲ 레어터 정치범 독방수용소
- ⑳ 브란덴부르크 개선문
- ㉑ 국회
- ㉒ 법무부와 정보국
- ㉓ 카이저호프 호텔
- ㉔ 삼위일체 교회
- ㉕ 게슈타포 본청
- ㉖ 베를린 대학
- ㉗ 오페라 극장
- ㉘ 범죄 수사본부

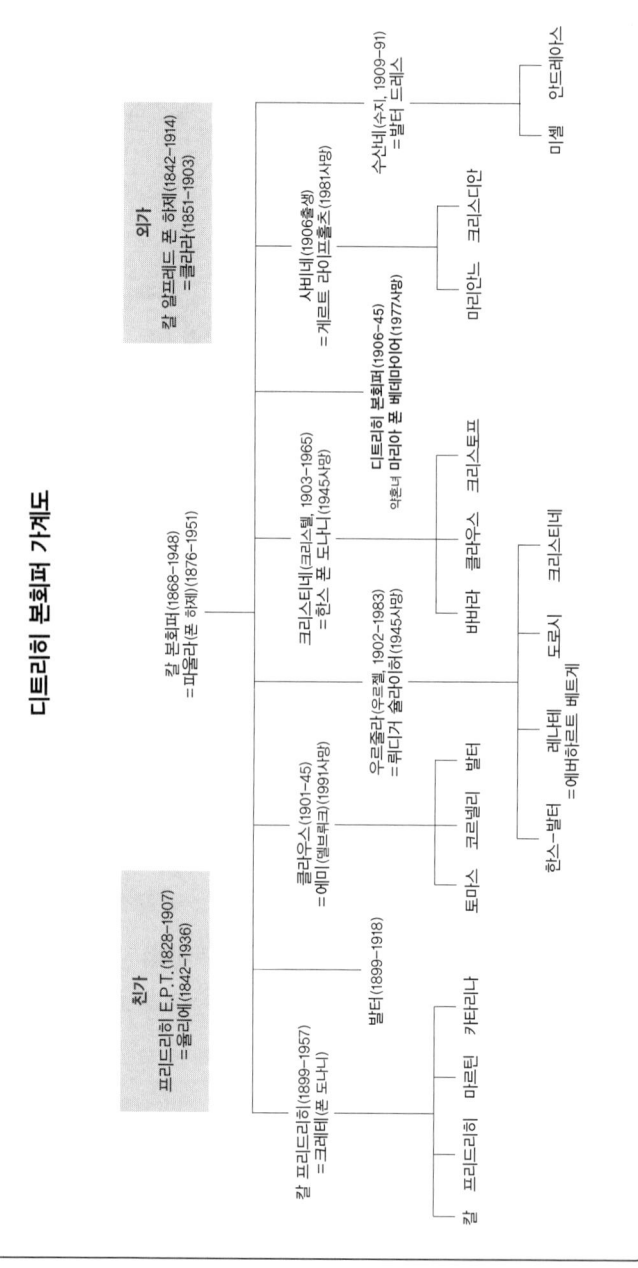

깨어라, 깨어라, 일어나거라, 예루살렘아!
너, 주의 손에서 그 진노의 잔을 받아 마신 예루살렘아!
비틀거리게 하는 잔을, 네가 바닥까지 다 들이마셨다.

이사야 51:17 (표준새번역)

예수께서는 조금 더 나아가서, 얼굴을 땅에 대고 엎드려서 기도하셨다.
"나의 아버지, 하실 수만 있으시면, 이 잔을 내게서 지나가게 해 주십시오.
그러나 내 뜻대로 하지 마시고, 아버지의 뜻대로 하십시오."

마태복음 26:39 (표준새번역)

저자의 말

일반적인 역사 소설에는 역사를 배경으로 수많은 가상 인물들이 등장한다. 하지만 이 소설은 역사 속 이야기를 실제로 살았던 사람들을 등장시켜 풀어 간다. 아! 단 두 사람, 엘레노레 니콜과 후고 폰 데어 루츠는 내가 만들어 낸 인물이다. 당시 많은 독일인이 그랬던 것처럼 요르크 뮐하우젠과 그의 가족들이 나치 정권의 올무에 갇혀 버리는 이야기를 있는 그대로 써 내려갔다. 실제로 일어났던 일이기 때문에 아무것도 상상할 필요가 없었다.

작가적 상상력으로 만들어 낸 인물을 중심으로 이야기를 짓는 일이라면, 작가는 창작의 자유를 마음껏 누릴 수 있다. 하지만 실제로 있었던 인물이나 사건을 중심으로 글을 써야 한다면 상당한 제약을 받을 수밖에 없다. 왜냐하면 사건과 인물에 대해 아무리 많은 자료를 참고했다 하더라도 어쩔 수 없는 한계가 있기 때문이다. 따라서 나는 이 소설을 통해 여러분이 만나게 될 디트리히 본회퍼가 실제로 정말 그랬다고 주장하지도 않고, 또 주장할 수도 없다. 단, 이것 하나만은 자신 있게 말할 수 있다. 글을 쓰기 위해 여러 해 동안 본회퍼를 추적하면서 그를 실제로 경험했다는 것이다.

많은 사람들이 작업을 도와주었다. 우선, 남편의 도움과 성원이 없었다면 책을 완성하지 못했을 것이다. 다음으로 전기 작가요 본회퍼의 친구인 에버하르트 베트게와 그의 아내이자 본회퍼의 조카인 레나테 여사에게 감사한다. 한 장 한 장을 마칠 때마다 독일에 사는 베트게 부부에게 원고를 보냈고, 그들은 애정 어린 조언을 아끼지 않았다. 또 한 사람, 본회퍼의 절친한 친구 프란츠 힐데브란트가, 1984년 소천하기 바로 전까지 내 원고의 절반을 검토하고 충고해 주었다.

본회퍼의 가족과 친지 그리고 그의 주변 사람들에게도 많은 빚을 졌다. 1977-1979년 사이에 두 번 독일을 방문했는데, 그때 그들에게 참 많은 도움을 받았다. 본회퍼의 세 누이 우르줄라와 사비네와 수지, 형수 에미 본회퍼, 본회퍼의 여러 제자(요첸 카니츠, 빈프리드 맥흘러, 오토 두드주스, 알브레히트 쇤헤어, 라인홀트 루테니크, 칼 스테판, 베르너 코흐)와 그의 친구들(마르틴 니묄러, 엘리자베스 보른캄, 줄리우스 리거, 런던에 사는 안넬리제 슈누르만)에게 감사한다. 본회퍼의 약혼녀 마리아 폰 베데마이어-벨러와 그녀의 어머니 루트 폰 베데마이어, 마리아의 동생 한스 베어너 폰 베데마이어와 마리아의 언니 루트 알리스 폰 비스마르크, 또 여동생 크리스티네 베스하르에게도 고마운 마음을 전한다. 그리고 《히틀러와 그의 참모들》(*Hitler and His Generals*)과 《히틀러의 저항자들》(*The Conspiracy Against Hitler*)의 저자이며, 히틀러 저항 세력에 대한 저명한 역사가 하롤트 도이치 박사와 나눈 이야기도 책을 쓰는 데 많은 도움이 되었다. 도이치 박사는 미군 정보장교로서 2차 세계대전 후 본 소설에 등장하는 인물들을 실제 심문 조사했던 분이다.

"작가에게 가장 중요한 것은 좋은 출판인을 만나는 것이다"라는 말을 들은 적이 있다. 이런 면에서 메리 앤 보우먼 벨은 내게 큰 선물이다. 그녀의 뛰어난 전문가적 안목과 이 책을 출간하고자 하는 투지에 경의와 감사를 표한다.

〈시워니 리뷰〉(*Sewanee Review*)의 편집인 조지 코어에게도 고마움을 전한다. 그는 책을 시작할 때부터 탈고하는 순간까지 곁에 있으면서 수많은 자료들을 추리고 정리하는 작업을 도와주었다. 딸 조이, 그리고 밥 힐, 패트릭 머피, 로저 로베트, 아이다 화이트와 그리니 커뮤니케이션의 랜달 그리니에게 감사한다. 마지막으로 클렘손 대학의 컴퓨터 전문가 엘리니 퍼샬 양을 빠뜨릴 수 없다. 그녀는 내가 컴퓨터 고장으로 곤경에 빠질 때마다 도와주었다. 그녀를 비롯해 작업에 크고 작은 도움을 주신 모든 분들에게 다시 한 번 감사의 말을 전한다.

차례

저자의 말 9

1부 피할 수 없는 특권 15

2부 광야의 대변자 137

3부 폭풍우 한가운데서 323

4부 영광의 길, 순교자의 길 459

저자 후기 621

디트리히 본회퍼 연보 629

1부

피할 수 없는 특권

프롤로그

디트리히는 전화 교환원에게 작은누나 크리스텔의 전화번호를 말하고 신호음 가는 소리를 듣고 있었다.

"따르릉, 따르릉, 따르릉, 따르릉……."

'이상하다! 오후 1시 반이면 작은누나가 점심식사 할 시간인데. 지금 1시 35분. 전화벨이 이 정도 울리면 받아야 하는데, 왜 받지 않지?'

디트리히는 손에 꽉 움켜쥐고 있던 징집영장을 찬찬히 살펴보았다. 히틀러가 군사 정보국을 포함하여 국가공무원들까지 전선의 대포알로 소집하기로 결정한 것이다. 이 일로 매형과 급히 통화해야 했다.

마침내 '딸칵!' 하고 수화기 집어 드는 소리가 들려왔다. 그런데 뒤이어 들려온 것은 누나의 목소리가 아니라, 낯선 남자의 거칠고 딱딱한 목소리였다.

"도나니 씨 댁이오!"

'아뿔싸, 기어이 일이 터졌구나! 게슈타포가 매형 한스 폰 도나니를 체포하고 집 안을 수색하는 것에 틀림없다. 그렇다면 다음은 분명 내 차례다.'

디트리히는 꼼짝할 수가 없었다. 부모님들은 이제 막 낮잠에 빠져들고 있었다.

'부모님에게 이 사실을 알려야 할까? 안 돼! 절대로 안 돼!'

디트리히는 수화기를 내려놓고 3층 자기 방으로 올라갔다. 물론 전혀 예상하지 못한 일은 아니었다. 카나리스 제독이 혹시 체포될지도 모르니 조심하라고 한 달 내내 주의를 주지 않았던가! 친위대장 하인리히 히믈러와 정보국장 카나리스 제독 사이의 보이지 않는 긴장은 갈수록 커지고 있었다. 히믈러는 정보국에서 카나리스를 제거하고 군사정보 업무를 자기 수하의 비밀경찰들에게 맡기기 위해 결정적인 혐의거리를 캐내려고 혈안이 돼 있었다. 1938년, 군사정보 업무를 맡게 된 제독은 자기 영역에 히믈러가 관여하는 것을 철저히 배제했다. 하지만 히틀러 암살 음모가 두 번이나 발각되면서, 히믈러는 그것을 빌미 삼아 철저한 보안이라는 명목으로 군사정보 영역까지 세력을 확장시키려고 기를 썼다.

디트리히의 뇌리에는 지난달에 일어난 몇 건의 놀라운 사건들이 빠르게 스쳐 갔다. 1943년 3월, 슐라브렌도르프 대위가 히틀러의 전용 비행기에 폭탄을 장치했다. 한데 어찌된 영문인지 폭탄은 점화되지 않았다. 그리고 2주 전, 전쟁영웅추모일에 프라이헤어 폰 게르스도르프 장군이 베를린의 한 박람회장에서 히틀러를 만났다. 장군의 외투 안주머니에는 폭탄이 두 개 들어 있었다. 게르스도르프 장군은 전리품 전시장에서 히틀러를 안내하는 일을 맡았다. 작년부터 히틀러 신변 보안 경비가 두 배로 강화되었기에 적절한 시간을 맞추는 것이 문제였다. 장군은 이미 도화선을 조정해 놓은 상태였고, 히틀러를 자기 가까이 멈춰 서 있게 하기 위해 그의 흥미를 끌어야 했다. 그런데 평소 전시물에 특별한 관심을 보이던 히틀러가 그날은 눈길 한번 주지 않고 서둘러 박람회장을 나가 버렸다. 두 차례의 거사는 비록 성공치 못했지만, 두 장교는 폭탄테러 시도를 아무도 눈치 채지 못했다고 장담하였다.

디트리히는 책상에 놓여 있는 것들을 서둘러 정리하기 시작했다.

"시간은 충분해. 시간은 충분해."

같은 말을 되뇌면서 마음을 진정시키려고 했다. 게다가 사크로우에 있는 작은누나네 집에서 여기까지 오려면 적어도 30분은 걸릴 것이다. 책상과 책장을 꼼꼼히 살펴보았다. 꼬리가 잡힐 만한 걸 하나라도 남겨 두어서는 안 된다. 몇 주 전부터 혐의가 잡힐 만한 문서들을 따로 모아 두었던 터라 그 서류철부터 챙겼다. 그러고는 현재 집필 중인 '윤리학' 원고를 책상 위에 올려놓았다. 그 원고라면 디트리히가 조국을 위해 일하는 젊은 루터교 목사라는 인상을 주기에 충분했다. 지난번 스위스 여행을 다녀온 뒤 정보국에 작성해서 낸 위조보고서 복사본과 위조 편지도 꺼내 놓았다. 표면상으로는 정보국의 민간 요원으로 스위스에 갔지만, 사실은 연합군들과 접촉하기 위해서였다.

얼마 전, 게슈타포의 수상한 움직임을 눈치 챈 디트리히와 매형 한스는 위조 편지를 작성했다. 봉투에는 보내는 사람 디트리히 본회퍼, 받는 사람 한스 폰 도나니, 수신 날짜는 1940년 11

월 6일로 적었다. 편지 내용은 아주 짤막했다.

"에큐메니컬 지도자들과 친밀한 본인의 관계가 독일 정보국 업무에 도움이 되었으면 합니다."

서랍에는 매형과, 가장 친한 친구 에버하르트 베트게, 그리고 저항운동을 하는 몇몇 동지들을 위해 성탄선물로 쓴 〈10년 후〉(After Ten Years)라는 에세이가 들어 있었다. 디트리히는 그 원고를 꺼내 지붕 기와와 서까래 사이사이에 숨겼다.

'비밀경찰들이 찾아낼 만한 게 또 뭐가 있지? 초센에 있는 저항일지! 안 돼. 초센의 저항일지가 발각된다면 저항운동 전모가 훤하게 드러나고, 관련자들은 교수형을 면하지 못할 거야. 제발, 그것만은……'

마지막으로 한번 더 방을 점검한 뒤, 위험한 서류들을 정원에서 태운 뒤 재는 땅에 묻었다. 그 정도면 완벽했다. 디트리히는 바로 옆에 사는 큰누나 우르줄라 슐라이허의 집으로 태연스럽게 가서 따뜻한 점심식사를 했다.

오후 4시 무렵, 식사가 막 끝났는데, 아버지 칼 본회퍼 박사가 디트리히를 찾으러 왔다.

"얘야, 지금 네 방에 사복 경찰 두 사람이 와 있다. 너와 할 이야기가 있다는구나."

"놀라지 마세요, 아버지."

디트리히는 크리스텔 누나 집에 전화했다가 낯선 남자가 전화를 받기에 아무래도 심상치 않아 방을 모두 정리했다고 말씀드렸다.

"그렇다면 너를 체포하러 온 거냐? 걱정하던 일이 급기야 벌어졌구나!"

베를린의 마리엔부어거 알레 거리에 나란히 붙어 있는 부모님 집과 큰누나 우르줄라의 집은, 지은 지 8년이 되었는데도 마치 새집처럼 산뜻했다. 집 근처에는 연합군의 폭격도 아직 없었다.

"그자들이 창문으로 우리를 보고 있을 게다. 천천히 걸어서는 안 돼."

부친이 나직이 속삭였다.

디트리히는 꼿꼿이 몸을 세우고 위엄 있게 걸어가는 아버지를 바라보았다. 윤이 나는 백발의 머리칼, 보통 독일 사람들보다 조금 긴 듯하지만 아주 잘 빗어 넘긴 머리, 아들보다는 조금 작았으나 의젓하고 위풍당당한 걸음걸이는 누구도 그의 나이가 75세라고 짐작할 수 없게 했다.

"네가 잡혀간 뒤, 어떻게 연락할지 생각해 봤다. 책이 좋을 것 같다. 그건 금지하지 않을 거야. 오른쪽 페이지마다 맨 뒤에 있는 단어 아래 점을 눈여겨보거라."

당신은 어떻게 될지 조금도 개의치 않고, 감옥에 가는 아들을 어떻게 하면 도울 수 있을지 애쓰는 아버지의 깊은 사랑에 디트리히는 가슴이 뭉클해졌다.

"필요한 소식이 있을 때는 첫 페이지에 있는 네 이름 아래에 밑줄을 그어 놓을게."

"네, 아버지! 감사합니다."

집에 도착하니 어머니가 걱정스런 얼굴로 기다리고 있었다. 디트리히는 어머니의 손을 잡았다.

"어머니, 걱정 마세요. 별일 없을 거예요."

"얘야, 한스가 잡혀갔다는구나." 어머니의 입술이 가늘게 떨리고 있었다.

"어머니, 실은 아까 두 분이 주무실 때 작은누나 집에 전화했다가 게슈타포가 들이닥친 걸 알았어요. 그래서 문제가 될 만한 서류들을 미리 치워 놨으니까 너무 걱정 마세요."

디트리히는 애써 웃어 보였다. 그러나 어머니의 눈에는 여전히 2주 전 게르스도르프 장군이 실패한 이야기를 들었을 때와 똑같은 두려움이 가득했다. 어머니는 아들에게 간청했다.

"포메른에 있는 친구들한테 가거라. 거기서 어선을 구해 타고 스웨덴으로 피신했으면 좋겠다."

비밀경찰들이 늙은이들은 괴롭히지 않을 테니 부모 걱정은 말고 독일을 떠나라고 몇 번을 설득했다. 그때, 언젠가 매형이 했던 말이 생각났다.

'체포되면 수사가 군 법원 내에서 그치느냐, 아니면 게슈타포 손으로 넘어가느냐에 우리 운명이 달려 있어. 비밀경찰들이 이 일을 맡게 되면 누구도 그 악랄한 고문을 견뎌 내지 못할 거야.'

"그럴 수는 없습니다!" 디트리히는 어머니의 간청을 단호하게 뿌리쳤다.

"올라가 봐야겠어요, 어머니."

그러고는 어머니 귀에 대고 빠르게 속삭였다.

"제가 뛰어난 연극배우라는 거 아시죠? 일이 발각될 경우 각자 어떻게 해야 하는지도 매형이랑 연습을 많이 했어요. 미안하지만 매형이 이 사건을 모두 책임질 거예요. 어머니, 아시죠? 매형은 뛰어난 변호사잖아요. 이 일도 잘 처리할 거예요. 또 카나리스 제독과 매형도 미리 입을 다 맞춰 놨어요. 제독은 저에게 반대편에 가서 첩자 노릇을 하라고 지시했다고 말할 거예요. 그러면 저는 지시에 따라서만 움직이는 세상 천지 모르는 목사 역할만 하면 돼요. 다 잘 될 테니 걱정 마세요."

계단을 오르던 디트리히는 멈칫 멈추어 섰다. 방문이 열려 있고, 회색 양복 차림의 사내가 문에 기대어 서 있었다. 디트리히와 눈이 마주친 그의 얼굴은 마치 맹수가 먹이를 만난 듯 만족스런 표정이었다.

"디트리히 본회퍼 목사요?"

"네, 그렇습니다만."

"나는 육군 최고 군사법원의 만프레드 뢰더 검사요. 그리고 이 친구는 게슈타포의 존더레거 형사요. 우리가 찾아온 이유는 알고 있겠죠?"

"무슨 말씀을 하는지……." 디트리히는 냉정을 되찾고 나직나직이 말하려고 애를 썼으나, '게슈타포'라는 말에 망치로 머리를 얻어맞은 것처럼 아찔했다.

"아, 모르시겠다? 그럼 곧 보여 드리지요." 뢰더가 이를 드러내며 조소를 흘렸다.

'뢰더라고?' 디트리히는 애써 기억을 더듬었다.

'어디서 저 이름을 들었지? 그래, 맞아!'

뢰더는 매형이 흡혈귀라고 부르던 자로, 얼마 전에 공산주의 저항운동 지도자들을 처형시킨 장본인이었다. 뢰더가 수갑을 채우라는 듯 존더레거에게 고개로 지시했다.

"꼭 이래야 합니까? 연로하신 부모님께 심려를 끼치고 싶지 않습니다. 도망칠 생각이었다면 벌써 그렇게 했을 거요. 순순히 따를 테니, 이러지 맙시다."

"말이 많군, 본회퍼 씨! 우리는 할 일을 할 뿐이오." 존더레거가 디트리히의 손에 수갑을 채웠다. 그때 언뜻 눈이 마주쳤는데, 존더레거의 검고 움푹하게 파인 눈은 승리감에 번뜩였다.

뢰더가 디트리히에게 의자를 내밀었다.

"앉으시오. 일을 이 자리에서 끝낼 수 있기를 바라오."

그러더니 디트리히의 방을 다시 수색하기 시작했다. 뢰더가 서랍 하나를 빼서 책상에 올려놓더니 서류를 한 뭉치 꺼냈다. 서류를 찬찬히 살피더니 뭔가 발견한 듯 그 중 하나를 집어 들었다. 소름 끼치는 눈길로 디트리히를 쳐다보더니 다시 서류로 시선을 옮겨 읽기 시작했다. 디트리히는 심장이 타 들어가는 것만 같았다.

'설마 중요한 문서를 빠뜨린 건가?'

다행히 뢰더는 반쯤 읽더니 서류를 내던지고는 침을 '퉤' 뱉었다. 그러고는 날카로운 목소리로 한마디했다.

"서류들을 숨겨 놓았다는 걸 알고 있소. 반드시 찾아내고 말 거요!"

"한 권도 빠뜨리지 마시오!" 서재에 꽂혀 있는 책을 살피던 존더레거를 다그쳤다.

존더레거는 책 검열을 끝내고 옷장으로 갔다. 재킷 주머니, 신발 안, 모자 안쪽까지 뒤졌다. 그리고 지붕 기둥에까지 손을 뻗쳤다. 디트리히는 고개를 돌렸다. 더 이상 보고 있을 수가 없었다.

'지붕 서까래에 숨긴 에세이에 어떤 내용을 썼지? 나치 제국에 저항하는 내용이 뚜렷하게 드러나지는 않았지만, 문장과 문장 사이에 해 놓은 수많은 메모. 뢰더같이 영악한 자는 분명히

알아챌 거야.'

어느새 존더레거는 기둥과 서까래 사이를 살피고 다녔다. 기어이 에세이를 숨긴 기둥까지 두드려 보았다. 디트리히는 손으로 턱을 괸 채 불안감을 감추려고 애를 썼다. 별 진전 없이 시간만 흐르자 뢰더는 더 길길이 날뛰었다.

"디트리히 씨, 안심하지 마시오! 증거를 캐내는 데는 여러 방법들이 있소!"

뢰더가 디트리히에게 세면 도구와 와이셔츠 한 벌, 속옷과 성경을 작은 가방에 챙겨 넣으라고 할 때는 이미 오후 6시가 다 되었다. 복도에 서 계신 부모님 얼굴에는 근심이 가득했다. 집 안은 정적만이 감돌았다. 누구도 입을 열지 않았다. 디트리히는 어머니가 두려움을 극복하고, 비록 무언의 표정이지만 아들에게 사랑과 격려를 주기 위해 얼마나 애쓰는지 알 수 있었다. 어머니는 눈물 한 방울 보이지 않고 작별 키스를 따뜻하게 전했다. 디트리히는 그것이 여리디 여린 어머니에게 얼마나 힘든 일인지 알았다. 또 당신의 감정을 언제나 잘 절제하던 아버지의 굳은 표정 속에 숨어 있는 흔들리는 감정 역시 읽을 수 있었다.

검은색 메르세데스 자동차가 거칠게 출발했다. 디트리히는 수갑에 채인 손을 들어 부모님을 향해 흔들었다.

뢰더가 직접 운전했다. 아돌프 히틀러 광장을 돌아서 상대편 차를 무시하며 거칠게 차를 몰았다. 소피 샬로테 광장에서 북쪽으로 꺾어 들어가더니 다행스럽게도 프린츠 알브레히트 거리에 있는 게슈타포 본부를 지나쳤다. 뢰더가 존더레거를 비밀경찰이라고 소개한 뒤부터 내내 게슈타포 본부로 끌려가지 않을까

조마조마했다. 차는 디트리히가 젊은 실업자들을 위해 만든 '청년연맹'을, 그리고 10년 전에 나치 대원들이 부수었던 낡은 치즈 가게를 지나갔다.

'10년 전? 정말 10년 전 일인가?'

그 사이 일어났던 일들이 주마등같이 스쳐 가며 정말 10년에 이르는 세월이었던가 싶었다.

샬로텐부르크 궁을 돌아 테겔러 길을 지나 스프레 강을 건넜다. 어디로 끌고 가는지 짐작이 갔다. 시내 북서쪽 외곽에 있는 테겔 육군 형무소. 전에 높고 두꺼운 붉은 기왓장 담 뒤에 서 있는 삭막한 낡은 건물을 몇 번 지나친 적이 있었다. 수목이 띄엄띄엄 서 있는 지대를 지나 지금은 위장용 그물 아래 괴링의 전투기를 숨겨 놓은 비행장이 된 옛 사격연습장을 질주하더니, 마침내 자이델 거리에 이르렀다. 오른쪽으로 거대한 보르지히 철강회사가 보였다. 그리고 몇 미터 떨어진 곳에 육중한 형무소 건물이 서 있었다.

형무소 입구로 들어서니 이미 땅거미가 내려앉아 바깥은 어두컴컴했다. 차는 거대한 철문 앞에서 잠깐 멈춰 섰다. 철문이 열리자 좁은 길이 나타났다. 차가 빠져나가자 마치 장례식 마지막에 울리는 종소리인 양 철문이 '철커덩!' 닫혔.

뢰더는 차를 두 개의 직사각형 건물 사이에 세웠다. 기다리고 있었던 듯, 직원 한 명이 나오더니 뢰더가 차창을 통해 건네주는 서류들을 넘겨받았다. 곧장 우락부락하게 생긴 간수 둘이 오더니 디트리히를 차에서 거칠게 끌어냈다.

납작한 건물 안으로 데려가서는 몸을 수색하기 시작했다. 모욕감에서 자신을 지키고자 디트리히는 눈을 지그시 감았다. 시계와 지갑, 주머니에 들어 있는 몇 푼의 돈을 압수당했다. 지문도 채취했다. 간수 한 명이 매우 지겨운 듯 느릿느릿한 걸음으로 다가오더니 디트리히를 검은 휘장 앞에 세우고 조명등을 켠 뒤 구식 사진기로 사진을 찍었다.

"그 가방은 이리 내놔!" 한 간수가 버럭 소리를 질렀다.

"압수할 거면서 왜 가지고 오라고 했습니까?" 디트리히가 항의하였다.

"곧 돌려줄 거야." 간수장이 끼어들었다.

좁은 복도로 걸어가는 동안 앞서 가는 간수 둘이서 이야기를 주고받았다.

"몇 호실이야?"

"6호실."

"저놈이 마지막이야?"

"모르지."

철창으로 된 차단기를 지나 양쪽이 철문으로 이어진 긴 복도 중간쯤에 이르렀다.

"들어가, 이 돼지 같은 놈아!"

감방으로 확 밀쳐 넣었다. 그 바람에 넘어졌는데, 몸을 채 가누기도 전에 육중한 철문은 닫혔다. 이어 등 뒤에서 '철컥!' 하고 열쇠 잠그는 소리가 들려왔다. 멀어지는 발자국 소리, 그러고는 아무 소리도 나지 않았다. 디트리히는 아무 소용없는 분노에 휩싸여 뚫어져라 문을 응시했다.

컴컴한 감방에는 불 켜는 스위치도 없었다. 천장 가까이 난 좁은 창 틈으로 푸르스름한 빛이 들어왔다. 창살 그림자가 떨어지는 곳에는 간이침대가 있었다. 맞은편에는 다리가 짧은 의자가 있고, 그 옆에 오줌 냄새 지독한 통 하나가 덩그러니 놓여 있었다. 디트리히는 오줌통을 발판 삼아 올라서서는 작은 뜰을 내다보았다. 사방이 높은 담으로 둘러싸여 있고, 담 너머 하늘조차 다른 건물이 가리고 있었다. 감옥 구멍을 통해 보는 바깥 세상은 어찌 될지 모르는 디트리히의 미래처럼 암담했다.

디트리히는 가슴이 너무 뛰어 가만히 앉아 있을 수가 없었다. 좁은 감방 안을 한참 동안 왔다 갔다 하고 나서야 마침내 낮은 의자에 앉아 머리를 벽에 기대었다. 섬뜩한 냉기가 이마에 느껴졌다. 물론 난방은 들어오지 않았다. 4월 밤의 기온은 자주 영하까지 내려가곤 했다.

'외투 안에 스웨터를 한 겹 더 껴입었더라면……'

그러나 누가 이런 갑작스런 상황에 감방에 스팀이 들어오지 않으리라는 것까지 생각했겠는가! 좁은 침대 위에 놓인 이불을 쳐다보았다. 땟자국이 반지르르했지만, 추위를 견딜 수 없었다. 어깨 위를 덮으려다 역한 냄새에 그만 구토증이 일었다. 디트리히는 침대 한구석에 쪼그리고 앉아 무릎을 두 팔로 끌어안았다. 오랫동안 그냥 그렇게 앉아 있었다.

어둠과 추위 속에서 살아 움직이는 건 청각뿐이었다. 옆 감방에서 죄수들의 거친 말들이 간간이 들려왔고, 발로 바닥 긁는 소리, 간이침대가 삐걱거리는 소리, 수갑에서 나는 듯한 쇳소리도 있었다. 그때 멀리서 철문 열리는 소리가 나더니 이어 복도를 텅텅거리며 발을 내딛는 소리가 들렸다. 잠시 조용해지더니 열쇠를 찾는 소리가 들리고 철문이 열리고 닫혔다. 발걸음이 점점 가까워지는가 싶더니 디트리히의 감방 앞에서 멈춰 섰다. 잠시 정적. 순간, 디트리히의 몸 전체 근육이 바짝 긴장했다. 하지만 발걸음은 아무런 말도 없이 다시 멀리로 사라졌다. 발걸음 소리는 들렸다가 사라지기를 몇 차례 반복했다. 간수들이 한 차례씩 감방을 순회하는 소리였다.

디트리히는 자신을 돌아보며 스스로에게 질문을 던졌다.

'벌써 이렇게 예민하게 반응한다면 나중에 정말로 심문하러 데리러 올 때 과연 견딜 수 있을까? 기도밖에 없다. 이런 상황을 예상하고 늘 준비해 오지 않았는가! 마르틴 니묄러 목사님 같은 분은 벌써 육 년째 강제수용소에 계시지 않은가?'

밤이 깊어 갈수록 극도의 긴장감은 조금씩 풀렸고, 흥분된 감정들이 서서히 가라앉으면서 나치의 불의를 가만히 지켜만 보지 않은 자신의 행동이 뿌듯해지기 시작했다.

아돌프 히틀러가 권력을 장악한 이틀 뒤인 1933년 2월 1일, 베를린 라디오 방송에서의 강연을 시작으로 디트리히의 저항운동은 마치 예정이라도 된 듯 착착 진행되었다. 디트리히는 베를린 대학 교수 생활에 상당히 만족했다. 제자들은 그의 강의에 매료되었고, 그를 자랑스러워했다.

'지도자의 원리'라는 라디오 강연 주제는 이미 몇 주 전에 계획된 것이었고, 히틀러가 권력을 장악하기 전에 초안이 잡혀 있었다. 그런데 절묘하게도 그 강연 주제는 당시 상황에 아주 잘 들어맞았다. 라디오 강연은 별 문제없이 잘 진행되고 있었다. 그러나 '지도자 자신과 지도자의 직위를 신성시함으로써 하나님을 모독하는 지도자'에 대해 경고하는 내용에 이르자 방송이 갑자기 중단되었다. 영문을 알 수 없던 디트리히는 그저 방송 기술상의 문제라고만 생각했다. 얼핏 공보장관 괴벨스가 벌써 방송 프로그램을 통제하고 있나 하는 생각도 스쳐 지났지만, 기우이겠거니 접어 버렸다.

간이침대의 매트리스는 너무 얇았다. 피곤이 몰려오기 시작했다. 하지만 다리를 뻗으면 몸의 열을 모을 수 없어 너무 추운 터라 그 자세에서 최대한 편안히 앉아 있으려고 해 보았다. 멀리서 희미한 종소리가 들렸다. 새벽 한 시였다.

그 라디오 강연이 나치에 대항하는 투쟁의 출발이었다. 같은 달 말, 나치는 디트리히가 젊은 실업자들을 위해 만든 '청년연맹'을 해산시켰다.

어느 날 밤, 청년연맹 사무실에 모여 있는데 갑자기 괴성이 들려왔다. 디트리히와 연맹 회원들은 사무실 건물을 나와 소리가 난 길 아래로 뛰어 내려갔다. 젊은이 하나가 머리에 피범벅이 된 채 길바닥에 쓰러져 있었다. 가까이 다가가 보니 연맹 회원이었다. 하얀 눈 위의 붉은 피가 더 선명했다. 그때, 옆 건물 뒤편에서 연맹 회원 중에 한 사람인 룁케가 나타났다. 연맹에는 두 명의 공산주의자가 있었는데 룁케는 그 중 한 명이었다. 그의 얼굴에도 피가 흐르고 있었다.

"나치……, 나치 돌격대들이 우리를…… 우리를 때려죽이려고 했어요." 룁케가 간신히 말을 뱉었다.

아직도 저쪽 길 끝 가로등 밑에 갈색 복장을 한 나치 돌격대원 대여섯 명이 모여 서 있었다. 디트리히는 손수건으로 룁케의 뺨을 닦아 주며 안정시키고, 바닥에 쓰러져 있는 회원에게로 다가갔다. 머리의 상처는 흉측했다. 두개골이 파열된 듯했다. 조심스레 맥박을 잡아 보았지만 거의 잡히지 않았다. 디트리히는 외투를 벗어 그를 덮었다.

"그를 옮겨서는 안 돼. 여기서 조용히 기다리고 있게. 내가 우리 아버지에게 연락하겠네."

아버지와 동료 의사들이 수술을 하는 동안 디트리히와 륍케는 병원 대기실에서 기다리고 있었다.

디트리히는 추위에 덜덜 떨며 무릎을 바싹 가슴에 붙였다. 그래, 이 모든 일이 그렇게 시작되었어.

두개골을 다친 회원은 다행히 수술 뒤 금세 회복되었다. 그런데 일주일쯤 지나 청년연맹이 또 습격을 당했다.

'지난번 그 나치 돌격대원이었을까?'

디트리히는 궁금했다. 그러다 문득 고개를 가로저었다. 도대체 그것이 왜 중요하단 말인가? 나치는 나치일 뿐이다.

1

날은 저물고 청년연맹 사무실 안은 점점 추워졌다. 하지만 디트리히는 더 이상 석탄을 넣지 않았다. 일을 서둘러 마치고 집으로 갈 작정이었다. 재정관리 업무는 재미있다기보다 반드시 처리해야 하는 일이었다. 연맹 내에서 이 일을 할 만한 사람은 디트리히밖에 없었다. 마지막으로 총계를 내고 펜을 책상에 놓았다. 이번 달에는 여하튼 적자 없이 충당이 되었다. 후원자인 안넬리제 슈누르만 부인도 반가워할 것이다. 이달에도 장기 실업으로 고민하던 청년 여섯 명이 새 회원으로 연맹에 들어왔지만, 한편 희망을 불어넣는 좋은 소식도 있었다. 특히 오늘은 두 회원이 일자리를 얻었다. 이렇게 해서 청년연맹이 지난 다섯 달 동안 일자리를 마련해 준 사람들은 총 38명이 되었다. 그런 일을 생각하면 번거로운 경리 일쯤이야 달디단 노동이었다.

디트리히는 낡은 회전의자에 기대어 안경을 벗어 닦고는 친구들이나 지인들이 갖다 꾸며 준 사무실 가구들을 흐뭇한 표정으로 살펴보았다. 뒤쪽 작은 방에는 노숙자들이 잘 수 있는 두 개의 간이침대가 준비되어 있었다. 그 방은 매일 노숙자들로 차 있었는데 오늘 밤은 드물게 아무도 오지 않았다.

오래된 부엌 시계를 보니 11시가 조금 넘어 있었다. 그때, 전화가 울렸다.

"아직도 사무실에 있어?" 매형 한스 폰 도나니였다.

'매형이 이 늦은 밤에 왜 전화를 했을까? 어디에서? 그가 근무하는 법무부에서?'

"귀가했기를 바랐는데……." 매형은 잠시 멈추더니 낮고 침착한 목소리로 지시했다.

"빨리 도망가야 해! 서둘러!" 매형은 다시 한 번 재촉하고는 전화를 끊었다.

한 달 전쯤에 이런 일이 있었다면 매형의 경고를 웃어넘겼을 것이다. 그러나 지금은 달랐다. 경리 장부를 서랍에 넣고 난로를 껐다. 외투와 모자를 챙겼다. 문고리를 잡았다가 되돌아와서 회원들 이름과 주소가 적혀 있는 서류들을 챙겨 외투 주머니에 넣었다. 문을 잠그고 급하게 나섰다. 어느새 눈이 그쳐 있었다. 장갑을 끼고 소피 샬로테 광장으로 걸어갔다. 막 떠나려는 전차에 간신히 올라탔다. 좌석에 앉자마자 갈색 유니폼에 철십자 완장을 맨 나치 돌격대원들이 광장을 건너는 것이 눈에 들어왔다.

디트리히는 차창에 얼굴을 바짝 들이대고 유심히 보았다. 예닐곱 명의 나치 돌격대원은 가로등에 모여 서서 한 사내가 들고 있는 지도를 열심히 살펴보았다. 그러더니 청년연맹이 있는 방향으로 몰려갔다. 생각해 볼 겨를도 없이 디트리히는 다음 정류소에서 내렸다. 근처 주택가에서 연맹 사무실에 불이 켜져 있는 것이 바로 보였다. 노란 커튼 뒤로 어두운 그림자 몇 개가 바쁘게 움직였다. 돌격대원들이 청년연맹 사무실에 침입한 것이다. 디트리히는 마음을 주체할 수 없어 사무실 창문을 응시한 채 거리를 왔다 갔다 했다. 얼마가 지났을까, 갑자기 유리 깨지는 소리가 나더니 사무실 기물들이 길가로 던져졌다. 눈이 다시 내리기 시작했다. 당장 사무실로 올라가고 싶은 마음이 솟구쳤다. 하지만 상대는 돌격대원이 아닌가? 게다가 수가 예닐곱이나 되었다. 문득 지난번 한 회원이 돌격대에 맞아 두개골이 깨진 사건도 뇌리를 스쳤다. 도움을 구하려고 주위를 살펴보았지만 아무도 없었다. 공중전화가 눈에 띄었다. 시선은 사무실 쪽으로 향한 채 수화기를 들어 경찰서 연결을 부탁했다.

"경찰 본부 바움개르텔 경장입니다."

"디트리히 본회퍼라고 합니다. 슐로스 거리 18번, 이 층에 침입 사건을 신고합니다. 서두르시면 범인들을 현장에서 잡을 수 있습니다."

"주소를 다시 한 번……" 하더니 말이 끊겼다.

속이 바짝 타 들어가는 듯했다. 한참 뒤에야 수화기 건너에서 다시 목소리가 들려왔는데, 시간이 좀 걸리겠다며 경찰을 보내겠다고 했다.

"많은 경찰을 투입해야 할 것 같습니다. 단독범이 아닙니다." 디트리히는 재촉했다.

"알아서 처리하겠소." 처음과는 달리 시큰둥한 목소리더니, 먼저 전화를 끊어 버렸다.

주머니 시계를 꺼내 보니 11시 반이다. 넉넉잡아도 5분 내로 경찰들이 도착할 것이다. 디트리히는 발걸음을 돌려 레스토랑

'검은 독수리' 쪽으로 걸어갔다. 하지만 레스토랑은 이미 문을 닫은 뒤였다. 디트리히는 추운 줄도 모르고 눈 위를 서성거리며 사무실 창문과 그 뒤에 움직이는 어두운 그림자들과 길 반대쪽을 번갈아 쳐다보았다. 경찰 차들이 나타날 때가 이미 지났는데도 보이지 않았다. 5분, 10분, 15분······.

갑자기 길 반대편에서 소란스러운 소리가 났다. 연맹 사무실 계단을 뛰어 내려오는 돌격대원들 소리였다. 디트리히는 꼼짝도 않고 그들이 길에서 사라질 때까지 주시했다. 그러고는 연맹 사무실로 달려갔다. 입구 문이 문틀에서 거의 빠져 있었다. 사무실 안은 완전히 아수라장이었다. 바닥에 흩어진 책 여기저기에 구둣발 자국이 나 있고, 서류는 갈가리 찢겨 책상이며 부서진 의자 위에 널려 있었다. 사방 벽에는 휘갈겨 쓴 '빨갱이 새끼들!'이라는 글씨가 어지러웠다.

노숙자들의 쉼터로 삼던 뒷방까지 들쑤셔 놓았다. 이불마다 진흙투성이에, 매트리스까지 칼질을 해 놓았다. 노숙자들을 위해 준비해 둔 비상식량까지 바닥에 흩어진 채 구둣발 세례를 받은 듯했다. 디트리히는 매트리스를 제자리로 옮겨 간이침대를 다시 만들어 보려고 했으나 허사였다. 문을 아무리 만져도 틀에 들어맞지 않아 문틀에 기대 세워 놓고 바깥으로 나갔다. 나치들이 창문으로 집어던진 책들이 눈 위에 나뒹굴고 있었다. 손에 들 수 있을 만큼 책들을 주웠다. 심란했다. 텅 빈 전차 안에서 안정을 찾으려 애썼다. 어떻게 올라탔는지도 기억나지 않는다. 내려야 하는 정류소를 하마터면 지나칠 뻔했다.

"비스마르크 광장!" 하고 외치는 소리에, 전차가 막 출발하기 직전 허겁지겁 내렸다. 그러고는 열 살 때부터 살아온 방엔하임 거리에 있는 집으로 오래된 습관처럼 걸어갔다.

집에 들어섰을 때 식구들은 깊은 잠에 빠져 있었다. 부모님을 깨우지 않고 자기 방으로 조용히 올라갔다. 큰 저택에는 정적뿐이었다. 하지만 가슴 저 밑에서 치솟는 분노와 좌절감이 디트리히를 가만히 놔두지 않았다. 친구 프란츠 힐데브란트가 생일 선물로 준 반짝거리는 은빛 라이터로 여송연에 불을 붙였다. 초조하게 방 안을 서성거렸다. 형 클라우스, 노련한 변호사인 형이 사는 아이히캄프로 당장 뛰어가 하소연하고 싶었다. 벽시계를 보니 자정이 넘었다. 너무 늦었다. 매형 한스 폰 도나니? 전화로 연락해 볼까? 아니다. 기다리자.

"수색한 게 뭐지?" 클라우스 형이 구겨진 서류들을 살펴보며 물었다.

"중요한 것은 없었어. 회원들 이름과 주소가 적혀 있는 색인 카드는 내가 가지고 나왔거든."

"잘했다. 그런데 혹시 좌익 청년이 가입되어 있냐?"

"서너 명 정도?"

클라우스가 눈을 부릅뜨며 놀라워했다.

"정확하게 몇 명인지 모른단 말이야?"

"회원 사이에 그런 것은 불문이거든."

"흠……."

작으면서 야무진 체구에 항상 외투, 넥타이, 목도리와 모자, 장갑까지 흐트러짐 없이 말끔하게 갖춰 입고 있는 형 클라우스와 그를 둘러싸고 있는 아수라장이 엄청난 대조를 이루었다.

"정말 어이없는 일이야. 그런데 히틀러는 이런 걸 두고 법과 질서라고 부르고 있어." 클라우스가 화를 삭이며 중얼거렸다.

"고소를 하든지, 어떤 식으로든 손해배상을 청구해야겠어. 이 나라에는 아직 공정한 재판소가 있잖아. 어쩌면 법무부에 있는 매형이……."

"디트리히, 한스를 이 일과 관련시켜서는 안 돼. 그의 신변에 위험이 닥칠 수도 있다고." 클라우스가 당황하며 말했다.

"미처 거기까지는 생각 못했어. 단지 매형의 입김이 법무부에서 세니까……."

"물론, 사건이 단독범행이면 그럴 수도 있지. 하지만 이번 경우에는……."

"단독 범행이 아니란 말야?"

"아니지! 이건 분명 전국적인 큰 돌격대 조직이 저지른 거야. 연맹이 큰 실수를 한 듯싶다. 공산주의자들을 들여놓다니!"

"증거가 없잖아. 그런데 어떻게 하겠어?"

"증거? 찾으려고 들면 얼마든지 찾을 수 있어. 아니면 만들 수도 있다고. 어쨌든 아무 소용이 없는 일이야. 우선 회원 색인카드부터 빨리 태워서 없애 버려." 클라우스가 디트리히를 밀어내며 나가자고 재촉했다.

가족 음악회는 본회퍼 가문의 아름다운 전통 가운데 하나이다. 가까운 친구들과 친지들이 모여 몇몇은 음악을 연주하고, 나머지는 아름다운 음악을 감상하며 식사를 나누는 가족 모임이다. 디트리히는 연맹 습격 사건이 가족 음악회 분위기를 망치는 걸 원치 않았다. 적어도 연주회가 끝나기 전까지는 이 평화가 계속되기를 바랐다. 저녁 5시경 디트리히는 거실로 내려와 잠시 문 앞에 서 있었다. 작은누나 크리스텔이 차를 마시며 앉아 있었다. 크리스텔은 오늘 아침식사를 하러 왔을 때 벌써 연맹 습격 소식을 들었다. 아침 일찍 법무부로 출근한 한스는 아직 귀가하지 않았다. 큰 창문을 통해 들어온 부드러운 석양빛이 그랜드피아노 옆에 모여 있는 사람들을 비추었다. 거실 저편 두 개의 계단 너머에서는 시중 드는 마르테와 투르데가 저녁을 준비하고 있었다. 어머니는 식탁을 마지막으로 살펴보았다.

나치 대원들의 습격이 있었음에도 어머니는 강경했다.

"연맹 일을 계속해! 나와 큰누나 우르젤, 여동생 수지가 지금까지 해 온 것처럼 도와줄게."

그러나 디트리히는 자신이 없었다. 나치 경찰들이 청년연맹이 한 유대인 부인의 후원으로 유지된다는 걸 밝혀 낼 것이다. 그러면 부인이 위험해진다.

디트리히는 작은누나 옆으로 다가앉아 매형 한스의 안부를 물었다.

"업무 때문에 야근이 잦아." 불만이 가득한 목소리였다.

"불쌍한 한스!" 디트리히가 내뱉었다.

그러자 크리스텔이 발끈했다.

"왜? 왜, 불쌍한 한스야? 남편을 자주 못 보는 내가 불쌍하지."

"그렇잖아. 히틀러 밑에서 일하는데 무슨 보람이 있겠어?"

"요즘 같은 세상에 하고 싶은 일 하며 사는 사람이 어디 있니?"

"그래도 나 같으면 나치들과 동일하게 취급되는 것은 견딜 수 없을 거야."

"오, 맙소사! 제발 너만 의로운 척하지 마!"

"매형이 비위를 맞추지 않으면 해고될 것 아니야. 비위를 잘 맞추니까 그렇지."

"한스는 달라. 사람들이 생각하는 출세니, 높은 자리에는 전혀 관심 없어!"

누나의 긴장된 얼굴과 눈빛이 심상찮았다. 모종의 일을 숨기는 듯했다.

디트리히의 음성이 부드러워졌다.

"그 안에서 무슨 좋은 일들을 할 수 있겠어?"

"너를 벌써 도와줬잖아. 매형이 너에게 돌격대원들이 습격할 거라고 미리 알려 주지 않았냐고?"

"물론, 그랬지. 하지만 그 정도야 뭐 매형 처남 사이니까 당연한 거 아니야?"

"몰라. 난 더 이상 해 줄 말 없어."

"게다가 매형이 맡은 업무가 위험한 건 말할 것도 없고 말야."

"그건 한스가 알아서 할 일이야."

디트리히는 소파에 몸을 기댄 채 깍지 낀 두 손으로 머리를 받치고는 다리를 쭉 뻗었다.

"물론이겠지! 그렇게 촉망되는 장래를 망치는 건 누나네 가족에게도 큰 불행이겠지."

디트리히의 말이 끝나기 무섭게 크리스텔이 쏘아보았다.

"어, 누나 흥분하지 마." 그러고는 누나를 재빨리 위로했다.

"매형의 의도를 의심하는 게 아냐. 내 말은 매형이 그런 조직에서 견딜 수 있는 힘이 있다면 모종의 일들도 충분히 해낼 수 있을 거라는 말이야. 어떤 방법이 있을지는 지금으로서는 생각할 수 없지만 틀림없이 어떤 일들을 해낼 거야. 아무튼 나는 '불쌍한 한스' 편이야."

크리스텔은 잠시 아무 말이 없더니 벌떡 일어서며 물었다.

"오늘 밤에 엘레노레 니콜 양은 안 오니?"

"올 거야. 그녀 어머니도 오실 거야."

크리스텔이 골리는 듯한 눈빛을 지으며 말했다.

"좋은 소식을 언제나 듣게 되려나."

디트리히는 아무 말이 없었다. 스물일곱 살이나 된 성인 남자는 자기 일을 얼마든지 스스로 알아서 할 수 있다. 지금쯤은 누나도 이 사실을 좀 알아줬으면 싶었다.

"질질 끌지 마. 너라고 항상 이팔청춘은 아니니까."

디트리히는 벌떡 일어나 그랜드피아노 쪽으로 가서는 바흐의 푸가를 연주하는가 싶더니 곧 엘레노레가 좋아하는 흑인영가를 치기 시작했다. 어머니는 거실의 아치형 중간 문에 위풍당당하게 서서 모든 사람의 시선을 끌었다. 잠시 후 창문으로 눈길을 돌리며 말했다.

"루츠 백작 부부가 오는 것 같구나."

운전사가 메르세데스의 차 문을 열자 사촌형 후고 폰 데어 루츠 백작과 그의 아내가 내렸다.

어머니가 운을 뗐다.

"오늘 밤에는 클라우스가 좀 조용히 있었으면 좋겠구나. 매번 히틀러 이야기로 서로 목청을 높이는 건 오늘만큼은 피하자. 응?"

"글쎄요. 가능할까요, 어머니? 후고 형 고집이 어지간해야지요." 연주를 마친 디트리히는 거실 아래에 서서 모여 있는 사람들을 둘러보며 말했다.

할머니 율리에 본회퍼는 벽시계 옆 안락의자에 앉아 있었다. 할머니는 91세의 고령에도 불구하고 집안은 물론 그 지역의 여왕과 같은 존재였다. 아버지는 할머니 곁에 앉아 담소를 나누셨다. 클라우스와 후고 폰 누츠는 그랜드피아노 옆에 서서 안부를 나누었다. 이 화기애애한 분위기가 얼마나 오래 지속될는지…….

잠시 뒤, 무슨 일인지 사촌 후고의 매끈한 미소가 일그러지기 시작했다. 클라우스는 후고와의 의견 충돌을 피해 디트리히에게 다가와 말을 걸었다.

"그래, 디트리히. 네가 일할 교회가 생겼다고? 곧 예비 설교를 할 거라고 엄마가 그러시던데."

"응. 두 명의 후보자가 있는데 무기명 투표를 할 모양이야."

"당연히 네가 되지!"

"그거야 모르는 일이지." 디트리히가 웃으며 대답했다.

"프리드릭스하인 지역 맞냐? 거기 잘 아는데, 아주 낙후한 곳이지. 물론! 억눌린 자들을 도우려는 네 뜻은 참 좋아. 하지만 독일 개신교회 내에서 그런 일을 하겠다고? 너한테는 더 좋은 기회와 다른 가능성이 많잖아. 교회가 경직되고 희망이 없는 것을 혹시 못 본 것은 아니겠지? 요즘 교회들은 시커먼 석탄 덩어리 한 조각보다 더 소용이 없어." 말을 끝낸 클라우스는 포도주를 마시며 비아냥거리는 미소를 지었다.

접시를 손에 든 채 서 있던 후고가 디트리히를 위하는 듯이 말했다.

"클라우스! 동생한테 그렇게까지 심하게 말할 줄은 몰랐는데?"

"후고 형, 심각하게 생각하지 마세요. 클라우스 형 말이 아주 틀린 것도 아닌걸요!"

"아니야, 아니야! 디트리히, 그건 정말 심각한 문제야." 후고는 힘주어 강조하면서 주위 사람들을 번갈아 살폈다.

"왜 나라가 부흥할 때 교회도 따라 부흥하지 않는가 하는데 이유가 있겠지. 단지 교회가 조국을 살리기 위해 협조만 하면 될 텐데 말야. 항상 교회는 하나의 일치하는 힘 그 자체거든. 어떤 것보다 가장 강력한 힘이라고 할 수 있지. 그 단결된 힘은 국민들을 독일인으로서의 신분을 유지하게 하고 일깨워 주기도 하지." 흥분한 나머지 후고는 쥐고 있던 포크를 허공에 대고 마구 흔들어 댔다.

"후고 형 말대로라면 독일인으로서의 신분이 그리스도인으로서의 신분, 즉 하나님 나라의 상속자와 동일한 거네요." 디트리히가 노골적으로 빈정댔다.

그런데 후고는 미처 그것을 알아차리지 못한 것 같았다.

"그렇게 안 될 이유도 없잖아?"

"실제로는 그렇지 않죠! 잘 모르시는 것 같아요." 그 앞을 막 지나는 마르테에게 접시를 주며 말을 이었다.

"하나됨이란 참 좋은 일이죠. 그걸 바라지 않는 사람이 어디 있겠어요? 하나됨이 바른 방식으로 이루어진다면야. 전쟁을 위한 것이 아니라, 평화를 위한 하나됨이라면 말입니다. 문제는 무엇을 위한 하나됨이냐 하는 거죠."

그렇지 않아도 원래 몸을 유난스레 꼿꼿하게 세우는 후고 형이 큰 체구를 더 곧추세웠다.

"전쟁! 전쟁이 걱정되나 보구나. 너도 저 빌어먹을 평화주의자들과 똑같은 생각을 하고 있는 모양이지? 넌 지금 독일이 직면한 현실을 전혀 모르고 있어. 아니면 오직 힘만이 독일의 유일한 희망이라는 걸 모르든가. 현재 우리가 당하는 이 수모를 해결하는 유일한 수단도, 우리나라가 너무나 오랫동안 폐허 속에 웅크리고 있다는 생각도 안 드냐고! 우리 자신을 스스로 존중하지 않는데, 어떻게 다른 민족이 우리를 존중하기를 기대하겠어? 존경을 청구하는 것, 구걸이 아니라 청구! 아돌프 히틀러가 독일 국기를 쓰레기 더미에서 높이 들어 세우려 할 때, 우리가 그를 도와야 한단 말이지. 다시 말하지만 지금이 바로 그때라고!"

후고는 잔뜩 흥분해서는 한마디 한마디 할 때마다 집게손가락으로 허공을 찌르며 열변을 토했다. 클라우스는 못마땅한 표정을 애써 감추며 와인 잔만 응시했고, 디트리히는 그런 클라우스를 염려스럽게 바라보았다. 후고는 멈출 줄 몰랐다.

"우리는 하나의 통일된 제국으로 뭉치는 독일 부흥의 기로에 서 있어. 반드시 이루어 내야 해! 이를 실현시킬 사람은 히틀러밖에 없어."

저만큼 달콤하고 매력적인 주장이라면 대부분의 독일 사람들의 귀가 솔깃해질 것이다. 순간 디트리히는 소름이 끼쳤다.

"다른 생각을 가진 사람들은 자연히 제거되겠지?" 클라우스가 침울한 투로 물었다.

후고는 잠시 생각하더니 항변했다.

"제거? 음, 제거라는 단어는 적절하지 못한 거 아닌가? 뭐,

입을 다물게 하고 감시하는 정도면 되지."

클라우스가 물었다.

"히틀러가 시민들의 자유를 억압하지 않으면서 어떻게 이 일을 할 수 있지? 언론의 자유, 강연의 자유 등 말이야. 후고 형은 변호사이면서 소중한 시민의 권리가 어떻게 짓밟히는지 실제로 경험하고 싶은 거야?"

"필요하다면 감수할 수밖에 없어. 지금 우리도 긴급상황에 처해 있고 거기에 부합하는 대책들이 필요해. 예를 들자면 공산주의 신문 검열과 같은 통제 말이야. 그들의 거짓 선동에는 나도 이제 질려 버렸다고. 그들은 하층 계급을 선동했을 뿐 아니라 노동자들을 부추겨 노동자들의 진정한 자리가 어디인지 혼란만 주고 있어. 그것은 마치 철없는 어린아이에게 한 손에는 다이너마이트를, 다른 한 손에는 성냥을 쥐어 준 것이나 마찬가지야."

디트리히가 사촌형의 말을 막았다.

"그렇다고 합시다. 히틀러가 공산주의 신문들의 입만 막는 선에서 그치겠어요? 다음 차례는 누가 될까요? 자기와 의견이 다른 사람이면 누구나 다음 차례가 될 수 있어요. 심지어 교회까지도요!"

"아니야! 절대 그런 일은 없어! 교회는 건강한 나라를 세우기 위해 생명처럼 중요한 거야. 히틀러 총통도 그건 알고 있어. 총통은 백성의 근본이 어디에 있는지 잘 알고 있고, 교회와 협력하는 것을 주요한 사안으로 여기고 있다고!"

"협력하는 동등한 관계가 아니라 수하에 두겠다는 거겠죠."

"클라우스, 너는 편견에 너무 사로잡혀 있어! 나치 기관지 〈푈

키셔 베오바흐터〉(백성의 관찰자라는 뜻. - 옮긴이) 신문을 읽어 보면……."

"정부 선전용 기관지는 내 취향이 아닙니다."

클라우스의 말이 미처 끝나기도 전에 후고가 고함을 쳤다.

"그런 신문을 읽어야지. 우리 민족의 윤리 기준이 기독교에 뿌리를 내리고 있다고 분명히 밝힌 총통의 연설 기사가 실려 있다고!"

디트리히가 끼어들어 반박했다.

"나도 듣긴 들었어요. 또 교회를 자신의 안전한 보호 아래 둔다는 관대한 제안도 했다던데. '안전한 보호'라는 말이 마음에 걸려요."

후고가 잔뜩 열을 올리며 언성을 높였다.

"히틀러의 말이라면 우선 편견으로 대하고 자기 주장만 하고, 너는 히틀러의 좋은 면은 아예 눈을 감고 보지 않으려고 하는구나."

갑자기 조용해졌다. 후고는 한층 더 날카로워진 목소리로 말을 이었다.

"히틀러도 훌륭한 일들을 하고 있어. 내가 두 눈으로 똑똑히 봤다고! 그런데 너는 비뚤어진 생각으로 아예 바로 보기를 거부하고 있어. 히틀러가 교회를 얼마나 중요하게 여기는지 보라고. 히틀러의 지시로 돌격부대 전 대원이 될 수 있는 대로 교회에 자주 참석해. 지난 주에도 우리 교회에 엄청난 수의 돌격대원들이 예배에 참석했단 말이야."

디트리히가 물었다.

"바로 전날 밤, 그들이 청년연맹 회원 몇 명을 피투성이로 만든 사건은 혹시 아니요?"

후고의 하얀 옷깃에서 마치 붉은 피가 치솟아 오르는 것 같았다.

"이제는 아주 소설을 쓰는구나! 너는 모든 소문을 그대로 믿냐?"

"사실입니다. 나는 의사들이 그 중 한 명의 두개골을 수술하고 있는 동안 직접 다른 피해자 친구와 세 시간을 함께 병원 대기실에 있었습니다. 나치 돌격대는 예고 없이 그들을 덮쳤고, 또 지난밤에는 우리 청년연맹을 침입해 사무실을 박살냈어요. 내가 형이 다니는 교회 예배에 참석했던 나치의 경건함에 감동할 거라고는 기대하지 마세요."

후고는 자주 눈물이 나는 오른쪽 눈을 손수건으로 닦으며 놀랍게도 디트리히의 마지막 말을 받아들였다.

"이해가 되는군! 모든 일에는 또 다른 측면들이 있으니까."

후고는 손수건을 천천히 접어 주머니에 집어넣었다.

"나도 우연히 어제 시행된 수색 조치와 연루된 사안에 대해 들었지. 청년연맹에 공산주의자들이 있었다던데……."

디트리히가 입을 열려는 순간, 아버지가 옆으로 다가오셨음을 알았다. 두개골이 파열된 공산주의 청년은 아직도 아버지 병원에 있었다.

"너도 그런 내막은 전혀 모르고 있었지? 앞으로는 조심해야 할 거야." 후고가 타이르듯 말했다.

디트리히는 뚫어져라 후고를 바라볼 뿐 아무 말도 하지 않았다. '딱딱' 구두 굽 부딪치는 소리를 내면서 후고 폰 데어 루츠 백작은 거실에서 나갔다.

2

엘레노레는 계단에 앉아 있었다. 언제나 이 집안 식구였던 것처럼. 그녀의 상아와 같이 흰 피부가 드레스의 황홀한 붉은 빛을 받아 빛났다. 검은 머리의 비단같이 부드러운 광택이 윤기 나는 계단 난간과 경쟁하듯 번뜩였다.

디트리히와 엘레노레는 지난밤 실업자 청년연맹에 일어났던 충격스런 사건을 이야기했다. 그녀는 그런 일들이 독일 땅에서 일어났다는 걸 믿을 수 없다며 혼란스러워했다. 무엇보다 두려운 것은 디트리히에게 닥칠 위험이었다.

디트리히가 엘레노레 옆에 가까이 다가와 앉았다. 그리고 한참 후에 입을 열었다.

"지금의 교회는 죽은 상태라고 클라우스 형이 말했어."

"너도 그렇게 생각해?" 엘레노레는 그렇게 물으며 디트리히를 유심히 살폈다.

"글쎄, 가끔씩 이미 때가 늦었다는 생각도 들어. 교회가 현재로서는 그냥 전쟁을 위한 군사작전에만 쓸모 있는 것 같아서. 특히 히틀러에게 매도되어 그의 정책을 뒷받침해 줄 때는 더더욱 말이야."

"야코비 목사님도 너와 똑같은 생각이야. 최근에 너랑 똑같은 말씀을 하신 적이 있어."

"고무적인 일이야. 대부분의 목사들은 기다려 보자는 식인데 말야. 야코비 목사님을 한번 만나 뵈어야겠어."

"언제든지 들러. 목사님도 기뻐하실 거야."

'지금 엘레노레에게 프리드릭스하인 지역에 있는 목사 자리에 대해 설명해야 할까? 지금은 안 돼.' 디트리히는 고민이 되었다.

디트리히가 화제를 바꿨다.

"야코비 목사님 밑에서 일하는 건 어때?"

"좋아! 야코비 목사님은 사람들이 최선을 다하도록 이끄는 능력이 있으셔."

엘레노레가 몸담고 있는 카이저빌헬름기념교회는 디트리히에게는 어쩐지 거만하고 콧대가 센 느낌을 줬다. 하지만 엘레노레는 젊은 여성으로서 베를린 교계에 중추 역할을 하는 큰 교회에 여자 부목사임을 무척 뿌듯해했다.

엘레노레가 말했다.

"네 덕분이야."

"그게 무슨 말이야?"

"내가 신학을 공부한 것부터가 다 네 격려 덕분이었어. 아마 네가 아니었다면 나는 감히 엄두도 못 냈을 거야."

대화 중에도 디트리히의 머릿속에는 프리드릭스하인 교회 생각뿐이었다. 그곳은 지독히도 가난한 사람들이 사는 지역이다. 그곳 교회를 맡게 된다면 제공되는 목사관도 초라하기 그지없을 것이다. 엘레노레에게 그 이야기를 꺼내려니 입이 떨어지지 않았다.

"처음에 집에 도착했는데, 네가 보이지 않아서 한참 찾았어. 무슨 일이 있었니?" 그녀가 나직한 음성으로 물었다.

"아니, 아니야! 그냥 방에 혼자 있었어."

"왜? 아픈 거야?"

"아니, 잠시 혼자 있고 싶어서. 여기는 사람들이 많잖아. 혼자 있고 싶어 하는 거, 그건 내 성향의 일부이기도 하잖아." 디트리히가 빙긋이 웃었다.

"또 그 점을 건드렸구나. 미안해. 네가 안 보여서 그냥 놀랐을 뿐이야."

"됐어, 괜찮아."

디트리히는 엘레노레의 손을 붙잡고 자기 속마음을 털어놓고 싶었다. 내면의 고독의 상처, 믿음에 대한 고통스러운 투쟁, 자신과 심지어 하나님까지 미워할 정도까지 파고드는 회의적인 생각들……. 이제까지 한 번도, 누구에게도 한 적 없는 이야기들을 털어놓고 싶었다.

그러나 입에서 나온 말은 전혀 엉뚱한 질문이었다.

"파울-게르하르트 자선 단체에서 예배를 인도했다면서? 병원에서 예배를 드렸다고."

"응! 참 좋았어. 단지 병원이나 학교, 또는 가정을 방문하여 노인들만을 상대로 설교한다는 게 마음에 썩 내키지는 않지만 그래도 나름대로 좋았어."

"오, 그 점이 마음에 걸리다니! 너는 보람된 일을 하고 있는 거야. 정말 중요한 일을 하고 있어! 혹 남자 목사들을 부러워하는 거 아니야?" 디트리히는 웃으며 물었다.

"아니야, 이 멍청한 남자야! 너도 역시 다른 남자들과 별반 다르지 않구나. 하지만 설교 후 성찬식 때 여자 목사라는 이유 때문에 가만히 앉아 있어야 하고, 남자 목사들만 포도주와 빵을 나누어 주어야 하는 것이 우습지 않니?"

"나도 그렇게 생각해. 하지만 네가 너무 진보적인지도 몰라. 여목사로서 받는 제약들이 그렇게 견디기 힘들어?"

"디트리히, 너는 도무지 내 편에서 이해를 하려고 하지 않아."

"그런 변화가 일어나려면 시간이 걸린다고, 엘레노레."

"언젠가는 그렇게 될 수 있다는 말이야?"

"물론!"

엘레노레는 손으로 턱을 바치고 디트리히를 미심쩍은 듯 바라보았다.

"그래. 언젠가는……. 하지만 한없이 오랜 세월이 걸리겠지."

엘레노레의 마음을 아는 디트리히는 자신 없는 눈길을 옆으로 돌리며 말했다.

"그래도 너는 두 번째나 세 번째 일요일에는 설교를 하잖아. 나는 잘하면 한 달에 한 번이라고. 이제 곧 달라지겠지만. 부활절쯤부터 아마 단독 교회를 섬기게 될 것 같아."

그녀가 놀란 듯 쳐다보았다.

"금시초문인데?"

"전에 찾아보고 있는 중이라고 말했잖아. 기억 안 나?"

"아, 그랬지! 하지만 그 사이 생각을 바꾼 줄 알았는데."

"아니야. 마음에 드는 자리가 생기기를 기다리고 있었을 뿐이지."

"그래, 이제 찾은 거야?"

"찾긴 찾았는데 아직은······. 그 교회가 나를 어떻게 생각하느냐에 달렸어."

"너에 대해서? 그럼 벌써 거기 가서 소개를 했다는 거야? 설교도 하고?"

"응, 네가 베델에 가 있었던 지난 일요일에."

"그런데 왜 나한테 한마디도 안 했어?" 그녀의 눈에 실망이 역력했다.

"그런 자리가 네 마음에도 들지 자신이 없었어."

"왜 그렇게 말해?"

"프리드릭스하인 빈민촌 교회거든." 디트리히는 얼른 그녀의 얼굴을 유심히 살폈다.

"프리드릭스하인 빈민촌?" 그녀가 확인하듯 다시 물었다.

디트리히가 물었다

"그렇게 놀라워?"

"대학에서 가르치는 일이 너에게 어울린다고 생각했어. 지난 학기를 보더라도 정말 잘 해냈잖아. 그리고 베를린 공과대학 교목 자리도. 그것도 목회 사역이잖아."

"어떻게 보면 그렇지. 그런데 대학의 교목 자리는 한쪽으로만 깊이 파고드는 한정된 면이 있어서 뭔가 빠져 있다는 느낌이 들어." 디트리히가 어깨를 움츠리며 말을 이었다.

"아무것도 결정된 게 아니야. 차라리 이야기하지 말았어야 했는데. 어쩌면 빈민촌 교회가 나를 원하지 않을 수도 있어."

"너를 두고 누구를 초빙하니! 당연히 네가 적임자지." 엘레노레는 그에게 눈길도 주지 않은 채 핸드백 끈을 만지작거렸다.

엘레노레가 물었다.

"왜 꼭 그런 곳에서 사역해야만 하는 거야? 네 솔직한 마음을 알고 싶어."

디트리히는 어떻게 말해야 좋을지 한참을 생각하다 입을 열었다.

"내 입맛에 맞는 교회를 택해서는 안 된다고 생각해."

"물론이지! 하지만 네가 그곳 주민들과 쉽게 어울릴 수 있을까?"

"실은 그곳 빈민 노동자들과 같아질 수 있었으면 하는 것이 나의 진심이야. 내 말이 먹혀 들어가 복음을 전달하려면, 나는 그들과 운명을 같이해야 해. 그렇지 않으면 보호받고 특권을 부여받은 우리의 출생, 우리의 염치없고, 뻔뻔스런 편안함들을 그들과 나누어야 한다고."

디트리히는 잠시 말을 멈추었다가 그녀를 바라보며 말을 이었다.

"내가 무슨 소리를 하는지 알아듣겠어?"

엘레노레는 디트리히의 눈을 잠시 들여다보더니 고개를 돌리며 말했다.

"글쎄……."

"그 일을 다른 사람에게 맡기라고 할 수가 없어. 우리가 여기서 좌절하고 또 계속 그렇게 한다면, 정말 우리의 신앙생활은 파산한 거나 마찬가지야."

"아마 네 말이 맞을 거야. 단지 내가 바라기는……."

디트리히는 엘레노레의 이어질 말을 초조하게 기다렸다. 하지만 그녀는 더 이상 아무 말도 하지 않았다. 그래서 참지 못하고 그녀에게 대답을 채근했다.

"네가 바라는 것은?"

"내가 바라기는 남자들이 여성들의 입장을 좀 더 이해해 주었으면 하는 거지!" 엘레노레가 격해졌다.

"엘레노레, 그게 무슨 말이야?"

"어떻게 설명해야 할지 모르겠어."

엘레노레는 잠시 주저하더니 일어서며 말을 이었다.

"내가 바라는 것은……. 실은 그 이야기를 미리 들었더라면 좋았을 텐데. 지금까지 늘 그랬던 것처럼 항상 어떤 일이 결정된 후가 아니라 결정되기 전에 말이야."

엘레노레는 그 길로 현관 복도로 내려갔다. 마침 손님들도 떠나려던 참이었다. 그녀는 무리 속에 섞여 뒤를 돌아 다시 한 번 디트리히를 쳐다보았다.

"모든 것이 결정되었지만, 늘 그랬던 것처럼 나는 상관없어."

"엘레노레, 아직은 어떤 것도 결정된 게 없다고 말했잖아."

두 사람은 더 이상 이야기 나눌 시간이 별로 없었다. 작별 인사를 나누고 서로의 행복을 빌었다. 엘레노레는 검은 양모로 된 모자를 쓰고 턱 아래로 끈을 매었다.

"잘 있어, 디트리히."

"잘 가." 그녀의 손을 잡았다. 디트리히는 비참하기도 하고, 흥분도 되고, 한편으로는 화도 나 있었다.

"내일 설교가 있지?" 그녀가 나가면서 물었다.

"응. 삼위일체 교회에서."

"힌덴부르크 대통령도 참석하는 거야?"

디트리히의 어조가 자신도 모르게 날카로워졌다.

"몰라, 그럴 수도 있어."

"너를 기억하고 기도할게. 잘 자."

엘레노레가 마지막 말을 남기고 떠났다.

열린 창문 앞에 서니 차가운 밤 공기가 얼굴에 와 닿았다. 신선했다. 반달이 정원을 어스름하게 비추었다. 창문을 닫고 안락의자에 털썩 주저앉았다. 불을 켜지 않은 채 반쯤 피우다 만 여송연을 다시 더듬어 찾았다.

'그동안 담배를 끊으려고 많이 노력했는데……. 좋아! 내일부터는 틀림없이 끊어야지. 지금까지 늘 그랬던 것처럼 항상 어떤 일이 결정된 후가 아니라 결정되기 전이라. 엘레노레가 한 말의 의미가 뭘까? 왜, 그렇게 말해야만 했을까? 이제까지 한 번도 불평한 적 없는 그녀가 오늘은 왜 그렇게 말했을까?'

담뱃재를 털면서 밤하늘을 쳐다봤다.

엘레노레에게 처음으로 사랑의 감정이 싹트기 시작했을 때, 디트리히는 스물이고 그녀는 열일곱이었다.

스페인의 바르셀로나에서 부목사로 한참 바빴던 때에도 두 사람의 관계는 한결같았다. 베를린으로 돌아온 이후, 푸른 달빛 아래 매혹적인 봄밤이 익어 갈 때, 두 사람은 베란다의 아치 밑에 서 있었다.

"정말 오랜만이야." 그녀가 속삭였다.

"이렇게 다시 볼 수 있게 되다니! 무척 행복해."

엘레노레는 마음을 사로잡듯 아름다운 모습이었다.

"디트리히! 내가 보고 싶었어?"

"너를 얼마나 그리워하는지 알고 있잖아. 사랑해, 엘레노레."

그가 그렇게 하고 싶었던 말들이 자신도 모르게 불쑥 나왔다. 강렬한 사랑으로 그녀의 희고 부드러운 손을 붙잡아 자기 입술로 갖다 댔다. 존경과 신뢰가 가득한 그녀의 눈빛. 그가 그녀를 가만히 안았을 때, 그녀의 날씬한 허리의 부드러운 움직임과 그녀 입술의 약속 외에는 어떤 것도 존재하지 않았다. 멀리서 들려오는 아름다운 왈츠 음악 소리를 들으며 두 연인은 진정으로 행복에 잠겼다. 그의 입술이 그녀의 입술에 조심스럽게, 부드럽게 다가갈 때, 음악과 춤은 하나가 되었다. 상상과 비밀, 꿈들, 예기치 못했던 감정들을 일으킨, 그를 혼란스럽게 한 감정들, 이 모든 것이 음악의 리듬 안에 다 나타났다. 조심스레, 자제하듯 그는 엘레노레를 놓으며 그녀의 손을 잡았다.

디트리히는 그날 밤 그녀와 무슨 이야기를 더 나누었는지 기억할 수 없었다. 그러나 그녀의 두 눈 가득 반짝이던 행복감은 결코 잊을 수 없었다.

그 사이 결혼 이야기가 오고 가지 않은 것은 아니지만, 결정하기에는 아직 일렀다. 양가 부모들은 보수적이고 분명한 도덕관으로 20세 전에 결혼을 결코 허락하지 않았고, 부모님께 이의를 제기한다든지 다른 길을 찾을 생각을 해 본 적도 없었다.

1931년 여름, 디트리히가 미국에서 돌아온 뒤 그들 사이에는 왠지 모를 어색함이 흐르고 있었다. 디트리히는 어떻게 처신을 해야 할지 막막했다. 엘레노레가 기념교회의 게르하르트 야코비 목사님 밑에서 사역하게 되면서 그들의 관계는 점점 더 심상치 않게 되어 갔다.

디트리히는 한숨을 쉬며 일어나 불을 켜고 내일 할 설교문이 놓여 있는 책상으로 갔다. 히틀러 정권 이양 후 삼위일체 교회에서 첫 설교를 하게 되었다! 힌덴부르크 옛 대통령이 주일 예배에 참석했으면……. 디트리히는 설교문을 일주일 내내 단어 하나하나까지도 빠뜨리지 않고 외웠음에도 불구하고 다시 한 번 설교문을 빠르게 훑어 내려갔다.

구약 성경의 기드온, 두려움과 의심의 한가운데서 일어나 믿음으로 충만하게 된 단순하고 저항적인 사사에 대해 생각해 보았다. 어떻게 그런 일이 일어날 수 있는지 스스로 질문해 보았다. 이해가 되기 시작했다.

신학 공부를 하려는 그의 소원도 처음에는 순수한 믿음하고는 별 상관이 없었다. 진짜 동기는 자기보다 뛰어난 형 클라우스를 따라잡기 위해서였다. 디트리히는 뛰어난 형의 그늘에서 항상, 어디를 가든 '클라우스의 작은동생'으로 살아야만 하는 것이 억울했다. 그래서 신학 공부를 시작했다. 그러나 그 사이에 모든 것은 달라졌다. 디트리히는 사사 기드온이 소유했던 믿음을 배우기를 진정으로 소원했다. 모든 것이 전혀 가능성이 없어 보인다 할지라도 하나님의 뜻에 절대적으로 순종하는 믿음을 간절히 구하게 되었다. 아브라함, 모세, 기드온, 마침내 예수님같이.

디트리히는 설교 원고를 덮었다. 아마도 교인들에게서 별 호응을 얻지 못할 것이다. 사람들은 그런 설교를 들으려 하지 않을 것이다.

"여러분, 무기를 내려놓으십시오! 하나님이 여러분의 방패요, 창이 되십니다. 천 개의 무기를 가졌을지라도 하나님 한 분만도 못합니다. 하나님의 은혜로 족하십시오. 왜냐하면 하나님의 능력이 사람이 연약할 때 더욱 강력하게 나타나기 때문입니다."

이 설교를 들을 사촌형 후고 백작이 머리에 떠오르자 얼굴에 이유 모를 미소가 번졌다. 교회는 이런 설교에 대해 어떻게 반응할까? 직장인들, 학생들, 관리들, 일반 시민들은? 그의 설교가 독일을 몰아가고 있는 저 불안한 상황을 1밀리미터라도 바꿀 수 있을는지? 지옥에서 올라온 뱀 같은 질문이 고개를 쳐들고 그를 괴롭혔다. 디트리히도 완강하게 그 질문에 대항했다. 교인들의 반응이 어떠하든지 설교를 분명하게, 왜곡함이 없이 전해야 한다. 그것만이 내 일이고 다음 일은 하나님께 전적으로 맡기면 된다.

프리드릭스하인에 대한 논쟁은 더 이상 필요없게 되었다. 디트리히가 대학으로 돌아왔을 때, 투표 결과가 적힌 편지가 와 있었다.

"파촐드 목사님 스물일곱 표, 본회퍼 목사님 스물다섯 표. 파촐드 목사님이 뽑혔습니다."

3

 번잡한 쾨닉스 알레 거리를 건너 옛 모교 그루네발트 김나지움(고등학교.-옮긴이)을 꺾어 들어와서는, 테니스 선수 팀들은 헤어졌다. 디트리히와 형 클라우스, 형수 에미는 방엔하임 거리에 있는 집으로 돌아가는 중이었고, 에미의 오빠 유스투스 델브뤽과 친구들은 시내 쪽으로 걸어갔다.

 디트리히의 부모님은 외출 중이었다. 디트리히는 친구 프란츠 힐데브란트를 점심식사에 초대했다. 프란츠에게 위로가 필요했기 때문이다. 이날, 나치가 모든 유대인 상점에 대한 보이콧을 선포했다. 시내에 큰 상점을 운영하는 프란츠의 숙부는 곧 문을 닫아야 할 것이다.

 방엔하임 거리에는 크고 웅장한 저택들이 즐비했다. 집 번호 14. 그들은 작은 돌들로 포장된 길을 건너 차양으로 가려진 길가 집 안의 입구로 걸어갔다. 프란츠는 이미 도착해 아버지가 진료하는 환자 대기실에 앉아 책을 읽고 있었다. 그는 평소처럼 구겨진, 한 치수 더 큰 어두운 청색 양복을 입고 있었다. 디트리히가 형과 형수에게 장난기 가득한 얼굴로 눈을 깜빡거리고는 프란츠에게 다가가 점잖게 인사를 했다.

"손님! 참으로 안됐습니다. 칼 본회퍼 박사님은 며칠 동안 여행을 떠나셨는데, 듣지 못하셨습니까?"

프란츠가 책에서 눈을 떼며 어리둥절한 표정으로 두리번거렸다.

"저런 모르셨군요. 제가 당신의 상태를 어느 정도는 알고 있으니 아마 도움을 드릴 수 있을 겁니다." 디트리히는 서류철 한 개를 끄집어냈다.

"제 형과 형수가 진료 상담에 같이 있는 것이 방해가 되지는 않겠지요? 형은 유능한 변호사랍니다."

"아, 정말요?" 상황을 알아챘다는 듯 프란츠가 여유 있는 표정으로 대꾸했다.

"그렇다면 더욱이 당신 형이 여기에 머물러야만 합니다. 아무래도 내가 곧 변호사 한 사람이 필요할 것 같거든요."

디트리히가 서류철을 펴고 가짜 병력을 꾸며 읽기 시작했다.

"음, 증세가 심각하군요. 색맹에다, 시력이 아주 나빠 피카소 그림을 렘브란트 그림과도 구별할 수 없을 정도군요."

"그 대신 청력은 대단히 뛰어납니다. 놀랍게도 돌파리 의사를 목소리만 듣고도 가려내지요."

"그럴 수도 있겠지요. 자, 한번 봅시다. 흠, 이거 큰일났구먼. 몸이……. 어이쿠! 우리 더 이상 이야기도 하지 맙시다. 운동이란 운동은 일체 거부하고 대신 코를 책에만 박고 사는군요. 당신이 그런 생활 방식을 바꾸지 않으면 오십 세가 되면 내리막길을 가게 될 거요. 아니 어쩌면 사십 대부터 그럴 수도 있소."

"내리막길을 가는 것보다 더 무서운 것이 있소." 프란츠가 아무 감정 없이 말했다.

"예를 들면 산 아래 있게 되는 것 말이오?" 디트리히가 클라우스와 에미를 쳐다보며 말을 이었다.

"봤지? 이게 바로 꽉 막힌 사고에서 나오는 차가운 이성의 한 예야. 이 자는 산 저편에서 내려오는 길만 아니라 내려와 숲속에서도 길을 잃었다는 거야. 정신이 나가 버렸어. 스물네 살이라는 젊은 나이에 심각한 일이지. 무엇보다 그의 독서량을 생각해 봐. 도대체 그 많은 책들을 읽으며 무엇을 배웠느냐 말이야. 실제로 이 자는 유별나게도 무식해요. 사실은 아무것도 몰라. 비스마르크가 언제 태어났는지 물어봐도 대답하지 못할걸, 아마."

"1815년 4월 1일에 비스마르크가 태어났지." 프란츠가 즉시 대답했다.

"내 말이 맞지? 게다가 더 심한 증세는 대단히 무례하다는 거지. 눈썹 하나 까딱하지 않고 핑계를 대고 말이야." 디트리히가 재밌다는 듯 웃어 댔다.

"1815년 4월 1일." 하지만 프란츠는 같은 말만 되풀이했다.

"어이쿠 고집도 대단해요! 저런 환자들은 불치요 불치! 한번 고집을 피우면 꺾을 수도 없어요."

"확인해 보시기를 제안합니다." 프란츠가 부드럽게 말했다.

"시간 낭비야." 그러고는 디트리히가 클라우스와 에미를 쳐다보며 사뭇 심각한 표정을 지으며 말을 이었다.

"지금 보시는 대로 이것은 심각한……."

"비스마르크는 1815년 4월 1일에 태어났습니다." 프란츠도 강경했다.

"좋아, 좋아. 속는 셈치고 확인해 주지. 이런 사람들을 제압하면 난폭하게 되기 일쑤거든."

디트리히는 창문 밑에 있는 책장으로 가더니 'B'라는 알파벳이 적힌 백과사전을 꺼내 눈으로 읽어 내려갔다.

'비스마르크, 오토(1815-1898) 정치가 & 첫 독일 제국의 수상, 1815년 4월 1일 출생······.'

"크게 읽어 보시죠?" 프란츠가 상기된 목소리로 말했다.

"이것은 완전히 우연이고, 당신이 행운을 잡은 거요. 이것도 당신 병의 한 증세요. 당신 같은 환자들은 뛰어난 여섯 번째 감각능력을 가지고 있거든." 디트리히가 사전을 덮으며 말했다.

참다 못한 에미가 배를 잡고 웃음을 터뜨리며 그들을 말리고 나섰다.

"이제 그만, 디트리히! 네가 약속한 멋있는 식사를 시작하기 전에 우선 먼저 씻어야 하니까. 오래 걸리지는 않을 거야. 프란츠, 거실이 편안하지 않겠니?"

"아니, 그냥 여기 있을게요. 거실보다 환자 대기실이 나에게 더 맞는 것 같아요."

"그럼. 맞고말고." 디트리히가 힘주어 말하며 웃으면서 계단을 내려갔다.

디트리히는 오후에 프란츠와 함께 게르하르트 야코비 목사에게 가고 싶었다. 그곳에서 최근에 스스로 '젊은 개혁자들'이라고 부르는 목사들의 모임이 있었다. 이들 개혁자들은 독일적 그리스도인들이라고 불리는 히틀러 지지자들을 통하여 교회가 나치의 선전 도구화되는 것을 막으려고 애썼다. 개혁자들은 프란츠와 같은 인물을 필요로 했다. 디트리히는 프란츠가 지난 연말에 근무할 수 있는 교회를 얻게 된 것을 한편으로는 자랑스럽게 생각하지만, 또 한편으로는 약간 시기심이 생겼다. 24세의 유능한 젊은 목회자인 프란츠 힐데브란트 목사의 부모님은, 아들이 설교하는 것을 들은 적이 없다고 했다. 유대인인 그의 어머니는 프란츠가 기독교로 개종한 것을 별로 탐탁지 않게 여겼고, 대학교수인 프란츠의 부친은 영적인 일에 별로 흥미가 없었다. 디트리히는 자기 부친도 그런 것에 흥미가 없다는 것을 말하지 않았다. 적어도 칼 박사는 한두 번 아들이 설교하는 것을 듣곤 했으니까.

밑에서 식사를 알리는 종소리가 났다. 디트리히는 급히 깨끗한 옷으로 갈아입고 아래로 내려갔다. 복도에는 구운 햄 냄새가 가득했다. 마음씨 좋은 요리사인 로테 아주머니. 디트리히가 여섯 살 때부터 지금껏 함께 지내는 아주머니는 그녀의 맛있는 요리 가운데 몇 가지를 내놓았다. 점심식사는 아주 훌륭했다. 까다로운 형 클라우스도 결코 흠잡을 수 없는 식사였다. 오렌지 소스를 끼얹은 레버퓨레(간을 잘게 썰어 으깬 감자와 섞어 요리한 독일 음식. -옮긴이)와 차게 식힌 오이냉국, 디트리히는 신선한 버터를 바른 두껍고 부드러운 아스파라거스와 햄이 무엇보다 만족스러웠다.

식탁에서 할머니가 먼저 말을 꺼내셨다.

"유대인 상점에 대한 보이콧을 읽었단다. 에미, 너도 읽었냐?"

"예, 그건 정말 말도 안 되는 소리예요."

"나치가 유대인 상점의 단골들까지 막을 수 있다고 생각하니?"

클라우스가 씁쓸하게 말했다.

"돌격대원들이 온 시내에 퍼져 진을 치고 있어요. 아무도 돌격대원들에게 대항하지는 못할 거예요."

"수치스러운 일이야, 수치스러워!" 할머니는 분노했다.

작지만 촛대처럼 꼿꼿이 의자에 앉아 있는 할머니의 입술은 젊은 여인의 입술처럼 힘이 있었다. 다만 뺨과 이마에 깊이 파인 주름이 그녀의 나이를 말해 줄 뿐이었다.

"프란츠, 자네 어머니가 상당히 고생이 많지. 자네 숙부 상점도 다른 유대인 상점들처럼 곤란에 처해 있으니."

"네, 할머니."

"어머니와 숙부께 내가 용서를 구한다고 전해 주겠나? 그리고 정말 우리 국가의 처사에 대해 내가 깊은 부끄러움을 느낀다고……."

프란츠는 할머니를 물끄러미 쳐다봤다. 그리고 떨리는 목소리로 말했다.

"존경하는 할머님! 할머님은 지금 일어나는 상황을 조금이라도 바꿀 수 없습니다. 또 그것은 할머님 책임이 아닙니다. 그렇지만 그렇게 말씀하신 것을 꼭 숙부께 전하겠습니다."

디트리히와 프란츠는 전차에서 내려 기념교회로 걸어갔다. 프란츠에게 엘레노레가 그곳에 참석한다고 말하자, 프란츠도 따라나섰다. 착한 녀석! 프란츠는 금방 태어난 아기같이 그렇게 순진했다. 디트리히에 대한 신실함도 그의 정직함같이 변함 없었다. 디트리히가 프리드릭스하인 지역 사역 때문에 고민할 때, 적극적으로 격려해 준 친구이다. 혹 빈민 목회가 실패로 끝난다고 하더라도 해가 될 게 없다고, 오히려 그 반대라고.

붉고 검은 나치의 철십자 휘장이 거리 곳곳에 휘날리고 있었다. 가정집 창에도 걸려 있고 어떤 휘장들은 휘장대에 깃발로 걸려 있기도 했다. 사무실에 미리 와 있던 엘레노레가 밝은 얼굴로 두 사람을 맞았다. 약속 시간보다 일찍 도착해 시간이 남아서 디트리히는 엘레노레에게 커피를 마시러 가자고 제안했다. 그런데 갈색 유니폼의 돌격대원 무리가 유대인 상점들 앞에서 검열을 하고 있었다. 창문과 문에는 '유대인'(Jude)이라는 글자가 쓰여 있었다. 안에는 불이 켜져 있었다. 지나가는 사람들 중에는 호기심에 멈춰 서기도 했지만 대부분은 눈길 한번 주지 않고 서둘러 지나갔다. 물론 아무도 들어가지 않았다. 프란츠의 얼굴이 분노로 차 있었다. 베를린의 가장 크고 이름 있는 카데베 백화점에도 창문마다 '유대인'이라는 글자가 써 있었고, 유대인 상점 불매 문구들도 붙어 있었다("독일 민족이여! 당신들을 보호하십시오! 유대인 상점을 이용하지 맙시다!"). 디트리히는 이 백화점이 유대인 소유라는 것을 미처 잊고 있었다.

그런데 백화점 넓은 입구 앞에서 할머니 한 분이 돌격대원들에 둘러싸여 싸우고 있었다.

"디트리히, 너희 할머니 아니야?" 엘레노레가 속삭였다.

디트리히는 눈을 의심했다. 안경을 바싹 당겼다. 두 다리가 얼어붙은 듯 꼼짝할 수가 없었다. 프란츠가 먼저 달려가려고 했다. 그때 디트리히가 막았다.

"가만히 있어. 간섭해서는 안 돼. 할머니가 무척 미안해할 거야! 저놈들도 노인은 해치지는 않을 거야."

"어머, 할머니가 백화점 안으로 들어가고 계셔." 엘레노레가 놀란 목소리로 말했다.

할머니는 돌격대원들 앞을 당당히 걸어 백화점 안으로 들어가고 계셨다. 디트리히의 걱정은 어느새 자부심으로 가득 찼다.

"저쪽 창문 있는 데서 기다릴까?" 디트리히가 말했다.

20분 정도 지나자 아담하고 우아한 할머니 한 분이 당당하게 백화점을 걸어 나왔다. 모자를 쓴 머리를 꼿꼿이 세우고, 돌격대원들을 본 척 만 척하며 앞을 지나갔다. 한 손에는 물건을 담은 가방이, 다른 한 손에는 지팡이가 들려 있었다.

세 사람은 할머니를 쫓아갔다.

"안녕하세요?" 프란츠가 먼저 인사했다.

"물건을 제가 들어 드려도 되겠습니까?"

순간 할머니는 돌격대원이라도 만난 듯 얼어붙었다. 프란츠인 것을 알고 나서야 날카로운 표정이 당혹스런 미소로 바뀌었다. 그러고는 소리 내어 크게 웃으셨다. 프란츠가 할머니의 귀에 대고 뭐라고 속삭였다. 할머니가 세 청년을 거느리고 다시 백화점 앞으로 행진해 갔다. 입구에 서 있던 돌격대원들은 조금 전 그 할머니가 이제 동반자들까지 몰고 오는 것을 보고는 슬며시 눈길을 다른 데로 돌렸다. 그들은 백화점을 지나 노란 천막으로 지붕이 쳐 있는 카페에 와서 케이크와 커피를 마시며 축하연을 가졌다. 할머니는 냅킨을 조심스럽게 블라우스 위에 놓고 커피를 품위 있게 마셨다.

"이런 파렴치한 일들이 일어나고 있는데 아무것도 하지 않고 집에 가만히 앉아 있을 수가 없더구나. 이스라엘 백화점과 자네 숙부 상점에도 갔다 왔네, 프란츠."

"돌격대원들에게 뭐라고 하셨어요?" 벌써부터 궁금했던 엘레노레가 물었다.

"'항상 이용하던 백화점을 지금 와서 갈 수 없다니 생각할 수도 없는 일이오!'라고 했지. 내 생애에 제일 멋진 쇼핑이었을 게다." 할머니는 마치 개선장군처럼 말했다.

디트리히가 계산서를 기다리고 있을 때 사촌형 후고 폰 데어 루츠 부부가 카페에 들어섰다. 가족 음악회 이후 두 달 만이었다. 디트리히는 맞부딪치기가 싫었다. 디트리히가 할머니에게 조심하라는 눈빛을 던졌다. 언제나 여왕처럼 당당한 할머니는 당황하는 후고 부부를 바라보았다. 후고 형의 예의 바른 가정교육이 실력을 발휘했다. 할머니 앞에서 머리를 조아리고, 할머니가 차갑게 내미는 손을 잡았다. 엘레노레와도 자연스레 악수했다. 프란츠는 할머니가 한 것처럼 배척하는 몸짓으로 손을 내밀고 동시에 디트리히와 함께 일어났다.

할머니는 사무적이고 또렷한 목소리로 말했다.

"지금 가야겠구나! 자리를 너무 오래 차지하면 안 되지. 방금 나의 아주 멋진 쇼핑에 대해 축하회를 가졌거든. 오늘처럼 한꺼번에 많은 상점들을 둘러본 적은 거의 없었어. 될 수 있는 대로 많은 유대인 상점들을 찾아보고 싶은 마음이 생겼어. 이스라엘 백화점, 베르트하임, 웨스턴 백화점, 가게, 상점……."

할머니는 매서운 눈초리로 후고와 그의 아내를 번갈아 쳐다보며 힘주어 말했다.

"각 상점마다 들러서 조금씩 샀어."

할머니가 핸드백을 팔에 걸고는 지팡이를 짚고 의자에서 일어났다. 프란츠가 얼른 할머니의 묵직한 쇼핑 가방들을 받아 들었다. 디트리히와 엘레노레도 일어났다.

"좋은 시간 보내게!" 할머니가 작별인사를 하며 카페를 나왔다.

후고 백작은 말문이 막힌 듯 꼼짝도 않고 서서는 사라지는 그들을 멍하니 바라보고 있었다.

4

'젊은 개혁자들' 모임에는 열 명의 목사가 모였다. 참 고무적인 일이었다. 모두들 유대인 상점에 대한 보이콧에 흥분했다. 그럼에도 불구하고 대화의 초점은 나치 정부에 협조하는 소위 '독일적 교인들'에 관한 대항 조치가 반드시 기존 교회 체제 안에서만 이루어져야 한다는 데 있었다.

개혁적인 교회와 루터교회, 나머지 연합교회 등 총 28개의 개신교 교구들은 제각기 자체 교구위원회와 지도 체제를 가지고 있었다. 디트리히는 그 중에서 제일 큰 교구인 구프로이센 유니온 교구에 속해 있었다.

'젊은 개혁자들'은 산만한 개개 교구 중심의 교회 지도 체제를 먼저 하나의 통일된 중앙 지도 체제로 정립하기 위해 교구 회원들을 설득하고 동지들을 모으는 데 의견 일치를 보았다. 그러나 시작도 하기 전에 히틀러의 갑작스런 새로운 법령 발표로 이 일은 없었던 일처럼 묻혀 버리게 되었다. 히틀러가 유대인과 유대인 혈통을 가진 자는 공무원이 될 수 없다는 '공무원에 대한 새 규정'이라는 법령을 긴급 통과시키고 공표했던 것이다.

사비네! 디트리히는 쌍둥이 여동생이 떠올랐다. 사비네의 남편, 게르트 라이프홀츠는 독일 최고의 헌법학자 중 하나요, 괴팅겐 대학 법대 교수이다. 하지만 그가 아무리 해박한 법률 지식을 가졌다 한들 무슨 소용이 있나! 그의 부모가 유대인이다. 그뿐 아니다. 베를린 대학 동료들, 그 중에서도 우수한 교수들은 모두 유대인이다. 다만 아리안 종족이 아니라는 것 때문에 직위를 박탈하고 파면한다는 것이 대체 말이 되는가? 이런 억지스런 '아리안법령'이 실제로 집행될 수 있단 말인가? 히틀러가 제국 의회에서 아리안법령을 통과시킬 수 있었다는 사실 자체가 그의 무소불위한 권력을 아무도 제어할 수 없음을 분명히 말해 주고 있기는 하지만 말이다.

프란츠 힐데브란트도 풀이 죽은 채 곧 물러나게 될 것 같다고 했다.

"아니야, 결코 그럴 수 없어! 교회 내에서까지 그런 어처구니없는 법이 적용되게 두고 볼 수 없어!" 디트리히가 강경한 어조로 항의했다.

"지금 당장은 아니더라도 시간문제야! '독일적 교인들'은 아리안법령이 공표되기 전부터 그런 주장들을 했어. 리츠 목사도 매수되어 그런 말을 하고 다니는 것을 직접 내 귀로 들었다고. 다른 피가 섞인 자들이 독일 설교 강단에서 아무것도 건질 게 없을 거라고." 프란츠가 무력하게 말하며 비통한 눈빛을 던졌다.

두 번째 젊은 개혁자들 모임에는 지난번보다 두 배 정도 더 모였다. 이들 모두가 이번 법령에 대해 자기와 같은 생각으로 분노하고 있으리라. 야코비 목사의 인도로 모임이 진행되었다. 디트리히는 발 디딜 틈 없이 꽉 찬 사무실 구석에 쪼그리고 앉아 큰 체구의 야코비 목사가 멋진 인사말과 함께 이야기를 서서히 풀어 나가는 것에 매료되었다. 교회 내에 확장되고 있는 독일적 교인들의 영향력을 어떻게 막을 수 있는지로 말머리를 열었다. 또 새로운 단일 개신교 총회장을 뽑고 하나의 지도력 아래 통합시키기 위해 5월에 교회지도자협회 대표들과 만남을 추진하자는 의견도 내놓았다. 야코비 목사는 토론을 제안하며 의견을 모으자고 했다.

디트리히가 먼저 질문을 던졌다.

"아리안법령에 대한 대응책은 무엇인지요? 교회가 침묵해서는 안 된다고 생각합니다."

루드비히 슈미트 목사가 힘을 주며 반박했다.

"교회가 정치에 끼어들어서는 안 되오. 우리 할 일은 복음을 전파하는 것입니다."

"그러나 국가가 하나님의 법에 저촉이 될 때는, 무엇보다 이번 경우에는 한 민족 전체가 인종 차별로 피해를 당하게 되었습니다. 교회의 입장을 밝혀야 합니다. 교회는 국가에게 권위의 한계를 상기시켜 주어야 합니다." 디트리히가 항의했다.

"아니요, 슈미트 목사 말이 옳소! 나라가 무엇을 해야 하는지 말하는 것은 교회가 할 일이 아닙니다." 1차 세계대전 때 한쪽 팔을 잃어버린 건장한 체구의 칼 좀머 목사가 거들었다.

디트리히는 피가 거꾸로 치솟는 것 같았으나 자제하고 이어서 차분하게 질문했다.

"국가가 이 법령을 교회 내에 우리와 관련된 사람들에게까지 적용하도록 압력을 행사한다면 어떻게 됩니까? 아시다시피 아리안 혈통이 아닌 목사들을 파면 조치할 겁니다. 그것을 수용해야 한다는 말입니까? 안 됩니다! 나는 동의할 수 없습니다. 교회의 존폐 여부는 이 사안을 어떻게 다루느냐에 달려 있다고 봅니다."

그러자 좀머 목사가 뼈 있는 말을 했다.

"지금까지 우리는 하나의 통일된 교회에 대해서 이야기를 나누었소. 하지만 당신은 지금 교회를 분열시키는 방책을 시도하는 거요."

디트리히가 반문했다.

"그렇다면 그런 독단적인 이단 교리에 대해 침묵하고만 있을 겁니까?"

좀머 목사가 불쾌하다는 듯 두 눈썹을 치켜세우며 말했다.

"독단적인 이단 교리? 너무 심한 표현 아니오?"

디트리히는 아랑곳없이 기염을 토했다.

"유대인에 관련된 사태들에 대해서 우리가 행동해야 할 시간은 예상보다 빨리 올 수 있습니다. 교회가 미친 사람이 모는 자동차 바퀴 아래 깔려 다친 자들을 싸매고 치료할 뿐 아니라, 그 자동차에 달려들어 여전히 돌고 있는 차바퀴에 자물쇠를 채워야 하는 시간 말입니다."

"그건 교회의 책임 영역을 완전히 벗어난 소리요."

야코비 목사가 끼어들었다.

"난해한 주제입니다. 어떤 결론에 이르든지 간에 일단 그 안건에 대해 터놓고 이야기를 해 봅시다. 본회퍼 목사, 허락한다면 그 주제에 대해 당신의 강연을 한번 듣기로 하지요."

모든 참석자들이 수긍했다. 다만 슈미트 목사와 좀머 목사는 자기들은 빠지겠다며 벌떡 일어나 나가 버렸다.

쌍둥이 누이 사비네 부부가 두 조카를 데리고 괴팅겐에서 친정 베를린으로 왔다. 심장병을 앓던 시아버지가 위독했다. 게르트는 아버님 병상을 지키러 가고 사비네는 어린 자녀들 때문에 친정에 있었다.

"믿을 수가 없어. 그것도 대학에서 말이야." 사비네가 어이없다는 듯 말했다.

쌍둥이 형제인 디트리히와 사비네. 둘이 어렸을 때, 사비네는 문제가 생기거나 고민이 있으면 언제나 디트리히를 찾아와 털어놓았다. 자기보다 몸집이 큰 금발머리의 디트리히는 그녀에게 항상 우상이며 보호자였다.

"아범이 아직 해직된 것은 아니고?" 어머니가 물었다.

"네, 아직은……." 사비네는 안절부절못했다.

남편과 학장 사이의 갈등을 이야기했다. 남편 라이프홀츠 교수가 이번 학기에 새로 준비된 '20세기의 국가 형태' 강의를, 나치 정당이 받아들일 수 없고 너무 선동적이라는 이유로 학장의 경고와 함께 강의 계획을 포기하라는 압력이 들어온 것이다.

"지난 월요일 첫 강의가 시작되던 날, 나치 당원들이 복도에 잠복해 있기도 하고, 네댓 명은 마치 게르트를 갑자기 덮칠 듯이 덤비는 척했어요. 실제로 그렇게 하지는 않았지만, 움찔 놀라는 모습을 보고 비웃으며 폭소를 터트리고……."

"학장은 아무 조치도 취하지 않는 거냐?" 아버지의 음성에 노여움이 가득했다.

"초지일관 묵묵부답이에요. 세상에 겁쟁이들이 그렇게 많은지 정말 몰랐어요. 지난 월요일에는 게르트가 말리는데도 강의에 같이 따라가 봤어요. 아니나 다를까, 나치들이 학생들 강의실 출입을 막고 있었죠."

"상점뿐만 아니라 대학 강의실에도 보이콧을!"

"그래요, 검은 장화에 흉측스런 나치 철십자 완장을 달고 강의실 칠판에 낙서를 칙칙 하고 있더라고요."

"애야, 그런 데 너무 신경 쓰지 마!" 어머니가 딸을 위로하며 진정시키려고 했다.

"엄마, 그러려고 하는데, 마음을 단단히 먹었는데도……." 사비네가 목이 매여 말을 잇지 못했다.

잠시 후 그녀의 목소리가 불을 내뿜듯 격앙되었다.

"앞으로 일이 어떻게 되어 갈지. 몇몇 학생들은 여전히 강의에 오거든요. 게르트는 단 한 명이라도 오는 이상 강의를 중단하지 않겠대요. 외국으로 일단 피하자고 제가 조르고 있어요. 정말 떠나야겠어요. 이 미친 듯한 아수라장에서 나가야겠어요." 눈물이 그녀의 뺨을 타고 흘러내렸다.

"그래, 게르트는 뭐라더냐?" 아버지의 말에 힘이 하나도 없었다.

"서둘러 판단하기를 원치 않아요. 외국에 간다 해도 말이 통하지 않으니……."

그제야 디트리히는 사비네가 말하는 외국이 영국이나 미국임을 알았다.

"남편은 상황이 좋아질 때까지 견디자고 하지만, 상황은 좋아지지 않을 거예요."

"맞아, 언제 그런 때가 올지는 알 수 없어." 디트리히가 맞장구를 쳤다.

다음날 게르트의 아버지께서 돌아가셨다. 동생 내외는 디트리히에게 장례식 설교를 부탁했다. 그런데 디트리히로서는 난감한 일이었다. 교회법은 세례 교인이 아닌 유대인을 위한 장례식 집례를 거부했다. 게르트의 형제자매가 세례를 받은 루터교인들이라 해도 소용없었다. 왜냐하면 고인이 유대인 회당을 다닌 것도, 세례를 받은 것도 아니기 때문이다. 디트리히 개인이 결코 용납할 수 없는 전통 교회법이라 할지라도 어찌할 수 없었다. 하지만 히틀러의 새로운 유대인 법령으로 충격과 분노에 빠져 있는 사비네 부부의 부탁을 거절하는 것은 이중으로 잔인한 짓이었다.

"진심으로 장례식을 집례하고 싶은데……."

"무슨 문제가 있는 거야?" 디트리히가 말끝을 흐리자 사비네가 물었다.

"아, 그게. 아무것도 아니야. 케케묵은 낡은 교회법 때문에 말이야. 하지만 별문제 없을 거야."

세상에서 가장 온유한 매제 게르하르트. 어떻게 그의 마음을 또 아프게 할 수 있단 말인가! 디트리히는 자신의 소심함에 분노가 울컥 치솟았다.

"별일 아니야. 해결할 수 있을 거야."

그날 저녁, 디트리히는 프란츠의 아파트를 방문했다. 프란츠도 교회법이 전혀 근거 없다는 데에 같은 생각이었으나 뾰족한 수가 없었다.

프란츠가 입을 열었다.

"목사 가운을 입지 말고 그냥 친구로서, 지인으로서 설교를 하게!"

"그건 곤란하네. 목사가 아닌 신분으로 상주들에게 교회의 위로를 준다는 건 말도 안 돼. 그럴 거면 차라리 안 하는 게 낫겠네."

프란츠가 또 제안했다.

"자네 상관인 테오도르 헤켈 목사님과 의논해 보는 게 어떻겠나? 어쩌면 그가 답을 줄 수도 있을 거야."

"솔직히 말하자면 안 만나고 싶어."

"그러면 할 수 없지. 하지만 내 생각에는 그 방법밖에 없는 것 같아서. 우리보다 이런 상황에 대처하는 방법을 더 잘 알고 있을 거야. 물어봐서 손해 볼 건 없잖아."

디트리히는 입을 다물고 있었다.

"교회 헌법에 관해 자기 식대로 해석하고 행하기에는 지금은 때가 아니야."

"생각을 더 해 봐야겠네."

헤켈 목사를 찾아갔지만 그 역시 교회 감독과 상의해 봐야 한다고 했다. 디트리히가 교회헌법을 어길 수 없다는 것은 피할 수 없는 현실이었다.

결국 장례식 집례는 사촌이 짧은 인사로 대신했고 게르하르트 부친이 좋아하던 괴테와 프란츠 베르펠의 시 낭독으로 진행되었다. 음악이 연주되고 시가 낭독되는 동안 디트리히는 멍하니 앉아 있었다. 관을 묻고 가족들이 묘지가 있는 예배당을 떠날 때, 혼자 예배당 바닥만 보고 있었다. 사비네가 지나갔다. 한스가 프란츠에게 이야기하는 소리가 들렸다.

"우리 할머니가 유대인인 것이 알려지면, 내일 당장 자리를 빼앗기고 길거리에 나앉게 될 거야. 다행히 우리 할머니는 헝가리에 계시거든. 프란츠, 독일에 머무는 한 우리가 유대인 혈통이라는 걸 속여야 하는 거야. 이 자리에 오기까지 나는 오랫동안 힘들게 일해 왔어. 나치 돌격대에 이 자리를 빼앗기는 건 도저히 견딜 수 없어."

한스가 잔뜩 흥분해서 말을 이었다.

"나치 제국은 오래 못 가. 외부에서 불가능한 것을 안에서 이루어 낼 수 있을지 누가 알아! 내가 정신만 똑똑히 차리고 있다면……"

디트리히가 한마디했다.

"그렇지만 매형! 사람이 바른 정신 상태를 유지할 수 있을 때 치러야 할 대가가 어떤 것인지 알고 있겠지요?"

그때, 크리스텔이 디트리히에게 불쑥 말했다.

"네가 장례식 예배를 인도할 수 없어서 참 유감이었어. 사비네 부부는 교회 어른들의 뜻을 거역할 수 없었던 것을 이해할 거야. 하지만 솔직히 말해서 그런 교회법들은 너무 근거 없는 억지야."

디트리히는 물끄러미 바라볼 뿐 아무 말도 하지 못했다.

크리스텔은 터진 봇물처럼 쏟아 냈다.

"게르트의 아버지가 돌아가시기 전날 무슨 일이 일어났는지 알아? 바로 그날 우편으로 베를린 시의회 의원직 파면 통보를 받았어."

디트리히는 심장이 멎는 것 같았다.

"아니, 그런 일이 있었다니! 그 어른이 편안히 눈을 감으셔야 했는데……."

"게다가 같은 날, 게르트의 동생은 판사직에서 해임되고. 사비네가 이 이야기를 하면서 얼마나 울었는지 몰라."

"나한테는 한마디도 안 했어." 디트리히가 풀이 죽어 대꾸했다.

그날 밤 라디오로 중계되는 아르투르 슈나벨의 피아노 연주를 듣기 위해 본회퍼 식구들이 모였다. 일곱 번의 연주회 동안 서른 개의 베토벤 곡을 연주했다. 이번에 들려주는 것은 그의 네 번째 연주회였다. 연주회가 끝나자마자 아나운서가 짤막하고 급하게 안내 방송을 했다.

"순수 독일 음악과 순수 독일 음악가를 보호하는 차원에서 이번 연주회는 슈나벨 씨의 마지막 연주회가 되겠습니다."

모든 사람들이 아연실색한 채 할 말을 잃었다. 아르투르 슈나벨! 근세의 위대한 피아니스트 가운데 한 사람. 그러나 그는 유대인이었다. 디트리히가 사비네를 바라보았다. 그녀는 그 상황을 아주 태연히 받아들이는 듯했다. 마지막 연주는 베토벤의 〈고별 소나타〉로 더 유명한 작품 81번이었다.

5

6월 초, 디트리히와 엘레노레는 티어가르텐을 산책한 뒤 교회협의회 사무실에 잠시 들렀다. 나치 돌격대원 두 명이 입구를 막고 서 있었다.

"이름과 목적을 대시오."

"무엇 때문에 그러시오? 여기는 교회 사무실이오!"

"이제부터 이곳은 새로운 관청 사무실이 될 거요. 신분을 증명해야만 출입이 가능하오." 갈색 유니폼의 사내가 거만스레 말했다.

디트리히는 잔뜩 화난 얼굴로 사내를 쏘아보았다. 당장이라도 주먹이 날아갈 것 같았지만 엘레노레의 새파랗게 질린 얼굴을 보니 참아야겠다 싶었다.

"교회로 일단 가자." 디트리히가 그녀의 팔을 잡아당기며 말했다.

기념교회에 들어서자 야코비 목사가 자초지종을 설명했다.

히틀러가 교회 지도 체제를 긴급 해체시키고 대신 그 자리에 자기 수하의 친위대 수사관들을 앉힌 것이었다.

"중앙 사무실뿐 아니라 지방 사무실도 그들이 다 차지했소."

"언제부터 이렇게 된 건가요?" 아직까지도 잔뜩 겁에 질린 채 엘레노레가 물었다.

"바로 몇 시간 전이오. 열한시쯤이었던 것 같소. 금방 루스트 장관이 라디오에서 '저항은 반역이다'라고 발표했소. 그러면서 가차없이 처벌하겠다 하더군."

"흠, 각본대로 돌아가는군요. 우리를 불시에 습격하여 바닥에 내동댕이치더니 이제 반역이라는 죄목으로 철저히 짓밟겠다는 거군요." 디트리히의 목소리는 침통했다.

"자, 우선 안으로 들어오시오." 야코비 목사가 청했다.

"숨김없이 다 말해 주십시오. 어떻게든 방안을 찾겠습니다."

디트리히는 젊은 개혁자들과 함께 잠도 잊은 채 일을 진행해 나갔다. 전국에 흩어져 있는 소식통을 통해 국민들이 나치의 교회 지배를 어떻게 생각하는지 알아보고자 백방으로 노력했다. 우선 현재 상황을 정확하게 알리는 것이 급선무였다. 공공 언론은 검열과 삭제를 당하고 있어 입에서 입으로 소문을 내고, 인쇄 전단지는 손에서 손으로 전달되거나, 조그마한 구멍 가게 등에 갖다 놓고 은밀하게 퍼뜨리는 수밖에 없었다. 전화 통화는 극도로 삼가야 했다.

반응은 생각보다 아주 빠르게 나타났다. 히틀러 정권 인수 이후 처음으로 대대적인 시위 사태가 발생했다. 도처에서 교사 대표들, 목사 대표들이 총통관저 앞으로 모여들었다. 젊은 개혁자들은 디트리히에게 히틀러에게 보낼 공개서한 작성을 위임했다. '베를린 목사들의 선언'이라는 공개서한에는 교회 지도자 자리에 임명된 친위대 수사관들이 물러날 것과 원래 선거로 뽑힌 교회위원들을 재임명하는 내용들을 골자로 했다. 디트리히는 적어도 100명의 서명을 받고자 베를린 시 목사들에게도 공개서한을 보냈다.

한 주가 지났다. 프란츠가 히틀러에 의해 임명된 교회 지도부가 보낸 지침서를 가지고 왔다. '나치 제국을 위한 찬양과 경배'가 주일예배의 핵심이 되어야 한다는 게 지침서 요지였다. 교회당은 나치의 철십자로 장식해야 하고 나치 정부가 국가적 책임은 물론 교회를 새롭게 갱신하는 막중한 짐까지 덤으로 맡은 것에 대한 '국민들의 마음에서 우러나는 감사'를 설교 강단에서 낭독해야 한다는 내용이었다.

"저자들은 나 같은 사람이 지침서대로 할 것이라고 믿는 걸까?" 프란츠가 비통한 채 물었다.

해임된 교회 지도부들은 항의의 표시로 일요일 저녁에 '회개와 기도'가 핵심인 주일예배를 따로 드리자고 제안했다. 일요일, 디트리히는 프란츠의 아파트로 찾아갔다. 디트리히가 먼저 말을 꺼냈다.

"아무래도 오늘 저녁 자네가 인도하는 주일예배에 참석해야겠네. 물론, 자네가 괜찮다면 말이야."

"벌써 예배는 끝마쳤는데, 여느 때와 같이……."

"뭐야?" 프란츠의 대담함에 디트리히는 통쾌하게 웃어 댔다. 하지만 곧 심각한 표정으로 말을 이었다.

"자네는 언제나 고집불통이지. 아무래도 멀지 않은 날에 자네를 면회하러 감옥소로 가야 될 것 같은데."

전화벨 소리가 울렸다. 통화는 짧았다.

"마르틴 니묄러 목사님이야. 비밀경찰이 그로스만 목사님을 체포해 갔다는군."

디트리히와 프란츠가 할 일이 분명해졌다. 먼저 그날 밤 마르틴 니묄러 목사님이 인도하는 회개예배에 참석했다. 예정보다 이른 시간에 도착했으나 입추의 여지도 없었다. 마르틴 니묄러 목사가 그로스만 목사의 체포 사실을 알리자 회중 전체가 잔뜩 숨 죽인 채 침묵만이 흘렀다. 이런 일은 독일 역사상 전무했던 것이다. 니묄러 목사님은 조용하면서 분명한 어조로 그로스만 목사를 위한 간구 기도를 드리며 다가오는 날들을 위해 하나님의 인도하심을 구했다. 덧붙여 이 같은 사태에 교회가 합심하여 행동하자고 간절히 요청했다. 보통 때 눈에 띄지 않던 니묄러 목사의 몸집이 그날따라 유독 든든한 바위처럼 크게 다가왔다. 프란츠가 알기에는 니묄러 목사님은 반 년 전만 해도 히틀러에 대해 우호적이었다.

예배 후, 디트리히와 프란츠는 니묄러 목사 댁을 찾았다. 나무로 둘러싸인 잔디밭 뒤에 목사관이 있었다. 니묄러는 히틀러에게 언제 공개서한을 보낼 생각인지 디트리히에게 물었다.

"목요일쯤 될 것 같습니다."

"그래, 서명은 얼마나 받았소?"

"칠십 명쯤 됩니다."

"칠십 명이라, 생각보다 부진하군요."

"아! 오늘 기도모임 이후 서명자들이 늘어날 겁니다. 오늘 밤 예배 때 나치 돌격대원들이 뒤에 앉아 감시하며 빠짐없이 기록하는 것을 보셨습니까?"

"못 봤소만, 그다지 놀랄 만한 일은 아니지 않소? 늘 몇 명씩 와 있었으니까요. 앞으로도 계속 그럴 거요."

목사관을 나왔을 때는 짙은 안개가 밤길을 자욱이 덮고 있었고, 넓은 보행자 도로에 박힌 자연석 포장이 가로등에 반짝거렸다. 니묄러 목사의 여유 있으면서도 단호한 얼굴이 눈앞에서 어른거렸다.

'위험을 감수할 준비가 된 자만이 진정으로 살아 있는 거야. 그렇지 않은 자는 삶이라는 무대에서 엑스트라에 지나지 않아.'

디트리히가 목사들을 개인 방문하며 히틀러에게 보낼 공개서한 서명자를 모으는 데 온 힘을 쏟을 무렵, 디트리히의 상관인 테오도르 헤켈 학장이 그를 찾았다. 서명을 받아 낼 절호의 기회였다. 일상적인 안부와 가족들의 근황을 묻더니 바로 본론을 꺼내 놓았다.

"자네가 하는 창세기 강의에 대한 호평이 자자하다네. 이른 아침 강의에 이백 명이나 되는 학생들을 끌어내는 강사는 많지 않지."

헤켈 교수가 평소보다 더 환하게 미소를 지어 보였다. 조금씩 보일 듯한 이중 턱과 관자 놀이에 보이는 몇몇 흰머리들이 곧 사십 대에 들어설 학장의 나이를 드러냈다. 테 없는 안경은 그의 매끈하고 잘 다듬어진 용모를 돋보이게 했다. 이제까지 두 사람의 관계는 무난했다. 아니, 사무적인 관계에 지나지 않았다. 2년 전에는 함께 영국 캠브리지 에큐메니컬 회의에 독일 대표로 참석했으며, 그때 헤켈 교수가 디트리히를 교회자문회 청년부 간사 후보로 적극 추천하기도 했다.

"물론 아직 공식적이지는 않네만……." 헤켈 교수가 말문을 열었다.

"이번에 내가 총회 해외선교부 책임자로 임명되었어. 그리고 벌써부터 런던 교구에 있는 공석을 채울 적임자를 보내 달라는 부탁이 들어왔네. 독일 교회 두 개를 돌보는 목사직인데, 혹 자네가 마음이 있는지? 여기 자세한 설명이 들어 있는 몇몇 서류들을 챙겨 놨다네."

놀라운 제안이었다. 하고 싶은 마음이 굴뚝같았다. 그러나 헤켈 교수에게 속내를 내보이는 것이 어색해 머뭇거리듯 말했다.

"얼마나 영광스러운 일인지 잘 알고 있습니다만, 생각할 시간을 주십시오."

"그럼, 그리 서두를 일은 아니야. 일단 런던으로 건너가 상황을 직접 보고 일이 진행되는 대로 조정하도록 하지."

디트리히가 히틀러에게 보내는 공개서한을 꺼내 헤켈 교수 책상 위에 올려놓았다. 내용을 설명하고 서명을 부탁드렸다. 하지만 편지를 다 읽고 난 헤켈은 이맛살을 찌푸렸다.

"본회퍼 목사, 이건 좀 성급하고 선동적이지 않나? 이 서한이 오히려 교회와 국가 사이를 한층 더 악화시킬 것 같은데 말야."

"총칼을 내세워 교회를 자기 손아귀에 넣으려는 히틀러의 시도에 대해 학장님께서도 직접 언급하지 않았습니까?"

"오, 그런 위험한 표현을! 이 시대를 사는 우리는 처한 상황에 맞게 처신하는 건전한 이성이 필요하다네. 즉 필요하면 약간의 타협 정도는 감수해야지. 생각해 보게. 자네나 나나, 우리 모두는 교회가 각자에게 맡긴 사명에 충실하려고 하지 않는가! 현 교회가 조금 다른 체제 속에서 운영되고 있지만 이 교회는 여전히 하나님의 포도원이라네."

"그 점에는 동의할 수 없습니다. 가시나무에서 포도를 추수할 수는 없습니다."

헤켈은 기가 차다는 듯 웃음을 터뜨렸다.

"하하하! 또, 또, 그 틀에 박힌 고리타분한 비유인가? 자네 설교에 몇 번이나 언급되었지. 여하튼 난 서명할 수가 없네."

그 사이 서명자는 총 106명이 되었고, 공개서한은 금요일 총독관저로 보내졌다. 물론 테오도르 헤켈의 이름은 빠져 있었다.

다음주 월요일, 기독론 강의를 마치고 나왔는데 뜻밖에도 엘레노레가 기다리고 있었다. 그녀는 흥분을 감추지 못했다.

"히틀러가 명령을 취소했대. 믿어져?"

"무슨 말이야? 명령 취소라니?"

"친위대 경찰들을 철수시키고 해체시켰던 교회위원들을 복귀시켰다고. 기적이야, 기적!"

믿을 수 없는 일이었다.

"엘레노레, 어떻게 알았어?"

"야코비 목사님이 교회 수석책임자들에게서 직접 들었대. 정말이야, 정말이라고!"

긴가민가했던 소문이 사실로 드러났다.

그날 밤, 디트리히와 그의 제자들은 정기 모임을 갖던 맥주집에서 만나 축제 분위기에 휩싸였다. 그러나 왠지 축배를 드는 디트리히의 마음은 편치 않았다. 오히려 불안한 느낌마저 들었다. 어쩌면 히틀러가 한 걸음 물러선 것은 계산된 전술일지도 모른다. 잠시 양보하는 척하는 시늉 말이다. 이 승리의 기쁨을 얼마나 즐길 수 있을지…….

밤이 깊을수록 축제 분위기는 무르익었다. 학생들은 승리에 결정적인 역할을 한 디트리히를 위해 건배하고 찬사를 보냈다. 디트리히는 복잡한 생각 한편으로 제자들이 자신을 유능한 지도자로 인정해 주는 것에 황홀해졌다. 여하튼 예상 밖의 새로운 승리의 역사가 펼쳐질 것 같았다.

디트리히는 엘레노레와 함께 루이제 여왕 거리를 건너 집으로 가는 전차 정류장으로 걸었다.

"학생들 말이 맞아. 정확히 본 거야. 사실 이번 일은 네가 주역이었잖아. 야코비 목사도 오늘 아침에 네가 어떻게 학생들을 모아 조직하고, 히틀러에게 보내는 서한을 작성하고, 서명을 받아 내기 위해 얼마나 수고했는지 칭찬이 자자했어. 정말 훌륭했다고 말이야."

엘레노레는 직접 칭찬해 줄 용기가 없었는지 야코비 목사의 말을 슬쩍 빌렸다.

'엘레노레까지! 흠······.'

디트리히는 아무 말이 없었지만 쏟아지는 칭찬을 마음속으로 즐겼다.

집으로 돌아와 자기 방으로 올라갔다. 혼자 생각해도 자기가 해낸 일이 자랑스러웠다. 이와 같은 '승리'가 내 인생에 또 있었을까? 그렇다! 고등학교 시절, 높이뛰기 대회가 열리던 날, 부드러운 모래 위에 세운 장대를 교내 최고 선수였던 에른스트 아브라함존보다 2센티미터 더 높이 뛰어넘어 월계관을 받은 적이 있다. 친구들의 환호 속에 의기양양하게 월계관을 걸고 집으로 오는데 클라우스와 발터, 두 형이 놀려 댔다.

"높이뛰기의 황제, 위대한 디트리히 본회퍼!"

그때 정원으로 뛰어들어가 월계관을 집어던져 버리고 다시는 찾지 않았던 기억이 떠올랐다.

'자만심, 우쭐함이 나를 괴롭힌다. 엘레노레와 학생들은 왜 나를 그냥 놔두지 않는 걸까? 나의 높아지고 지배하고자 하는 마음을 그들은 왜 부추기고 있는가?'

구름 낀 밤하늘에 언제 아침이 밝아 올는지. 하나님은 어쩐지 멀리 계시고 우리를 대적하시는 것만 같다. 적막한 저 너머에서 시계 종소리가 들려온다. 두시, 세시, 네시. 여명이 밝아 올 무렵, 디트리히는 이런저런 번민에서 겨우 빠져나와 새우잠이 들었다.

6

뒤로 한 발자국 물러선 듯하던 나치 정부가 갑자기 역공세를 펼쳤다. 1933년 7월 23일, 히틀러는 전국적으로 제국교회 감독 선거를 지시했다. 선거일까지는 일주일 조금 더 남아 있었다. 감독 후보로는 히틀러가 추천한, 거의 무명의 군목 루드비히 뮐러와 얼마 전에 해임된 젊은 개혁자들이 지지하는 프리드리히 폰 보델슈빙 목사 두 명이었다.

디트리히와 프란츠, 니묄러, 야코비 목사가 주축이 된 젊은 개혁파 목사들은 얼마 안 남은 시간을 최대한 이용하여 '독일적 교인'에 맞설 프로그램을 제작하는 데 온 힘을 쏟았다. 신문, 방송 등 공공 홍보는 엄두도 낼 수 없었다. 달렘 사무실에서 호소문을 작성하고, 할 수 있는 모든 방법을 동원했다. 정부는 이번 감독 선거가 공정하게 치러진다고 선전했지만, 나치의 강한 입김이 작용할 것은 불 보듯 뻔한 이치였다. 그리스도인이 아닌 나치 지지자들에게까지 투표를 강요했고, 젊은 개혁자들은 나라 형편을 알지도, 협력하지도 않는 것으로 중상 비방을 받았으며, 히틀러가 총애하는 후보자를 제국교회 감독으로 거부하는 목사들은 파면은 물론 벌금까지 내게 할 거라고 위협을 받았다. 젊은 개혁자들은 '복음주의교회 프로그램'이라는 캠페인 아래 선거운동을 진행해 나갔고, 디트리히도 휴강을 하고 그의 제자들과 함께 플래카드 제작과 배포에 여념이 없었다. 파울라 여사는 그들을 위해 매일 점심을 융숭하게 대접하고, 자진해서 자택을 작전 본부로 내놓았다.

월요일 아침, 디트리히는 달렘 사무실에서 니묄러 목사, 야코비 목사와 만나 앞으로의 진행 상황을 의논하기로 되어 있었다. 그런데 사무실에 도착하니 게슈타포 세 사람이 배포용 인쇄물과 서류가 든 상자들을 짐차에 싣고 있었다.

"무슨 일입니까?" 디트리히가 물었다.

야코비는 겨우겨우 분노를 삭이며 사무실을 수색당한 이야기를 전해 주었다. 독일적 교인 이름으로 얻어 낸 가처분 서류를 제시하더니 모든 플래카드와 배포용 인쇄물을 압수했다는 것이다. 플래카드를 복사하던 다 찌그러진 복사기까지도……

디트리히는 비밀경찰들이 그 모든 걸 싣고 휑하니 떠나는 것을 그저 바라보고 있을 수밖에 없었다. 소리마저 아득해진 뒤에야 디트리히는 겨우 정신을 차리고 입을 열었다.

"무슨 방법을 강구해야 되지 않겠습니까?"

"난감하군. 해 봐야 무슨 소용이 있겠나?" 니묄러 목사가 어찌할 바를 몰랐다.

"가만히 있을 수만은 없지 않은가?" 야코비 목사의 목소리는 강경했다.

"찾아가서 항의를 해야겠네!" 니묄러가 제안했다.

"게슈타포 말인가?" 야코비가 놀라 물었다.

"그래, 비밀경찰 본부로 가잔 말이야!"

야코비가 니묄러를 미심쩍은 듯 바라보며 말했다.

"좋아, 내가 동행하지."

니묄러 목사가 서랍에서 신문 조각 하나를 꺼내 야코비 목사에게 내밀었다.

"제국이 규정한 자유와 공정성에 대한 교회선거법 복사본이야. 비밀경찰 서장인 루돌프 딜스를 직접 만나 따지게! 힘없는 아랫사람들하고는 시간만 낭비할 뿐이야. 아, 자네 예전에 받은 철십자 훈장을 달고 가게."

야코비 목사가 웃음을 터뜨렸다.

"니묄러 목사, 자네 아직도 잠수함 함장 시절 기억을 떨쳐 버리지 못하고 있군!"

"물론이지. 그 시절을 내가 어떻게 잊겠나?"

오후에 프린츠 알브레히트 거리에 위압하듯 서 있는 거대한 회색 건물에 도착했다. 넓은 계단을 올라서자 정오의 더위를 먹은 듯 양쪽에 걸린 나치 철십자 깃발들이 축 처져 있었다. 야코비는 재킷 앞에 철십자 훈장을 반듯하게 붙이고 경비 보초 앞을 당당하게 지나 넓은 복도로 들어갔다. 둥근 얼굴을 한 보초에게 방문 경위를 설명하자 놀란 눈을 부릅뜨며 아래 위를 살피기 시작했다.

"딜스 서장님과 면담이라고요? 지금 회의 중이시라 방해할 수 없소!"

"그러면 기다리겠습니다." 아무렇지도 않다는 듯이 디트리히가 대답했다.

대리석 계단 맞은편 의자에 앉아 기다리는데, 젊은 여자 한 명이 흐느끼며 들어왔다. 그 뒤로 윤기 나는 검은 비밀경찰 제복을 입은 사내가 따라왔다.

"무슨 짓을 했어?" 보초로 서 있는 사내가 호기심에 차 물었다.

"빌어먹을 년, '하일 히틀러'(히틀러 만세. -옮긴이)라고 한마디 하라는데 죽어도 못하겠다는 거야. 그래서 어떻게 하는지 가르쳐 줬지! 뜨거운 지옥이 차가워지기 전에는 지 새끼 얼굴을 못 보게 만들었지."

디트리히가 야코비를 쳐다보았다. 지금까지도 그렇지만 앞으로도 자기 입으로 '하일 히틀러'를 외칠 생각은 없는데…….

두어 시간이 지나 서장 비서실로 안내되었다. 책상 옆에는 사무실에서 거둬 온 상자가 쌓여 있었고, 인쇄물 냄새가 진동했다. 마침내 높은 문이 열리더니 시큰둥하던 비서가 손짓을 했다. 어두운 색의 나무로 둘린 크고 높은 방으로 들어섰다. 그 넓은 방에 가구라고는 큰 책상 하나가 전부였다. 위압감을 주는 집무실, 짧은 머리에 창백한 얼굴의 저 인물이 루돌프 딜스 서장이리라. 그의 머리 위, 뒤 벽면에 아돌프 히틀러 초상화가 걸려 있고 그 옆에는 철십자를 목에 걸고 있는 독수리상이 보였다. 딜스 총경은 아는 척도 않고 계속 서류만 들여다보고 있었다. 그러나 서장이 서류를 보는 게 아니라 자기들을 살피고 있다는 것은 금방 알 수 있었다. 디트리히로서는 나치 고위관리를 면전에서 만나는 것이 처음이었다. 생각보다 젊었다. 30대 초반이나 될까? 아주 말끔한 차림이었다.

"야코비 목사와 본회퍼 박사, 용건만 간단히 말해 주시오. 시간이 없어요." 사무적이고 차가운 목소리였다.

야코비는 가방에서 오려 낸 신문기사를 꺼내 총경 앞에 내밀었다. 그리고 공정한 선거 규정에 위배되는 게슈타포의 사무실 수색과 선거 인쇄물 압수에 대해 항의했다. 그러자 서장은 무섭게 흥분하며 신문기사를 거칠게 밀어냈다.

"규정을 어긴 건 우리가 아니고 당신들이오."

"뭐요?"

"당신들이 사용하는 그 '복음주의교회'라는 문구 말이오. 마치 당신네들만이 성경 정신에 입각한 교회인 것처럼 선전하고 있지 않소!"

한마디로 기가 찼다. 이 이름을 마다하고 다른 이름을 사용하기로 먼저 결정한 것은 독일적 교인들이었다.

"뭔가 오해하시는 것 같습니다. 그건 저쪽에서 먼저 자유롭게 한 결정이었습니다. 우리 의도는……."

"당신들의 의도가 중요한 게 아니라, 그 문구가 어떤 인상을 줬느냐 하는 게 문제요."

디트리히는 숨을 한 번 크게 들이마시며 대답할 말을 궁리했다. 게슈타포 우두머리와 말싸움에서 이기자고 온 게 아니다. 무엇보다 압수당한 물건들을 다시 찾아서 선거를 위해 최선을 다해야 한다. 디트리히는 감정을 자제하고 차분히 말을 이었다.

"서장님, 선거가 너무 급하게 공고된 것은 알고 계시지요?"

"그건 상대방 후보도 마찬가지요."

"물론입니다."

"그러나 그들은 우리에 비해 엄청난 재정적 지원을 받고 있습니다. 공정성에 있어서도······. 아닙니다. 그것보다 우선 '복음주의교회'라는 문구가 정 문제가 된다면 압수한 인쇄물만은 돌려주실 수 없습니까?"

"말도 안 되오, 그것은 절대 안 되오."

"이의를 제기한 단어를 삭제해도 안 된다는 말입니까?"

"이거, 보시오! 당신들이나 나나 시간만 낭비요."

"좋소! '복음주의교회'라는 제목을 빼고 '복음과 교회'라는 말을 대신 집어넣지요. 그 말은 정말 문제될 게 없습니다!" 야코비 목사가 급하게 제안했다.

서장이 동요되는 것 같았다. 디트리히는 이때다 싶었다.

"아무래도 이번 일로 내무부를 직접 찾아가 항의해야겠습니다."

"절대로 안 되오!" 서장이 윽박질렀다.

경쟁심이 강한 서장은 내무부에 비밀경찰에 대한 항의 투서가 접수되는 것을 결코 원치 않으리라. 이를 눈치 채고 디트리히는 끈질기게 늘어졌다.

"솔직히 히틀러 총통께서 이번 일을 재가한 것이라고는 믿어지지 않습니다. 이런 잡음은 국민들 사이에 좋지 않은 평판만 퍼지게 하니까요."

서장이 손에 쥐고 있는 연필을 만지작거리며 신경전을 벌이다 마침내 내뱉었다.

"좋소. 인쇄물을 돌려주겠소. 그러나 다시 한 번 경고하오. 또 한번 독일적 교인들을 모욕하는 선전구호를 사용한다면 그

때는 당신들을 체포하겠소. 그런 저항 책동을 하는 자들을 위해 강제수용소가 있는 것을 알고 있지요?"

건물 문을 나설 때 그들은 일종의 승리를 이루어 냈다는 것을 알았다. 선거가 치러지던 일요일, 디트리히는 투표소를 거쳐 삼위일체 교회로 가서 '음부의 권세가 이기지 못하는 만세 반석'이라는 제목으로 설교를 했다.

다음날 투표 결과가 나왔다.

"제국신자들의 칠십오 퍼센트 지지율을 등에 업고 루드비히 뮐러가 독일 제국교회 감독으로 선출되었다."

선거 후, 독일에서 제일 크고 영향력 있는 구프로이센 노회가 개최되었다. 뒤에서 다섯째 줄, 프란츠 옆에 앉은 디트리히는 회의가 진행될수록 점점 더 분노했다. 높은 천장과 윤이 나는 나무로 된 마룻바닥과 정교한 조각들로 이루어진 위엄스런 회의실이 나치의 철십자로 뒤덮여 회의 분위기를 압도했다.

노회 임원들은 돌격대원들처럼 갈색 유니폼을 입고 나타났다. 소수 젊은 개혁파들은 있으나마나 했다. 회의는 꾸며진 각본대로 서둘러 진행되었다. 독일적 교인 출신 세 사람이 노회 대표와 부대표로 뽑혔다. 뽑힌 세 사람은 높은 단 위에 설치된 설교단 뒤에 자리를 잡았고, 마르틴 니뮐러 목사에게는 서기직이 주어졌다.

회장단 및 서기들이 선출된 후 야코비 목사가 일어섰다. 디트리히와 그의 동료들이 작성한 교회 내 아리안법령 적용에 대한 이의서를 제출하기 위해서였다. 그러나 발언권이 주어지지 않았다. 아직 야코비 목사의 순서가 되지 않았다는 이유로.

디트리히가 벌떡 일어났다. 하지만 말문을 열기도 전에 노회장이 한마디로 잘랐다. 대신에 갈색 유니폼을 입은 독일적 교인 한 명을 불러내더니 새 교회 법령을 낭독하게 하고, 새 법령이 어떤 면에서 독일 교회 조직을 강화하고 정화하는지 설명하게 했다.

분과 위원장들의 임무는 노회 감독들에게로 넘어갔고, 노회 감독들은 최종적으로 제국교회 감독에게 보고하게 되어 있었다. 새로 임명된 감독들의 호명과 함께 우레와 같은 독일적 교인들의 박수가 울렸다. 마지막으로 테오도르 헤켈의 이름이 호명되자 학장이 단상 앞에 마련된 자리에 앉으며 청중들의 환호에 답례했다.

이어 아리안 족속이 아니면 독일 제국교회의 지도자가 될 수 없다는 소위 아리안법령이 발표되었다. 베스트팔렌 교구의 존경받는 칼 코흐 목사가 먼저 위원회에서 심의를 하자는 제안을 했다. 노회장은 단상을 손으로 치면서 강경한 목소리로 막고 나섰다.

"위원회를 왜 거쳐야 합니까? 다수가 찬성하지 않습니까? 여기 모인 우리는 모두 건전한 이성을 가진 애국자가 아닙니까?"

말이 끝나기 무섭게 갈색 유니폼의 회원들은 박수를 치고 발을 굴렀다. 환호는 그칠 줄 몰랐다.

"어서 빠져나가자." 프란츠가 속삭였다.

야코비 목사의 서재에 디트리히의 동료들이 모였지만 누구 하나 입을 여는 사람이 없었다. 한참 만에야 프란츠가 침묵을 깼다.

"전 이런 교회 강단에 설 수 없습니다."

비록 말은 하지 않았지만 다른 이들도 프란츠의 말에 공감했다.

그때 디트리히가 파격적인 제안을 했다.

"일괄 사표를 제출하고 현 교회의 모든 직분에서 물러납시다. 그것만이 양심 있는 목사들이 보여 줄 수 있는 유일한 행동이라고 생각합니다."

"맞습니다!" 프란츠가 찬성하고 나섰다.

"갈색 교인들이 제국교회를 예수 그리스도의 몸에서 떼어 갔습니다. 할 수 있는 일이란 우리의 분명한 자세를 타협 없이 알리는 일입니다."

짧은 침묵 뒤에 니묄러가 입을 열었다.

"프란츠 힐데브란트 형제, 깊이 공감하는 바요. 하지만 성급해서는 안 됩니다."

"지금은 행동할 때입니다. 말도 안 되는 무지막지한 갈색 노회 결정에 직접적인 대답을 해야 합니다. 주저한다면 무언의 동의로 받아들일 겁니다." 프란츠는 격앙된 감정을 억누르지 못하고 있었다.

존경받는 교회 어른인 칼 코흐 목사가 야코비 옆에 앉아 있었다. 칼 코흐 같은 교계 지도자가 젊은 개혁자들의 편에 섬으로써, 개혁자들에게 따라 다니던 '급진주의자'라는 딱지는 떨어지고 오히려 그 위상이 올라갔다.

코흐 목사가 신중하게 운을 뗐다.

"힐데브란트 형제, 형제는 교회 분리를 주장하는데, 아리안 법령 하나만으로 그렇게 행동하기에는 충분한 명분이 못 되네.

좀 더 본질적인 이유가 필요해요."

"좀 더 본질적인 이유라고요? 인종 차별 문제로 동료들이 축출되고 있는 교회에 남아 일하는 것이 말이 됩니까?" 디트리히 역시 극도로 흥분한 상태였다.

"생각해 보게. 프로이센 전역에는 통틀어 정확히 열한 명의 비아리안 출신 목사가 있네."

"지금은 열 명이죠. 제가 사표를 냈거든요." 프란츠가 끼어들었다.

"열한 명이든 열 명이든 바로 그 점입니다. 바로 그들이 소수이기에 더더욱 지원하고 보호해야 하지 않습니까?" 디트리히는 흔들리지 않고 주장했다.

뜨거운 설전이 오고 갔지만 결정된 것은 아무것도 없었다. 비텐베르크에서 열리는 전국 총회를 기다려 보기로 했다. 그때까지 더 많은 지지층을 확보하기 위해 파면된 동료들도 포함시켜 홍보를 벌이기로 했다. 디트리히와 니묄러가 성명서 작성을 맡았다.

이튿날, 성명서 문장들이 과격한 인상을 준다고 생각했지만 니묄러는 흔쾌히 동의했다.

"진실한 기도는 실로 우리의 영적인 눈을 훤히 열어 주는 문이라네." 니묄러 목사는 굳게 다짐하는 듯한 표정을 지으며 의미 있는 말을 던졌다.

공문에는 아리안법령이 교회 신앙고백에 명백히 위배된다는 것과, 아리안법령을 동의하는 자들은 스스로 교회 공동체에서 자신을 제외시키는 것임도 명백히 밝혀 주었다. 마지막으로 목사들은 아리안법령을 거부하고 하나님의 말씀과 신앙고백으로 돌아갈 것, 그리고 파면당하고 고난에 처한 동료들을 재정적으로 지원해 줄 것을 호소했다. 성명서는 '긴급 목사 대책위' 명의로 보냈다.

7

 부모님과 할머님이 한 달 넘게 휴가를 보내시는 하르츠 지방의 프리드릭스부룬까지 5킬로미터 정도 남았다. 하르츠의 가파른 숲에는 깊은 골짜기로 인도하는 맑은 개울도 있고, 약간은 위험한 늪도 있고, 좁은 진흙 길도 있었다. 산속 길 양 옆으로 보리와 잘 익은 사과 향기가 공기에 실려 왔다.

 마을로 접어드는 갈림길에서 양떼를 몰고 가는 농부 하인리히 뮐하우젠 아저씨와 아들 요르크를 만났다. 열한 살의 요르크는 이제 옛날의 앳된 모습을 말끔히 벗은 듯했다. 요르크는 자기 키보다 두 배나 더 큰 지팡이 하나만 가지고 양 무리들을 능숙하게 다루었다.

 "지팡이 하나로 저 많은 양떼들을 거느리다니, 참 대단하구나!" 디트리히가 인사를 건넸다.

 "아니에요, 박사님." 소년이 반갑게 웃으며 대답했다.

 "너, 아직도 공놀이가 좋아하니?"

"예. 항상 제가 이겨요. 내일 한번 시합할래요?" 소년이 의기양양해서 물었다.

"요르크, 박사님을 괴롭히지 말아라." 하인리히 씨가 타일렀다.

"아니, 괜찮습니다. 요르크, 그럼 내일 저쪽 잔디밭에서 만나자."

"정말이에요?"

"나도 너만 했을 때, 네 아빠랑 겨뤄서 이겨 보는 게 소원이었다. 그리고 딱 한 번 이긴 적 있지."

하인리히 씨도 옛 기억에 싱긋 웃었다.

소년이 아버지에게 말했다.

"아빠, 박사님께 내일 어디 가는지 말해 줘요."

"어디 여행 가십니까?" 디트리히가 물었다.

"예, 박사님. 뉘른베르크에 갑니다. 나 같은 무지렁이 농부가 전당대회에 대표로 가게 되었어요." 그러면서도 하인리히 씨의 표정은 자랑스러움이 가득했다.

"그럼, 나치 당원이 되셨습니까?"

"아, 아닙니다. 이 지역은 아직은 당 조직이 약해서 힘이 크게 못 미치고, 활동도 그리 활발하지 못합니다."

"다행이군요."

그러자 하인리히 씨가 야릇한 표정을 지으며 말했다.

"저로서는 영광스런 기회죠. 어쩌면 이번에 위대한 지도자 총통과 악수를 할 행운이 올지도 모르거든요."

그는 어깨까지 들썩이며 우쭐해했다.

"사실은 탈레에 사는 사촌이 큰 힘을 써 주었어요."

피할 수 없는 특권

"사촌은 당원입니까?"

"예, 상당히 빨리 높은 자리에 오른 셈이죠. 교육도 나보다 더 받았고요. 그가 이런 촌구석이 발전하고 있는 것이 기적이라고 말했어요. 실업자들이 일자리를 얻고 교량과 도로, 공장들이 건설되고 있다더군요. 덕분에 모두들 기뻐하고 소망을 찾고 있다지 뭡니까. 정말 기적 아닙니까?"

"사촌이 입당을 권하지요?"

"예, 저도 뉘른베르크에서 돌아오면 입당 수속을 할까 합니다."

"부탁인데 다시 한 번 잘 알아보세요. 어떤 조직에 가담하기 전에 그 조직이 정말 무엇을 하려고 하는지 아는 것은 무척 중요해요, 하인리히 씨."

"그건 그렇지요. 알았어요, 잘 알았다니까요."

"새로운 전쟁을 지원해서는 안 됩니다."

"아이쿠! 박사님, 아무도 전쟁은 원하지 않아요."

"물론 국민들은 원하지 않아요. 그러나 나치당과 당 간부들의 생각은 다릅니다."

기분이 상한 듯 하인리히 씨는 얼굴을 돌리더니 바지에 손을 쑥 집어넣었다.

디트리히가 어색한 침묵을 깨며 인사를 했다.

"그럼, 수고하십시오. 이만 가 봐야겠습니다."

등 뒤에서 소년의 소리가 들려왔다.

"박사님, 내일 공놀이 잊지 마세요!"

"걱정 마! 내일 보자." 디트리히는 손을 흔들며 가던 길을 천천히 걸었다.

해가 저물면서 갑자기 추워졌다. 마을 한가운데로 들어서자 작은 골목길로 이어지는 낯익은 길에, 여름 별장이 나타났다. 별장 창문으로 비치는 촛불들은 디트리히를 환영하듯 반짝거렸다.

할머니는 이미 잠자리에 들었고, 로테 아주머니가 저녁식사를 준비하고 있었다. 한 달여 만에 막내아들을 보는 파울라 여사는 바싹 다가앉아 내내 웃는 얼굴로 안부를 물었다. 디트리히가 격앙된 채 '갈색 노회' 소식을 전하기 시작하자 아버지는 피곤한 듯 벽난로로 가 쉬고 싶어 했다. 벽난로의 은은한 불빛에 아버지의 흰 머리카락이 더 빛났다. 아버님이 이제 많이 늙으셨구나 싶었다. 어려웠지만 휴가를 내신 것이 더욱 잘하신 일이다 싶었다. 베를린 대학병원 정신의학 주임 교수요, 샤리테 대학병원장에다, 개인병원까지 운영하시는 부친은 과중한 업무에 시달리고 있었다.

디트리히가 헤켈 교수에게서 제안받은 런던 교구 목사직에 대해 말을 꺼냈다.

"어떻게 해야 할까요? 두 분이 조언해 주셨으면 해요. 젊은 개혁자들은 나보다 대부분 연장자들이고 존경해 온 선배들이죠. 그런데 선배 목사님들은 지금 몸을 많이 사리고 있어요. 제국교회와 돌격대원들에 대해 예수 그리스도의 이름으로 저항할 준비가 되어 있지 않아요. 저마저도 중도 하차하지 않을까 두려워요. 그런 일이 일어난다면 저 스스로를 용납할 수 없을 겁니다." 디트리히의 눈빛이 애절했다.

"그것만이 이유가 아닙니다. 나를 필요로 하는 이곳을 두고 그냥 도망친다면 죄책감에 시달릴 것 같고, 그렇다고 여기 있는다고 무슨 뾰족한 수가 있는 것도 아니고. 이럴 수도 저럴 수도 없어서 참 답답합니다." 디트리히는 영혼의 괴로움을 토로했다. 그러나 교회 탈퇴를 생각 중이라는 말은 꺼내지 않았다.

"런던 목회는 나쁘지 않은 것 같다. 너무 예민하게 생각하기보다도 바깥에서 조금 거리를 두고 모든 일을 생각해 보는 것이 어떻겠니? 런던으로 가 있는다고 해서 네가 독일 교회를 위해 할 수 있는 일이 적어지지는 않을 게다. 오히려 다른 형태로 더 영향력을 줄 수 있을 게다. 누구보다 너는 에큐메니컬 지도자들과 폭넓은 친분을 가지고 있잖니." 평소 날카롭고 꿰뚫는 듯한 눈빛은 잊은 듯 아버지는 아들을 위로하려고 애썼다.

디트리히는 아버지의 깊은 사랑에 감동되어 말을 잃었다.

"에큐메니컬 지도자들에게 독일의 실제 상황을 알릴 사람은 네가 적임자야. 그들은 많은 부분을 왜곡하고 있거든. 뿐만 아니라 큰일을 하려면 기회를 기다리며 자신을 지키는 일이 중요해."

"저도 바로 그 생각을 했어요. 지금은 전초전에 불과해요. 본격적인 싸움이 오고 있어요. 다음 주 비텐베르크에서 열리는 전국 총회는 갈색 노회의 결정을 그대로 인준할 겁니다."

"아무런 대응 조치를 취할 수 없다는 거니?" 어머니가 이해가 안 된다는 듯 흥분해서 말했다.

"물론 항의문도 작성했어요. 하지만 별 소용이 없을 거예요."
항의문을 부모님께 보여 주었다.

"내용이 아주 좋은데. 너와 프란츠도 거기에 참석하는 거지?"

"비텐베르크요? 아마 못 갈 겁니다. 젊은 개혁자들 중에는 아무도 총대로 선출되지 않았어요."

"왜, 꼭 총대로만 참석해야 돼? 그냥 가서 인쇄물을 나눠 줘도 되잖니."

"그러면 우리는 총회 훼방자가 되고 말아요."

"그래서? 그럼 훼방자가 되면 되잖아! 마르틴 루터처럼 성(城) 교회 정문에도 붙이고, 서 있는 나무들, 붙일 만한 곳은 빼놓지 말고 다 말이야. 그 생각을 못했니?"

"아, 맞아요. 왜 그 생각을 못했을까요?" 디트리히가 웃으며 대답했다.

"그럼 자동차를 가져가렴. 프리츠 씨가 운전해 줄 거야." 아버지도 거들고 나섰다.

"감사해요, 아버지. 정말 고마워요. 프란츠도 나설 거예요." 디트리히는 이 순간이 앞으로도 계속 찾아올 절망의 시간에 얼마나 큰 힘이 될지 알고 있었다.

"엘레노레는? 같이 가고 싶어 할 텐데." 어머니가 물었다.

"참, 그 생각을 못했네요."

반 시간 전부터 공놀이에 이어 숨바꼭질 놀이를 하고 있었다.

"박사님을 잡았어요. 잡았다고요!" 요르크가 환호성을 질렀다.

디트리히는 뒤에서 덮친 요르크와 한 몸이 되어 이끼 위로 뒹굴었다.

"그래, 네가 나를 찾아냈구나! 내가 그곳에 숨었으리라는 것을 어떻게 알았니?"

"간단해요."

"오, 영리한데!"

디트리히는 땅에 떨어진 안경을 집어 들었다. 요르크는 머리가 좋은 아이였다. 어느 학교를 가게 될까? 아마 그도 대부분 시골아이들처럼 6학년으로 학교를 마치게 될 것이다. 요르크 같은 아이들이 더 이상 상급학교나 대학 교육을 받을 기회가 없는 것이 디트리히는 마음이 아팠다.

낮은 원형 창문을 타고 서늘한 저녁 바람이 들어왔다. 가까이 부엉이의 구슬픈 울음이 잠시 들리더니 곧 조용해졌다. 괴팅겐에 있는 사비네 내외가 생각났다. 여기서 80킬로미터 정도밖에 안 떨어져 있지만 산을 넘어야 하는 곳이었다. 그러다 지난번 장례식 설교를 거절했을 때의 게르트 얼굴이 떠올랐다. 아픈 기억을 지우려고 눈을 비볐다. 램프에 불을 켜고 사비네 부부에게 편지를 써 내려가기 시작했다.

> 사비네, 지난 4월에 너희 부부의 부탁을 들어주지 못한 일이 내내 마음을 괴롭힌다. 무엇이 나로 그렇게 행동하게 했는지 나도 잘 모르겠어. 내가 그런데 너희 부부는 어땠겠니. 아마 이해하기 어려웠을 거야. 하지만 너희들은 조금도 섭섭한 내색을 하지 않았지.
> 어떻게 해서도 그 일을 다시 보상할 수 없기에 내 영혼이 무척 괴롭구나. 이 밤, 그 일을 다시 생각하며 내가 할 수 있는 일이라고는 너희 부부에게 나의 연약함을 용서해 주도록 간절히 부탁하는 일뿐이다.
> 아마 지금 똑같은 일이 일어났다면, 분명히 예전과 같은 결정을 내리지 않았을 거야. 확신해.

편지지를 접어 봉투에 넣고 램프를 껐다. 디트리히는 침대에 누워 잠들 때까지 외로운 별빛이 어두움을 희미하게 비추고 있는 것을 바라보았다.

비텐베르크의 성 교회는 발 디딜 틈도 없이 많은 사람들이 와 있었다. 디트리히와 엘레노레, 프란츠는 삼면으로 합창실을 둘러싸고 있는 2층 관람석에 자리를 잡았다. 작열하듯 교회 창문을 비추는 오후 햇살로 교회 안 전체가 빛에 잠긴 듯했다. 교회 바닥 양쪽 나란히 대리석으로 된 마르틴 루터와 그의 동역자 필립 멜란히톤의 무덤에 화환이 놓여 있었다. 옆으로 기둥 주위에 설교 계단이 세워져 있었다. 설교단 위에는 사진 기자 한 사람이 웅크리고 앉아 괴물 같은 카메라 렌즈를 합창실을 향해 맞추고 있었다. 나치 철십자 깃발이 교회 강대상 양쪽을 지키듯 서 있고, 강대상 위로 독일 제국교회의 자주색과 흰색으로 된 새 휘장이 걸려 있었다. 예수님의 십자가와 나치의 철십자가 어울려 묘한 분위기를 연출했다. 엄숙한 분위기 속에 제국교회의 새 감독을 기다리고 있었다. 시간이 되자 팡파레가 울려 퍼지며 오르간의 화려한 화음이 실내를 덮었다. 루드비히 뮐러가 입장하자 모든 사람이 자리에서 일어났다. 그가 앞서서 제단 앞으로 걸어가고, 열 명의 교구 감독들이 그 뒤를 따랐는데 테오도르 헤켈 교수는 세 번째에 서 있었다. 카메라가 쉴 새 없이 찰칵거렸다.

독일적 교인 대표인 호센펠더가 몸을 땅바닥까지 굽힌 채 제국 감독을 영접하며, 승리에 찬 목소리로 외쳤다.

"제국교회 감독님을 진심으로 환영합니다!"

그리고 높이 있는 제단을 향해 계단으로 안내했다.

점심 휴식 시간을 이용해 디트리히와 엘레노레, 프란츠 세 사람은 인쇄물의 반 이상을 성 교회 입구부터 시작하여 시내 곳곳에 붙였다. 개회 행사가 진행되는 동안 세 사람은 다시 바깥으로 나왔다. 시원한 가을날이었다. 붉고 노란 인쇄물들이 바람에 날렸다. 디트리히와 엘레노레는 양팔 가득 인쇄물을 안고 시장 광장을 가로질러 루터 동상 앞 계단에 섰다. 위대한 인물은 우아하고 높은 둥근 지붕 아래에서 손에 성경을 펴 들고 여유 있게 서 있었다. 몇 미터 안 되는 곳에 멜란히톤의 동상이 서 있었다.

"오늘날 루터가 살아 있다면 어떤 조언을 해 줄까?" 디트리히가 말했다.

"어떤 질문에 대해서?" 엘레노레가 물었다.

"이 키 없는 배가 암초에 부딪혀 박살나는 것을 여기에 머물며 내 눈으로 직접 목격해야 하는지 말야."

"그렇다면, 런던으로 떠나기로 결정했다는 말이구나."

"응, 그렇게 하려고."

엘레노레는 속으로 비록 놀랐을지언정 내색은 전혀 하지 않았다.

"오랫동안 고민했어. 현재로서는 그게 최선인 것 같아."

"얼마나 가 있을 건데?"

"적어도 일 년쯤."

"너무 긴 시간이야." 한숨을 쉬며 그녀가 고개를 돌렸다.

"자주 들어올 거야. 독일에서 일어나는 일에 전혀 신경을 끊을 수는 없으니까 말이야."

엘레노레는 디트리히를 바라만 볼 뿐 아무 말이 없었다.

그때 디트리히 옆에서 불쑥 사람 소리가 들렸다.

"이 인쇄물에 대해서는 들었지만, 자네가 배후 인물일 줄은 몰랐네." 테오도르 헤켈 교수였다.

"놀라셨습니까? 사실 한번 읽어 보고 싶으신 거죠?" 디트리히는 인쇄물 한 장을 건넸다.

헤켈은 마지못해 받는 척하며 받아 쥐더니 재빠르게 훑으며 읽어 내려갔다.

"자네가 여기에 서명하다니 어처구니가 없네. 하기야 자네는 자주 도가 넘치는 짓을 벌일 때가 많지."

"그렇습니다." 디트리히가 수긍하며 말을 이었다.

"이천 명이나 넘는 목사들이 도가 지나친 쪽으로 합세했습니다. 우리는 '긴급 목사대책위'를 구성했고 이것이 우리의 정관입니다."

"긴급 목사대책위라. 그것 참 긴박하게 들리는데. 물론 아주 우습기도 하고." 헤켈이 인쇄물을 돌려주며 말했다.

"우습다니요? 갈색 노회의 결과를 생각한다면……."

"갈색 노회라니? 그런 표현을 사용해서는 안 되지."

"사실이 그렇지 않습니까? 지금 우리는 갈색교회를 가지게 되었습니다."

헤켈은 아주 기분 나쁜 듯한 손짓을 하며 말했다.

"자네는 나를 실망시켰어! 런던에서 독일의 훌륭한 대표로 일해 주기를 기대했는데……."

"한 번이라도 독일적 교인과 관련된 사역에 털끝만큼의 관심을 가진 적이 없습니다. 대신 에큐메니컬 운동을 위해 열심히 일할 것입니다. 반대하신다면 지금 제 런던행을 막으셔야 합니다."

"그런 말은 아니었네." 헤켈이 놀란 목소리로 항의했다.

헤켈은 목사 부임 문제가 시끄러워져 런던 교구 교회들이 조국의 모 교회로부터 분리되어 나가는 사태로 번질까 봐 염려하고 있었다. 런던의 독일 교회들은 독립적이라 충분히 그러고도 남을 만했다.

"런던 부임시 제 사역 입장을 서면으로 남겼으면 합니다. 제 입장이나 의도에 맞지 않는 경우가 생긴다면 그 자리를 기꺼이 포기하겠습니다."

"좋아, 그렇게 하게! 그리고 이 성명서에 관한 것인데, 교회 내 의무 때문에 자네 의견을 바꾼 것으로 표현하면 어떤가?"

"그럴 수 없습니다."

헤켈이 디트리히를 걱정스러운 듯 응시했다.

"좋아, 해외 언론의 거짓 선전과 결탁하지 않는 한 말이야. 영국 기자들은 항상 부정적으로 기사를 쓰더군."

헤켈이 떠난 뒤 디트리히는 즉시 엘레노레에게 말을 붙였다.

"이해할 수 없어. 도대체 나를 어떻게 여기는 건지 말야."

"너를 잘 모르는 거지 뭐. 성명서나 붙이러 가자. 서둘러!" 엘레노레가 재촉하자 디트리히도 따라나섰다. 그러나 둘 사이에는 아무 말이 없었다.

엘레노레는 생각이 복잡해졌다. 런던 출국을 결심한 디트리히가 아주 중요한 문제를 미루고 있었기 때문이다. 미국에서 돌아온 지 2년 동안 결혼에 대해 한마디도 없었다. 디트리히로서는 결혼 자체를 거부한 적은 없었지만 다만 시기가 문제였다.

"내가 떠나는 것을 이해해 주었으면 해."

그녀는 아무 대답도 하지 않았다.

디트리히는 애서 설명하려고 했다.

"지금은 모든 것이 불투명해. 이런 시기에는 현실적인 문제는 좀 뒤로 미뤄야 한다고 생각해. 너도 같은 생각이지?"

"그래, 그렇겠지. 하지만 사실 난 잘 모르겠어. 너는 항상 싸움이 가장 치열한 곳으로 자신을 던지려고 하거든." 엘레노레가 약간은 신경질적으로 말했다.

"싸움은 끝났어. 적어도 첫 번째 싸움은."

"그렇다고 런던으로 휴가를 떠나는 것은 아니잖아."

"물론이지. 런던에서 베짱이처럼 무위도식하러 놀러 가는 것은 아니지."

"아니, 그런 말이 아니라……." 엘레노레는 무슨 말인가를 더 하려는 듯 머뭇거리다 끝내 입을 다물어 버렸다.

디트리히는 엘레노레가 자기 고민을 알아주고 덜어 주기를 바랐다. 그러나 엘레노레는 금방 모든 일을 잊은 것처럼 인쇄물을 높이 치켜들고는 재촉했다.

"디트리히, 아직도 인쇄물이 많이 남았어. 빨리 가자. 시간이 없어."

디트리히가 런던으로 떠날 날이 다가왔다. 송별회를 위해 간단한 다과회와 음악회가 열렸다. 그러나 송별회는 온통 히틀러의 국제연맹 탈퇴 조치 이야기뿐이었다. 이번 히틀러의 결정은 1919년 베르사이유 조약으로 정해진 국경을 무시하고 독일 민족의 옛 영토 회복에 대한 호소를 포함한, 가까운 장래에 발발할 전쟁의 위험을 예고해 주었다.

송별회가 끝날 무렵 엘레노레가 디트리히에게 선물을 건넸다. 가죽으로 된 수첩이었는데 그 위에 루터의 얼굴이 새겨져 있었다.

"루터가 너에게 항상 좋은 조언을 해 주기를."

디트리히는 엘레노레에게 뉴욕에서 가져온 흑인영가 악보를 선물로 줬다.

엘레노레가 물었다.

"어떤 노래가 마음에 들어?"

"글쎄, 다 좋아하니까. 다음에 내가 베를린으로 돌아오면 네가 좋아하는 곡을 들려줘."

엘레노레는 미소를 지어 보였다.

이별의 악수를 나눌 때만 하더라도 이들 두 남녀를 갈라 놓는 장벽은 보이지 않았다.

"좋은 시간이 되었으면 해, 디트리히."

디트리히는 일종의 약속의 말을 해 주어야 할 것 같았다. 그러나 그 순간이 미래를 약속하는 말을 할 때가 아니라는 생각이 들었다.

"안녕." 엘레노레는 밝은 목소리로 마지막 인사말을 던진 채 떠나갔다.

8

 디트리히는 런던에 와서도 조국 교회 걱정으로 마음이 편치 않았다. 한편으로는 자신에게 맡겨진 자그마한 두 교회에서 설교할 수 있음에 늘 감사했다. 설교자 직분이야말로 목사에게는 가장 중요하다고 항상 생각해 왔다. 뿐만 아니라 학습 교인들의 교육, 상담, 환자 심방, 심지어 여러 행정 사무에 이르기까지 최선을 다해 일했다. 교회에서는 빅토리아 양식으로 지어진 큰 건물 2층에 세 개의 방이 딸린 집을 거처로 마련해 주었다.

 런던에 사는 디트리히와 베를린에 있는 친구들의 연락을 맡아 해 준 이는 어머니였다. 어머니 파울라 여사는 자세한 편지와 전화 연락을 통해 저항 목사들이 축출당하고 체포된 일, 복음주의 소년단을 히틀러 소년단으로 강제적으로 가입시킨 것, 교회 내에 확산되는 아리안법령에 관한 이야기, 교회 내 토론과 언론에 대한 금지 등 이루 말할 수 없는 새 제국 감독의 탄압 정책을 알려 주었다.

디트리히는 영국에서 시무하는 다른 여덟 명의 독일 동료들을 소집했다. 그리고 전보나 편지로 탄압 정책에 대한 저항을 주도하였다. 한 달에 두세 번 배로, 비행기로 독일로 들어와 이 모임 저 모임에 참석했다. 잠시 조국을 떠나 현재 상황을 조금 거리를 두고 지켜보고자 런던행을 택했던 것인데, 오히려 런던과 베를린 사이에 두 다리를 걸치는 모양새가 되어 버렸다. 그런 와중에도 제국 감독의 몇 가지 악질적인 정책을 저지하는 일에 성공을 거두었다.

아버지의 예상대로 디트리히가 영국에서 이룬 범교회적인 접촉은 크게 도움이 되었다. 유럽 청년부 간사 자격으로 에큐메니컬 운동의 회장인 조지 벨, 치체스터 교구 주교를 알게 되었다. 벨 주교는 그와의 만남을 크게 기뻐하고 독일 교회의 현황에도 깊은 관심을 보였다.

11월 말, 벨 주교는 디트리히를 치체스터에 있는 주교관으로 초대했다. 서섹스의 멋진 구릉 지대를 구경하며 한 시간 동안의 기차 여행 끝에 치체스터에 도착했다. 주교는 기차 역까지 마중을 나왔다. 웅장하고 화려한 성공회 성당 건물을 둘러보며 건축물 이야기며, 또 최근 독일에서 목사들을 체포한 이야기도 나누었다.

"정말 아름다운 교회입니다!" 대성당의 탑을 바라보며 디트리히가 경탄했다.

"그렇지요, 저도 성당과 정이 들어 이곳을 떠나게 될까 두렵습니다."

대화 중에 두 사람 생일이 2월 4일, 같은 날인 것을 알게 되었다. 물론 벨 주교가 23년이나 위였다. 자신이 50세가 된다는 것을 상상만 해도 디트리히는 끔찍했다. 그런데 따사로운 태양빛을 받으며 자기 앞에 서 있는 벨 주교는 전혀 그렇지 않았다. 적당한 키, 머리부터 발까지 운동으로 다져진 체격에 홍안을 유지하고 있었다. 또 푸른 눈과 맑은 눈동자에서 풍기는 인상은 온유함과 강함을 동시에 느낄 수 있었다.

주교관 입구에 다다르자 열 살쯤 돼 보이는 소년이 가방을 손에 든 채 담벼락에 기대어 서 있었다.

벨 주교가 다가가 물었다.

"왜 그러니, 로비? 무슨 일 있었어? 왜 아직 학교에 안 갔어?"

소년은 울어서 부어오른 눈으로 주교를 올려다보며 말했다.

"학교에는 안 갈 거예요."

"그러면 안 되지." 벨 주교는 허리를 굽혀 소년의 귀에 무엇인가 속삭였다.

그러자 소년의 얼굴이 환해졌다.

"지금 학교에 뛰어갈 수 있겠니?" 벨 주교가 물었다.

"그럼요, 갈 수 있어요!"

벨 주교는 소년이 뛰어가는 모습을 걱정스러운 눈빛으로 지켜보았다.

"불쌍한 녀석, 가정이 무척 불안정해요. 아비가 술주정뱅이이다 보니 아이를 미처 챙겨 주지 못해서 늘 지각하기 일쑤예요. 학교 선생님은 그 사정을 잘 모르고요. 그래서 조만간 로비 선생님께 이야기를 해 주려고 한답니다."

"주교님은 자녀가 있습니까?" 디트리히가 걸어가며 물었다.

"아니요! 그 면에서 우리 부부는 하나님의 축복을 받지 못했습니다. 여기 있는 아이들이 다 내 자식들 아니겠소." 주교는 미소를 지으며 말했다.

자상한 아버지 같은 벨 주교에게 자식이 없고, 소년 로비가 술주정뱅이 아버지를 가진 사실에 디트리히는 삶의 비극적인 모순을 느꼈다.

대화가 인도의 간디로 이어졌다. 2년 전 간디가 벨 주교를 방문한 적이 있다고 했다. 디트리히는 그 여위고 조그마한 인도 남자가 이곳 나무들 사이를 걸어 다니는 모습을 상상하며 인도의 마하트마 간디 아래에서 수학하고 싶었던 오래전의 소원을 털어놓았다. 주교는 만남을 한번 주선해 보겠노라며 간디에게 편지로 물어보겠다고 했다. 디트리히는 너무 흥분해서 감사의 말도 제대로 하지 못했다.

벽화로 장식된 작은 기도실에서 저녁 기도회가 열렸다. 기도회에서 벨 주교는 독일에 있는 디트리히의 가족들과 독일 교회들을 위해 하나님의 도우심과 축복을 기원했다. 그곳에서 무릎을 꿇고 기도하는 동안 디트리히의 심령에 따뜻한 위로가 임했다. 그동안 얼마나 '영적인 아버지'를 찾았는가? 그런데 이곳 치체스터에서 마침내 그 만남이 이루어지고 있는 것 같았다.

디트리히와 벨 주교의 영적인 교제는 시간과 함께 더욱 깊어졌다. 벨 주교는 세계 교회의 이름으로 독일 교회에 행해지는 탄압에 대해 저항할 것을 선언했다. 그는 항의문을 제국교회 감독 루드비히 뮐러와 힌덴부르크 대통령에게 우송하고, 항의문 전문을 〈런던 타임즈〉에 공개했다.

3월 초, 긴급히 귀국하라는 헤켈 교수의 전화가 왔다. 거의 위협조였다.

"일이 급하네. 비행기로 들어오게."

그날 오후에 헤켈의 사무실에 도착했다. 늘 그랬듯이 사무실 안은 은은한 담배 냄새로 가득했다. 깨끗하게 정리된 책상 위로 오래된 청동 램프가 비쳤다. 책이며 서류로 어지러운 자신의 책상과 비교하며, 이렇게 깨끗하게 비워진 책상에서 어떻게 일할 수 있을지 궁금했다.

헤켈은 형식적인 악수를 나누고는 마주앉자마자 디트리히를 심문하듯이 말했다.

"자네를 아무 일없이 그냥 불러들인 것은 아닐세."

"알고 있습니다."

"런던에서의 자네 움직임이 심상치 않기 때문이네."

디트리히는 대꾸하지 않았다.

"자네 본심은 다르겠지만, 외국에 있으니 어쩔 수 없이 그들의 영향을 받았겠지."

디트리히에게 무슨 변명이라도 듣고 싶다는 듯 헤켈은 잠시 말을 쉬었다. 아무 반응도 없자 다시 말을 이었다.

"그런데 루드비히 뮐러 감독은 자네의 범교회적인 교제가 독일 제국교회의 명예를 떨어뜨린다고 생각하네."

"제국교회 명예 실추에 제 도움까지 필요한 줄 몰랐습니다."

"아 그만, 그만! 나는 자네와 벨 주교의 만남이 단순히 교회 업무 때문이라고 생각하네."

"벨 주교님과 교회연합운동에 대해 몇 번 대화를 나누었습니다."

"독일 교회 내의 갈등에 대해서도 말인가?"

"교수님, 그 이야기를 한 번도 꺼내지 않는다는 게 오히려 현실에 맞지 않는 말 아닙니까?"

"벨 주교가 뮐러 감독과 힌덴부르크 대통령에게까지 보낸 서한은 도대체 어떻게 된 건가? 혹시 자네가 개입한 게 아닌가?"

"그 편지에서는 교회연합운동의 정당한 정책을 언급했다고 알고 있는데요?"

"내가 보기에는 그렇지 않아. 자네는 교회 내의 목사로서뿐만 아니라, 교회연합운동에서도 제국교회의 입장에서 처신해야 하네."

"저는 에큐메니컬 본부로부터 유럽 청년부 간사로 선출되었습니다. 그건 제국교회에서 받은 직분이 아닙니다."

"물론이지! 그러나 자네는 독일 제국교회를 대표하기 위해 선출된 거야. 그런데 자네는 끊임없는 야당 기질을 가지고, 이번에도 〈런던 타임즈〉 신문 기자에게 엉터리 정보를 제공하고 말이야."

디트리히는 자제하려고 애를 썼다.

"타임즈는 베를린에 뛰어난 특파원을 두었습니다. 제가 알기에 영국 특파원들의 보도 자료는 상당히 정확합니다. 유감스럽게도 그 특파원들을 만나 보는 행운은 얻지 못했습니다."

헤켈 교수는 미간을 찌푸리며 말했다.

"왜 자네가 나를 이렇게 괴롭히는지 모르겠네. 나는 자네를 생각해서 말하는 거야. 자네 신상에 좋지 않은 일이 일어나는 것을 원하지 않아. 알아듣겠어?"

"저에게 도대체 무슨 일이 일어난다는 말입니까?"

"자네가 이런 식으로 계속 자유를 남용하면, 결국 해외에서 반국가 활동을 한다는 확증을 준다네. 그것은 자네같이 유능한 젊은이를 위해서는 너무나 안타까운 일이야."

"왜 돌려서 이야기하십니까? 국가 반역죄로 덮어씌우시는 겁니까?"

"덮어씌우는 게 아니라네! 단지 자네의 행동을 납득할 만한 설명을 하지 않을 경우, 제국 감독과 고위 책임자들이 그렇게 해석할 거라는 말일세. 해외 언론들은 독일 교회 내 논쟁이 마치 제국 정부에 대항하는 공격인 양 떠들고 있네. 내 수하에 있는 사람이 반체제인사로 활동한다는 인상을 받는 건 원치 않네. 애당초 자네를 런던으로 보낸 것부터 큰 실수였어."

"런던 출국 전부터 저는 분명히 제 생각을 말씀드렸습니다. 게다가 서면으로까지……."

"그만!"

"귀환을 원하시면, 런던으로 직접 오셔서 송환하셔야 할 것입니다."

디트리히의 말에 놀라는 헤켈의 표정은 도가 지나쳐 우스꽝스러울 정도였다.

디트리히도 안락의자에 몸을 기대며 말했다.

"게다가 금방 지적한 혐의에 일말의 증거도 없지 않습니까?"

"증거는 필요 없어! 결과만으로 충분히 증명됐으니까. 그리고 필요하면 여권도 압수할 수 있네. 물론 그렇게 하겠다는 것은 아니지만. 그러면 전선으로 징병될 수도 있어. 물론 자네가 훌륭한 군인으로 전선에 가 있는 것도 교회를 섬기는 것이지."

디트리히는 꼼짝도 않고 앉아서 헤켈이 한 말을 곰곰이 되새겼다.

"덴마크 파뇌에서 팔월에 열리는 에큐메니컬 회의에 대해 한마디만 더 하겠네. 자네가 강연을 맡은 것으로 알고 있는데."

"그렇습니다. 강연 한 건과 설교 한 건을 부탁받았습니다."

"벨 주교의 책략이야. 여하튼 자네가 덴마크로 가서 제국교회를 흑색 선전하는 데 이용되는 걸 원치 않네. 총통의 분노를 사서 이로울 건 하나도 없다고. 자네가 나치의 정치 이념에 동의하지 않는다는 건 잘 알아, 잘 안다고. 나도 마찬가지야. 하지만 적어도 해외에서는, 외국인들에게 독일 국민이 일치단결하는 모습을 보여 주어야 하네."

"교수님, 그들은 외국인이 아니라 믿음의 형제들입니다."

"상관없어! 어쨌든 우리는 한 목소리를 내야 하네."

이제는 헤켈도 지쳤는지 동정을 구하듯이 부탁했다.

"차근히, 내 입장에서 한번 생각해 봐."

"그렇게 해 보도록 하겠습니다." 하지만 디트리히는 여전히 비꼬는 어조였다.

헤켈 교수는 어쩔 수 없는 나치의 그물에 걸려 있었고, 무섭게 감시받으며 조정당하고 있었다.

헤켈이 책상 서랍에서 종이 한 장을 꺼냈다.

"독일 제국교회가 허용하는 범위 내에서만 에큐메니컬 활동에 참여한다는 것만 약속하면 되네. 여기 서명만 하게나. 이 제안까지 거절할 만큼 미련하지는 않겠지?"

헤켈은 마치 아버지가 아이에게 쓴 약을 먹이기 위해 애쓰듯이 가만히 웃으며 부드러운 음성으로 말을 이었다.

"우리가 왜 이렇게 불편해져야 하는지 모르겠어. 그렇지 않은가?"

"그렇게는 할 수 없습니다." 디트리히는 단호히 거절했다.

헤켈의 얼굴에서 웃음이 걷혔다.

"그럼, 서류라도 가지고 가게. 런던에서 우편으로 보내 주어도 늦지는 않아."

확고한 결심과 표면적으로 너무 강경하게 나가서는 안 된다는 조심성이 디트리히의 내면에서 서로 부딪치고 있었다.

"제 결심은 분명합니다만, 서류는 가지고 가지요."

디트리히는 서류를 접어서 가방에 집어넣었다.

헤켈이 미소를 지었다.

"됐어, 좋아! 앞으로 이런 사안에 관해 함께 상의를 해 가자는 것 외에는 별다른 의도가 없어. 잘해 보자고. 우리는 이미 명콤비가 아닌가? 또 한 가지 파뇌 회의에 동행할 청년 대표단들 말이야, 우리 독일 교회를 대표할 수 있는 인물들이어야 한다네."

"물론입니다. 다른 나라에서 오는 믿음의 형제들에게도 존경받을 만한 청년들을 데려가겠습니다."

"해외 청년부 간사의 권위를 행사하겠다고?" 헤켈의 얼굴이 다시 굳어지더니 체념했다는 듯 짧게 덧붙였다.

"좋아, 그 정도 미미한 저항은 허락하지. 그러나 그 이상은 안 되네!"

사무실 문 앞에서 헤켈은 디트리히의 어깨에 손을 얹으며 충고했다.

"나를 믿어 주게. 늘 그랬듯이 자네를 위하고 아끼는 마음에서야. 자네 입장은 충분히 알지만, 더 나가면 위험하네. 나의 우정 어린 권고일세."

디트리히는 헤켈 앞에서 우유부단했던 자신이 밉고 분노가 치솟았다. 왜 처음의 강경한 태도를 끝까지 보여 주지 못했을까? 다시 들어가 자신의 단호함을 분명히 알릴까?

생각에 잠긴 채 길을 가다 하마터면 길 가던 사람과 부딪칠 뻔했다. 그래, 서면으로 나의 입장을 더 조리 있고 분명하게 밝히는 게 좋겠어. 그제야 고개를 높이 들고 당당하게 걸었다.

런던에 도착한 직후 헤켈에게 편지를 우송했다. 물론 동봉한 각서에는 서명하지 않았다. 얼마 뒤 5월, 복음주의교회가 제국교회에서 분리됐다는 반가운 소식을 프란츠가 전해 줬다. 이렇게 하여 고백교회의 태동이 시작되었다. 유일한 구주로서의 예수 그리스도에 대한 고백이 강조되는 '고백교회'라는 이름이 디트리히도 마음에 들었다. 또 이것은 나치 추종자들이 히틀러를 단지 정치적 지도자로서만이 아니라 독일 민족의 메시아로, 신적인 사명이 있다는 주장을 바로 배격하는 것이었다. 고백교회의 공식적인 선언이 통과된 바르멘 총회에 직접 참석할 수는 없었지만, 고백교회 탄생에 숨은 영향을 미친 것으로 디트리히는 위안을 삼았다.

예수 승천일에 벨 주교는 에큐메니컬 협의회장 자격으로 전 세계 교회 지도자들에게 목회서신을 보냈다. 편지에서 독일 제국교회를 날카롭게 비판했다. 벨이 쓴 대로 그것은 교회 역사상 전례 없는 일이며, 기독교 신앙의 근본과 상반되는 사건이요, 방침이었다. 고백교회 신자들이 갈색교회의 잘못된 가르침에 용감하게 대항하고, 복음신앙을 지키도록 격려하는 벨 주교의 뜨거운 지원이었다.

6월 말, 독일 전역에 끔찍한 소문이 쫙 퍼졌다. 엄청난 살육이 일어났다. 돌격부대 최고 책임자이며 히틀러의 충복인 에른스트 룀 장군과 돌격대 최고 간부 칠십여 명이 히틀러의 명령에 의해 총살당한 '피의 숙청'이었다. 히틀러와 권력 다툼을 하다 결국 룀이 밀린 것이었다.

디트리히는 프란츠에게 당장 런던으로 오라고 재촉했다.

2주 뒤, 디트리히는 뒷짐을 진 채 방 안을 서성거리며 프란츠의 이야기에 귀를 기울이고 있었다. 프란츠 말로는 '6월 30일 사건'의 희생자가 족히 200명은 될 거라고 했다.

"사람들은 그 일에 대해 얼마나 알고 있어?"

"여기저기서 들려오는 풍문을 귀동냥한 정도지. 괴벨스가 말이야, 담화문에서 이번 사태는 말하자면 독일을 공산주의자들의 책동 아래 일어날 유혈 혁명으로부터 보호하기 위한 총통의 불가피한 방책이었다고 그럴싸한 구실로 둘러댔지. 히틀러도 제국의회에서 그런 변명을 늘어놓았고. 자기 말을 납득하려 들지 않는 사람은 가만히 두지 않아. 지금부터 제국에 대항하는 사람은 누구라도 처형할 거라고 발표했어."

"고백교회의 반응은?" 디트리히가 다그쳐 물었다.

프란츠가 한숨을 내쉬며 말했다.

"한심해. 설교나 기도에도 나라를 큰 위기에서 구해 준 총통에 대해 감사한다는 말들을 하고 있어."

디트리히가 창문으로 눈길을 돌렸다.

"너희도 만일 회개치 아니하면 다 이와 같이 망하리라(눅 13:5)라는 메시지를 전해야 하는 거 아니야? 그렇게 방관자로 있어서는 안 돼!"

"바로 그거야!" 프란츠도 맞장구쳤다.

"그리고 말이야, 아주 중요한 소식 하나를 가져왔어."

디트리히는 기대에 찬 눈으로 프란츠를 쳐다보았다.

"고백교회 형제단에서 '설교자 학교'를 세우는데, 너를 책임자로 초청하고 싶대. 전국에 네댓 개의 작은 학교를 세워 다섯 달 과정으로 하는 거야."

디트리히의 눈이 빛났다. 제자도와 산상보훈에 대한 자신의 생각을 그대로 실천해 볼 수 있는, 젊은 목사들과 깊은 코이노니아 속에서 강의할 수 있는 실천 현장이라니! 오, 가슴이 벅찼다. 하지만 벨 주교를 통해 마하트마 간디에게 초청받은 상태이지 않은가.

"언제 시작하는데?"

"내년 일월 초쯤. 장소와 건물을 먼저 알아봐야 하고, 조직도 정비해야 해. 준비할 것들이 많지."

"그런데 어쩌지? 다른 계획이 미리 잡혀 있거든."

"취소하거나 변경시킬 수 있는 거지, 디트리히? 이 일에는 네가 가장 적임자야."

무어라 대답을 찾지 못한 디트리히를 바라보며 프란츠는 볼멘소리를 했다.

"거절할 이유가 많겠지. 이곳 목사직도 그만두고 싶지 않을 거고, 한편으로는 그런 조그마한 신학원에 모든 역할을 거의 혼자 도맡는 게 힘들 거고, 심지어 목사 직분까지 겸해야 되니까.

런던에서 에큐메니컬 사람들과 친분을 쌓는 것이 너에게 그렇게 중요해?"

조용히 듣고 있던 디트리히가 입을 열었다.

"그런 게 아니야. 단지 지금 나는 인도 여행을 생각하고 있어. 벨 주교를 통해 간디에게 초청받았거든."

"오, 그런 계획이 있었어? 대단하다. 이루어질 수 없는 꿈인 줄 알았는데……."

하지만 프란츠는 이내 표정을 바꾸며 재우쳐 물었다.

"그럼, 인도 여행이 더 우선이라는 말이야?"

"그런 것은 아니지만, 그래도 이번 여행은 나에게 아주 중요해. 간디 옆에 머물면서 그분의 무저항주의에 대해 배우고 싶어. 아주 오래전부터 바라 왔어. 그런데 기회가 온 거야."

"일이 그렇게 많이 진행된 줄 몰랐어." 프란츠가 꽤 낙담한 듯 두 손으로 머리를 감싸 쥐고 소파에 앉았다.

그러다 갑자기 고개를 들고 소리쳤다.

"디트리히, 잘못 판단해서는 안 돼! 평생 후회할 거야. 설교자 학교 설립에 독일 고백교회의 미래가 달려 있는 거야."

"시간을 좀 줘, 프란츠."

점심을 먹고 돌아오는 길에 프란츠가 덧붙여 말했다.

"신학원에 대한 건데, 너를 책임자로 세우자는 말이 나왔을 때 형제단 새 임원들이 반대했어."

"아, 그래? 그렇지, 만장일치란 있을 수 없으니까." 디트리히는 대수롭지 않다는 듯 대꾸했다.

"그런데 반대 이유는?"

"네가 과격하고 직선적이라는 거야."

디트리히는 마음이 찔린 듯 얼른 화제를 바꾸어 곧 개최될 파뇌의 에큐메니컬 회의 이야기를 꺼냈다. 그런데 프란츠가 코흐 목사나 니묄러 목사 둘 다 불참할 것이라고 말했다.

"두 분 다 불참이라니. 나 혼자 이리 뛰고 저리 뛰고 할 판이군. 두 분의 불참 결정은 실수야."

"디트리히, 두려움 때문이 아니야. 룀이 숙청된 이후 정부의 요주 인물에 대한 강경한 태도와 새로 통과된 국가전복 반란법 때문에 국제회의 참석은 너무 위험하다는 거지. 제국교회에 반감을 가진 국제 여론이 지켜보는 앞에서 반감을 고무시키는 입장을 밝히는 것 말이야. 그게 히틀러에게 이제 막 잉태한 고백교회를 불법으로 선포할 핑계를 줄 수 있거든. 너도 조심해야 해."

"물론이지! 그런데 프란츠, 내가 신중한 게 아니라 과격하고 직선적이라고? 정말 그런 얘기를 했어?"

"응, 좀 그런 성향을 가졌다는 거지 뭐."

"기분 나쁜데, 나는 항상 신중하고 조심스럽게 처신해 온 사람이야."

프란츠가 독일로 떠나는 날이 왔다. 두 사람이 빅토리아 역에서 열차를 기다리고 있었다.

프란츠가 불쑥 물었다.

"네가 인도에 간다니까 엘레노레는 뭐라고 해?"

갑작스런 질문에 디트리히는 당황했다.

"응? 엘레노레는 아직 몰라."

"둘 사이에 무슨 일 있어? 옛날에는 서로 비밀이란 건 없었잖아."

"지금 나는 런던에 떨어져 있잖아. 벌써 잊었어?"

"디트리히, 엘레노레를 괴롭히지 마."

"괴롭히다니, 무슨 말이 그래?"

"알고 있어. 하지만 뜻하지 않게 네가 그녀를 괴롭히는 것 같다."

디트리히는 언짢았다.

"어쨌든, 네가 신학원장직을 수락하면⋯⋯."

"프란츠, 생각할 시간이 필요하다고 했잖아."

"알았어, 디트리히. 다만 빠른 시일 내에 결정하기를. 코흐 목사님이 자네 답변을 기다리고 있어."

디트리히는 떠나는 기차를 향해 손을 흔들었다.

9

덴마크 파뇌 섬에서 에큐메니컬 총회가 열렸다. 디트리히는 학생들과 함께 긴 탁자에 자리를 잡았다. 회의장에서 큰 창문을 통해 바다를 바라볼 수 있었다. 테오도르 헤켈이 연단에 서서 가슴에서 우러나는 확신에 찬 목소리로 강연을 시작했다.

"제3제국은 독일 국민의 공동 관심사의 발로입니다. 우리 독일에서는 국가와 백성은 일심동체입니다. 독일이 전제주의 국가가 되지 않을까 염려하는데, 그건 기우입니다. 현 정부는 하나님의 질서를 존중하며, 제3제국 내 교회는 건설적인 기독교 메시지를 전파하는 유일하고 자랑스러운 책임을 충성스럽게 수행하고 있습니다."

이미 연단에 서기 전 헤켈은 각국 대표들로부터 마치 법정에 선 죄인같이 독일 제국교회에 대해 쏟아지는 질문들로 공격을 받은 터였다. 벨 주교가 보낸 서한이 위력을 발휘했던 것이다.

강연을 끝내면서 헤켈은 공식 대표단이 아닌 독일인들을 회의장으로 들여보내지 말아 달라고 부탁했다. 당연히 디트리히와 방문객 자격으로 런던에서 온 그의 독일 친구들을 두고 한 말이다.

이번에는 벨 주교가 연단에 섰다.

"헤켈 대표의 요청은 지금까지 유례 없는 것일 뿐 아니라, 에큐메니컬 정신에 상치되기 때문에 수용할 수 없습니다."

벨 주교의 달아오른 얼굴과 더듬거리는 어투로, 그가 얼마나 상기되어 있는지 잘 알 수 있었다. 올해 벨 주교가 에큐메니컬 협의회장인 것이 참으로 다행이었다.

제국 감독 뮐러와 독일 대통령 힌덴부르크에게 편지를 쓰기 전에도 주교는 말했다.

"이웃집 벽에만 불이 붙은 것이 아닙니다. 위험하기 짝이 없는 불길이 우리 집 벽에도 벌써 붙었습니다."

이제 벨 주교는 전 세계가 보는 앞에서 이 불에 대하여 공개적으로 싸울 모양이었다.

회의가 끝난 후 복도에서 벨 주교와 디트리히가 만났다.

"각국 대표들이 자네와 대화하기를 원하네. 기회를 만들어야 하는데 자네 숙소가 어떻겠는가?"

"좋습니다, 주교님."

"오늘 저녁 괜찮겠나?"

"좋습니다."

피곤한 주교의 얼굴에 잔잔한 미소가 흘렀다.

"좋아. 미국에서 온 라이퍼 씨와 홈리히하우젠 씨가 연락을 기다리고 있어. 체코 대표단도 오늘 저녁 만났으면 하고. 스웨덴 대표 칼스트롬 씨도. 필요한 해결 방침이 회의에서 통과되려면 그들의 지원이 필요하네."

"최선을 다하겠습니다."

회의 기간 내내 디트리히는 새벽 두 시 전에 잠들어 본 적이 없다. 대표단 한 사람 한 사람을 접견하며 독일의 상황에 대해 설명하고 질문에 대답했다. 관심이 대단했다.

총회 마지막 날 오전, 디트리히가 예배 설교를 맡았다. 예배는 〈글로리아 파트리〉라는 웅장한 찬송가로 시작되었다. 한 노래를 한 분 주님을 위해! 1925년 스톡홀름 회의에서 결정된 대로 모든 찬송가는 세 가지 언어로 인쇄되어 있었다. 찬송이 끝나자 주님이 가르치신 기도를 자신들의 언어로 드렸다.

디트리히는 연단에 올라섰다. 잠시 낯선 청중들을 둘러보았다. 청년 대표단들도 보였다. 그들은 자리가 없어 창문 옆에 자리를 잡았다. 이렇게 많은 청중이 모이다니! 아침 예배에 이렇게 많이 모인 적이 없는 터라 디트리히 스스로도 놀랐다.

디트리히는 영어로 설교했다. 말씀은 시편 85편 8절 말씀이었다.

"내가 하나님 여호와의 하실 말씀을 들으리니 대저 그 백성, 그 성도에게 평화를 말씀하실 것이라! 저희는 다시 망령된 데로 돌아가지 말지로다."

⋯⋯국가와 장벽. 그것이 나라간의 장벽이든, 정치적 장벽, 사회적 장벽과 종족적 장벽이든, 그 모든 장벽을 초월하여 모든 민족들 가운데 항상 살아 계시는 예수 그리스도의 교회로 인하여 평화는 존재하게 될 것입니다. 그리스도 안에 있는 형제가 그리스도에게 총을 겨눌 수는 없습니다. 서로

에게 총을 겨눈다는 것은 바로 그리스도에게 하는 것과 같습니다. 어떤 절대적인 위기의 순간에도 그리스도가 우리에게 평화를 이루라고 하신 명령을 저버릴 수 없습니다.

그러면 우리가 어떻게 평화를 이루어 낼 수 있습니까? 정치적인 협상이나 국제 자본을 여러 나라로 공정하게 분배하는 것으로? 거대 은행이나 돈의 힘으로? 아니면 엄청난 세금을 들여 군사력을 키우는 것으로 평화를 만들어 낼 수 있습니까?

그 어떤 것으로도 불가능합니다. 이유는 간단합니다. 평화와 안전은 서로 다른 문제이기 때문입니다. 평화는 시도되어야 합니다. 평화를 이루기 위해서는 큰 위험이 따릅니다. 확실한 보장도 없습니다. 그런 점에서 평화는 오히려 안전과는 반대 개념이 될 수 있습니다.

사람이 보증을 요구한다는 것은 벌써 믿지 못한다는 증거입니다. 확실한 안전을 구축하고자 함은 벌써 불안하다는 것입니다. 불신과 불안이 다시 전쟁을 일으킵니다.

싸움은 총 칼이 아니라, 다만 하나님과 함께해야 진정 이길 수 있습니다. 십자가로 가는 길에 참된 승리가 있습니다.

한 나라가 침략자에 대해서, 오직 난공불락 요새인 하나님만을 의지한 채, 무기를 들지 않고 기도하며, 무저항으로 맞서는 것이 이 세상에서 무엇을 뜻하는지 알고 있다고 우리 중 누가 말할 수 있겠습니까? 열방이 다 들을 수 있도록 누가 우리를 평화로 불러내겠습니까? 그래서 하나님의 교회가 그리스도의 이름으로 청년들의 손에서 무기를 빼앗고, 전쟁을 금지하며, 미쳐 날뛰는 세상을 향해 그리스도의 평화를 선포할 때 열방이 다 듣고 환호하도록 누가 평화를 선언할 수 있겠습니까?

때가 가까워 옵니다. 이 세상은 쌓여 가는 무기로 질식할 것만 같습니다. 불신으로 가득 찬 사람들의 눈은 참으로 끔찍합니다. 어쩌면 당장 내일, 전쟁을 알리는 나팔소리가 울릴 수 있습니다. 무엇을 더 기다려야 합니까? 이 순간 침묵하는 것은 범죄하는 것과 다를 바 없습니다.

우리는 세계를 향해 외쳐야 합니다. 타협의 소리가 아닌, 정곡을 찌르는 결단의 한마디, 그리스도 예수의 한마디를 해야 합니다. 오늘! 우리에게 이 말씀이 하나님께로부터 주어지기를 기도합니다. 내일 우리가 다시 만날 수 있을지 모르기 때문입니다.

그날 오후, 디트리히가 일주일 내내 작성한 결의문이 총회에서 압도적인 지지를 받으며 통과되었다. 결의문은 제국교회의 곤봉 정책을 추호의 타협 없이 단호하게 단죄하고, 고백교회의 활동을 전적으로 지원하는 것을 골자로 하고 있었다. 즉, 이 결의문은 나치 제국에 대한 불신임 투표와 다를 바 없었다.

마지막 회의가 끝나자마자 디트리히는 제자들과 함께 수영을 하러 가기로 했다. 기다리는 동안 호텔 로비의 편안한 소파에 깊이 파묻혀 긴장을 풀고 있었다. 머리에는 지난 일주일 동안의 사건들이 스쳐 갔다. 그랬다. 설교가 많은 사람들에게 감동을 주었고 일주일간의 모든 일이 순조롭게 진행되었다. 심령 깊이 올라오는 만족감으로 긴장이 풀리며 곤한 잠에 빠졌다.

제자들의 떠들썩한 웃음소리에 잠이 깼다. 순간, 갑자기 다른 목소리가 끼어들었다. 헤켈 교수였다.

"수영을 간다고? 자네가 지은 죄를 씻으러 가야겠지?"

"네, 그래야겠군요." 디트리히가 냉정하게 대답했다.

"그만, 그만! 오늘같이 승리를 거둔 날 언짢아 할 이유가 없지."

디트리히의 제자들은 헤켈 교수의 말에 몹시 놀라며 두 사람에게서 떨어져 먼저 호텔 입구 쪽으로 갔다.

헤켈은 아무렇지도 않은 듯 말을 계속했다.

"벨 주교의 도움으로 자네는 총회에서 원하는 것을 다 얻었네. 이제 어린 제자들이 자네를 경배하고 헌신하겠군. 아주 기뻐해야 할 일이 아닌가? 반대로 나는 베를린에서 목이 조이고 있네. 화를 내야 할 사람은 나지만 보시다시피 나는 아무렇지 않다네!"

그는 웃음을 잃지 않으려고 애쓰면서 잘 다듬어진 손으로 짐짓 우아하게 제스처를 써 가며 계속 말을 이었다.

"오늘 아침 설교로 받은 박수갈채를 한 번도 시기하지 않았지만. 물론……. 아니네, 그만두세! 시합을 마친 선수들같이 서로 악수라도 하며 헤어져야지."

"제발, 마치 이번 일이 하나의 시합이나 되는 것처럼 생각하지 말아 주셨으면 합니다." 디트리히의 목소리는 무척 단호했다.

그러자 헤켈이 노발대발하여 얼굴이 벌개져 말했다.

"나를 한 번이라도 이해해 보려고 해 봤냐고! 아니, 최소한 얼마나 어려운 일인지 생각해 봤나?"

"물론입니다. 저는 교수님의 의도를 잘 이해하고 있습니다.

당신은 두 주인을 동시에 섬기려고 하고 있습니다. 그래서 난관에 봉착한 것입니다. 제가 틀렸나요?"

"교회를 보호하는 것이 하찮은 일이란 말인가?"

"교회라는 조직보다는 교회의 주님을 섬기는 것이 더……"

디트리히는 나오려던 말을 눌렀다. 그러고는 가볍게 몸을 숙여 인사하고 헤어졌다. 기분이 언짢았다.

호텔 문을 나서는데 바람이 꽤 거칠게 불었다. 얇은 구름조각들이 흐르면서 급하게 달을 덮쳤다. 확실히 폭풍우가 몰려오고 있었다. 그래도 디트리히는 호텔로 돌아갈 생각이 없었다. 답답한 속을 시원하게 해 줄 바람을 쐴 작정이었다.

유혹하는 목소리가 귀에서 끊임없이 윙윙거렸다.

"이 젊은 사람에게 큰 감사를 해야 합니다."

"우리 모두가 필요로 하는 용기에 대해 말해 주었습니다."

"그래요, 당신은 정말 우리를 올바르게 일깨워 주었습니다."

"정말 대단합니다! 당신은 우리에게 도전장을 던진 셈입니다."

수영을 같이 하러 갔던 스웨덴 학생 중 한 명도 모래사장에서 말했다.

"박사님은 우리의 발밑에 도전장을 던지고는 주워 오라고 요구했습니다. 그런데 본회퍼 교수님, 물어보아도 실례가 되지 않는다면, 설교 중에 히틀러가 전쟁을 일으킬 것이라고 암시하셨잖아요. 그럼 교수님은 전쟁이 일어난다면 어떻게 행동하실 겁니까?"

디트리히는 한동안 아무 말이 없었다. 피할 수 없는 질문이었다. 모래를 손가락 사이로 흘리며 나지막한 소리로 말했다.

"내가 총을 거부할 힘을 하나님께서 주시도록 기도합니다."

고백교회의 설교자 학교 이야기가 나오자 청년들은 눈이 초롱초롱해졌다. 그들이 디트리히의 한마디 한마디를 얼마나 열광적으로 받아들였는가! 당장 신학원에 등록하겠다고 야단들이었다.

"이 모든 젊은이들이 당신을 경배하며 헌신하겠군" 하고 비꼬던 헤켈의 말도 디트리히의 머릿속을 내내 맴돌았다.

"아무 가치가 없어. 모두 하찮을 뿐이라고!"

디트리히는 두 손으로 머리를 붙잡은 채 고함을 질러 대다 시냇가의 작은 돌 위로 넘어졌다.

'아무 가치가 없는, 모두 하찮은……'

디트리히의 고함소리가 메아리가 되어 저편으로 사라지는 동안 차갑고 무거운 밤 공기가 그를 휘감았다. 발길을 돌려 농가 쪽으로 냇길을 걸었다. 갑자기 어린 시절 기억이 떠올랐다.

열여섯 살 때, 그리스어 수업 시간이었다. 선생님이 장래 전공을 물었다.

"신학 공부를 할 겁니다!"

디트리히는 주저 않고 대답했다. 반 친구들이 놀란 눈으로 쳐다봤지만 아랑곳하지 않았다. 큰 키에 금발 머리, 모든 사람들 위에 높이 서 있는 설교 강단에서 목사 가운을 입고 학문과 믿음을 선포하는 자. 자신의 모습을 그려 보고 있었다. 하지만 친구들의 눈빛은 한심하다는 듯, 호기심에 찬 듯, 믿지 못하는 건지 조롱하는 듯했다. 교실 내에 흐르는 침묵이 납처럼 무겁게 느껴졌다.

디트리히는 고개를 흔들었다. 도대체 이 기억은 무엇을 의미하는가? 그는 발길을 멈추고 주위를 돌아보았다. 자신은 지금 어디에 와 있는가? 자신에 대한 분노와 씁쓸함이 속으로부터 올라왔다. 인간 내부의 끝없는 욕구와 죄성 앞에서 차가운 이성과 강한 의지는 무력했다. 스스로의 힘으로 판단하고 스스로를 조절할 수 있다고 생각했는데, 오히려 산산조각난 채 통째로 잡아 먹혀 가고 있었다.

소금기 섞인 차갑고 거친 바닷바람이 채찍처럼 뺨을 때려 댔다. 스웨터의 단추를 끝까지 잠갔다. 다리가 점점 무거워졌다. 손을 주머니에 푹 집어넣은 채 어둠 속을 무작정 걷기만 했다. 갑자기 한 말씀이 머리를 스쳐 지나갔다.

"내 은혜가 네게 족하도다. 이는 내 능력이 약한 데서 온전하여짐이라."

쉴 새 없이 따라 읊조렸다.

작은 불빛 하나가 나타났다. 두 번째, 세 번째 불빛도 유유히 흐르는 구름 위에 약간 치솟아 있는 교회탑과 동네 하나가 허깨비 같은 윤곽으로 나타났다. 섬의 남쪽 끝인 '손더비'임에 틀림없었다. 그렇게 멀리까지 걸어왔다니. 몇몇 가옥을 지나 조그마한 교회에 다다랐다. 문을 열고 들어서니 교회 묘지 위로 적막만이 흐르고 있었다. 천천히 무덤 사이를 배회했다. 달이 잠시 구름의 손아귀에서 벗어나 비석들을 창백한 빛으로 비추고 있었다. 대리석 비석 위에 비둘기 한 마리가 날개를 활짝 편 채 앉아 움직이지 않았다. 비둘기에게 손을 대자 얼음같이 차가운 기운이 전해져 왔다. 나지막한 담 위에 앉아 쉬고 싶었다. 마음이 차츰 가라앉으면서 자기를 여기로 몰고 왔던, 폭풍우같이 휘몰아치던 불안이 사라졌다.

교회 안으로 들어갔다. 십자가 외에 아무런 장식이 없었다. 갑자기 인도 여행이 떠올랐다. 간디의 위대함과 그분에게서 배울 기회는 얼마나 소중하고 가치 있는 것인가! 꿈의 실현이 바로 코앞에 놓여 있는데, 고백교회 목회자들을 위한 신학원 제안이 온 것이다.

과연 이삼십 명이나 되는 젊은 미래의 목회자들에게 본을 보여야 하는 일을 잘할 수 있을지? 물론, 많은 이들이 자신을 훌륭한 교사라고들 한다. 아마 단순히 학문적 지식을 넘어 젊은이들에게 더 귀한 것을 가져다 줄 수 있을 것이다.

교회에서 나오자 후드득 빗방울이 떨어졌다. 시커먼 구름이 머리 위를 덮고 있었다. 교회 십자가가 몰려오는 먹구름 속에 꼿꼿이 서 있었다.

호텔까지 6킬로미터를 걸어야 했다. 멀리서 거칠게 철썩거리는 파도 소리가 들려왔다. 빗줄기는 점점 더 거세어졌다. 온몸이 비에 젖었다. 개의치 않았다. 큰 걸음으로 힘차게 뛰기 시작했다. 호텔에 도착했을 때, 그렇게 자기를 친친 매고 괴롭히던 사슬들이 끊어져 나간 것을 알았다. 이제 가야 할 길이 정해졌다. 고백교회의 제안을 받아들일 것이고, 그 길에 놓여 있는 위험들은 하나님의 인도하심에 맡기리라. 그에게 주어진 숙명적인, 피할 수 없는 특권이었다!

2부

광야의 대변자

10

 고물 버스 한 대가 급회전 길을 꺾어 경사진 길을 올라가 쭉 미끄러지더니 바로 눈앞에 칭스트(Zingst, 북부 독일의 마을. –옮긴이)의 조그마한 수양관 건물들이 나타났다. 뒤쪽으로는 몰려오는 큰 파도 뒤로 발틱 해에 근접한 동해의 잔잔한 바다 수면이 펴져 있었다. 에버하르트와 베를린에서 같이 출발한 젊은이들은 마침내 길고 긴 여행이 끝나자 환호성을 질러 댔다. 3일 전인 4월 26일, '설교자 학교'가 시작되었지만 고백교회 형제협의회의 사무 착오로 이제야 도착하게 된 것이다.

 에버하르트는 지난해 10월, 구프로이센 노회 소속의 비텐베르크 설교자 학교에 입학하자마자 폐교 조치가 떨어지는 날벼락을 맞았다. 당시만 해도 반 년 뒤 고백교회에서 신학원을 다시 시작하리라고는 꿈에도 생각하지 못했다.

 버스가 본관 건물로 들어오는 좁은 진입로를 꺾어 들어갔다. 마침내 젊은이 넷이 버스에서 내려 짐을 꺼냈다. 짐이라야 낡을 대로 낡은 가방 몇 개와 끈으로 묶은 상자 몇 개가 전부였다.

버스는 떠나고 그들은 어리둥절한 표정으로 그곳을 둘러보았다. 건물은 오랫동안 버려져 있었는지 무척 황폐했다. 두 개의 나무 계단으로 올라가니 독일 옛 전통 가옥 앞으로 가는 이중문이 나왔다. 에버하르트는 무거운 가방을 들고 계단을 올라갔다. 그의 사촌 게르하르트 비브란스와 다른 두 명도 뒤를 따랐다. 얼마 안 가 건물이 보이고, 문 앞에 중년부인이 서 있었다. 부인은 아무 표정 없이 무뚝뚝하게 물었다.

"작센에서 온 목사 후보생들이지요?"

"그렇습니다." 게르하르트가 대답했다.

적어도 자기들을 기다리는 사람이 있지 않은가! 내심 기뻤다.

부인은 젊은이들을 머리부터 발끝까지 훑어보고는 한숨을 누른 채 겨우 말했다.

"자, 우선 들어와요."

황금빛이 바랜 머리카락을 꼼꼼하게 땋은, 어깨가 딱 벌어진 부인은 문을 열더니 맞은편에 서서 말했다.

"짐은 복도에 놔둬요. 숙소는 아직 미정이에요."

그들은 아무 말 없이 짐을 벽에 세웠다.

"식사는 하고 왔겠지요? 식당은 오늘 안 한답니다."

"저, 사실은……." 게르하르트가 뭔가 말하려는 듯 입을 열었다.

"아, 네. 감사합니다." 에버하르트가 급히 그의 말을 끊었다.

게르하르트는 물론 다른 두 명도 시큰둥한 표정을 지었다. 잠시 어색한 침묵이 흘렀다.

"다른 학생들은 저 아래 바닷가에 있어요. 본회퍼 박사가 당신들이 도착했다는 것을 알고 싶어 할 거예요. 모래 언덕 사이로 난 길로 쭉 따라가면 돼요." 부인이 왼쪽을 가리키며 말했다.

"예, 감사합니다." 에버하르트는 그럴 기분이 아니었으나 애써 밝고 친절한 목소리로 인사했다.

다른 세 사람도 내키지 않는 듯 감사 인사를 들릴 듯 말 듯이 하고는 에버하르트 뒤를 따라나섰다. 모래 언덕 여기저기에 서 있는 가느다란 소나무 사이로 한 사람씩 겨우 빠져 지나갔다. 멀리서 서로 부르는 소리와 유쾌한 웃음소리가 들려왔다. 얼마 안 가 피구 시합에 한참 열을 올리고 있는 한 무리의 젊은이들이 보였다. 에버하르트와 세 친구가 와 있는 것도 모르는 듯했다. 한참이 지나서야 청년 한 명이 다가오더니 말을 건넸다.

"작센에서 새로 왔지? 알브레히트 쇤헤어라고 해. 오후 내내 기다리고 있었어. 칭스트에 온 것을 진심으로 환영해! 피구 시합이 거의 끝났어."

쇤헤어가 새로운 친구들을 데리고 모래사장에 가서 앉았다. 석양을 받은 바다가 반짝거렸다. 녹초가 된 학생들이 웃고 농담을 하면서 바지에서 모래들을 털어 냈다. 키가 큰 금발의 남자 하나가 한 학생에게서 안경을 돌려받더니 다가왔다.

"아, 우리의 작센 친구들이 도착했군요." 가까이 다가오면서 반갑게 인사를 했다.

쇤헤어가 소개를 했다.

"이분이 우리 신학원 책임자인 본회퍼 박사님이야."

"박사가 아니라 본회퍼 형제!" 키 큰 금발의 남자가 웃으며 정정해 주었다.

그는 새로 도착한 한 명 한 명과 친절하게 악수를 나누었다. 델 형제, 벡크만 형제, 그리고 게르하르트 형제, 마지막으로 에버하르트에게 손을 내밀었다. 생기에 찬 푸른 눈이 빛나며 악수를 나누는 손이 힘찼다. 무척 뜨거운 환영이었다.

"에버하르트 베트게입니다." 에버하르트도 진심 어린 악수와 함께 자신을 소개했다.

"에버하르트 베트게. 베트게 형제!" 본회퍼는 그의 이름을 반복하여 부르며 말했다.

"형제와 함께 지내게 되어 참 기쁘오."

에버하르트는 '형제'라는 한물간 구식 호칭이 고백교회에서 새로운 의미로 다시 쓰이는 것을 알고 있었지만, 그래도 아직 어색했다.

조금 전 피구 시합을 보면서 에버하르트는 본회퍼를 학생 중 한 명이라 생각했다. 이렇게 젊은 사람이 신학원 책임자라니 놀랄 수밖에 없었다. 추정컨대 본회퍼의 키는 180센티미터는 충분히 넘어 보이고, 체격이 건장하고 금발에다 머리숱은 그리 많지 않았다.

본회퍼는 새로 온 학생들을 이미 와 있는 20여 명의 학생들과 비서인 빌리 로트에게 한 명씩 소개했다.

"자, 이제 우리는 공부와 시합을 하기에 완벽한 팀을 이루었습니다." 그가 웃으며 덧붙였다.

"공부와 시합은 언제나 조화를 이루어야 하지요. 그렇지 않습니까?"

"그렇습니다!" 에버하르트가 우렁찬 목소리로 동의했다.

본회퍼가 물었다.

"이곳으로 오는 여행 길이 불편하지 않았는지요? 장기간 기차 여행을 해서 시장하지요?

"기차에서 조금 먹었습니다." 에버하르트는 당황해서 말을 더듬다가 게르하르트가 옆에서 보내는 신호를 보자마자 입을 다물고 말았다.

"시간이 많이 지나갔어요. 슈트랄준트에서 오는 작은 완행기차에는 요기할 만한 것이 없지요. 칭스트 도착 첫날 밤부터 제군들을 굶게 할 수는 없습니다! 슈트루베 부인이 저녁 상을 눈 깜짝할 사이에 여기로 차려 내놓는 마술을 부릴 수 있을 거요."

본회퍼는 여유 있게 농담을 하다가 곧 에버하르트의 얼굴에 나타난 의혹을 발견했다.

"아! 부인을 벌써 만났군요. 흠, 그녀가 좀 고집 세어 보이는 것이 걱정스러워요. 그렇지만 신학원의 살림을 맡아 살아야 하기 때문에 그녀는 정말 할 일이 많아요."

본회퍼의 눈빛이 그들을 향해 빛나더니 말을 이었다.

"함께 갑시다. 우리가 먹을 것을 준비하겠소."

본회퍼는 네 명의 후보를 자기 방으로 데려갔다. 가구라고는 책장 한 개와 대충 두드려 만든 책상 한 개, 벽에 붙은 그림 한 점이 전부였다. 멋진 것은 바다가 내다보이는 전망뿐이었다. 본회퍼는 일과표를 나누어 주고 신학원 일정을 설명했다. 일과표는 매일 30분 정도의 경건회 시간으로 시작되었다.

"하루의 첫 번째 시간을 하나님께 드려야 합니다. 여기 있는 본문들을 아침식사 후 묵상하세요. 이번 주일 내내 사용해도 될 겁니다."

어떻게 묵상해야 하는지는 말해 주지 않았다. 그들이 알아서 할 수 있으리라 믿는 것 같았다. 에버하르트는 무엇을 어떻게 해야 하는지 초조했다.

"이제 맥흘러 형제가 여러분의 숙소를 보여 드릴 것입니다!"

햇빛에 탄 듯한 빈프리드 맥흘러의 얼굴은 아주 건강해 보였다. 그가 2층 조립식 건물로 인도했다. 아주 단순한 조립식 건물을 짐들로 고정시켜 놓고 기둥들을 세워 놓았다.

"성(城)에 도착하신 것을 환영합니다." 맥흘러가 널빤지 문을 열고 에버하르트의 무거운 짐을 안으로 끌어올리며 장난기 섞인 음성으로 말했다.

"비텐베르크처럼 편안하지는 않겠지만, 이 정도면 일단은 괜찮다고 해야겠지."

에버하르트와 게르하르트, 프리츠 온나쉬와 맥흘러는 또 지금 막 게르하르트의 제일 큰 가방을 들고 낑낑거리며 문지방을 들어오는 에른스트 톰과 한 방을 쓰게 되었다. 온나쉬는 에버하르트의 마지막 상자를 들고 들어왔다. 다른 두 명을 맥흘러가 다음 방으로 안내했다. 대들보로 나누어진 큰 방은 군대 막사 같았다. 다락방에 놓여 있는 간이침대들, 벽에 있는 의자 몇 개와 의자와 책상으로 겸용하는 나무 상자들이 전부였다.

"교수님이 여기는 좀 다르다고 말한 것이 과장해서 말하지 않았다는 것을 알 거야. 바라건대 별 문제가 없었으면 하네." 에버하르트의 짐을 간이침대 옆에 놓으며 맥흘러가 윙크를 하면서 말했다.

"그래, 아무 문제 없어. 그런데 맥흘러, 혹시 우리가 사치스럽게 산 사람들같이 보이는 거야?"

"아니, 이곳 시설 말고 신학원 하루 일과에 대해 말하는 거야! 상당히 벅차지."

"정말 그래. 수도원 생활 같아. 루터교 신학교하고는 전혀 달라. 본회퍼 교수가 우리가 수도사가 되려고 여기 온 것이 아님을 알아주었으면 좋겠다는 생각을 가끔 해." 에른스트 톰이 거들었다.

"글쎄, 그렇게는 안 될걸." 맥흘러가 에른스트의 말을 가로막았다.

에버하르트는 약간 혼돈스러웠다.

"그렇게 엄격하게 보이지 않던데?"

"그럼, 어떻게 보였는데?"

"글쎄, 좀 지나치게 경건한 표시를 낸다고나 할까?"

"아니야, 절대로 그런 쪽은 아니야. 우리 중 일부는 벌써 베를린 대학에서 그분 밑에서 배웠어. 가장 측근이라고 할 수 있지. 너희들도 본회퍼 교수와의 공부가 쉽지 않다는 것을 곧 알게 될 거야. 너희들도 공부를 깊이 파고 들어가기를 좋아하는 것 같은데?"

"별로 그렇지 못해." 대답은 그렇게 했지만, 에버하르트는 은근한 웃음으로 시인했다.

에버하르트와 친구들이 간단한 식사를 마칠 무렵, 다른 학생들은 큰 U자형 식탁에 모여 앉았다. 본회퍼가 책상 끝자리에 가서 앉자 슈트루베 부인도 그의 옆에 자리를 잡았다.

자리에서 일어난 본회퍼는 조용해지기를 기다렸다.

"이제 우리 스물여섯 명이 다 모였으니 작센에서 온 우리들의 새로운 친구 네 명을 환영하는 기쁨을 나눕시다."

모두들 박수로 환영했다.

"다시 말하지만 이 식탁은 이 집에서 가장 중요한 가구입니다. 여기서 우리는 밥을 먹고, 수업도 합니다. 또 예배도 드립니다. 따라서 이 식탁에 정을 들이고 집과 같이 느끼게 되기를 바랍니다. 이를 통해 여러분들이 모두 형제로서 같은 공동체에 속하게 되기를 바랍니다."

저녁예배가 시작되었다. 세 명이 시편과 구약, 그리고 복음서의 성경 본문을 읽었다. 에버하르트는 몇 번씩 중단되는 성경 낭독이 약간 지루했다. 찬송가를 부르는데 악기가 없어 한 학생이 음정을 잡아 주고 지휘를 했다. 몇 명은 별로 흥미 없이 임했고, 어떤 이들은 마지못해 참석하는 듯했다. 극소수 학생들만 진심에서 우러난 모습이었다.

본회퍼는 진지하게 경청했고 마지막에 합심 기도를 인도했다. 힘이 있는 그의 목소리는 꾸며 낸 경건이 아니었다. 기도는 순박한 감사와 한 사람 한 사람을 위한 중보기도였고, 그리스도 안에 있는 형제애로 맺어진 공동생활을 위한 간절한 기도였다. 무엇보다도 고백교회 지도자들을 위해 기도하며 특히 몇 주 전에 다카우 강제수용소로 가게 된 세 명의 목사들을 위해 기도했다. 그리고 교회를 핍박하는 원수들을 위해 기도했다. 자기를 포함한 신학자들이나 목회자들에게서 자주 보이는 교만과 자기의에 대해서도 회개했다. 에버하르트는 그의 진실함을 느낄 수 있었다. 긴 기도가 끝나자 에버하르트는 기쁨으로 "아멘" 하며 화답했다.

모임이 끝나자 에버하르트는 다른 학생들과 함께 숙소로 돌아갔다.

"어때? 우리는 이런 모임을 하루에 두 번, 아침 저녁으로 하고 있어." 에른스트 톰이 에버하르트의 첫 느낌이 궁금한 듯 물었다.

"이미 들었어."

"좀 심하다고 생각하지 않아?"

"지금 당장은 뭐라고 말하기 어려워. 모임이 약간 긴 것만은 사실이야."

"약간 길다고? 흠······."

에버하르트는 그저 빙긋이 웃을 뿐이었다. 에른스트 톰의 말이 맞긴 하지만, 앞으로 어찌될는지는 우선 두고 보아야 하겠지. 에버하르트는 오랫동안 생각에 잠겼다. 이 젊은 스승은 과연 어떤 사람일까?

11

 에버하르트는 아침식사 후 30분 동안 경건회 묵상 본문과 씨름하고 있었다. 간이침대 위에서 등을 벽에 기대고 앉아 두 번 세 번 반복하여 성경 구절을 읽고 또 읽었다. 성경에 쓰인 본문을 묵상하는 데 생각을 집중하려고 애썼다. 모래 언덕 위로 부드럽게 스치는 햇살이 창문 너머로 얼핏 보였다. 안 돼! 내가 무엇을 하고 있지? 다시 눈길을 성경 구절로 겨우 돌려 한 절 한 절을 묵상해 보고자 했다.

 경건의 시간 후 세 시간의 강의가 끝났다. 그때서야 에버하르트는 자신이 전혀 모르는 어떤 새로운 것에 부딪쳤다는 것을 알았다.

 본회퍼는 '제자도' 강의에서 세리 레위와 어부 시몬이 예수의 제자가 되기 위해 그때까지 그들의 전 삶을 좌우하던 모든 것을 떠나라고 한 예수님의 요청에 대해 설파했다. 강의의 마무리 부분, 본회퍼의 마지막 문장들은 에버하르트를 압도했다.

"베드로와 레위가 아무 대책이 없는 불확실한 미래로 뛰어든 것은, 그들로서는 그렇게 할 수밖에 없었기 때문입니다. 그렇게 해서 마침내 믿음을 배울 수 있었지요. 믿는 자만이 순종하며, 순종하는 자만이 믿음을 배웁니다. 한쪽만 강조하는 것은 전적으로 비성서적이며 왜곡된 것입니다."

본회퍼는 프로테스탄트교회에서는 예수님을 온전히 순종하며 따르라는 요청을 거의 들을 수 없는 반면, 한없이 '값싼 은혜의 강물'을 흘려보내고 있음을 공격했다.

"루터가 경고한 대로 사람들이 그들의 불경건한 생활에서도 안전하게 느끼도록 복음을 전하므로 어떤 결과가 초래되었습니까? 루터는 '값싼 은혜'의 열매에 대해 정확히 알고 있었습니다. 값싼 은혜는 사람을 혼돈시킬 뿐만 아니라 사람을 속이므로 꺼져 가는 심지 같은 인생들을 오히려 무참히 꺼 버리고 말 것입니다."

맥흘러가 물었다.

"루터가 오늘날 살아 있다면 그 당시 가르친 것과 상반되는 것을 설파할 것이라는 말씀입니까?"

'저렇게 대담한 질문을 하다니!' 에버하르트는 그저 놀라울 따름이었다.

본회퍼가 미소를 지으며 말했다.

"아마도 그럴 겁니다. 설령 그럴지라도 내용적으로는 그의 핵심적인 신학 사상에서 벗어나지 않습니다. 어떤 경우에는 그에게 믿음이란 수도원을 떠나는 것이었고, 또 다른 경우에는 수도원을 다시 여는 것을 의미하지요. 심지어 나라를 배반하는 것이 될 수도 있지요. 여러분이 아는 대로 물론 루터교회 내에서 상상할 수 없는 것이기는 하지만 말입니다."

에버하르트에게는 미처 깨닫지 못한 당혹스럽고 도전적인 사상들이었다.

본회퍼는 벌써 다음 생각으로 옮겨 가고 있었다.

"또 어떤 경우에는 세례받은 유대인 형제뿐 아니라, 그것을 넘어 모든 유대 민족을 위해 희생하는 것도 그렇지요. 한 가지는 확실합니다. 이것이 바로 루터가 말하는 살아 있는 믿음, 살아 있는 하나님의 말씀에 대한 살아 있는 순종이라는 것입니다. 루터가 이 모든 것을 단연코 흑백 논리로 구획 지으려고 하지는 않을 것입니다. 이러한 진리는 변경할 수 없고 취소될 수도 없습니다."

오후 운동 시간에는 본회퍼를 포함하여 전원이 참석했다. 에버하르트는 유리한 위치를 잘 이용해 결승전까지 진출했다.

운동이 끝날 무렵, 본회퍼가 제안했다.

"오늘 운동 경기의 멋있는 마무리를 위해 마지막으로 바다 수영을 했으면 하는데, 간이 큰 사람은 나랑 함께 갑시다!"

말이 채 끝나기도 전에 본회퍼는 셔츠 단추를 풀어헤치며 앞장섰다. 선뜻 아무도 나서지 않는 것도 모르고, 에버하르트는 신이 나서는 환호성을 지르며 본회퍼를 따라 바다 쪽으로 뛰어갔다. 얼음같이 찬 파도 속으로 머리를 집어넣었다. 숨을 헐떡거리며 몸을 치켜세우고는 본회퍼를 찾아 둘러보았다. 본회퍼는 여유 있게 바다를 향해 헤엄쳐 가고 있었다.

"이쪽으로 와요! 계속 움직여야 합니다." 본회퍼가 소리쳤다.

에버하르트도 곧 뒤쫓아 갔다. 두 사람은 나란히 100미터 정도를 왔다 갔다 했다.

"천천히 여유 있게 수영을 즐겨요. 학생들이 우리를 기다리다 지칠 거요." 본회퍼가 신나는 얼굴로 웃음을 터트렸다.

"그렇게 하죠." 에버하르트가 적극 찬성했다.

무언중에 약속한 듯이 두 사람이 동시에 물속에서 나오자 동료들의 부러움 섞인 박수 갈채가 쏟아졌다.

5월 1일. 북쪽으로부터 뒤늦게 눈보라가 몰려와 모래언덕이 눈으로 덮였다. 그날 밤 모든 학생은 휴게실에 모여 히틀러의 라디오 연설을 듣고 있었다. 이미 신문들은 오늘 밤 연설이 아주 중요하고 독일의 영광스러운 미래에 관한 것이라고 대대적인 발표를 했다. 연설 내용은 이미 히틀러가 6주 전에 준비한 정책에 관한 것이었다. 히틀러는 독일의 회복은 군사력에 달렸다고 주장하면서 군대를 증강시키기 위해 전국적으로 영장을 발급하라고 명령했다. 또 괴링이 1933년부터 이미 일반시민들을 위한 항공노선이라는 위장 가운데 추진해 온 독일 공군 창립에 대해서도 선포했다. 학생들의 얼굴 표정은 기쁨을 띤 흥분한 얼굴이었고 안도의 표정들이었다. 마침내 베르사이유 조약의 사슬이 끊겨 버렸구나! 에버하르트도 국가에 대한 자부심을 억제할 수 없었다.

"본회퍼 교수님을 봐!" 맥흘러가 갑자기 그에게 속삭였다.

"이 대담하고 용기 있는 시도를 통해 독일 제국은 베르사이유의 수치를 뿌리뽑을 것입니다!"

히틀러가 히스테리적인 쉰 목소리로 외치는 동안 본회퍼는 꼼짝도 않고 앉아 눈을 내려 감고 바닥만 응시하고 있었다.

베를린의 템펠호프에 모인 군중들의 열광하는 소리가 라디오에서 연신 터져 나왔다.

히틀러의 연설이 끝나고 학생들은 격렬하게 의견을 나누기 시작했다.

"우리도 곧 군대에 소집될까? 자네들 생각은 어때?"

"소집될 때까지 기다릴 필요가 없지!"

"맞았어! 장담하는데 우리가 자진 지원하면 장교로 받아 줄 거야."

"에버하르트, 네가 군복을 입으면 어떻게 보일 것 같냐?" 벡크만이 물었다.

에버하르트가 흐뭇하게 웃으며 본회퍼를 바라보았다. 본회퍼는 아직도 한마디 말이 없었다. 베를린에서 온 학생들도 역시 조용했다. 차츰 뜨겁고 왁자지껄했던 소란이 가라앉고 어쩐지 어색한 침묵만이 흘렀다.

본회퍼가 나지막한 목소리로 조용히 물었다.

"기독교 신자들의 양심적 병역 거부에 대해 생각해 본 적이 있습니까?"

뭘 잘못 들었나 해서 서로 어리둥절해하며 바라보았다. 에버하르트는 뒤통수를 한 대 세게 맞은 것 같았다. 맥흘러가 할 말이 많다는 눈빛으로 에버하르트를 쳐다봤다. 마치 '내가 너에게 벌써 말했잖아?' 하는 듯했다.

에른스트 톰이 항의했다.

"박사님, 너무 심각하게 생각하실 필요 없을 것 같습니다."

"나는 지금 심각하게 말하는 바입니다!"

"그러나 박사님, 이번 단 한 번의 일격으로 나라의 명예가 회복된다는 사실은 인정하셔야만 합니다."

"명예를 어떻게 이해하느냐에 달렸지요."

"명예란, 다른 국가들과의 관계에서 머리를 높이 세우는 것이고, 불공평한 조약은 과감히 거부하는 것입니다. 그뿐 아니라 평화주의자란, 실제로는 의무를 회피하는 것 이외에 아무것도 아닙니다."

여기저기서 그렇다고들 수긍하는 소리가 들렸다.

본회퍼는 아주 침착하게 물었다.

"사랑하는 톰 형제, 진정으로 히틀러의 의도가 단지 베르사이유 조약을 폐기하는 데만 있다고 생각합니까? 나도 그렇게 믿고 싶습니다만……."

그가 일어나, 타고 있는 불에 장작을 얹고 방 안의 학생들에게 얼굴을 돌렸다. 그리고 한 사람 한 사람의 얼굴을 뚫어지게 쳐다보며 입을 열었다.

"병역 거부자가 되어 모든 상응하는 결과를 감당하는 것이 단순히 병역 의무에 순종하는 것보다 훨씬 용기가 필요하다는 것에 대해 생각해 봤습니까?" 본회퍼는 그 말에 짐짓 당황하는 얼굴들을 발견하고는 다시 말했다.

"산상보훈을 있는 그대로 받아들이자고 내가 제안한다면 따를 수 있겠습니까? 적어도 우리 신자들은 예수님의 말씀을 행할 수 있는 가능성을 가지고 있지 않겠습니까?"

이제는 어리둥절해하는 표정들의 학생들을 향해 계속 말을 이었다.

"왜 산상보훈을 한 번도 자세히 읽지 않고 깊이 생각해 보지 않습니까? 예수님을 말씀으로 받아들일 준비를 하고 그 구절들을 다시 읽어 보십시오!"

숙소로 돌아오는 길에 학생들은 저마다 깊은 생각에 빠진 듯했다. 그때 에버하르트는 누군가 자기 이름을 부르는 것을 들었다. 본회퍼 교수였다.

"스웨터를 두고 갔군요, 베트게 형제!"

"감사합니다."

"날씨가 추워 걱정이 됐습니다. 숙소는 춥지 않습니까?"

"아닙니다, 걱정 마십시오. 난방이 안 된 방에서 자는 것은 익숙합니다. 고향 카데에서도 난방 없이 지냈습니다."

"그곳에서 오랫동안 살았습니까?"

"네. 부친이 마을 목사님이셨습니다."

에버하르트는 흥미 없는 개인적인 이야기로 그를 지루하게 하고 싶지 않았다. 그러나 본회퍼의 눈에서 진실한 관심을 읽는 순간 계속 말을 잇게 되었다.

"제가 아직 어린 소년일 때, 부친은 돌아가셨지요."

"형제가 부친의 뒤를 따르려는 것을 보니 참 훌륭한 분이셨던 것 같습니다."

그러고는 본회퍼는 모친에 대해서도 물어보고 홀로 자녀들을 양육하며 고생한 어머니와 가정 이야기에 관심을 보였다.

"물론 힘들게 일을 하고 고생하며 자랐지만 나쁘지 않았어요." 에버하르트가 단호히 말했다.

디트리히는 미소를 지으며 진심으로 인사를 나누고 헤어졌다. 에버하르트는 차가운 밤공기도 잊은 채 생각에 잠겨 숙소로 발걸음을 옮겼다. 스승에 대해 알아 갈수록 호기심이 늘어 갔다. 매일매일 그의 새로운 면이 드러났다. 그 중에서도 기품 있고 영리한 이 신사가 자신에게 솔직한 애정을 표시한 것은 모든 놀라운 일 중에서도 가장 놀라운 것이었다.

신학원이 시작된 뒤에도 고백교회 총회장은 디트리히를 두 번이나 출장을 보냈다. 이번에는 벨 주교와 에큐메니컬 운동의 다른 지도자들에게 보고를 하고, 점차 심해지는 나치의 교회 탄압에 대해 도움을 청하기 위해 파리로 떠났다. 디트리히는 벨 주교의 수고와 지원에 깊은 감사를 하며 돌아왔다.

디트리히가 한밤중에 베를린 집에 도착했을 때, 큰 문제가 기다리고 있었다. 큰누나 우르젤의 남편, 뤼디거 슐라이허 매형이 나치당에 입당을 하든지, 아니면 공군 법무관의 자리를 포기해야 하는 결단을 내려야 할 판국이었다. 괴링이 이 일에 직접 지시를 내렸고 피할 길이 없었다.

"어떤 이유에서든 입당할 수는 없어!" 뤼디거가 다짐하듯 말했다.

"그렇다면 그만두면 될 것 아냐!" 디트리히가 바로 응수했다.

"한스와 클라우스는 생각이 달라. 입당을 하라는 거야. 어젯밤 내내 싸웠어."

"머리가 터지도록 싸웠지." 누나가 거들었다.

디트리히가 물었다.

"그건 그 두 사람의 생각이야. 이건 매형의 인생이라고."

"누가 아니라니!" 누나가 또 맞장구를 쳤다.

늘 밝던 뤼디거의 얼굴은 어두웠다.

"중요한 시점에 핵심 정보를 빼내 올 수 있다는 거야. 하지만 나는 좋은 연극배우가 못 돼. 입당한다 치자고. 일이 벌어져 거짓말을 둘러대야 할 때, 아무도 나의 서투른 거짓말을 믿지 않을 거야. 그러니 그건 아무 의미 없는 일이야."

"매형이 원하지 않으면 하지 마. 아무도 강요할 수 없는 문제야." 디트리히는 단호하게 말했다.

지금까지 조용히 있던 작은누나 크리스텔이 입을 열었다.

"내 생각은 달라. 한스와 클라우스 오빠 생각이 옳은 것 같아. 그건 정말 중요한 일이야. 이름만 나치당 문서에 올려져 있기만 하면 되는 것 아니야? 완장을 차고 다니는 것은 아니지 않니?"

"원칙론적인 문제야!" 디트리히는 주장을 굽히지 않았다.

"어떤 원칙? 어떤 추상적인 원칙이 나라를 이 범죄 제국에서 해방시키는 것보다 중요해?"

"거기에 아무도 반대하는 사람은 없어. 하지만 나치의 핵심 정보랑 우리가 무슨 관계가 있는데?"

"언젠가 관계가 있을 거야. 언젠가……."

디트리히는 대꾸하지 않았다.

결국 뤼디거는 나치당 사무실로 발걸음을 옮겼다. 열한 살 된 아들 한스-발터를 함께 데리고 전차를 타러 나갔다. 걷는 것이 불편했지만 공군 본부에서 주는 자동차를 이용하지 않았다.

사비네가 아이들과 함께 친정으로 왔다. 사비네는 남편 게르트가 적어도 당장은 영국으로 이민하지 않을 것이라고 전했다.

크리스텔이 놀라며 물었다.

"그렇다면 게르트는 상황이 좋아질 거라고 믿는 거야? 떠날 수 있을 때 떠나는 것이 좋다고 생각해. 수용소는 정말 참혹해."

"알고 있어, 크리스텔 언니. 새삼스럽게 언급할 것 없어. 그러나 독일을 떠난다는 생각 자체가 싫어." 사비네의 얼굴에는 걱정과 불안이 선명했다.

"싫건 좋건 생각을 안 할 수 없잖아!"

모두가 한동안 아무 말도 없었다. 한참 뒤에야 크리스텔이 신학원에 대해 물었다.

"디트리히, 새 장소를 찾는다면서?"

"응. 슈테틴 근교에 물색해 놓은 곳이 있어. 6월 중순까지 현재 수양관을 비워 주어야 하거든."

"이번에는 엘레노레도 같이 가니?"

"아니야. 그런데 그건 왜 물어?"

"그냥, 당연히 그러리라고 생각하고 있었지."

"작은누나, 왜 그게 당연해?"

"디트리히, 그런 바보 같은 소리 좀 하지 마. 전에는 언제나 함께 다녔잖아."

아마 지난 3월에 엘레노레와 함께 브란덴부르크 신학원 장소를 물색하러 간 것을 말하는 것 같았다.

크리스텔이 눈을 반짝이며 물었다.

"도대체 언제 약혼 파티를 할 거니?"

우르줄라와 사비네도 궁금한 듯 귀를 쫑긋했다.

"김칫국부터 마시지 마." 디트리히는 약간 쌀쌀하게 대답했다.

"도대체 뭘 더 기다리는 거야? 그럼 왜 그녀에게 네가 살 집에 대한 의견을 묻는 거야?"

디트리히는 무어라 대답을 하려고 하다가 마땅한 말을 찾지 못해 그만두었다. 그러고는 잠시 뒤 자리에서 일어나면서 말했다.

"누나들은 내 마음을 너무 몰라. 제발 날 좀 이해해 달라고."

디트리히는 뻣뻣하게 목례를 하고는 뒤도 돌아보지 않고 안으로 들어가 버렸다.

자기 방으로 올라온 디트리히는 생각에 빠져들었다. 큰 저택의 아파트를 보러 갔을 때 엘레노레의 뾰루퉁한 표정이 떠올랐다. 복덕방 중개인의 말도 머리를 스쳤다.

"아름다운 전경이 신학원장에게 정말 딱 어울리는 이상적인 아파트죠."

한 사람이 살기에는 아파트가 너무 컸다. 돌아오는 기차 객실에서 엘레노레가 주저하며 겨우 말을 꺼냈다.

"신학원 계획이 이미 많이 진행됐나 봐?"

"아직은 불확실한 것들이 더 많아. 이런저런 생각들을 많이 하고 있어."

덴마크 파뇌에서 겪은 고민으로 고통스러웠던 밤에 대해 이야기했다. 무엇보다 그가 내면에서 사탄과 그런 싸움을 한두 번 한 게 아니라고 고백하자 엘레노레는 무척 놀라고 혼돈스러워했다.

"아버님께 말씀드렸어?"

"아니, 그건 절대 안 돼! 그런 유치한 고민으로 아버지를 괴롭히고 싶지 않아."

"유치한 게 아니야, 디트리히. 아버님도 유치하다고 여기시지 않을 거야."

신학원 이야기는 더 이상 오가지 않았다.

삼십 분쯤 지났다. 할머니와 함께 아래층으로 내려가다 두 계단을 껑충껑충 급하게 뛰어 올라오는 조카 레나테와 한스-발터를 만났다.

"어디를 그렇게 급하게 가니?" 디트리히가 물었다.

"할머니 라디오로 방송을 들어도 된다고 했어요. 지금 금방 시작할 거예요."

"아빠와 함께 나치당 사무실에 갔다 왔어?"

"예, 금방 돌아왔어요. 너무 오래 걸렸어요."

"왜?"

"그게요, 우리가 입구에 갈 때마다 아빠가 들어가지 않고요, 자꾸 그랬어요. '다시 한 번 건물을 돌아보자꾸나.' 세 번이나 건물을 빙빙 돌다가 들어갔어요."

"그래, 너희들도 안으로 들어갔니?"

"예, 거의 마지막에요. 문은 잠겨 있었는데 그래도 우리를 들여보내 주었어요. 나는 복도에서 기다렸어요. 들어가자마자 금방 끝났어요."

레나테가 한스-발터의 팔을 잡아끌었다.

"그래, 가 봐. 방송 들으며 재미있게 보내."

할머니는 뤼디거가 빠져나올 수 없는 위기에 봉착할 것이라는 예감으로 걱정을 감추지 못했다.

12

 파울라 여사는 때때로 작은딸 크리스텔보다 사위 한스 폰 도나니가 더 가깝게 느껴졌다. 사위는 솔직하고, 장모에게 스스럼없이 속내를 털어놓았다.
 이웃집 젊은 총각 한스는 외로움을 많이 타는 편이었다. 게다가 부모의 이혼으로 마음을 잡지 못하는, 자존심이 세고 예민한 이 젊은이를 파울라 여사가 아들같이 여기게 된 것은 둘째 아들 발터를 전쟁터에서 잃고 난 다음해였다. 아들의 전사 충격을 이기지 못하고 침대에서 누워 살던 파울라 여사 앞에 어느 날 한스라는 청년이 나타난 것이다. 그 고독한 청년을 돌보기 시작하면서 파울라는 서서히 충격에서 벗어나 가족들 속으로 다시 돌아오게 되었다. 한스가 어머니 같은 그녀를 필요로 했던 것처럼, 그녀도 아들 같은 그를 그만큼 필요로 했던 것이다.
 당시 15세였던 크리스텔에게도 오빠의 죽음은 수채화 같은 소녀 시절을 시커먼 먹빛으로 물들여 놓았다. 하지만 파울라는 미처 그걸 알아채지 못했다. 아마 자기 슬픔을 이겨 내느라 그랬을 것이다. 크리스텔도 그런 이야기를 한 번도 입 밖에 내지 않고 가슴에만 간직하고 있었다. 크리스텔은 보통 여자아이들 같지 않았다. 인형놀이보다 발터 오빠가 수집해 놓은 개구리들, 거북이, 나비들, 심지어 흰쥐들에 심취하였다. 둘째 오빠 발터는 그녀에게 우상이었다.

한스의 아버지, 유명한 피아니스트요 작곡가인 에른스트 폰 도나니는 부인과 이혼하고 헝가리로 떠났다. 혼자된 한스의 어머니는 본회퍼 씨 댁에서 멀지 않은 곳에 살았다. 한스와 두 살 아래인 크리스텔은 같은 학교를 다녔다. 크리스텔의 자전거를 고쳐 주러 오기도 하며 본회퍼 씨 댁을 자주 방문했다. 둘 사이는 깊어졌다. 칼 본회퍼 박사는 한스가 대학을 졸업하고 좋은 직장을 얻을 때까지 결혼을 미루자고 했다. 크리스텔은 한스가 능력 있는 남자이기에 그 면에서는 문제없다고 주장했으나 아버지는 완강했다.

신혼 첫 해, 크리스텔이 남편과 그의 능력을 한 번도 의심해 본 적이 없었지만, 수입은 그리 많지 않았다. 1929년, 한스가 법무장관의 개인보좌관으로 발탁되자 그제야 자신의 믿음에 확신을 가졌다. 히틀러가 권력을 장악한 뒤, 법무장관은 교체되었어도 한스는 보좌관 자리를 지켰다. 그나마 법무성은 어느 정도 독립성과 자율성이 허용되기 때문이라는 이유에서였다. 그때까지만 해도 법무성 공무원들은 나치당이나 그 부속기관에 속하라는 압력도, 요구도 받지 않았다. 10년 결혼생활 동안 세 자녀가 태어났고 그들의 부부애는 그때나 지금이나 변함없이 각별했다. 때때로 파울라 여사는 딸과 사위가 서로를 바라보는 사랑과 신뢰의 눈빛을 보면서 무척 흐뭇했다.

한스는 장모를 자주 찾았다. 그날 오후도, 다른 가족들은 정원에서 쉬고 있었는데, 한스는 장모 방으로 찾아왔다. 파울라는 기뻐하며 사위에게 의자를 건넸다. 한스는 최신형 크니커(워싱턴 어빙의 《뉴욕의 역사》에 나오는 니커보커의 복장. 끈을 맨 무릎 아래가 넓은 바지.-옮긴이)를 입고 있었다. 파울라가 보기에는 다소 지나치다 싶은 새로운 패션이었지만, 한스에게는 썩 잘 어울렸다. 농담을 나누며 장모를 즐겁게 해 주던 평소와는 달리 사위의 얼굴이 경직되어 있었다.

대뜸 새 법령 이야기를 꺼냈다. 유대인들이 독일 시민권 및 선거권을 포함한 모든 법적인 보호 권리를 박탈당하며, 더구나 유대인과 아리안 종족 사이에 혼인관계를 무효화하는 '독일인의 혈통과 명예를 보호하기 위한 법'에 대한 이야기였다. 이 법령이 뉘른베르크 가을 전당대회 이후부터 시행된다고 했다.

파울라는 아연실색하여 할 말을 잃었다. 한스가 계속 이야기했다.

"법무장관과 동료들이 법 조항을 완화하고 수정해 보려고 했는데 실패했어요."

파울라가 겨우 진정하며 천천히 입을 열었다.

"자네 사촌동서 후고가 새 법령 제정에 관련된 건 아닌지 걱정스럽네."

"어머님! 제게 그 소식을 알려 준 사람이 바로 후고예요. 유감스럽지만 그와 그의 동료들이 그 법의 초안자들이요, 지지자들입니다. 유대인을 법적 규제와 단속의 테두리 안에 가두어서 세력이 커지고 사회를 어지럽히는 것을 미연에 방지한다는 취지에서랍니다."

"내가 사람을 잘못 봤구나."

깊은 슬픔이 밀려 들었다. 후고는 파울라가 아끼는 조카 중 한 사람이었다.

"사비네 부부에게는 청천벽력이야. 후고가 뭐라고 하더냐?"

"개인보다 국가가 우선이라고 했습니다."

"후고를 한번 만나 봐야겠어."

한스는 석연치 않은 듯한 표정을 지을 뿐 아무 말도 하지 않았다. 한스 자신은 어떤가? 헝가리에 있는 친할머니가 유대인이 아닌가? 한스는 법무부의 다른 동료들은 물론 심지어 후고마저도 이 사실을 모른다고 장모를 안심시켰다. 하지만 파울라는 안심할 수가 없었다. 모든 가족이 이미 아는 사실이고, 어쩌면 이미 히틀러의 광적인 추종자인 후고의 아내 힐데가 냄새를 맡았는지 모를 일이었다.

그날 밤, 온 가족이 거실에 모였다. 파울라가 독일 국민들 사이에서 그런 악법이 받아들여질 것인지 의심스러웠다며 말문을 열자 뤼디거가 대답했다.

"독일 국민들은 속죄양을 찾고 있었어요. 히틀러가 국민들이 원하는 것을 찾아 준 거죠."

"모든 사람을 한꺼번에 그렇게 싸잡아 말할 것은 아니지." 파울라가 몸을 꼿꼿하게 바로 세우며 말을 이었다.

"팔짱만 끼고 가만히 앉아 있을 게 아니라, 대책을 마련해야겠어."

불법 체제 아래서 힘없는 분노를 어디에 쏟아 부을 것인지에 대한 확신이 파울라 여사에게 서서히 분명해졌다. 고백교회와 그들의 저항운동에 힘을 실어 주어야 한다. 파울라는 그 자리에서 바로 니묄러 목사의 달렘 교회에 참석할 것과 그 교회를 전적으로 지원하겠다고 밝혔다. 그러자 디트리히가 고백교회에 지나친 기대를 갖는 것에 우려를 표했다. 고백교회 또한 연약하기 그지없기 때문이다. 히틀러 추종자들은 고백교회를 무너뜨리려고 안간힘을 썼다. 제국의 법이라는 잣대를 써서 위협하고, 한편 감언이설로 분열을 책동했다. 훌륭하다는 고백교회 신자들도 점점 몸을 도사리기에 급급해지고 있었다.

"신학원의 젊은 형제들에게는 나치 상부와 충돌이 정말 살맛을 줄 겁니다. 그들은 신학원에 참석하는 것을 특권으로 여기며 칭스트 학교의 열악한 조건도 참고 견딥니다."

"디트리히, 열악하다고? 지내기가 괜찮은 줄 알았는데. 네가 그렇게 편지했잖니?"

"네, 어머니. 그래요. 잘 지내요. 정말입니다." 디트리히가 급히 둘러댔다.

그날 밤, 한스가 디트리히를 불러냈다.

"우리 집으로 잠시 같이 가자고. 보여 줄 것이 있어."

좁은 길 건너편에 쇠네하우스가 길 위로 어두운 그림자를 던지고 있었다. 늙은 쇠네 부인이 죽은 뒤, 한스와 크리스텔이 2년 전부터 살기 시작한 집, 그들은 아직도 그 집을 쇠네하우스라 불렀다. 두 사람은 계단을 올라가 아이들이 자고 있는 방을 살금살금 지나 한스의 서재로 갔다. 책상 서랍을 열더니 인적 사항 카드를 꺼냈다. 그 옆에다 네 개의 서류철을 놓았다.

"앉지, 디트리히. 자네가 대단히 흥미로워할 거야." 한스가 첫 번째 서류철을 펴며 그곳에 들어 있는 서류의 반쯤 되는 분량을 대충대충 넘기며 말했다.

"이것은 끝난 것들이고!" 한스는 다시 다른 서류들을 손에 쥐며 말했다.

"이것은 아직 공개되지 않은 거야. 아마 절대 공개되지 않을 거야. 히틀러가 몰락하든지 아니면 언젠가 그가 총애하는 공군 사령관 괴링을 해임하는 일이 있지 않고서는."

서류들을 천천히 넘기며 말했다.

"서류에는 뇌물수수 건들이 기록되어 있어. 이것은 괴링이 비자금 삼백만 마르크를 스위스 취리히에 송금한 증서지. 돈은 담배사업가 슈미트 귀족에 대한 수사가 취소된 바로 직후 송금됐어."

"뇌물수수에 대한 소문이 자자했던 기억이 나기는 하는데……."

"자, 여기 증거가 있어. 괴링과 슈미트가 협상을 한 전화 통화 내용이야."

"히틀러가 괴링 전화도 도청한다는 말이야?"

"누구도 안전하지 않아. 괴링마저도."

한스는 다음 서류철을 열더니 다시 넘겼다.

"지난여름 빈에서 일어난 돌푸스 수상의 암살 기록이야. 오스트리아 돌격대원에 의해 암살되었지. 히틀러가 사건 전모를 배후에서 조정하고 지지했어. 그런데 오리발을 내밀었잖아."

디트리히는 서류들을 급하게 읽어 내려갔다. 서류에는 빈에 있는 수상 관저에 침입한 서른 명 돌격대원에게 오스트리아 군복을 조달한 내용이 고스란히 들어 있었다.

"이 정보들을 어디서 가져온 거야?"

"법무부 장관이 출처야. 더 올라가면 장관을 특별히 신임하고 있는 히틀러가 출처지. 규르트너 장관은 여러 해 전 뮌헨에 있을 때 히틀러의 대변인요 옹호자였어. 장관한테서 직접, 서류들을 자물쇠로 채워 안전하게 보관하라는 아주 엄격한 지시를 받았어. 내가 안전하게 보관할 거야. 물론 히틀러의 유익을 위해서는 아니지." 한스가 야릇하게 웃으며 말을 이었다.

"장관이 한 개도 빼지 않고 모든 것을 넘겨줬어. 아무도 그런 기회를 얻지 못할 거야."

"매형이 어느 편인지 모르고 있어?"

"아마 알고 있을 거야. 서로 침묵을 지키는 거지."

한스가 무슨 말을 하는 것일까?

"장관이 점점 히틀러에게 실망하고 있어. 히틀러에 의해 잘못된 길로 빠져 가는 자신, 독일 헌법을 매장시키는 무시무시한 역할을 하는 자신을 발견한 거지."

"이걸로 저지른 일들을 다시 회복하겠다는 거야?"

"말하자면 그렇지! 물론 장관이 함부로 속내를 드러내지 못해. 친위대장 히믈러를 굉장히 두려워하거든. 몇 달 전에 히틀러에게 강제수용소 정기 검열과 폐쇄를 건의하려고 시도했어. 수용소 포로들에게 행해지는 고문에 대한 보고와 증거를 히틀러에게 보내고 관련자들에게 책임을 묻도록 건의했지. 그러나 히틀러는 이 사건을 무조건 덮고 입을 다물라고 지시했다고. 히믈러가 이를 알고 장관을 눈엣가시처럼 미워하며 핍박하고 있어.

"후고 형은?"

"서류철은 나와 장관만의 비밀이야. 후고도 아직 눈치 못 채고 있어. 오히려 내가 제3제국에 충성을 맹세했다고 여기고 있어. 내키지 않지만 후고 쪽 사람들에게 잘 보여 두는 게 중요해. 후고는 내 방어 시스템의 한 부분이야. 그는 히틀러에게 직접 연결되는 통로잖아. 서로를 잡아먹는 살무사 같은 조직에서 그런 인물들은 상당히 유용하지."

"그런데 그런 사실을 왜 내게 다 이야기해 주는 거야?"

"사실, 나도 잘 모르겠어! 어쩌면 빙빙 돌리지 않고 단도직입적인 너의 조언을 바라는지 몰라. 그리고 너는 입이 무겁고 비밀을 지켜 줄 거니까."

한스의 결단은 이미 내려졌다. 그 길의 위험도 알았고, 그 길이 결국 무엇인지도 잘 알았다. 다만 디트리히의 동의와 협조를 구하는 것이다.

디트리히는 이 위험하기 짝이 없고 불투명한 일에 연루되지 않을까 하는 예감이 들어 짐짓 당황스러웠다. 일단 간격을 두고 싶었다.

"이렇게 위험한 서류들을 여기 보관해도 되는 거야?"

"여기에 보관할 것은 아니야. 다만 크리스텔과 너에게 보여 주려고 가지고 온 거야."

"그러면 누나도 이 사실을 알아?"

"물론이야, 나는 아내에게는 아무것도 감추지 않아. 우리 부부 사이에는 비밀이 없어. 네 누나는 정말 멋진 여자야."

디트리히는 가슴이 철렁했다. 매형 한스가 이렇게 숨김없이 마음을 터놓은 적이 없었기 때문이다.

한스는 서류를 덮으며 말했다.

"이 서류들은 지극히 작은 한 부분이야. 나치 상부 비리에 대한 서류가 내 사무실에 산더미처럼 쌓여 있어. 강제수용소 살인에서부터 주가 조작, 히틀러 청년단과 당 지도부의 동성애 등등. 우리끼리는 '스캔들 일지'라고 부르지. 여기 인적 사항 카드에는 이름, 지위, 주소와 함께 카드 한쪽 편에 숫자가 적혀 있어. 숫자에 따라 모든 서류가 분류되고 정리되지. 사무실 커피잔 밑에 숫자와 인물들을 맞추는 암호 해독서를 숨겨 놨어."

디트리히는 등골이 오싹했다.

"매형, 너무 위험한 것 같아."

"조심만 하면 괜찮아. 다만 이 정보를 히틀러에 대항하는 도구로 삼을 때는 정말 위험하지."

"그럴 계획이 아니야?"

"물론 때가 되면, 모든 정보는 현 체제 전복을 위해 사용될 거야."

디트리히는 더 묻고 싶지만 말을 아꼈다. 한스는 디트리히의 마음을 계속 읽고 있었다.

"아직은 조짐이 없지만, 실제로 거사 계획이 착수된다면 이 정보들이 유용하게 사용될 거야. 동조자들을 모을 때, 또 머뭇거리는 장군들을 설득하는 데 좋은 자료가 될 것이라고 생각해. 그래서 나는 계속 이 자료들을 수집해야만 해. 거사는 시간문제야."

디트리히는 손가락에 끼고 있던 둥근 반지를 초조하게 만지며 걱정스럽게 말했다.

"매형이 정보자료를 그냥 썩히게 두지는 않겠지. 그렇다면 매형도 거사 동조자가 되는 거잖아."

"그렇게 되는 거지."

"매형이 하고 있는 일이 옳기는 해. 하지만 아무 일이 없었던 것처럼 잊어버리라고 충고하고 싶어."

한스는 긴장한 표정만 지을 뿐 입을 다물고 있었다. 그리고 서류철과 메모 수첩을 다시 집어넣었다.

디트리히는 밤새 잠을 설치다가 새벽같이 일어났다. 니젤 목사와 오더 강 동쪽에 위치한 슈테틴 근교의 자그마한 마을 핑켄발데로 떠나야 했다. 새 신학원 장소를 구했다는 기쁜 소식을 가지고 칭스트로 돌아가야 했다.

13

핑켄발데 수양관은 큼직한 것이 아주 마음에 들었다. 디트리히로서는 이 건물이 단지 설교자 학교뿐만 아니라 서쪽 포메른 주 고백교회들을 지원하는 수양관이요, 장기적으로는 거처가 정해지지 않은 신학원 졸업생들과 도움이 필요한 이들에게 피난처요 안식처로 쓰임 받기를 원했다.

오래된 집은 완만한 언덕 위에 세워져 있었다. 1층에는 방이 세 개 있었는데 큰 창문들이 많아 실내가 밝았다. 중간에 있는 큰 방을 공동생활을 위한 교제실로 쓰는 데 모두 동의했다. 옆의 두 방은 식당과 강의실로 사용할 수 있을 것이다. 2층에는 작고 낮은 방들이 많았다. 독서실로 딱 좋았다. 긴 복도 양 옆으로 몇 계단 올라가면 큰 방 두 개가 있는데, 침대 열 개가 들어가는 학생들 숙소로 사용할 수 있었다. 디트리히를 위해서는 창고 위에 강이 내려다보이는 작은 방이 하나 준비되어 있었다.

텅 빈 강의실에서 오전 강의가 다시 시작되었다. 오후에는 바닥을 고르게 하고 닦고 칠하며, 창문 등 고쳐야 할 부분들을 수리하고 상·하수도관을 설치했다. 잡초도 뽑고 정원을 만들었다. 디트리히는 학생들을 시켜 정원 한편에 채소를 심었다. 노동을 하는 동안 찬송하고 웃기도 했지만 언성이 높아지기도 했고 의견 충돌도 있었다. 휴식 시간에는 탁구를 즐겼다.

포메른 주의 교회들이 거의 매일 침대, 책상, 걸상 등 가구들과 식기, 식품까지 필요한 것들을 아낌없이 지원해 주자, 칭스트에서 모든 것을 아껴 써야 했던 슈트루베 부인이 신바람이 났다. 여덟 개 교회가 자원해서 한 방씩 맡아 가구들을 보내왔다. 어떤 교회에서는 비록 중고가구이지만 꼭 필요한 편안한 소파와 의자들까지 마련해 주었다. 또 부인들은 정성 들여 숙소 이불들을 준비해 가져왔다.

디트리히는 베를린 집에서 그랜드피아노를 가져왔다. 또 다른 하나의 피아노는 학생 중 한 사람이 빌려 주어 피아노가 한꺼번에 두 대가 생겼다. 도서관도 기부자들이 많은 책들을 기증해 점점 규모를 갖추어 갔다. 디트리히가 가져온 음반 가운데 흑인영가는 학생들의 폭발적인 인기를 끌었다.

디트리히는 또 베를린 집에서 독일 화가 뒤러가 그린 사도들의 초상화를 가져왔는데, 학생들의 만장일치로 식탁 뒤 벽에 걸었다. 바로 디트리히의 등 뒤에. 학생들은 자기네 스승과 뒤에 걸린 그림이 어울려 하나의 멋있는 장면을 연출하는 것을 즐기고, 디트리히는 그런 학생들 모습이 재미있어 미소로 화답했다.

한여름의 중순쯤, 신학원이 어느 정도 정리되자, 디트리히는 형제들의 작은 공동체를 위한 구상에 들어갔다. 학생들이 졸업을 하면 복음적인 목회자들로서 장기간 함께 살면서 함께 일하게 될 것이다. 공동체는 '부뤼더하우스'(Bruederhaus : 형제들의 집. -옮긴이)로 부르리라. 그는 그런 공동체를 늘 꿈꿔 왔다. 교회가 소신껏 처신할 수 없는 장소에서 고백교회의 사역을 수행하는 독립된 목회자들의 공동체! 신학원 수양관은 공동 숙소가 될 것이고 형제 공동체를 지원하게 될 것이다. 신앙과 우정의 근원지가 될 것이다.

아, 엘레노레는 어떻게 하나? 부뤼더하우스와 결혼. 둘 중 하나를 선택해야 한다.

이번 여름에 디트리히는 엘레노레를 베를린에서 한 번 잠시 만난 게 전부였다. 부모님들과 누나 우르젤 슐라이허 가족이 함께 들어갈 나란히 붙게 지은 새 집 두 채를 보러 갔을 때, 엘레노레와 프란츠가 동행했다. 아버지는 방엔하임 길에 있던 큰 저택에서 자신의 취향을 따라 지은 아담한 작은 집으로 이사할 것을 몇 년 전부터 계획했다. 그리고 부모님들은 큰딸과 사위를 설득하여 도심에서 떨어진 그룬발트의 넓은 땅을 구해 집 두 채를 나란히 지었던 것이다. 가족 소풍 같았던 이날 외출에서 별로 기억에 남을 만한 일은 없었다. 어린 조카들이 아직 완공되지 않은 집들을 마치 정복한 성처럼 환호성을 지르며 뛰어다녔고, 디트리히는 어린 시절로 돌아간 듯한 기분에 사로잡혔다. 어머니가 여기저기를 보여 주며 설명할 때 무심코 내 방이 어디냐고 물었는데, 모두들 놀라는 눈치였다.

"다락방을 주랴? 아, 디트리히! 까마귀 둥지 같은 그곳은 말이야, 우리 대식구들이 한꺼번에 모일 때 비상용으로 생각한 거야." 어머니는 어처구니가 없다는 듯 대꾸하셨다.

그러나 디트리히는 까마귀 둥지 같은 그 작은 방이 맘에 들었다. 오후 내내 디트리히는 한 번도 엘레노레와 단둘이 대화를 나누지 않았다. 엘레노레를 전차 역으로 배웅하고 돌아오는 길에 프란츠가 입을 열었다.

"너희 두 사람, 무슨 일 있는 거야?"

"무슨 말이야?"

"무슨 일이 일어났는지 이해가 안 돼. 아니 무슨 일이 안 일어났는지 말이야. 너무나 황당해. 내가 바라는 것은······."

"프란츠, 네가 무슨 말을 하려는지 알아. 그건 우리가 토론할 안건이 아니야."

"왜?"

"이유를 꼭 대야 해?"

"네가 토론하는 것을 반대하는 것은 꼭 한 가지 이유뿐이야. 엘레노레에 대한 너의 감정이 변했다는 거지. 그건 말도 안 돼 디트리히!" 프란츠는 완강했다.

디트리히는 얼굴을 돌렸다. 프란츠에게 그녀에 대한 감정을 도저히 말할 수 없었다.

"나 스스로도 답을 몰라 말을 해 줄 수 없구나."

한참 동안 둘이는 말없이 나란히 걸었다.

"요즘 고민하는 다른 문제가 있어." 마치 스스로에게 말하듯 하면서 프란츠에게 부뤼더하우스에 대한 계획을 이야기했다. 신학원보다 더 수도원적인 색채를 지녔을 거라는 정도 외에는 거의 이해하지 못하는 상태라 프란츠의 충격은 컸다.

"자네는 정상이 아니야."

"그렇게 말할 줄 알았어." 디트리히는 덤덤하게 말을 이었다. "프란츠, 나는 가톨릭적인 옛 수도원을 세우려는 것이 아니야. 내가 하려는 것과 가톨릭 수도원은 하늘과 땅 차이야. 부뤼더하우스에는 서약도 독신주의도 없어. 평생 그곳에 머물러야 한다는 것도 아니고."

프란츠는 아무 말 없이 디트리히의 이야기에 귀를 기울이고 있었다.

"중요한 것은 진정한 그리스도의 제자로서 서로를 도와주고, 서로 지원하고, 서로 권면하고, 서로 가르치고 참된 예수 제자의 삶을 실현해 보고자 하는 데 있어."

"비현실적인 이야기야." 프란츠가 전혀 관심 없이 툭 내뱉으며 이어 물었다.

"엘레노레가 그런 곳에 어떻게 적응할까?"

"나도 몰라."

"그것만큼은 자네와 내 생각이 일치하는군. 오늘 말이야, 네가 그녀에게 눈길 한번 주지 않고 있을 때, 그녀가 너를 어떤 눈길로 보고 있는지 나는 봤어."

"어떤 눈길이었는데?"

"너와는 정반대였지."

디트리히가 믿지 못하겠다는 듯이 프란츠를 바라보았다. 프란츠는 진지했다. 전혀 놀려 주거나 비꼬려는 기미가 없었다.

"내가 보기에는 전혀 그렇지 않은데, 너는 너무 좋게만 보려는 것 같아."

"디트리히! 너 대체 그런 말도 안 되는 핑계를 언제까지 늘어놓을 거니?"

두 사람의 눈길이 마주쳤다.

"엘레노레와는 단지 소꿉친구 우정이었어. 엘레노레가 나하고는 아주 먼 친척 관계지만 사실 한 가족이나 마찬가지였지. 사람들을 같이 만나고, 춤도 같이 배우러 다니고, 같이 소풍을 가고, 같이 연주회를 가고. 그녀의 할머니 집이 바로 우리 집 맞은편에 있었고. 그래서 자연히 친구가 된 거라고."

"그런 말을 누가 믿을지 모르겠다. 그러면 그녀와 결혼에 대해 한 번도 말한 적이 없다는 거야?"

디트리히가 주저했다. 대문의 높은 철 막대가 오후 태양빛에 따뜻하게 달아올랐다. 디트리히가 항의하듯 대꾸했다.

"그건 아주 오래전 일이야. 사춘기 때 연애 감정이 넘쳐흐를 때 말이야. 그 이후로 많은 시간이 흘렀고 많은 일들이 있었어. 우리 두 사람이 최근에 자주 만나지 않은 건 너도 알잖아."

"그래, 알아. 그렇다면 디트리히, 그녀가 거기에 대해 어떻게 생각하고 느끼는지 물어봐."

"나하고 별다르지 않을 거라고 생각해. 엘레노레는 자신의 일을 좋아하고, 우리가 나누는 대화도 주로 일에 관한 거야."

"아니야. 그녀는 너와 다르게 느끼고 있어. 디트리히, 너는 너 자신을 속이고 있는 거야."

프란츠는 '미안하다'는 말을 마지막으로 그만 집으로 돌아가겠다고 했다. 디트리히는 멀어져 가는 프란츠를 한참 동안 바라보았다. 자기의 모든 변명이 짚으로 지은 집같이 와르르 무너지고 있었다.

14

 신문을 들고 있는 디트리히 옆으로 학생들이 모여들었다. 신문기사들은 나치 정부를, 싸움과 분열을 일삼는 고백교회와 제국교회를 중재하고 화합을 시도하는 평화의 사도인 양 대서특필로 미화하고 있었다. 몇 주 전부터 정부가 고백교회와 형제단 협의회 지도부를 해임할 것이라는 소문이 돌더니 온 교회를 매수하려는 음모가 진행 중이었다. 교회 업무만 담당할 관공서를 새로 개설하고, 한스 케를 장관을 임명하여 고백교회를 만족시킬 만한 합리적인 감언이설로 구슬리기 시작했다. 케를 장관은 고백교회와 제국교회를 통합하고 공동위원회를 발족하며, 모든 교회 부서를 그 아래 두는 일종의 보호망 지도 체제를 확립할 것이라고 발표했다. 물론 고백교회의 모든 주요 안건들에 대해서는 폭넓은 이해와 배려를 보장하겠다고 천명했다. 그리고 저명한 루터교 신학자인 빌리암 췰르너가 위원회 대표를 맡기로 되어 있었다. 정말 기막히게 교묘한 조치였다.

쉰헤어, 카니츠, 맥흘러 등 베를린 출신 학생들은 장관의 성명서에 내포된 위험을 당장 알아차렸으나, 오히려 다른 학생들은 대부분 감동했다. 에른스트 톰은 개인적으로 친분이 있는 췰르너 교수가 근본적으로 잘못된 일에 관여할 사람이 아니라고 믿었다. 프리츠 온나쉬는 고백교회 입장을 상당히 배려해 준 신문기사에 의기양양해서는 말했다.

"고백교회가 제국교회와 동등하게 대우를 받는 것 같아. 그렇지 않니?"

"그래 맞아! 일단 해 볼 만한 것 같아. 이 기회를 경솔하게 놓쳐 버릴 수는 없어."

디트리히가 신문을 내려놓고 주위를 둘러보았다. 학생들은 그의 입에서 무슨 말이 떨어지기를 기다리듯 그의 얼굴을 응시했다.

"제국교회와 고백교회, 둘 다 췰르너가 이끄는 공동위원회 관할 아래 있게 되는 것은 틀림없습니다. 그러나 형제들, 췰르너는 케를에게서 지시를 받을 것이고, 케를은 결국 히틀러에게서 직접 지시를 받는다는 것을 기억하십시오. 히틀러에게 비굴하게 빌붙는 것 말고는 그 구실 아래에서 얻을 것이 없습니다."

케를의 속임수는 많은 교회 지도자들의 눈을 멀게 했다. 그러나 신학원 학생들은 큰 흔들림 없이 디트리히를 따랐다. 학생들은 갈수록 디트리히에게 끌렸고, 신뢰는 점점 쌓여 갔으며, 공동위원회에 저항할 방안을 함께 의논했다. 그러나 디트리히는 학생들이 자신을 우상으로 받들어 가는 것을 직시하면서 이루 말할 수 없이 불편해졌다. 단지 소수의 학생들만이 자신의 영적

독립을 지키는 듯하였다.

신학원장직을 맡은 이후, 다시 시커먼 악마가 디트리히의 영혼을 괴롭혔다. 그럴수록 벗어나려고 일에 몰두했다. 그러나 우울증세는 잠시 사라졌다가도 금세 찾아왔다. 언젠가 베를린 집에 들렀을 때 아버지의 의학 전문 서적에서 'acedia tristitia'라는 병명을 찾아냈다. 'acedia'는 참된 신자로서 목표에 도달하지 못할 때 좌절로 인한 영혼 쇠약 상태를 말하고, 'tristitia'는 그 때문에 나타나는 우울증세를 말한다. 그러나 병명을 알았다고 병이 없어지랴.

신학원을 열기 전부터, 디트리히가 고심해 온 것 가운데 하나가 공동체 형제들 사이에 '서로 죄를 고백하는 참회'를 실제로 실행할 것인지였다. '제자도' 강의가 시작되자 참회가 중심 주제가 되었다. 마음이 움직이면 자유롭게 다른 형제들이나 자기에게 와서 참회하도록 격려했다. 학생들은 신학원 책임자가 오랫동안 지켜 오는 개신교 관례를 스스럼없이 깨는 것에 대해 놀라움을 감추지 못했고, 일부는 당황하는가 하면 몇몇은 분노를 그대로 드러내기도 했다. 그래도 몇 명은 호기심을 나타냈다.

디트리히는 마르틴 루터가 한순간도 개인적인 참회 없이 살지 않은 사실을 분명히 상기시키며 강의를 마쳤다.

"우리 모두가 인격적인 참회를 다시금 회복해 실천하기를 바라는 바입니다."

학생들은 차차 개인 참회를 실행에 옮겨 갔다. 그러나 정작 디트리히 자신은 그렇지 못했다. 언젠가는 그렇게 하리라 결심한 것을 계속 미루면서 속에서 치솟는 저항을 이길 수 없었다.

그러나 반드시 꼭 해야 하며, 곧 하게 되리라.

작센에서 온 젊은이, 자유롭고 솔직한 인상을 주는 에버하르트 베트게는 신학원 학생 중 특별히 열심이었다. 첫 설교를 맡았을 때 이사야 53장 5절 말씀으로 공동체 참회 문제를 심오하고 날카롭게 다루어 디트리히를 놀라게 했다. 뿐만 아니라 베트게는 음악적 은사도 탁월해 합창단 대표 지휘자도 맡겼다. 에버하르트가 설교한 그날, 디트리히는 그를 계단에서 만났다. 만난 김에 '부뤼더하우스'를 어떻게 생각하는지 의견을 물었다.

"그건 그렇고, 신학원 졸업 후 어떤 계획을 가지고 있습니까?"

"작센의 제 상관이 그곳에 제가 시무할 교회가 있다고 했습니다. 그리고 결혼도 해야 하고요." 에버하르트는 조심스러운 듯 천천히 말했다.

일주일쯤 지난 어느 날, 아침 강의시간에 에버하르트가 평소와는 달리 집중하지 못하고 있었다. 강의 시간 내내 강의는 듣는 둥 마는 둥하며 책상만 응시하고 있었다. 디트리히는 혹시나 싶어 에버하르트에게 질문을 해 보았는데, 역시나 벌떡 일어서더니 시인했다.

"죄송합니다! 질문을 이해하지 못했습니다."

그러고 보니 어젯저녁에도 교제실에 모습을 보이지 않았던 것이 문득 떠올랐다. 점심식사 후 디트리히는 에버하르트의 사촌 게르하르트 비브란스를 불렀다. 이야기를 들으니 베트게와 교제하던 여성이 다른 남자를 사귀어 떠났다는 것이다. 잠시 뒤 에버하르트가 논길로 걸어가는 것이 보였다. 디트리히가 따라

나섰다. 마침내 무너진 돌담 위에서 슬픔에 젖어 앉아 있는 그를 발견했다. 에버하르트가 깜짝 놀라 쳐다보았다.

"베트게 형제, 옆에 잠시 앉아도 실례가 되지 않을는지요?"
"아닙니다, 전혀."
"참 경치가 좋군요."
"예."
"사촌 게르하르트에게 들었어요."
"제 약혼녀가 생각을 바꾼 것은 어디까지나 그녀의 선택에 달린 거죠. 하지만 일이 어쩌다 이렇게 되었는지……. 저는 그동안 전혀 눈치를 못 챘거든요."

에버하르트는 무릎을 손으로 짚고는 넓은 어깨를 앞으로 숙였다.

"사월 이후로 약혼녀를 만나지 못했다면서요?"
"그렇지만 단 넉 달밖에 지나지 않았습니다. 그 짧은 시간에 그녀가 변심할 수 있다는 게 이해가 안 됩니다. 저라면 상상도 할 수 없는 일입니다. 참 멍청한 놈이죠!"
"멍청하다기보다 오히려 깊이 믿은 거지요."
"박사님, 그녀를 의심할 근거가 없었어요."
"그럴 테지요. 어쩌면 의심할 근거를 찾지 않았는지도 모르죠. 세상에는 아무런 이해타산을 따지지 않고 상대방을 믿어 주는 사람들이 있습니다. 반면 이것저것 따지며 아예 상대방을 안 믿는 고약한 사람들도 있죠. 믿어 보려고 시도조차 하지 않는 것은 악한 것이라고 생각해요."

에버하르트는 그 말을 되씹었다. 그 말이 향유같이 자신의 상한 영혼을 고쳐 줄지 모른다는 생각이 들었다.

"그녀가 선택한 남자는 오직 나뿐이라고 생각했어요." 에버하르트가 쓸쓸한 미소를 지었다.

디트리히는 문득 유머가 떠올랐다.

"아마 목사 부인이 되고 싶지 않았겠지요. 어떤 여성에게는 그것이 끔찍스런 일이기도 하거든요."

"그녀는 처음부터 그것을 알고 있었어요."

"사랑에 빠지면 처음에는 무서운 게 없고, 눈에 아무것도 안 보이지요."

에버하르트는 아무 말도 하지 않았으나 기분이 서서히 풀렸다. 그들은 화제를 바꿔 한동안 음악에 대한 이야기를 나누다 돌아왔다.

디트리히의 가르침으로 에버하르트는 지금까지 중요하지 않다고 여기던 분야에도 흥미를 가질 수 있었다. 특별히 유대인에 관한 문제는 그러했다. 그의 스승과 마찬가지로 열흘 전에 뉘른베르크에서 결정된 반유대인법령에 그도 분노했다. 더 심각한 것은 고백교회 지도부 위원들이 '뉘른베르크법령'을 한마디 저항도 없이 받아들이기로 결정한 것이다. 하지만 디트리히는 그 결정을 받아들일 수 없었다. 신학원 학생 전원을 데리고 구프로이센 고백교회 총회 참석차 베를린으로 올라왔다.

에버하르트를 포함한 아홉 명의 예비 목회자들이 방엔하임 거리에 있는 본회퍼의 부모님 집에 머물렀다. 고풍스런 저택과 에버하르트가 어린 시절을 보낸 초라한 목사관 고향집은 엄청난 대조를 이루었다. 또 대단히 뜨거운 환영을 받았다. 심지어 파울라 여사는 학생들과 대화하기 위해 일부러 시간을 할애해 주기까지 했다. 에버하르트는 본회퍼 가문의 교양 있고 유복하며, 전통이 있는 집안 분위기에 압도되었다. 페르시아 산 카페트, 마루로 된 바닥, 벽에는 유명 화가들의 진품 그림이 걸려 있었고 가구들도 하나같이 멋있었다. 도대체 방이 몇 개나 될까? 에버하르트는 온 집 안을 한번 둘러보고 싶었다.

총회에서는 일단 유대인법령과는 관계없는 안건들이 다루어졌다. 점심식사 때 디트리히와 칼 코흐 총회장이 에버하르트와 프리츠가 앉아 있는 식탁으로 왔다.

디트리히가 약간 흥분한 목소리로 물었다.

"오늘 오후에는 아리안법령에 대한 토의와 결의가 이루어진다고 들었습니다. 정말입니까?"

코흐는 이 골치 아픈 디트리히가 또 무슨 소리를 할까 몰라 약간 불안했다.

"무슨 소리를 들었나, 디트리히 목사?"

"왜 정부가 유대인 문제를 법으로 규제해야 하는지 모르겠습니다."

"아 그것 말인가? 거기에 대한 토의는 이미 상임위원회에서 다 끝났어."

"구프로이센 고백교회 형제들은 다를 것이라 믿었는데, 상당히 실망스럽습니다."

"이런 중요하지 않은 안건 때문에 시끄럽게 만들지 말게. 부탁이네!"

"교회가 탄압에 대해 침묵하는 일이 중요하지 않은 안건입니까?"

"그렇다면 다르지."

"이건 탄압입니다. 총회장님은 바로 나치에게 우리의 침묵을 은쟁반에 담아서 바치는 것 아닙니까?"

"겉으로는 충분히 그렇게 보일 수 있네. 그러나 다수가 결정한 일이라는 걸 명심해 주기 바라네. 나도 다수의 의견을 무시할 수 없지 않은가? 다수가 이번 사안이 우리 능력 밖의 일이라는 의견이네." 코흐 목사도 단호하게 응수했다.

"특별히 지금 시점에서 그렇겠지요." 디트리히는 약간 비꼬는 투로 말했다.

코흐는 한숨을 내쉬며 말했다.

"뉘른베르크법령이 우리를 진퇴양난으로 몰고 있네."

"나치가 바로 그걸 노리는 거죠."

"알았네, 알았다고. 여보게 디트리히, 곧 이 문제를 처리할 걸세. 이미 그렇게 하기로 이야기가 다 되어 있어. 하지만 지금은 정부와 부딪치기에는 적절한 시기가 아니야. 실제로 고백교회의 신뢰도가 도마 위에 올라 있어."

디트리히가 강경한 어조로 따졌다.

"수백만의 생명이 위험에 처해 있는 이 시점에 교회가 할 일은 과연 무엇일까요? 모든 것을 감수하더라도, 스스로를 변호할 수 없는 자들을 위해 변호하고 대변하는 것이 교회가 해야 하는 참 행동이라고 저는 확신합니다."

"물론이야, 최후의 순간에는 그렇게 해야만 하지. 문제는 때, 시기라고!"

"지금보다 더 심각한 때가 언제일까요?"

코흐 목사가 찻잔을 입에 갖다 대며 대답을 피했다. 그러나 디트리히는 목소리를 높인 채 끈질기게 따졌다.

"현 상황이 우리를 향해 부르짖고 있습니다. 뉘른베르크법령은 이제 막 그 효력을 발하고 있습니다. 우리가 이때 침묵한다면 교회의 진실성에 큰 타격을 입게 될 것입니다."

"여하튼 위원회를 재소집해 보겠네만, 이 시점에서 더 이상 나아가기는 힘들 것 같아."

"총회장님, 용기가 필요합니다. 교회가 분명한 입장을 취하고, 말 못하는 자들의 대변자가 되어 준다는 것은 정말 용기 있는 행동입니다." 실현 가능성이 없는 일이라는 것을 의식해서 그런지 그의 목소리는 슬픔에 잠겨 있었다.

다시 한 번 코흐 목사에게 호소했다.

"정말 이 일을 모른 체할 수 있습니까? 교회는 그리스도 편에 설 때 진실로 교회다워지지 않겠습니까? 우리가, 그리스도께서 고난당하는 자들의 편에 서신 것을 부인해야 합니까?"

코흐는 잠깐 침묵했다가 다시 입을 열었다.

"자네가 총회에서 발언권이 없는 것이 참 갑갑한 일이네. 자네의 말은 아주 설득력이 있는데 말이야. 하지만 우리도 할 수 있는 한 최선을 다해 보도록 하겠네."

총회 결의안에서 뉘른베르크법령을 지지하는 문장은 삭제되어 있었다. 국가가 이러한 법령을 제정할 수 있는지에 대해서도 언급이 없었다. 그리고 총회는 이 불편한 사안을 '제국교회 특별위원회'에게 위임하고 이 특위가 최대한 빠른 시간 내에 교회의 공식적인 의견을 발표하기로 했다.

신학원으로 돌아오는 밤 기차 안, 디트리히는 특위가 그들의 발표를 또 얼마나 미룰 것인가에 생각이 미치자 화가 치솟았다.

언덕의 대화 이후로, 에버하르트는 본회퍼를 점점 더 가깝게 여기기 시작했다. 하지만 한 가지가 마음에 걸렸다. 언제 어디서나 어려움에 빠진 형제를 보면 진실하게 접근하며 도와주는 본회퍼가 다른 형제들이 그에게 다가오는 것을 허용하지 않고, 자신을 열지 않는다는 사실이었다. 본회퍼의 지극히 개인적인 면은 숨겨져 있었다. 물론 감히 그걸 물어보는 학생도 없었다.

그러나 지금은 둘 사이가 두터운 우정의 줄로 묶인 것 같았다. 일주일쯤 지났다. 본회퍼는 에버하르트를 불러내더니 점심 식사가 끝나고 자기 방에서 자기의 참회를 들어 줄 수 있는지 물었다. 갑작스러운 부탁이라 에버하르트는 주저했으나 본회퍼의 얼굴에 나타난 간절함을 읽고 허락했다.

식사 후 에버하르트가 본회퍼의 방문을 노크했다.

"들어오십시오, 베트게 형제."

본회퍼는 조금 사무적으로 보였다. 그는 책상 옆의 의자를 가리키며 앉으라고 권했다.

"감사합니다."

그들은 1미터 정도의 거리를 두고 앉았다. 본회퍼가 에버하르트를 바라보았다. 본회퍼가 불편한 기색을 감추지 못하고 말문을 열었다.

"형제님은 참회를 해 보았는지요?"

"아닙니다, 처음입니다." 약간 멋쩍은 듯 에버하르트가 대답했다.

본회퍼는 속으로 놀랐다. 에버하르트는 누구보다 자기 지시를 가장 잘 따르지 않는가?

"먼저 기도하지요." 본회퍼가 에버하르트에게 제의했다.

긴 침묵이 흘렀다. 에버하르트가 들릴 듯 말 듯한 목소리로 기도를 시작했다. 에버하르트의 희미한 "아멘" 소리가 귀에 들리자 본회퍼는 자기 차례가 된 것을 알았다. 그러나 입이 안 열렸다. 자기가 가르치는 학생에게 자신의 가장 깊은 내면의 감정, 심지어 죄까지 고백한다는 것은 견딜 수 없는 수치 같았다. 그러나 그 어느 순간보다 고백을 통한 용서를 간절히 구하고 있었다. 참다운 해방과 진정한 제자의 삶을 가능하게 하는 용서를 말이다.

다시 한 번 본회퍼는 에버하르트의 얼굴을 쳐다보았다. 이 청년의 눈에는 애정과 존경이 가득했고, 자신의 말을 있는 그대로 들어 주겠다고 각오한 듯했다. 본회퍼는 다시 한 번 숨을 들이마시고 뻣뻣한 자만심의 마지막 반항을 꺾었다. 본회퍼의 고뇌가 천천히 흘러나왔다.

'스승의 번민과 고통이 그토록 심각하다니!'

에버하르트는 충격이었다. 그러나 충격은 어느덧 사라지고 어떠하든지 간에 그의 고통을 같이 나누고 덜어 주어야 한다는 생각만 들었다.

얼마나 시간이 흘렀을까? 에버하르트는 시간이 흐르는 것조차 잊고 있었다. 본회퍼가 말을 마치자 에버하르트가 물었다.

"다 말씀하셨습니까?"

"그렇습니다, 베트게 형제."

"이제 그리스도의 이름으로 당신의 죄를 용서합니다."

본회퍼의 눈빛은 차분히 가라앉아 있었다. 그들은 서로 뜨겁게 악수했다. 이 악수는 형제로서 서로를 영접함이요, 해방된 자들이 자유를 나누고 친교를 확인하는 행위였다. 두 사람은 피와 살을 나누는 가까운 관계가 되었다. 방을 나서기 전 에버하르트는 평화를 되찾은 스승을 바라보았다.

15

대림절이 시작될 무렵, 본회퍼는 '독일 개신교 안전을 위한 법 실행에 대한 다섯 번째 규정'이라는 정부안을 실은 석간 신문기사를 읽고 있었다. 정부안이 고백교회를 무력으로 없애겠다고는 하지 않았지만, 근본 취지는 바로 그런 의도였다. 정부는 고백교회의 모든 활동, 심지어 신학원 운영까지 포함하여 불법으로 규정하고 신학원 과정을 거친 학생에게는 목사 위임이나 시험, 관직도 부여할 수 없다는 방침이었다.

소문은 신학원 학생들 사이에 순식간에 퍼졌고, 저녁식사 때 보니 모두들 걱정스런 얼굴들이었다. 본회퍼는 침착하게, 그리고 여유 있게 규정에 숨은 제국의 의도를 한 조목 한 조목씩 분석하면서 설명해 나갔다.

"지금부터 우리 신학원은 불법적인 모임이 됩니다. 제국이 이 법령으로 우리를 그렇게 몰아 가고 있습니다. 모든 신문과 공식적인 언론을 대변하는 방송들이 고백교회를 '마지막 남은 소란자'들이라고 공격할 것입니다."

입을 여는 사람이 아무도 없었다. 그러면서도 본회퍼에게 무엇인가를 기대하듯 눈길이 쏠렸다. 하지만 그가 무엇을 더 말해 줄 수 있으랴?

"우리의 장래가 불확실합니다. 여러분이 여기 신학원 과정을 모두 끝내도 교회 내에서 자리를 얻게 될 거라는 보장이 없습니다. 오히려 그 반대입니다! 목사관과 함께 정상 임직을 받을 이가 거의 없습니다. 감사하게도 고백교회에는 나치 제국을 두려워하지 않는 몇몇 지도자들이 있습니다. 그분들이 여러분의 자리를 구하는 데 어느 정도 도움을 줄 수 있을 겁니다. 아니면 사정에 따라 새로 생긴 임시 교회로 부르심을 받게도 될 것입니다. 그런 교회들은 성도들의 헌금이나 후원금으로 유지될 겁니다. 여러분이 현실을 정확히 인식하기를 바랍니다. 여러분 각자는 가든지, 머무르든지 온전히 자유롭게 결정해야만 하고 또 그렇게 할 수 있어야 합니다. 고백교회 지도부가 이 법률안에 대해 어떻게 나올지 모르겠습니다. 짐작컨대 굴복하지 않을 겁니다. 이를 위해 우리의 적극적인 지원을 필요로 할 것입니다. 나는 여러분 중 한 명이라도 여기에 남아 있는 한 내 일을 계속할 것이고, 머무는 사람에 대해 생계 걱정이 없도록 돌봐 줄 것입니다."

이후 학생들의 반응에 본회퍼는 놀랐다. 그들은 본회퍼에게로 몰려와 신학원에 남아 탄압을 피하고 싶다고 했다.

다른 형제들이 숙소로 돌아간 뒤, 본회퍼는 에버하르트에게 말을 건넸다.

"나치의 술책이 엄청나게 교활합니다. 처음에는 교회 공동위원회라는 감람나무 가지를 세우더니, 다음에는 감람나무 가지에 막강한 힘을 부여하면서 더욱 매력적으로 보이도록 만들었습니다. 새로 솟아난 감람나무 가지로 고백교회의 뿌리까지 뽑겠다는 보복 행위죠. 베드로전서에는 심판이 하나님의 집에서 시작된다고 기록되어 있지 않습니까? 높은 나무가 번개를 먼저 맞게 되는 것이 당연한 것 같아요."

에버하르트는 아무 대답도 하지 않았다.

"에버하르트, 나를 위해서 기도해 주시오. 형제의 기도가 필요합니다. 그리고 교회를 위해 기도해 주시오. 교회를 위해 기도하는 것을 중단해서는 안 됩니다!"

12월 중순, 할머니가 위독하다는 전갈이 왔다. 집에 도착하니 부모님이 병상을 지키고 있었다.

"좀 어떠세요?"

"왔구나. 네가 오니 좀 안심이 되는구나!"

"열이 내리지 않아. 오늘 밤만 잘 넘긴다면 좀 나아지실 것 같은데……."

"제가 할머니 곁을 지킬게요. 아버지는 좀 쉬세요."

그러나 아버지는 망설였다.

"무슨 일이 있으면 부를게요. 가서 쉬세요."

"고맙다, 디트리히."

디트리히는 밤새 할머니의 병상을 떠나지 않았다. 할머니는 아침이 되자 열이 내렸고, 조금이나마 식사도 할 수 있었다. 얼마나 더 사실 수 있을까?

하루를 더 머무는 사이에 베를린 대학에서 강의 의뢰가 들어왔다. 일주일에 한 번 강의를 수락했다. 강의차 베를린에 올라와 돌아가는 정치 근황을 정확히 파악하고 싶은 의도도 있었다.

오후에 집에 돌아오니 엘레노레가 할머니의 병상을 지키고 있었다. 엘레노레와 할머니는 정말 친했다. 그녀를 쳐다보며 마지막 편지를 언제 썼는지 기억해 보려고 애썼다. 그러고 보니 요즈음은 자기도 엘레노레로부터 편지를 받은 기억이 없었다.

"엘레노레, 와 줘서 고마워!"

"……."

"부모님은 잘 계시니?"

"응."

베개가 부스럭거리는 소리가 들렸다. 할머니가 깨어나 손자를 보고 반가워 손을 이불 밖으로 내밀었다. 디트리히는 가만히 손을 잡아 드렸다.

"돌아왔구나, 디트리히."

"네, 할머니."

할머니는 엘레노레를 향해 고마운 표정을 지으며 말했다.

"아직도 안 가고 있었구나, 엘레노레."

손자와 엘레노레를 번갈아 보더니 힘이 하나도 없이 말을 이었다.

"난 피곤해서 다시 자고 싶구나. 너희들끼리 좋은 시간을 가지렴."

디트리히는 할머니의 손을 놓고 엘레노레에게 물었다.

"베란다로 나갈까? 신선한 바깥 공기가 기분을 상쾌하게 해 줄 거야."

12월인데도 따뜻한 편이었다. 얼마 전에 내린 첫눈이 만든 고드름이 한 방울 한 방울 녹아 내리고 있었다. 아버지의 연구실 앞에 황금빛 은행잎이 수북이 쌓여 있었다. 베란다에 선 채 둘은 아무 말도 없었다.

"편지를 못 보내 미안해." 디트리히가 말문을 열었다.

"신학원 일은 잘되고?"

"응, 잘 운영되고 있어. 참, 지난번 고백교회 총회에서 네 얼굴이 안 보이던데."

"참석 안 했어." 엘레노레는 이유를 말하지 않았고 디트리히도 묻지 않았다.

"야코비 목사님은 어떻게 지내시니? 그리고 새로운 법령에 대해 어떻게 생각하시는지?"

"너랑 같은 생각을 하고 있어. 코흐 목사님과 몇몇 분들이 췰르너 목사와 협상을 하기 위해 의논 중이고."

"협상을 한다고?"

"그렇게 직접 말하지는 않았지만 결국은 그렇게 되는 거지."

"네 생각에는 코흐 목사가 공동위원회 쪽으로 기울고 있다는 말이야?"

"잘은 모르지만, 그런 식으로라도 남은 영향력을 행사해 보겠다는 거지."

"말도 안 돼. 잘못된 방향으로 가는 기차 안에서 반대 방향으로 뛰어가는 것이 얼마나 무모한 것이냐고."

"성급한 결론을 내려서는 안 돼. 아직 코흐 목사가 아무것도 말하지 않았어."

"눈앞에 암흑의 시간이 다가왔어." 디트리히가 우울한 심정을 토로했다.

"알고 있어. 나도 그게 두려워."

두 사람의 대화는 늘 그랬던 것처럼 사무적인 이야기를 벗어나지 않았다. 숨을 삼킨 채 무거운 침묵만이 오갔다. 이제는 엘레노레에게 자기 마음을 분명히 말해야 했다. 그렇지만 어떻게, 어떻게 말한단 말인가?

두 사람 사이는 자연스럽게 조금씩 멀어져 버렸다. 두 사람을 이어 주는 끈도 점점 약해졌다. 그러는 사이에 디트리히는 엘레노레도 더 이상 자기와 결혼을 생각하지 않을 것이라 믿게 되었고, 두 사람의 결별이 그녀에게 큰 상처를 주지 않을 것이라는 확신까지 들었다.

디트리히가 마침내 입을 열었다.

"엘레노레, 너에게 어떤 아픔도 주지 않으려고 했어. 혹시라도 내가 널 아프게 했다면 용서해 줘."

엘레노레는 놀란 눈으로 그를 바라보았다.

"너에게 맞는 좋은 사람이 되어 주지 못해 미안해. 아마 나는 너에게 짐밖에 안 되었을 거야. 나도 때로는 나를 감당하기가 힘들어. 지난봄에 내가 털어놓은 이야기를 기억하지?"

"아니, 네가 그런 식으로 이야기하지는 않았어."

"그렇게 자세히 이야기하지 않았는지는 모르겠지만……."

"그럼, 내가 그렇게 이해를 하고 동시에 경고 통보로 받아들여야 했다는 거야? 디트리히, 지금 나는 무슨 말을 해야 할지 모르겠어. 너를 알게 된 것 자체가 나에게 기쁨이었다고! 또 너와 교제하는 모든 시간 내내 그랬다고!" 어느새 엘레노레의 눈에 눈물이 가득 고여 있었다.

순간 디트리히에게도 후회가 밀려왔다. 지금이라도 그녀의 손을 잡고 조금 전에 한 말들이 진심이 아니며 그런 말을 하려는 의도가 아니었다, 앞으로 최선을 다할 것이며 너의 얼굴에서 아픔을 덜어 주고자 한다는 말을 하고 싶었으나 그러지 못했다. 오히려 그의 말은 딱딱하게 울려 나왔다.

"우리가 계속 친구로서 남아 있다면 고맙겠어."

"너는 정말 아무것도 몰라!" 그녀는 얼굴을 떨군 채 말했다.

"할머니께 이별 인사를 해야겠어."

"용서해 줘, 엘레노레."

"잘 있어, 디트리히!"

그녀는 뒤를 돌아보지도 않고 방 안으로 들어가 버렸다.

해가 나무 뒤로 사라지고 찬 기운이 스며들고 있었으나 디트리히는 아무것도 느끼지 못한 채 오랫동안 베란다에 서 있었다.

한참 뒤 할머니 곁으로 다가갔다.

"디트리히, 안 자고 기다리고 있었다. 힘이 있는 동안 너와 이야기를 하고 싶었지."

"할머니, 곧 있으면 나아지실 거예요."

"아니야, 죽을 시간이 온 것 같구나. 기력이 다 빠진 것 같아. 죽는 것이 차라리 더 나을 시간이 온 거야." 할머니는 이불을 잡아당기며 말을 계속했다.

"디트리히, 나에게는 아직도 많은 것들이 불분명하구나. 예수의 신성이라든지, 성육신이 무엇을 뜻하는지 잘 모르겠다. 나에게는 아주 어려운 문제들이야." 그녀의 근심 어린 눈길이 디트리히를 바라보고 있었다.

할머니는 모든 것에 의문을 달기 시작한 소위 자유주의 신학 시대의 사람이었다. 디트리히가 그 사이에 알게 된 것처럼, 그러한 많은 질문들은 건전한 의심이었다. 그가 열다섯 살 때, 그 점에 대해서 아돌프 하르낙과 그루네발트에 산책을 가면서 격렬하게 토론한 적이 있다. 할머니는 당시 교회에 상당히 실망하여 주일 예배는 어쩌다 가끔 참석하는 편이었지만, 그녀의 마음은 전혀 흔들림 없이 옳은 것, 의의 편에 서 있었다.

"할머니, 그것이 어렵다는 걸 저도 잘 알아요. 대부분의 사람들에게도 그렇지요. '성육신'에 대한 복잡한 교리보다 '성육신하신 분'에 대해 이야기를 나누어 보면 어떨까요?"

한시도 한눈 팔지 않고 손자를 쳐다보며 할머니는 생각에 잠겼다.

"할머니, 우리가 이해하지 못하는 것을 하나님은 하나님의 때에 보여 주실 거예요. 그렇지만 '성육신하신 분' 안에서 모든 인류가 고귀한 하나님의 형상을 되찾는다는 것은 분명합니다. 그래서 지극히 작은 자 하나를 탄압하는 일은 곧 성육신한 분에 대한 탄압입니다."

"그렇구나!"

"한 가지만은 확실하게 말씀드릴 수 있습니다. 하나님은 할머니의 마음을 아십니다. 그분이 당신의 손으로 할머니의 그 마음을 붙드십니다. 그리고 할머니의 죄를 용서하십니다. '여호와의 은혜가 영원부터 영원까지로다!'라는 시편 백삼 편을 기억해 보세요."

어느 누구도 더 이상 말을 하지 않았다. 아니 더 이상 할 필요가 없었다. 할머니의 눈을 쳐다보았다. 말씀을 받아들이신 할머니는 하나님과의 교제 가운데 확고부동하게 서 있었다.

"디트리히, 나를 위해 '죽기까지 당신의 보살핌과 신실하심으로 지키소서!' 찬송을 불러 주렴. '나의 삶을 거두소서, 오 주님'" 할머니가 찬송을 조용히 읊조렸다.

디트리히가 그녀의 손을 잡았다. 그리고 부탁한 찬송가를 조용히 불러 드렸다.

> 나의 삶을 거두소서, 오 주님
> 모든 수고 거두소서, 오 주님
> 나의 발과 손을 굳게 하시고
> 죽기까지 당신의 보살핌과 신실하심으로 지키소서
> 나의 발걸음이 하늘문 향해 들어가리다

밤이 되자 할머니는 편안히 잠을 청하셨다.

본회퍼가 핑켄발데에 도착한 것은 거의 자정 무렵이었다. 자기 방에 불이 켜져 있었다. 누가 나를 기다리고 있는 것일까?

방문이 조금 열려 있었다. 들어가니 귄터 바이스가 책상 옆에 서서 약간 어색한 미소를 지어 보이며 인사했다.

"오, 바이스 형제! 내가 너무 늦게 돌아왔지요. 나를 기다리고 있었군요. 나쁜 일이 아니었으면 합니다."

"아닙니다. 그냥 말씀드릴 게 있어서 돌아오기까지 기다리고 있었습니다. 정말 방해가 안 되는지."

본회퍼는 이 젊은 친구가 혼란스러워하고 있음을 금세 감지했다.

"아니, 그렇지 않아요. 앉아요."

바이스는 한참 동안 바닥만 쳐다보고 있다가 말을 꺼냈다.

"본회퍼 형제님, 내가 무엇을 해야 하는지 명확히 알기 위해 지난주에 많은 것에 대해 생각해 보았습니다."

스스로를 진정시키려는 듯 두 손바닥을 서로 마주 대고 누르며, 실망에 젖은 어조로 이어서 말했다.

"이번 일을 여러 면에서 살펴보았습니다만, 공동위원회와 함께 일하는 것이 왜 잘못된 생각인지 잘 알 수 없습니다."

반항과는 전혀 어울리지 않는 바이스 형제! 그의 저돌적인 작은 반항에 본회퍼는 상당히 놀랐다. 신학원이 시작되고 6주 동안 본회퍼가 겪은 바로, 그는 신중하고 책임감이 강한 청년이었다. 그리고 약간 경건주의적이었으나 과격하지는 않았다.

"죄송합니다만 저로서는 공동위원회와의 공조가 더 합리적이고 필연적인 해답인 것 같습니다." 바이스의 목소리에는 짐짓 힘이 들어가 있었다.

"바이스 형제, 정말인가요?"

본회퍼는 혼동스러웠다. 자기 학생 가운데 한 명이 적진으로 간다는 생각을 해 본 적이 없었다. 학생들은 본회퍼를 지원하기로 맹세하지 않았던가!

"어떻게 그런 결론을 내린 거요?" 본회퍼는 애써 여유를 찾으며 물었다.

"첫째는 이러한 저항이 우리를 한 걸음 더 나아가게 하리라고 생각하지 않습니다. 너무 부정적이고 너무 치우친 생각인 것 같기도 하고, 제가 알기로는 공동위원회가 하나의 단독 교회 통치를 주장하는 것이 아니라, 두 개의 교회 체제를, 아니 세상에 존재하는 모든 교회 체제를 모아 공동으로 상호 의논하고 협력하고자 하는 곳입니다. 그것을 이제까지 제가 모르고 있었던 것입니다."

"바이스 형제, 어디서 들었는지 알 수 없지만 다 허울 좋은 사상누각에 불과해요. 자기들이 말한 대로 공동위원회는 고백교회를 포함한 모든 다른 교회 기관들의 업무를 대행하고 지배하게 돼요. 처음부터 눈에 띄게 하지는 않겠죠. 그렇지만 곧 그렇게 할 거요. 그러면 그 이후에는 어떠한 행동도 늦지요. 생각해 봐요, 공동위원회는 나치 제국을 그대로 등에 업고 있소."

권터 바이스는 아무런 대꾸도 하지 않았다. 하지만 본회퍼는 당황하지 않았다.

"공동위원회 임원들은 나치 제국에 의해 임명받았소. 그것을 잊어서는 안 돼요!"

젊은 청년의 눈길이 그를 피했다.

"바이스 형제, 오로지 예수님만이 자신의 교회를 부를 수 있습니다. 그런데 우리가 어떻게 그분의 교회를 잘못된 부르심으로 인도할 수 있다는 말입니까?"

밤의 적막 속에서 시계 종소리가 유난히 크게 울렸다. 밤 12시 반, 본회퍼는 학생의 얼굴에서 자기가 한 말에 대한 반응을 찾으려고 했다. 그러나 그의 눈은 냉정했다.

"그래요, 형제가 말한 대로 우리가 편협하지요. 그리고 부정적이죠. 하지만 그건 어디까지나 현재 상황 때문이에요. 어떤 타협도 할 수 없어요. 그럼에도 불구하고, 아니 바로 그렇기 때문에 하나님의 진리 가운데 머무를 수 있는 것이죠."

그제야 바이스가 입을 뗐다.

"어떻게 해야 할지 모르겠습니다. 저는 좀 더 많은 사람들에게 복음을 전할 기회를 얻고자 할 뿐입니다. 고백교회가 독단적인 길을 가려고 하는 동안 이 모든 복잡하고 까다로운 주제에 대해 전혀 모르는 평범한 사람들에게 복음이 불법 억류되지 않도록 말입니다."

그러고는 본회퍼를 도전하듯 쳐다보며 질문했다.

"평범한 보통 사람들에게 복음을 더 많이 전하기 위해, 약간의 안전을 원하는 것이 정말 비이성적이라고 생각합니까?"

"형제의 마음을 이해해요. 하나님도 우리 모두가 평화롭게 복음을 전파하기를 원하신다는 걸 알아요."

"췰르너 공동위원회 의장님도 좋은 정신을 가지고, 교회의 깊은 상처를 치료하고자 애를 쓰고 있습니다. 또 교회 내 자유로운 양심의 결단과 자유를 허용하고 있습니다."

"그가 제공하는 것이 나치 제국의 손아귀 아래서 이루어지고 있는데, 그게 무슨 역할을 한다는 말이오?" 본회퍼는 몸을 숙이고 조용히, 그러나 간절히 물었다.

"바이스 형제, 정말 형제는 한 그릇 팥죽에 하나님의 언약을 팔 작정입니까?"

"그러나 고백교회의 근본 정신을 포기하지 않고 있습니다. 또 고백교회에 속하는 것을 포기하지 않을 것입니다."

"그들의 측근으로서는 안 돼요."

"실례합니다만, 그런 식의 요구는 비복음적이고 율법적이라고 생각합니다. 미안합니다만, 교수님. 저는 그렇게밖에 생각되지 않습니다."

"이해해요."

바이스는 더 이상 들으려고 하지 않았다. 그는 이미 결론을 가지고 본회퍼에게로 왔던 것이다. 본회퍼는 일어나 창가로 갔다. 밤은 칠흑같이 컴컴했고 별 하나도 볼 수 없었다. 바이스 형제에게 몸을 돌리며 말했다.

"누가 형제에게 이런 것을 말해 주었는지 물어도 될까요?"

잠시 주저하더니 바이스가 입을 열었다.

"쉐펜에 있는 감독님입니다."

"쉐펜 감독이 형제가 포메른 주 공동위원회에 복종하기를 바라고 있군요."

"예."

"형제가 신학원에 계속 남고 싶어 하는 것에 대해서는 무엇이라 하던가요?"

"금지했습니다."

"보세요, 상호 공동 사역이나 개인의 자유로운 결정을 침해하지 않습니까."

바이스는 말을 잃었다.

"그리고 쉐펜의 오더 강 저편 사람이 그들만의 신학원을 따로 세우고자 하는 것을 들었죠?"

"들었습니다."

"우리 신학원을 부수겠다는 목적이에요. 이제 분명해졌죠?"

본회퍼가 다시 책상으로 돌아왔다. 얼핏 보니 바이스의 얼굴이 무척 창백했다.

'무엇이 잘못되었는가? 내가 이 젊은이 앞에서 무엇이 바르지 못했던가?'

짧은 순간 많은 질문들이 떠올랐다.

"우리 신학원은 고백교회 소속이오, 바이스 형제. 그리고 형제단의 지도부에 소속되어 있소. 이 지도부에 신뢰와 복종을 거부한다면 우리 신학원에 머물 수 없습니다." 본회퍼는 잠시 말을 멈췄다.

"바이스 형제, 다시 한 번 생각해 보았으면 해요. 오늘 밤은 그만 이야기하고 우리 서로 그 문제를 위해 기도합시다."

바이스가 나간 뒤 본회퍼는 오랫동안 창문에 서서 어두운 밤을 응시하고 있었다. 부뤼더하우스의 학생들이 바이스와 몇 차례 진지하게 이야기를 나누었지만, 누구도 그를 도울 수 없었다. 결국 바이스는 신학원을 떠났다. 그날 종일 핑켄발데는 무척 우울했다.

16

할머니는 건강이 점차 좋아지셨다. 식사량도 조금씩 늘려 갔고, 잠시 앉아 있을 수도 있게 되었다.

"크리스마스까지만 살아 있을 수 있다면……." 할머니가 엷은 미소를 지으며 말했다.

디트리히는 오후에 루터 다리 옆에 있는 작은 레스토랑에 갔다. 전에 강의를 마친 후 곧잘 점심식사를 하던 곳이다. 그곳에서 사촌형 후고를 만나 동물원 역(베를린에서 가장 큰 중심 역.-옮긴이) 방향으로 걸어갔다. 두 사람 사이가 아무렇지도 않은 것처럼 후고는 호의적이었다. 두 사람은 후고가 '작은 거인'이라 부르는 디트리히의 할머니에 대해, 그가 금방 듣고 나온 나라의 개혁에 대한 강연이 지겹고 전혀 마음에 들지 않았던 것에 대해, 또 디트리히의 핑켄발데 신학원에 대해 이야기를 나누었다. 그는 디트리히가 신학원 일에 만족하는 것을 무척 놀라워했다. 그러면서 차라리 그 시간에 책을 저술하라고 나무랐다. 언제나 후고는 디트리히가 학문의 세계에서 위대한 업적을 이루어 낼 것을 기대했고 '나의 사촌동생, 위대한 신학자 본회퍼 박사!'를 자랑스럽게 외칠 날을 기대했다.

디트리히가 웃으며 말했다.

"언젠가 그런 꿈을 가진 적이 있었어요. 아주 오래전이죠. 그러나 이제 대학은 불이 꺼지고, 학생들에게 오로지 한 가지 생각만을 집어넣는 수용소가 되어 버렸어요."

"네 말이 틀린 건 아니지. 하지만 지금 중요한 건 그 문제가 아니야."

후고와 이 문제를 두고 논쟁하는 것은 아무 의미가 없다는 것을 디트리히는 알고 있었다. 그래서 왜 그가 신학원을 맡게 되었는가 하는 이유를 분명하게 설명하려 했다. 이전에 디트리히와 후고는 저명한 신학자였던 증조부 칼 아우구스트 폰 하제에 대해 경외심을 가지고 신학에 대해 자주 이야기를 나누었다. 그들에게는 영웅과 같은 분이었다. 증조부는 분명한 신학 논증 때문에 뷔르템베르크 왕에 의해 감옥소에 들어가기도 했다.

디트리히보다 다섯 살 위인 후고는 1차 세계대전이 끝날 무렵 이미 패배하고 있던 독일 군대에 입대하였다. 그의 부친 폰 루츠 장군은 전쟁 발발시부터 참전했다. 굴욕적인 종전, 쓰디쓴 패배, 후고가 생각하기에 불공평했던 베르사이유 평화 조약은 깊고 회복할 수 없는 상처를 그의 마음에 남겼다. 승리한 연합군들이 전쟁의 과오를 독일에게만 전적으로 덮어씌우고 엄청난 전쟁 배상금을 요구했을 때, 후고가 얼마나 분노했는지 디트리히는 기억할 수 있었다. 사정이 그렇다 보니 히틀러가 바이마르 공화국을 서둘러 해체한 것은 후고에게 새로운 희망을 싹트게 했다.

"이제 우리는 마침내 위대한 업적을 보게 되었다. 이것이 바로 우리가 필요로 하는 것이요, 히틀러는 바로 그것을 실행할 수 있는 자다!"

후고가 기쁨에 넘쳐 외쳤던 말이 기억났다.

히틀러와 같은 한 사람, 저렇게 성공적인 힘의 정치를 할 수 있는 사람은 후고의 논리에 의하면, 일반적인 도덕적 규범 밖에서 다루어져야 한다는 것이다. 즉 그런 지도자는 심지어 도덕적 규범에서도 자유로울 수 있어야 한다는 것이었다. 디트리히와 형 클라우스는 이 문제를 두고 후고와 격렬하게 다투었으나 어떤 것으로도 그의 확신을 바꿀 수 없었다.

나치 제국이 교회를 노골적으로 탄압하는 지금, 디트리히는 소용없는 줄 알면서도 입을 열지 않고는 배길 수가 없었다. 바르멘 선언을 지지한 것과 한편으로 고백교회가 핍박 속에 굳건히 견딜 수 있을까 하는 염려를 넌지시 비추었다.

"교회는 파수꾼보다 더 굳게 서 있어야 하고 위기의 때에는 어떤 대가를 치르더라도 입을 열어 말해야 합니다. 현 상황에서 신학원 책임자 자리를 지키는 것이 무엇보다 중요합니다. 그 자리에서 물러난다는 생각은 한 번도 해 보지 않았어요."

"디트리히, 네 의로운 자세를 의심하는 건 아니야. 누가 그것을 의심할 수 있겠어? 네가 '핍박'이라고 말하지만 누가 먼저 이런 사태를 유발했냐고. 바로 교회의 통일을 반대하는 탈선자들의 당, 고백주의 분자들이야."

"그들은 탈선자가 아니에요. 그리고 '당'을 짓지도 않았어요. 제국교회가 그리스도에게서 탈선한 것입니다."

"흠, 넌 몰라도 한참 몰라. 나도 몇 명의 극단주의자들이 있는 것을 인정한다고! 그런 자들은 나도 혐오해. 하지만 제국교회의 좋은 면들을 보라고. 그동안 좋은 일을 얼마나 많이 해냈니? 사람들은 다시 마음에서 우러나는 뜨거움으로 교회를 다니기 시작했어. 그렇게 꼬치꼬치 따지고 시비를 걸기보다 오히려 기뻐해야 한다고."

후고가 디트리히를 타이르는 사이, 루이제 왕비 기념비 옆에서 벌어지는 폭동 시위가 눈에 들어왔다. 두 명의 돌격대원이 벤치에 앉아 있는 조그만 체구의 신사 앞에 서더니 그 중 한 명이 쥐어짜듯 고래고래 고함을 쳤다.

"이 멍청한 유대인 놈아, 글도 읽을 줄 몰라?"

벤치에 앉아 있던 신사가 기겁하며 들고 있던 신문을 내렸다.

"글을 읽을 줄 모르냐고 내가 물었지?" 돌격대원이 다시 고함을 지르며 벤치에 붙어 있는 글자를 가리켰다.

'유대인 금지!'

신사는 신문을 접어 들고는 벤치를 허겁지겁 떠났다.

"야, 우리가 저놈에게 교훈 하나를 만들어 줘야 되지 않을까?" 돌격대원 한 명이 손에 든 몽둥이를 고쳐 잡으며 내뱉었다.

순간, 디트리히는 빠른 걸음으로 자기 앞을 지나는 신사를 가로막으며 말을 걸었다.

"아, 요하네스 많이 기다렸어? 정말 미안해. 대학에서 일이 생겨 늦었어."

디트리히는 당황해서 쳐다보는 유대인 신사에게 눈을 깜빡거리며 어깨를 잡고는, 후고가 놀란 채 기다리는 길가로 밀었다.

돌격대원이 듣도록 큰소리로 디트리히가 말했다.

"법무부 국장으로 있는 폰 루츠 씨를 소개할게."

그러면서 한 손으로 신사를 토닥이며 진정시키려고 애를 썼다.

"후고 형, 내 친구 요하네스 에르츠베르거 씨예요!"

뒤로는 한 번도 눈길을 주지 않고 디트리히는 그 신사를 앞으로 밀었다.

"빨리 가야겠어. 그렇지 않으면 마티네(주중에 열리는 연극이나 오페라, 음악회 등. -옮긴이)에 너무 늦겠어."

디트리히는 돌격대원들이 들을 수 없을 때까지 계속 분명하고 큰소리로 말을 했다. 후고의 얼굴이 험악해질 대로 험악해진 채 어쩔 수 없이 두 사람과 합류했다. 그제야 디트리히는 그 신사 앞에서 자신이 고백교회 목사라고 소개했다. 신사가 자기 이름을 소개하며 눈에 눈물이 가득한 채 더듬거렸다.

"고맙소! 당신에게 정말 고맙소. 저자들이……. 목이 메어 더 이상 말을 할 수 없구료."

"괜찮습니다. 다만 앞으로 좀 더 조심하셨으면 합니다."

후고는 아무 말이 없었다. 동물원 역 근처에서 신사는 다시 한 번 감사하다며 인사를 깍듯이 하고 헤어졌다. 그제야 후고가 디트리히에게 몸을 돌려 말했다.

"다음에도 그런 영웅적인 행동을 시도하고 싶으면 나는 빼고 해."

"후고 형, 우리 인간답게 살아요! 형도 돌격대원들이 곤봉을 어떻게 휘두르는지 보았지요?"

"못 봤어."

"그쪽을 보지 않았군요. 저자들이 그 가련한 신사를 죽일 수도 있었다고요."

"과장하지 마! 그렇지 않아도 너는 항상 왕성한 상상력을 가지고 있으니까."

디트리히는 감당할 수 없는 엄청난 분노를 억누르며 말을 이었다.

"형이 현실을 묵인하고 고의로 두 눈을 감고 있는 것이 두려워요."

"그런 게 아니야! 너한테 이미 말한 대로 극단주의자들은 물론 있지. 그들에 대해서는 나도 너와 마찬가지로 혐오한다고. 그러나 총체적으로는 독일 민족이 진정으로 바라던 것이 이루어지고 있음을 지금 내 두 눈으로 똑똑히 보고 있어. 새로운 독일이 세워지고 있다고! 이 얼마나 떳떳하고 가슴 벅찬 일이냐고!"

"그렇다면 형은 뉘른베르크법령서도 자랑스러워요?"

"물론 그 법령은 다소 문제가 있지. 그래서 극단적인 법안 몇 개는 삭제하려고도 했어."

"그래서 그렇게 했어요?"

"그래. 그런데 총통관저에서 우리 계획서가 계속 취소되고 있어. 원칙적인 방침 때문에."

"그렇다면 법무부는 나치 수하에서 전혀 힘도, 독립성도 발휘하지 못하는군요."

"오! 그렇지는 않아. 내가 말했듯이 원칙적인 방침이 있는 거지. 제발 합리적으로 생각을 해 보렴! 이런 식으로 할 수밖에 없는 절대적인 이유가 있는 거라고. 한 가지 명백한 것은 유대인들이 독일 내에 너무 많은 세력을 쥐고 있다는 거야. 그들의 세력이 뻗치지 않은 곳이 없어. 예술계, 상업계, 출판계 등. 이번 법령으로 유대인들의 확장을 막아야 해."

"법이 불의의 편에 서면서 말입니까?"

"항상 같은 소리구나! 싸우지 않고는 대화를 나눌 수 없으니. 디트리히, 이 문제에는 나와 네 조국의 운명이 달려 있어! 그와 관련된 사안들이 여기저기서 불쾌감을 일으킨다면, 그러면 그런 거지 뭐. 비판을 해 대고, 시비를 걸어 오더라도 그런 사소한 일로 원칙적인 방침을 바꾼다는 것은 있을 수 없는 일이야."

"형이 하찮고 사소하다고 말하는 일들이 어떤 방향으로 흘러가는지 아세요? 정부가 이런 범죄 행위를 지원해 준다면 독일의 장래에 어떤 영향력을 미치겠냐고요? 선이라든지, 예의, 공의 같은 것들은요? 형이 진정으로 조국을 위한다면 다시 한 번 생각을 해 봐야 합니다."

후고가 그를 주시하더니 차갑게 말했다.

"너와는 더 이상 할 말이 없는 것 같다! 잘 가거라."

그는 몸을 획 돌려 번잡한 거리로 빠져나갔다.

사라지는 그를 바라보면서 언젠가 크리스텔이 말한 것을 기억했다.

"우둔한 것은 지적인 결함이 아니라, 일종의 도덕적인 실패이다. 히틀러는 군중의 미련함을 발판 삼아 승승장구하고 있다."

창백한 얼굴로 힘든 호흡을 하고 있는 할머니는 지난밤부터 의식이 없었다. 그러나 디트리히가 방에 들어왔을 때는 그를 알아보고 손을 잡으며 보일 듯 말 듯 미소를 지었다. 지난 성탄 때 가족들과 함께 성탄 나무 옆에 앉기 위해(성탄절은 독일인들에게 가장 큰 가족 명절이다. 거실에 마련된 성탄 나무에 선물을 준비해 놓는데 성탄절 예식이 시작되기 전까지 출입이 금지된다. 성탄절에는 성탄 나무를 중심으로 가족예배를 드리고 선물을 교환하는데 이것이 축제의 하이라이트이다. -옮긴이) 디트리히의 도움으로 계단을 내려온 뒤 건강 상태가 현저하게 나빠졌다. 아버지는 할머니 옆에 앉아 손을 잡고 있었다. 청진기를 목에 걸고 밤새 한 번도 자리를 뜨지 않은 터였다. 할머니의 숨소리가 달라지더니 가늘고 가쁜 숨이 긴 간격으로 겨우 이어졌다. 방 안에는 할머니의 숨소리만 들렸다. 디트리히는 침대 맞은편의 아버지와 그 뒤에 서서 아버지의 어깨에 손을 올리고 있는 어머니를 쳐다보았다. 그때, 할머니의 마지막 숨이 사라졌다. 그렇게 부드럽게 할머니의 고통은 막을 내렸다.

3일 뒤 디트리히가 장례식을 집례하며 매년 섣달 그믐날 가정예배 때 읽던 시편 90편으로 설교했다.

"주여! 주는 대대로 우리의 거처가 되셨나이다"(시 90:1).

독일 내 유대인들의 고난을 안타까워하셨던 할머니의 생전 마음을 언급하는 순간에 디트리히와 후고의 눈이 마주쳤다. 할머니의 삶과 사촌형 후고의 삶은 하나도 닮은 구석이 없었다. 장례식이 끝나고 디트리히는 후고에게 인사하며 손을 내밀었다. 후고는 잔뜩 화난 얼굴로 악수도 받지 않은 채 휙 돌아서 가 버렸다. 나무 아래 낯선 젊은 남자와 함께 온 엘레노레가 보였다. '참 잘되었구나!' 하는 안도감과 함께 마음 한구석에 말할 수 없는 가느다란 고통이 스며들었다.

핑켄발데로 돌아온 다음날, 엘레노레에게 장문의 편지를 썼다. 편지에서 헤어지게 된 이유를 가능한 분명히 사실에 기초해 밝히고 싶었다. 물론 모든 이유를 다 설명할 수는 없었다. 자기 스스로도 잘 이해할 수 없었고 약간의 후회도 섞여 있었다. 처음으로 그녀에게 자기가 겪은 내면적 방황과 결정도 털어놓았다. 그리고 그녀의 축복을 빌었다. 그녀가 진정 행복하기를 바라는 마음이 단지 종이에만 적혀 있는 것만은 아니었다.

1936년 1월, 고백교회의 많은 목사님들과 지도자들이 해임되고 임직에서 축출되었다. 고백교회의 임시총회장 아우구스트 마라렌스가 공동위원회와 적극 협력하겠다고 발표한 것은 뒤통수를 친 격이었다. 그러나 갈 바를 모르고 요동하던 나침반 바늘이 다시 바른 방향으로 돌아오기 시작했다. 구프로이센 형제협의회가 제국교회와는 어떤 식의 공동 사역도 거절한다는 반대성명서를 냈던 것이다.

디트리히는 포메른 주에서 열리는 일련의 모임에 강연 요청을 받았다. 정열적이고 설득력 있는 디트리히의 강연은 참석자들을 뜨거운 열기로 몰아넣었고, 섬기는 개교회에서 형제단의 반대성명서를 공개 발표하며 추진하도록 격려받았다. 그러자 반대파들이 일어나 비난했다.

"당신은 권력을 탐하는 자요!"

"당신은 광신자요!"

이에 대항하여 빈프리드 크라우제 학생을 중심으로 신학원 학생들이 디트리히를 변호하고 일어섰다. 크라우제 학생의 즉흥 연설이 너무 과격하다 싶어 디트리히는 좀 불안했다.

모임이 끝나자 교회 문 앞에서 참석자들과 신학원 학생들이 디트리히 주위로 몰려들었다. 슈테틴 지역에서 온 프리드리히 샤우어 목사가 크라우제의 모습이 사탄이 이야기하는 것 같았다고 항의했다. 샤우어 박사는 진실하고 헌신적인, 존경할 만한 고백교회의 목사 가운데 한 분이었다. 디트리히는 가만히 있을 수 없었다.

"좀, 심한 표현 아닙니까?"

"당신 제자들이 마라렌스를 교회의 배반자라고 칭하는 것이 더 심한 표현이오!"

"그는 마라렌스가 교회를 배반했다고 했지요. 그러나 제 생각에는 그는 교회를 배반한 것이 아니라, 처음부터 교회에 속하지 않았습니다." 디트리히가 일침을 가했다.

샤우어 목사는 내심 정곡을 찔린 듯 디트리히를 물끄러미 바라보았다.

디트리히는 목소리를 낮추어 나직하게 말했다.

"샤우어 박사님, 그는 진정으로 우리 중 하나가 아니었습니다. 그는 애초에 우리의 지도자가 될 인물이 못 되었습니다."

"나는 당신과 의견이 다르오." 샤우어 박사는 뻣뻣하게 대답하고는 부리나케 떠나갔다.

신학원 학생들은 스승 본회퍼가 이 토론에서도 승리하는 것을 목격했다. 늘 그렇듯이 디트리히는 존경과 환호의 눈빛으로 바라보는 무리들을 뒤로한 채 혼자의 몫인 고독을 안고 교회당 안으로 발걸음을 옮겼다.

다음 주일 디트리히는 핑켄발데 베헬프 교회당에서 설교하고 고백교회 형제단의 반대성명서를 낭독했다.

"우리는 고백교회의 권리가 함부로 내팽개쳐지는 것을 방치할 수 없습니다. 비록 그 때문에 새로운 고난의 길을 가야 한다고 해도 타협할 수 없습니다."

곧 '핑켄발데 협의회'가 형성되었다. 지난 9월, 뉘른베르크 법령 발표 후 제국에 협력하고자 하는 고백교회 지도부를 지지할 수 없었던 동지들이 따로 모여 오던 데서 이제 자체적으로 조직을 만들고 지도부를 선출했던 것이다. 호응하는 사람들이 늘어나면서, 아주 멀리 심지어 슈테틴에서도 참여했다. 그 중에는 매주일 기차를 타고 손자들을 데리고 오는 대지주 루트 폰 클라이스트-레초우 노부인도 있었다. 예배 후 교인들은 교회 정원에 모여 고백교회 가입원서에 서명했다.

점심식사 때 디트리히는 말을 많이 하지 않았다. 큰 식탁 주위에 빙 둘러앉은 학생들 사이에서 한편으로는 자랑스럽지만 다른 한편으로는 위험에 노출된 고백교회에 대한 대화가 오고 갔다. 디트리히는 이 자리에서 떠나 혼자 있고 싶었다. 혼자 방에서 책을 읽고자 했지만 불안 증세는 가라앉지 않았다. 괴로워하면서 책을 접고 창가로 갔다. 창 밖에는 차가운 비가 부슬부슬 내렸다. 외투와 신발, 털모자를 챙겨 밖으로 나갔다. 에버하르트가 지나가는 것이 보였다. 그러나 지금은 어느 누구와도, 어떤 말도 하고 싶지 않았다. 거세지는 빗줄기 속으로 뛰어 들어갔다.

에버하르트는 디트리히가 식사 시작할 즈음부터 불안과 괴로움에 젖은 얼굴로 넋이 나간 사람처럼 앉아 있던 것을 보았다. 심지어 이제는 자기를 못 본 체 지나치지 않는가? 무슨 일인가?

디트리히가 자기에게 참회를 들어 달라고 부탁한 이후, 둘 사이의 우정이 점점 강해지는 것을 느꼈다. 에버하르트는 카니츠, 쇤헤어, 맥흘러 또 다른 형제들과 함께 부뤼더하우스에 가담하였다. 본회퍼를 포함하면 모두 일곱 명이다. 어느 날 아침 디트리히는 형제들에게 모젤(독일 라인 강의 지류. -옮긴이) 포도주를 마시며 사무적인 존대어를 쓰지 말고 서로 편하게 말을 놓자고 제안했다. 그 이후로 부뤼더하우스 회원들은 서로 성을 부르지 않고 이름을 불렀다. 스승인 본회퍼와도 예외가 아니었다.

부뤼더하우스 회원 중 몇 명은 벌써 조그마한 고백교회 목사로 일하거나, 일이 많은 고백교회에 협동목사로 있었다. 또 가까이 있는 그라이프스발트 대학에서 일하기도 했다. 에버하르트는 신학원의 우편 업무, 경리 업무와 강의를 돕기도 하고, 또 고백교회를 필요로 하는 곳이라면 어디든지 달려가서 도와주고 있었다.

보통 오후 합창 시간이 끝나면, 형제들은 본회퍼의 방에서 대화와 기도의 시간을 가졌다. 에버하르트는 요 근래 종종 디트리히가 별 이유 없이 사라졌다가 며칠 동안 자기에게마저 쌀쌀맞게 대하는 것을 느꼈다. 성경 공부를 위해 디트리히가 가지고 있는 베르나노스의 책도 빌려 볼 겸 디트리히의 방을 인기척 없이 들어갔다. 디트리히는 돌아보지도 않고 창가에 서서 말했다.

"그 책은 저 쪽에 꽂혀 있어."

에버하르트는 책을 찾았지만, 방을 떠나지 않고 디트리히에게 물었다.

"무슨 문제가 있어?"

디트리히는 당황한 듯 대답했다.

"아, 아니야. 아무것도 아니야."

"미안해. 다만 좀 불안해 보여서 걱정이 됐어. 어쩌면……"

에버하르트는 말을 잇지 못하고, 손에 잡은 책을 뒤적뒤적하며 우물쭈물 서 있었다. 디트리히가 아무 말이 없자 에버하르트는 방문 손잡이를 잡고 말했다.

"그럼 난 갈게."

"아니야, 에버하르트. 가지 말고 잠깐 앉아 봐."

피곤한 목소리로 디트리히가 에버하르트를 붙잡았다. 그러고도 한참 뒤에야 말문을 열었다.

"예레미야 선지자의 말씀이 진리야. 만물보다 부패한 것이 인간의 마음이라고 했지?"

에버하르트는 무슨 말인지 이해할 수 없었지만 그의 절망에 빠진 힘없는 목소리를 통해 사랑하는 친구의 상태가 어떠한지 짐작할 수 있었다.

"내가 얼마나 쉽게 옛 죄성으로 되돌아가는지 너는 모를 거야. 그 사슬로부터 벗어났다고 생각했는데, 이제는 극복했다고 생각했는데 그게 아니야. 너에게 이 모든 것을 이해해 주기 바라는 것이 무리인지도 모르지."

"어쩌면 내가 이해할 수 있지도 않을까? 아니면 적어도 시도는 해 볼 수 있지 않을까?"

디트리히는 에버하르트를 한번 쳐다보더니 그리스도 상이 그려져 있는 벽 카펫을 바라보며 절규했다.

"예수 그리스도를 따른다는 것이 얼마나 어려운지! 정말 피곤한 일이야. 내 속의 거룩한 부르심을, 나 자신의 영광을 위해 사용하려고 하는 욕망이 얼마나 질긴지. 또 그 욕망을 허용하는 자신을 보고 있노라면 정말 끔찍스러워. 그런 내 자신이 너무 징그러워."

에버하르트가 조심스럽게 말했다.

"사람들은 가끔씩 자기 자신에게 너무 엄격한 심판의 잣대를 적용할 때가 있어."

에버하르트는 문제의 핵심을 건드리기가 겁났지만 용기를 내었다.

"어떤 때는 감사의 이유를 찾기 어려운 때가 있는 것 같아."

"감사? 내가 제일 싫어하는, 끔찍한 내 모습에 대해 감사하란 말이야?"

디트리히는 거의 절규하듯 했다.

"잘 모르겠지만, 내면의 진실을 분명하게 볼 수 있는 자네의 능력에 대해서는 감사해야 한다고 생각해. 그 은사는 아무나 가질 수 있는 게 아니야."

"은사? 나에게는 축복이 아니라 저주야, 에버하르트!"

"내 생각은 달라. 하나님께서 너에게 주신 것을 함부로 생각하지 않기를 바라."

디트리히는 이 친구를 공연히 붙들었다는 생각이 들었다. 에버하르트는 계속해서 말했다.

"한 면에서 진리를 볼 수 있는 사람은 다른 면에서도 진리를 보는 것을 피할 수 없지. 심지어 그가 그것을 원하지 않을지라도! 이 은사가 없이는 자넨 지도자가 될 수 없어."

디트리히가 쏘아붙였다.

"누가 지도자가 되고 싶다고 했어? 사람들이 맹목적으로 따르는 위험에 노출된 지도자치고 그런 위험으로부터 자유로울

자가 있겠느냐고!"

디트리히가 어깨를 축 늘어뜨리고 창가에 서더니 괴로워하며 말을 이었다.

"사람들이 생각하는 것과는 달리 자기가 아무것도 아니라는 것을 알면서, 자질을 갖추지 않았는데 지도자가 되어야 한다는 것이 얼마나 힘든 일인 줄 알아? 또 그것을 하지 않을 수 없는 딜레마를 알고 있냐고?"

에버하르트는 충격을 받았다. 그의 내면적인 딜레마와 두려움이 얼마나 깊은지. 물론 그것을 다 이해할 수는 없었다. 그러나 이 심각한 시험이 아픈 현실이며 디트리히에게뿐만 아니라 신학원에 속해 있는 자신들 전부에게 큰 위험인 것을 알게 되었다. 고백교회의 신학원은 사방에서 공격받고 있었다. 다만 이 지도자에 대한 신뢰 때문에 그 명맥을 유지하고 있었다. 디트리히 자신도 그 사실을 잘 알고 있었다. 그가 신학원을 이끌고 가는 것과 학생들이 디트리히를 따라 이 길을 후회없이 가려고 하는 것이나 모든 것이 분명했다. 그런데 아마도 디트리히는 후보생들이 너무나 연약한 자기를 의심 없이 믿어 주는 것이 부담스러운 것일까? 에버하르트는 디트리히와 같은 지도자가 이 시점에는 반드시 필요하다고 생각했다. 그를 잃어버려서는 안 된다. 이렇게 생각하며 하나님께 기도하는 마음으로 디트리히를 설득하기 시작했다.

"하나님께서 너에게 은사를 주실 때는 그것을 사용할 수 있는 힘과, 모든 것을 극복할 수 있는 능력을 함께 주셨다고 믿어."

"그런데 나는 그것을 보지 못하고 있어. 오히려 그 반대야!"

이제까지 이토록 연약한 디트리히의 모습은 보지 못했다. 그래서 무슨 말을 해야 할지 힘들었다.

"디트리히, 혹시 네가 그것을 보지 못하는 이유를 찾을 수 없을까?"

디트리히는 조용히 물었다.

"알고 있으면 내게 말해 줘. 부탁이야, 에버하르트."

"내가 생각하고 있는 몇 가지는……." 에버하르트는 이제는 더 이상 말하지 않을 수 없음을 깨달았다.

"망설이지 말고 말해 줘."

망설여졌지만, 에버하르트는 자신의 스승에게 무엇인가 가르치기 시작했다.

"우리는 어느 순간에 더 이상 하나님의 말씀을 듣지 않고 그의 표적을 구하는 것 같아. 내가 원하는 표적 말이야. 그러면서 하나님을 시험하고 있는지도 모르지. 이러한 죄를 우리가 범하고 있는 것 같아."

디트리히는 쥐고 있던 연필을 더 굳게 쥐고 밑을 내려다보고 있었다. 에버하르트는 좀 더 힘을 내 말을 계속했다.

"우리는 자기 생각에 맞추어 자기가 받고 싶은 것만 받아들이는 것 같아. 일종의 교만이지. 우리는 하나님께서 우리에게 주시는 것을 허락하지 않아. 나는 그것도 죄라고 생각해."

디트리히의 눈이 서서히 위를 향했다. 어디서 나오는 힘인지 알 수 없었지만 에버하르트는 계속했다.

"우리는 자신이 지은 죄에 대한 형벌은 받을 준비가 되어 있는 반면, 스스로 벌지 않은 사랑은 받을 준비가 되어 있지 않은 것 같아. 은혜로 살아가기보다 차라리 자기 힘으로 버둥대다가

망하고 있어."

디트리히의 얼굴에 미소가 떠오르며 긴장이 서서히 사라지고 있었다. 에버하르트는 그때를 놓치지 않았다.

"우리는 단지 하나님께서 우리에게 주신 은사에 대해서만 책임이 있다고, 네가 언젠가 강의했지. 그때 얼마나 큰 감명을 받았는지 몰라. 네가 괴테와 나폴레옹에 대해 말하면서 그들은 하나님 앞에 자기들이 받은 큰 은사에 대해 결산표를 제출해야 한다고, 하나님은 주신 것에 근거해 판단하신다고 강조했어."

"응, 그랬지. 한동안 잊고 있었군."

"그 말은 하나님께서 너의 연약함을 알고 계시고, 네가 싫어하는 죄로 이끄는 그 본성을 받아 주신다는 거지. 그것에 대해서는 우리는 은혜로 살아야만 해."

"그런 것 같아, 에버하르트! 너는 나보다 진리에 더 가까이 서 있는 것 같아."

디트리히의 마음에는 벌써 평화가 찾아왔다.

에버하르트도 기뻤다. 그는 웃으며 베르나노스의 책을 들고 방을 나섰다.

"고마워, 에버하르트. 내 곁에 있어 주어 정말 고마워!"

디트리히의 진심 어린 감사의 표현이었다.

17

에버하르트는 다른 신학생들과 함께 벽난로 옆에 앉아 디트리히의 미국 여행 보고를 듣고 있었다. 디트리히의 30세 생일 축하 파티가 잘 진행되어 기분이 좋았다. 그를 포함해 여러 학생들이 며칠 동안 파티를 준비했다. 그날 아침, 기상 나팔이 울리기 전에 디트리히 방 앞 복도에 모여 식탁을 차렸다. 슈트루베 부인이 풍성한 잔칫상을 준비했고, 학생들 각자는 개인 장기를 준비했다. 꽤 그럴싸한 학생도 있었지만, 그렇지 못한 이들도 나름대로 최선을 다하는 모습이었다. 즐거운 한때가 지나고 이제는 다들 미소를 띤 채 함께 모여 디트리히의 이야기에 귀를 기울였다.

"잠이 반쯤 들었는데, 귀에 아주 가까이 킁킁거리는 낮은 소리가 계속 들렸어. 내가 느끼기에는 뭔가 큼직하고 따뜻한 것이 꿈틀거리며 텐트 벽으로 나를 밀어내는 거야. 벌떡 일어나 라세레를 흔들어 깨워 어둠침침한 새벽에 둘이서 살금살금 기어 나갔지. 밖으로 나가 텐트 주위를 살펴보니까, 아 글쎄 거기 돼지 한 마리가 누워 있지 않겠어! 데리고 들어와 뚱뚱하고 늙은 그 돼지를 밤새도록 꼭 안고 잤지."

형제들이 폭소를 터트렸다.

"우리가 텐트를 미국 중부의 한 돼지 사육장에 폈거든. 아마 미주리 주였던 것 같아."

웃음이 가라앉자 한 형제가 물었다.

"멕시코까지 여행 내내 프랑스 사람하고만 다녔어?"

"응, 북부 프랑스에서 온 장 라세레 형제하고. 프랑스인 가운데도 크리스천이 있는 것을 알고 있지? 자, 오늘 밤 충분히 이야기한 것 같은데."

디트리히의 여행 이야기에 완전히 매료된 에버하르트는 다른 학생들과 마찬가지로 그 정도로는 만족할 수 없었다. 금발의 용감한 형제 베르너 코흐, 놀 때 항상 재치가 한 발 앞서는 그가 신학원 학생 전원과 함께 스웨덴 여행을 가는 것이 어떠냐고 제안했다. 게다가 그는 이미 구체적인 계획까지 가지고 있었다. 디트리히가 좋은 관계를 맺고 있는 스웨덴 에큐메니컬 지도자들이 나치 제국의 핍박당하는 교회에서 온 예비 목회자 그룹을 기꺼이 영접하리라 확신했다.

"오, 흥미롭겠는데!" 디트리히가 기꺼이 호응했다.

다른 학생들도 귀가 솔깃했다.

"하지만 불가능하겠어. 신학원 과정이 끝나기 전에 떠나려면 시간이 너무 촉박하잖아."

학생들은 쉽게 포기하지 않았다. 여행에 걸림돌이 되는 일에 대해 해결책을 찾아내고, 할 수 있는 방법들을 다 동원해 같이 준비하겠다고 약속했다.

"개인이 십 마르크 이상은 외국으로 가지고 나갈 수 없다는 걸 잘들 알고 있지? 그 말은 스웨덴 교회의 사랑의 섬김에 의존하게 된다는 거야."

"그들에게도 이 일이 값진 일이 아닐까?" 코흐가 물었다.

디트리히가 코흐의 기쁨에 찬 얼굴을 살피며 말했다.

"물론, 그럴 수도 있지. 그래도……."

디트리히는 긴 다리를 뻗고는 생각에 잠긴 채 집게손가락으로 입술을 누르고 있었다. 다른 학생들과 마찬가지로 에버하르트도 승인의 표시를 애타게 기다리고 있었다.

디트리히가 결정했다는 듯 몸을 고쳐 세우며 말했다.

"뭐가 문제가 되겠어? 내일 스웨덴 대사관의 비르거 포렐 씨에게 전화해서 이야기해 보지."

열광적인 환호가 한참 계속됐다.

2주 뒤, 디트리히와 에버하르트를 비롯한 핑켄발데 신학원 학생들은 기차에서 내려 부두로 갔다. 거대한 하얀 선박 '오딘'이 신비한 침묵 속에 정박해 있었다. 강 저편에는 슈테틴 시의 불빛들이 부드럽게 내리는 빗속에서 희미하게 가물거렸다. 배는 밤 10시 출항 예정이었다. 검열대에 여권을 제시하고 난 뒤 이름을 부를 때까지 대기실에서 기다려야만 했다. 15분쯤 지나자, 민간인 복장을 한 관리 두 명이 입장권 판매소 옆 문을 통해 그들에게 다가왔다. 두 명 가운데 키가 큰 관리는 얼굴이 길고 좁은 데다 광대뼈가 솟아 나온, 그림책에 나오는 전형적인 아리안 종족 얼굴이었다. 그가 핑켄발데 형제들 앞에 서더니 디트리히의 이름을 크게 불렀다.

"당신이 디트리히 본회퍼 목사요?"

"네."

"이 사람들은 누구요?"

"학생들입니다."

"학생들?"

"신학원생들이지요. 목사 후보생들입니다."

관리가 자기 동행인과 거만한 눈빛을 주고받으며 말했다.

"당신은 스웨덴으로 여행할 수 없습니다." 게슈타포의 인장이 박힌 증서를 '탁!' 소리가 나도록 닫으며 말했다.

디트리히가 두 관리를 쳐다보며 여유 있고 침착한 목소리로 말했다.

"베를린 본부 상관과 이야기를 해 봤으면 합니다. 왜냐하면 우리는 스웨덴 대주교의 초청으로 여행하기 때문이지요. 그리고 스웨덴 왕의 동생에게 우리의 방문이 이미 통보되었습니다. 당신들이 이 여행을 금지한다면 아마도 외국 신문에 그리 좋지 않은 기사가 실릴 겁니다."

두 관리가 망설이는 듯하자 디트리히가 얼른 말을 이었다.

"실수를 피하고 싶으면, 현명한 판단을 바랍니다."

키가 큰 사내가 마치 자기 눈빛으로 그 자리에서 디트리히를 사라지게 할 것처럼 쏘아보았다. 그리고 즉시 뒤를 돌아 사무실로 들어갔고, 다른 사내도 아무 말 없이 뒤를 따라갔다. 20분쯤 지나 돌아오더니 서류들을 돌려주고 통과하게 했다.

에버하르트는 스웨덴을 여행한 적이 없었다. 그에게는 10일간의 하루하루가 흥미로운 모험 그 자체였다. 스웨덴 어느 곳에서든지 뜨겁게 환영받았고 소중한 손님으로 대접받았다. 독일 교회 현실에 대한 디트리히의 보고에 깊은 관심으로 귀를 기울이는 스웨덴 학생들, 목사들, 스웨덴 교회의 지도자들과 셀 수도 없이 많은 모임을 가졌다. 대주교는 웁살라에 있는 주교 청사에서 공식적인 환영회를 열어 반겨 주었다. 그는 스웨덴 교회가 핍박받으며 싸우는 독일 교회를 지속적인 기도 속에 기억하며, 앞으로도 그렇게 할 것이라고 다짐했다. 차기 왕위 계승자인 왕의 동생 오스카 베르나도테 왕자는, 스웨덴 YMCA 주최 만찬에서 그들과 만났다. 왕의 또 다른 동생인 오이겐 왕자는 그들을 성 안으로 초청해 개인 소장 예술품들을 보여 주기도 했다. 스웨덴 신문에서는 매일 그들의 방문에 대해 많은 사진들과 함께 자세히 보도했다.

히틀러가 로카르노 조약을 깨고 라인 주에 주둔하고 있는 군대를 비무장지대로 전진시켜 라인란트를 다시 정복했다는 것을 에버하르트가 호텔방 라디오에서 제일 먼저 들었다. 에버하르트의 첫 반응은 자부심이었다. 마침내 라인란트가 독일에 귀속하게 되었다니! 하지만 디트리히는 감정을 억제하고 있었다. 3일 내내 그는 모든 뉴스에 귀를 기울였다. 연합군들이 어떻게 거기에 대처할 것인가 하는 디트리히의 불안한 의문을 에버하르트는 잘 이해하지 못했다.

다시 독일 땅. 일은 히틀러의 계산대로 착착 진행되었다. 프랑스와 영국은 더 큰 충돌을 피하기 위해 서로 절제할 것을 합의했다. 슈테틴에서 핑켄발데로 오는 기차 안에서 에버하르트는 다른 학생들의 열광과 환호에 합세했다.

"히틀러가 해냈다!"

"그가 모든 일을 단숨에 간단하게 처리해 버렸어!"

"실현됐어, 마침내 실현됐다고!"

"그걸 부인할 수는 없어. 그렇지 않나?"

"성공할 것을 그는 이미 알고 있었어. 너희들 생각은 어때?"

"그래, 정말 대단한 자야! 정말 영리해!"

"라인란트를 도로 찾았어. 오 하나님! 정말 놀라운 일이야. 독일인치고 누가 이번 일에 항의하겠는가?"

에버하르트가 조금 멀리 떨어져 앉아 있는 디트리히를 슬쩍 쳐다보았다. 지금까지 한마디 언급도 없던 그가 입을 열었다.

"라인 지역 땅을 다시 독일의 주권 하에 두는 것에 아무도 항변할 수 없어. 그러나 한 가지 생각해야 할 게 있어. 히틀러는 그것을 성취하기 위해 조약을 깨트렸어. 몇 달 전에 자신이 인정한 조약을 말이야."

아무 말 없이 쳐다보는 학생들의 얼굴에는 자기들의 열광적인 분위기를 깨는 스승에 대한 실망과 분노의 빛이 역력했다.

"내가 생각하기에 우리는 한 가지 질문에 먼저 답을 해야 한다네. 히틀러가 그런 굉장한 성공을 거두기 위해 조약을 파기할 수 있었다면, 그것은 다른 조약들도 곧 파기하도록 그를 고무시키지 않을까? 그렇다면 결국 어떻게 되겠어?"

아무도 동의하지 않았다.

"자, 자네들이 좀 진정이 되었으면 그 문제에 대해 한번 생각해 보아야만 하네."

며칠 뒤, 부헨발트로 가는 산책길에 에버하르트와 디트리히는 괴링의 비행사들을 훈련시키는 새로 생긴 비행장이 내려다

보이는 바위 위로 올라갔다. 비행기 몇 대가 이착륙하는 것을 지켜보다가 디트리히가 말했다.

"라인란트 공격은 앞으로 있을 전쟁에 비하면 연습에 불과할 거야. 누군가가 그것을 영국에 알려야 해."

고백교회 회원들의 점점 심해지는 영적 변질은 신학원 재정에도 영향을 미치기 시작했다. 디트리히와 에버하르트가 도서실에서 일을 보고 있던 어느 날, 우편물이 도착했다. 디트리히 앞으로 온 편지는 헤켈이 본회퍼의 스웨덴 여행과 관련하여 슈테틴 지방 제국교회 위원회에 보낸 공문 사본이었다. 마지막 문장이 이랬다.

"본인은, 제국교회 위원회가 본회퍼 박사가 이번 일로 세상에 널리 알려지고 언론의 관심을 받게 된 것을 주시하며, 방치하지 않기를 바랍니다. 그가 평화주의자이며 반체제 인사라는 비난을 받고 있으므로, 제국교회 위원회는 더 이상 독일 신학자들이 그에 의해 배출되지 않도록 하는 방책을 취해야 합니다."

디트리히는 답답한 마음으로 형 클라우스가 보낸 다음 편지를 뜯었다. 짧은 소식과 함께 오려진 신문기사가 들어 있었다.

"너는 요주의 인물로 감시받고 있어. 좀 조심했으면 좋겠다."

동봉한 신문기사는 친위대 기관지에 실린 것으로, 얼마 전 디트리히가 출판한 '다윗 왕에 관한 내용'을 비판한 것이었다. 분명히 독일 민족의 도덕의식과 정서에 현저히 반하는 간음죄를 범한 다윗에 대한 '부적절한 칭찬'에 흥분하는 기사였다.

"무슨 내용이야?" 에버하르트가 관심을 보이며 말했다.

"말할 가치도 없어! 단지 다윗 왕이 나치 친위대에 걸려 혹독한 비판을 받게 된 기사야."

에버하르트가 좀 불안한 듯 쳐다보며 말했다.

"그들이 뭐라고 썼는데?"

디트리히가 에버하르트에게 신문을 건넸다. 기사 마지막에는 이렇게 써 있었다.

"부목사들로 이루어진 형제단 속에서 이상한 형태의 성경 공부에 참여하는 것이 올바른 것인지 의문이 제기된다. 1936년 올해에도 전 세계의 적인 유대인을 영원한 백성, 참된 귀족, 하나님의 백성으로 묘사하는 대단히 오만불손한 그들의 가르침은 외람되고 위험하기 짝이 없다."

에버하르트도 충격을 받았다. 신문기사를 돌려주며 물었다.

"심각한 어려움이 닥칠 수 있을까?"

"글쎄."

"신학원을 폐쇄할 수도 있을 거야."

"그럴 수도 있지. 오늘 수입은?" 디트리히가 경리 장부를 집어 들더니 물었다.

"흠, 오늘 아침에 계란이 이백스물다섯 개 들어오고……"

"이백스물다섯 개? 세어 봤어?" 디트리히가 웃으며 물었다.

"아니, 그냥 믿는 거지. 카니츠 교회가 한 차 가득 소시지, 햄, 계란, 버터, 밀가루 한 부대를 보냈어. 그리고 오늘 일곱 군데에서 후원 약속을 받았어. 어떤 이들은 달마다 일 제국마르크(RM)를, 또 이 제국마르크씩 약속한 후원자들도 있어. 그 외에 클라이스트-레초우에 사는 루트 노부인이 대부호들로부터 큰 후원금을 거두어들이겠다고 약속했고."

디트리히가 몸을 뒤로 기대며 말했다.

"에버하르트, 우리는 해낼 수 있을 거야. 정말 감사해."

디트리히는 신문기사와 헤켈의 편지를 한꺼번에 구겨서 쓰레기통에 던져 버렸다.

디트리히는 새로운 계획에 동참했다. 아돌프 히틀러에게 올리는 탄원백서를 작성했다. 프란츠가 고백교회 형제들과 함께 탄원백서 작성에 동참했고 디트리히에게 도움을 요청했던 것이다. 신학원의 두 번째 과정이 끝날 무렵, 그들은 이 일을 위해 며칠 동안 프리드릭스부룬으로 떠났다.

오전에는 백서를 작성하는 일에 몰두하고, 오후에는 산행을 하며 봄을 즐겼다. 그런데 산행 길에서 유니폼을 입고 나치 찬양 노래를 고래고래 부르는 히틀러 소년단들을 두 번이나 만나는 바람에 오히려 기분을 망쳤다.

엘레노레가 올가을에 결혼한다는 걸 두 사람 다 알고 있었지만 어느 누구도 말을 꺼내지 않았다. 프란츠는 크베들린부르크 근처에 있는 10세기에 지어졌다는 슈티프츠 돔 성당을 본 적이 없었다. 그래서 디트리히가 그곳으로 소풍을 가자고 했다. 그는 갈라진 면에 이끼 낀 돌들이 그림처럼 솟아 있는 이 오래된 돔을 사랑했다. 좁고 가파른 길이 옛 전통 가옥들 사이로 꾸불꾸불 나 있었고, 다듬어지지 않은 돌들은 사람들의 왕래를 더욱 힘들게 했다. 담이 꺾이는 뒤에 입구가 보였다. 성당 철문이 닫혀 있었다.

"무슨 일이지? 낮에는 언제나 열려 있었는데." 디트리히가 의아해하며 말했다.

입구에서 종을 울리는 줄을 당긴 후 기다렸으나 인기척이 없었다. 이상하다는 듯 서로 바라보며 다시 한 번 줄을 당겼다. 회색 페인트를 칠한 높은 담만이 마치 그들을 쫓아내려는 듯 버티고 있었다. 세 번째 종을 울렸다.

그제야 거친 돌들 위로 친위대의 장화가 나타났다. 친위대원이 험상궂게 그들을 째려보며 소리쳤다.

"종을 도대체 언제까지 칠 거요? 출입이 금지된 것을 보지도 못했소? 이 지역은 더 이상 일반인이 접근할 수 없소."

디트리히는 이해할 수 없다는 듯이 올려다보았다. 그러자 프란츠가 충돌하지 말라고 경고의 표시를 보냈다.

"왜 출입이 금지되었는지 설명해 주시겠습니까?" 디트리히의 항의에 사내는 기계같이 소리쳤다.

"위대한 영도자를 위하여!"

사내는 한쪽 손으로 허리춤에 있는 권총을 잡고 위협했다.

"당신 같은 사람들과 노닥거릴 시간 없소. 빨리 떠나시오. 그렇지 않으면 직무 방해로 체포하겠소."

내려오는 길에 조그만 카페에 들러 맥주를 주문했다. 프란츠는 여전히 두려움을 느꼈고 디트리히는 분노로 몸을 떨었다.

카페 주인이 오자 디트리히가 물었다.

"이 집 맥주 맛이 좋지요?"

"이 지방에서는 최고지요. 아마 하르츠 지방의 좋은 물 때문일 거예요." 주인은 기쁘게 대답하며 테이블을 깨끗한 물수건으로 닦았다.

"저 위에 있는 교회를 보여 주려고 친구를 데리고 왔는데, 출입을 통제하더군요."

주인이 카페 안을 살피더니 유일하게 앉아 있는 노신사에게 눈짓으로 비밀을 부탁했다.

"히믈러가 교회를 점령했지요."

"정말입니까? 무엇 때문에?"

"친위대원들을 위해서죠."

"친위대원들에게 성당이 왜 필요하죠? 도무지 알 수 없는 일이군요."

주인이 웃으며 설명했다.

"자신들의 교회를 세우겠다는 거죠. 히믈러가 한 멍청한 녀석을 시켜 새와 뱀 같은 옛 게르만의 문장을 성당 기둥에 새겼어요. '토오와 보탄 게르만의 번개와 천둥의 신이며 전쟁의 신'을 의지하고 싶은 거죠. 십자가와 같은 모든 기독교적인 요소들은 다 걷어서 없애 버렸어요. 그리고 친위대원들이 와서 이상한 의식을 거행하고 있어요. 마치 예배를 드리듯이 말이오."

디트리히는 여전히 아무 말도 않고 창백한 표정으로 앉아 있는 프란츠를 바라보았다.

"어떤 의식을?" 디트리히가 궁금한 듯 물었다.

"결혼식 같기도 하고, 헌신의식 같은 거예요. 어린아이들에게 세례를 주듯이⋯⋯. 한번은 이 두 눈으로 직접 목격을 했는데요, 남자들은 멋진 제복, 여인들은 우아한 파티복을 입고 갓난아이들을 팔에 안은 채 히틀러의 대형 초상화 아래에 있는 제단 앞으로 데려가 총통에게 바치더니 마지막에는 갓난아이들 손에 조그마한 검을 하나씩 쥐어 주더라고요."

디트리히와 프란츠는 카페를 나와 크베들린부르크에 있는 고백교회를 방문했다. 그곳에는 또 다른 놀라운 소식이 기다리고 있었다. 전날 밤 나치 친위대원들에 의해 젊은 목사가 습격을 당해 몰매를 맞은 것이다. 그런데 그를 간호할 사람이 없어 디트리히가 나섰고, 핑켄발데로 옮겨 회복될 때까지 돌보게 되었다. 이후 젊은 목사는 벨 주교의 도움으로 영국으로 옮겨졌다. 그 젊은 목사의 이름은 빌헬름 쥐스바흐로, 어머니가 유대인이었다.

1936년 6월 4일, 남은 고백교회 대표자들은 히틀러에게 백서를 보내는 위대한 시도를 또 한 번 했다. 디트리히는 이 백서에서 강제수용소와 비밀경찰의 횡포에 대해, 뿐만 아니라 나치당의 계획된 반유대주의에 대해서도 분명하게 비판하고 항의했다. 백서 끝 부분에서 히틀러에 대한 직접적인 공격도 감추지 않았다.

"총독의 의견은 정치적인 결정에 대한 기준이 될 뿐 아니라 백성들 사이에 도덕과 공의에 대한 기준도 되고 있다. 이는 이 백성의 제사장과 같은 종교적인 위치를 차지하는 것이다. 심지어는 하나님과 백성 사이에 중보자의 위치로 올라가고 있어 유감이다. 이 백서에 언급한 사항들은 하나님께 직분을 맡은 자들로서의 책임이 있어 말하지 않고 넘어갈 수 없다. 교회는 주님의 손 안에 있고, 또 있어야만 한다."

백서를 제출하고 하루가 가고 한 주가 가도 아무 회신이 없었다. 디트리히는 특별히 프란츠의 신변이 걱정스러웠다. 그도 백서에 서명했기 때문이다. 그 사이 정부의 새로운 시행령이 떨어져 디트리히의 불안을 가중시켰다. 히틀러는 모든 제국의 경찰력을 교회의 원수로 알려진 히믈러의 통제 아래 두도록 했다.

거의 같은 시기에 디트리히는 베를린 대학으로부터 아무런 이유 없이 교수 자격을 박탈한다는 일방적인 통보를 받았다.

6주 후, 프란츠가 디트리히에게 전화를 했다. 누군가가 그 백서를 외국 언론에 넘겼다고 했다. 신학원 수업을 마치자마자 디트리히는 전속력으로 차를 몰아 베를린의 프란츠 집으로 갔다. 프란츠는 백서 전문이 스위스의 〈바젤 신문〉과 〈런던 타임즈〉에 실렸다고 했다. 도대체 어떻게 된 건지 혼란스러웠다. 백서에 서명한 다섯 명을 제외하고는 두 명의 여비서, 그리고 법률 상담을 해 주는 변호사 프리드리히 바이슬러 세 사람만 문서를 만질 수 있었다. 두 여비서는 이미 결백을 밝혔고 유대계인 바이슬러 씨도 자기는 그 일과 아무 관계가 없다고 주장했다.

디트리히는 프란츠에게 조심하라고 충고한 후 야코비 목사의 사무실로 향했다. 거기 가면 사실을 알 수 있으리라. 사무실에 들어서자 야코비 목사와 디트리히의 신학원 옛 제자인 에른스트 틸리히가 이미 와 있었다. 에른스트 틸리히는 불같은 성격 때문에 가끔씩 문제를 일으키기도 했다. 긴장된 얼굴에, 도움을 구하는 듯 틸리히가 디트리히를 들어오라고 강권했다. 야코비 목사가 먼저 말을 꺼냈다.

"틸리히 형제, 지금 나에게 한 이야기를 본회퍼 목사에게 다시 말해 주게나."

그는 한참을 주저하다가 용기를 내어 고백했다.

"제가 백서를 공개했습니다!"

디트리히는 말없이 그를 바라보았다.

틸리히가 계속했다.

"본래 교회가 육 주 후에 백서 내용을 공개하기로 하지 않았습니까? 우리는 육 주를 기다렸는데 아무 회답도 받지 못했습니다."

야코비가 고개를 흔들며 탄식했다.

"그래서 그 업무를 자네가 감행하기로 했단 말인가? 이 일이 고백교회를 최대 위기로 몰아간다는 생각을 못 했는가?"

"하지만 백서는 결국 공개하기로 되어 있지 않습니까?"

"그러나 외국 언론에는 아니네."

"그러면 어디에 말입니까? 독일 국내 언론요? 아니요, 현 상황에서는 어디에서도 받아 주지 않을 겁니다."

"다른 길이 있다네. 설교나 공개 편지를 통해서 할 수도 있지 않나?"

"우리는 교회가 너무 소극적이라고 생각하고 있어요."

디트리히는 틸리히의 말에 속으로는 동의했다.

야코비가 계속 물었다.

"우리라니? 우리가 도대체 누구 말인가?"

"프리드리히 바이슬러 박사, 베어너 코흐 형제, 그리고 접니다."

또 하나의 놀라운 사실이었다. 베어너 코흐는 핑켄발데 신학원을 졸업한 지 얼마 되지 않았다.

"세 명이 함께 모의한 건가?"

"아닙니다. 이 일은 제 생각이었습니다. 저 혼자서 백서 내용 한 자 한 자를 밤새 베껴 적었습니다."

"혼자서? 어떤 신문사로 보냈나, 틸리히 형제." 야코비 목사가 물었다.

"로이터 통신과 유피아이 통신."

"문서는 바이슬러 박사가 준 것 같군. 맞나?"

"바이슬러 씨가 주기는 했지만, 그분은 이 일과 관계가 없습니다. 내가 그를 속이고 그의 서류철에 있던 문서를 슬쩍 꺼내 전문을 베끼고는 다시 꽂아 두었습니다. 그는 이 일을 전혀 모릅니다."

야코비 목사가 답답하다는 표정을 지으며 말했다.

"그렇게 된 거였군. 비밀경찰이 지금 교회협의회 사무실에서 서류를 뒤지고 있을 것이네."

부드러운 금발 머리의 민감한 젊은이 틸리히가 선배 목사들을 애절하게 바라보며 말했다.

"바이슬러 씨가 개인 서류철에 문서를 보관하고 있습니다. 위로부터 두 번째 서랍에. 그가 거기에 넣는 것을 보았어요."

틸리히는 고개를 푹 숙이고 잠시 무엇인가 생각한 후 다시 물었다.

"바이슬러 박사가 어떻게 처리될까요?"

그제야 디트리히가 끼어들었다.

"당장은 아니겠지만, 분명 어떤 조치가 취해질 거예요. 비밀경찰들이 문서 사본을 여러 장 찾아낼 거요. 그러면 바이슬러 씨가 유일한 누설자인 것을 아직 증명할 수는 없지요."

"오, 하나님 맙소사! 본회퍼 박사님, 저는 문제가 이렇게 커질 줄은 몰랐습니다. 바이슬러 씨는 정말 모르는 일이에요. 제가 자수하는 것이 좋지 않을까요?" 틸리히가 이번에는 본회퍼를 향해 절규했다.

"그렇게 한다고 문제가 해결되지 않아요, 틸리히 형제."

야코비도 옆에서 거들었다.

"그래, 그건 어리석은 짓이네. 결국 그들은 자네가 이 문서를 우리 중 누구에겐가 받았음을 밝혀 낼 거야. 내 생각에는 당분간 피신하는 게 좋을 것 같아. 남쪽 바이에른에서 목자로 지내면 어떨까? 여하튼 누구에게도 오늘 여기서 이야기한 것은 한마디도 해서는 안 돼, 알겠나?"

틸리히가 나간 뒤 야코비 목사는 의자에 털썩 주저앉으며 중얼거렸다.

"이들을 찾아내는 것은 시간문제라고. 아마 지금 히틀러는 증오에 치를 떨고 있을 거야."

"바이슬러 때문에 걱정입니다. 체포되면 끔찍스럽게 다루어질 것 같아요."

"그렇지요, 그는 유능한 청년인데."

디트리히가 야코비에게 물었다.

"어차피 이렇게 된 이상 교회가 어떤 조치를 취해야 되겠습니다. 모든 설교 시간에 공개하든지, 무슨 조치라도……."

"의논해서 결정해야지."

"이제는 전 세계를 향해 우리가 이 탄원백서를 작성했다고 알리고, 정말 우리가 목숨을 걸고 이 일을 한다는 것을 알릴 때가 온 것 같습니다." 디트리히는 단호한 표정으로 말했다.

"나도 그렇게 생각하네."

"빠르면 빠를수록 더 좋습니다."

고백교회는 아직까지는 그 목소리를 잃어버리지 않았다. 교회협의회는 백서 내용을 약간 수정해 설교 시간에 공포하도록 하고 백만 장의 공개서한을 인쇄해 나누어 주도록 조치했다.

3개월 뒤, 게슈타포가 에른스트 틸리히와 프리드리히 바이슬러를 체포하였다는 소식이 핑켄발데로 전해졌다. 또 한 달 후에는 베어너 코흐도 체포되었다. 핑켄발데 신학원에서는 이 세 명의 갇힌 자를 위한 중보기도가 이어졌다. 1937년 초, 세 명 모두 베를린 북쪽 작센하우젠 강제수용소로 보내졌다. 바이슬러는 말로 다할 수 없는 고문을 받다가 6일 만에 하나님의 부르심을 받았다.

18

 백서 사건 이후 1937년에 들어서면서, 나치 정권은 거의 한 달에 하나씩 반고백교회적인 강제 규정을 발표했다. 국가 질서를 어지럽히는 내용을 담은 설교 금지, 중보기도 금지, 헌금 금지, 공개서한 복사 금지……. 반년이 지나자 국가 법령을 범하지 않고 교회를 섬긴다는 것이 아예 불가능해졌다. 고백교회 목사들은 완전히 발이 묶여 버렸다.

 감시와 경고에도 불구하고 뜨거운 설교와 중보기도를 멈추지 않던 마르틴 니묄러 목사는 경찰에 불려가 한 사흘 유치장에 있다가 풀려나기가 일쑤였다. 그러나 그는 끝내 자기 노선을 바꾸지 않았다. 그의 설교를 듣기 위해 사람들이 점점 모이면서 긴 줄을 서서 기다리기도 했다. 심지어 주일 하루에 네 번씩 설교했다. 그를 따르는 목사들이 줄줄이 생겨나자 대대적인 체포 바람이 전 독일을 휩쓸었다. 중보기도 해야 할 명단이 점점 길어졌다. 디트리히는 핑켄발데 신학원을 거쳐 간 목사들에게 보내는 공개서한에서 서로를 위해, 또 감옥에 있는 형제들을 위한 기도를 쉬지 말 것을 부탁하면서 자세하게 그들의 이름과 감옥의 위치를 적었다.

한창 무더운 여름, 게슈타포는 니젤, 야코비 목사, 그 외 두 명의 고백교회 지도층 목사들을 체포해 특급 신속 재판에 회부했다. 니묄러 목사 주최로, 체포된 형제들을 위한 네 번의 중보기도회가 연속 개최되었다. 디트리히도 베를린으로 즉시 가 그 기도회에 참석했다.

중보기도회가 끝난 직후 디트리히와 프란츠는 놀렌도르프 광장에 위치한 에스텔레 카페의 구석방에서 열리는 비밀회의에 참석했다. 입구에는 한 젊은 목사가 비밀경찰이 오는지 망을 보았다. 그가 두 사람을 밀실로 인도했다. 이미 니묄러 목사와 아스무센, 알베르츠 목사가 테이블에 앉아 네 번의 저녁 중보기도 예배에서 걷은 헌금을 세고 있었다.

니묄러 목사가 프란츠를 반갑게 맞았다.

"프란츠 형제, 이 일은 자네가 맡았어야지." 니묄러 목사가 헌금을 3등분하여 그 가운데 한 부분을 프란츠에게 주며 말했다.

남은 3분의 2는 아스무센 목사와 알베르츠 목사가 맡았다.

디트리히가 궁금하다는 표정으로 프란츠를 바라보았다.

"헌금을 분산 보관하려고 하네. 니묄러 목사님 사무실 금고에 모두 두는 것은 위험해. 비밀경찰에게 한꺼번에 들킬 수 있으니까."

"금고? 니묄러 목사님 사무실에 금고라고? 보지 못했는데."

"그림 액자 뒤편에 있어, 디트리히."

"뭐! 액자 뒤에?" 디트리히는 하마터면 한바탕 웃음을 터트릴 뻔했다.

목사님 사무실에 숨겨진 금고라! 이는 마치 교회 한복판에서 볼링을 하듯이 어울리지 않는 일이지만 현 상황에서 어쩌랴!

니젤, 야코비를 비롯한 체포된 목사들에 대한 재판 날짜가 7월 2일로 정해졌다. 그분들의 출소가 고백교회 내의 모든 신학 교육에 영향을 미치기 때문에, 디트리히는 그날 베를린으로 가서 니묄러 목사를 먼저 만나 이야기를 나누고 싶었다. 에버하르트가 동행했다. 재판 시작 전에 만나려는 심산으로 아침 8시 반에 달렘 목사관에 도착했을 때 놀랍게도 프란츠가 문을 열어 주었다. 무슨 일이 일어난 게 틀림없었다.

"게슈타포가 금방 목사님을 체포해 갔어. 오 분 전쯤."

"사모님은?"

"위층에 애들과 함께 계셔. 아이들이 겁을 많이 먹은 것 같아."

"사모님은 어떠셔?"

"심하게 불안해하시지는 않아. 붙잡혀 가신 게 이미 몇 번이나 되었으니까. 그런데 오늘은 예사롭지가 않아. 게슈타포 두 놈의 얼굴이 아주 굳어 있었고, 목사님께 짐 가방을 챙기게 하더니 짐을 하나하나 검사했어. 책이나 종이는 일체 못 가져가게 했고."

마침 그때 사모님이 막내 마르틴을 안고 계단을 내려오셨다. 여섯 살 된 얀이 울어서 발갛게 부은 눈을 하고 엄마의 치맛자락을 꽉 붙잡은 채 뒤에 바싹 붙어 함께 내려왔다.

디트리히는 사모님께 위로의 인사를 드리고는 무릎을 굽혀 아이들을 쳐다보며 말을 걸었다.

"얀, 무슨 일이 있었어?"

"나쁜 아저씨들이 아빠를 데려갔어요! 미워요!"

"그래, 나쁜 아저씨들이야. 그런데 아빠를 곧 집으로 돌려보낼 거야."

얀이 디트리히를 유심히 쳐다봤다. 아이들과 친한 프란츠가 사모님 품에서 막내를 건네받았다. 사모님은 남편이 어디로 끌려갔는지 몰랐고, 다만 히틀러가 직접 명령한 일이라는 것만 알았다.

그때 목사님 딸 리자가 2층에서 내려오며 겁에 질린 목소리로 말했다.

"엄마! 엄마! 그자들이 저 바깥에 또 나타났어요. 검은 큰 차들이 아주 많이 보여요."

사모님이 프란츠의 팔에서 막내를 받아 안으며 급히 말했다.

"당신들을 데리러 온 거예요. 프란츠, 도망쳐요. 당신들도 함께 뒷문으로! 모두 함께! 빨리! 빨리!"

"사모님은요?" 디트리히가 물었다.

"그자들이 나를 뒤쫓지는 않을 겁니다. 염려 마시고 빨리 가세요. 제발 빨리!"

프란츠는 디트리히와 에버하르트를 복도 쪽으로 끌고 가더니 식당을 거쳐 작은 움막으로 인도했다. 그런데 벌써 뒷문 쪽에서 검은 양복을 입은 땅딸막한 남자 한 명이 그들을 향해 걸어왔다. 그 뒤에 우락부락하고 거칠게 생긴 두 사내가 따라왔다.

"신사들께서 어디로 가시는 중입니까? 그렇게 급히 서두르실 이유가 하나도 없지요. 다시 들어오시겠습니까?" 사내 가운데

광야의 대변자 **239**

한 명이 비꼬듯이 말했다.

그러더니 주머니에서 작은 금속판을 하나 꺼내서는 그들의 코 밑에 세웠다. '비밀경찰 게슈타포'라는 글자가 선명하게 새겨져 있었다.

세 사람 모두 다시 집 안으로 돌아왔다. 복도에는 이미 앞쪽 문을 통해 네 명의 비밀경찰들이 들어와 있었다. 사모님은 맨 아래 계단에 침착하게 서 있었다. 뒷문에 있던 그 사내가 제일 높은 사람인 것 같았다. 부하들이 그를 '홀츠 대위'라고 불렀다. 대위가 앞쪽과 뒤쪽 문에 각 한 사람씩 배치하고는 체포한 세 명을 수색하라고 명령했다.

"철저하게 조사해!"

이어서 니묄러 부인에게 말했다

"당신 남편의 서재를 보여 주시오."

그녀는 묵묵히 문을 열고 계단이 꺾어지는 쪽으로 인도했다. 그들은 디트리히에게 소지품을 모두 책상 위에 올려놓으라고 했다. 그리고 수색하기 시작했다. 디트리히가 다시 신발 끈을 묶으면서 프란츠를 쳐다보았다. 소지품을 천천히 다시 주머니에 집어넣으며 프란츠는 염려스런 눈빛을 디트리히에게 던졌다. 디트리히는 게슈타포가 프란츠가 유대인 혈통임을 눈치채지 못하도록 의도적으로 행동했다.

복도 책장 옆에는 에버하르트가 흥분한 채 냉정을 찾으려고 애쓰며 서 있었다. 수색 검색을 지휘하던 대위가 서재 문에 서서 들어오라고 손짓했다. 그리고 벽을 따라 의자들을 세우라고 명했다. 사모님은 이미 교회가 내다보이는 창문 가까이 자리를 잡고 앉아 있었다. 대위가 부하들에게 조사를 지시하자 그들은 방을 검색했다. 서재까지 구석구석 뒤졌다.

니묄러 목사의 책상은 서류들과 설교 원고들이 꼼꼼하게 정리되어 있었다. 이 열정적인 선지자에게 이런 면이 있었다니. 게슈타포 두 명이 서랍들을 책상 위에 다 붓더니 종이 한 장 한 장, 논문들, 작은 쪽지 하나까지 검사했다. 책장 앞에 서 있던 형사들은 책 한 권 한 권을 꺼내 한 장 한 장 살폈다. 그러는 동안 대위는 한 사람씩 짤막하게 퉁명스런 투로 이름, 주소, 부모, 조부모, 인종, 종교, 직업에 대해 신상조사를 했다. 다행스럽게 프란츠에게는 특별한 질문은 하지 않았고 별 의심 없이 지나갔다.

3, 40분이나 지났을까? 열린 창문으로 소음이 들어왔다. 안에서는 종이를 넘기는 작은 소리, 가끔씩 고무 신발이 마룻바닥에 끌리는 소리가 들릴 뿐 모두들 침묵을 지키고 있었다. 몇 번 전화벨이 울렸다. 대위가 받아 니묄러 목사는 집에 없다고 짧게 대답했다.

한참 후 큰 키에 검정 유니폼을 입은 정부 관리가 나타났다. 그는 자신의 신분에 도취된 듯 거만하게 코를 킁킁거리며 방으로 들어섰다. 경찰들은 그에게 아주 공손했다. 그는 폰 쉐벤 대령이었다. 그는 벽에 걸려 있는 그림으로 안내되었다. 그가 손으로 그림을 내리자 뒤쪽에 자그마한 금고가 보였다.

"그러면 그렇지." 폰 쉐벤 대령이 웃으며 말했다.

"힐데브란트 목사가 누구요?"

"내가 힐데브란트 목사요." 프란츠가 주저 없이 나섰다.

"고맙게도 이 금고를 열어 주시겠습니까?"

프란츠는 저항하려고 했으나 디트리히가 간절히 속삭였다.

"빨리 열어, 이 바보야. 제발 말을 들어!"

프란츠는 하는 수 없이 금고를 열었다. 그리고 대령에게 눈길 한번 주지 않고 자기 자리로 돌아왔다. 폰 쉬벤은 금고에서 중간 크기의 돈지갑을 꺼내 왔다. 그리고 지갑을 하나하나 열고 돈을 만져 보더니 서류 가방에 지갑을 집어넣으면서 도도하게 말했다.

"이 돈이 당신네들이 불법적으로 거두어들인 헌금이지요? 유감입니다."

폰 쉬벤이 떠난 뒤 디트리히는 프란츠에게 물었다.

"얼마냐?"

"삼만 마르크. 누군가 우리를 밀고한 것 같아. 금고 있는 데를 정확히 짚었어."

"누굴까?"

"새로 온 관리인이 의심스러워. 처음부터 이상했어. 죄지은 것처럼 사람을 똑바로 쳐다보지 못했거든."

잠시 후 홀츠 대위가 부하 한 명을 데리고 서재를 나가려 했다.

니묄러 부인이 물었다.

"어디로 가십니까?"

"니묄러 부인, 우리가 어디로 가든지 무슨 상관이오?"

기가 막힌 듯 니묄러 여사는 그를 차갑게 째려보았다.

"이 집의 다른 방들을 조사해야겠소. 아무것도 숨기지 않았다면 두려워할 것도 없지 않소?"

"내가 직접 안내하겠소."

"천만에! 니묄러 부인, 그 자리에 그대로 계시오!"

니묄러 여사는 디트리히와 프란츠를 보며 도움을 청했다. 그러고는 그 차가운 나치 장교에게 간청했다.

"아이들에게 가는 건 막지 않겠지요?"

"꼼짝 마시오. 아이들에게는 아무 일도 생기지 않을 거요."

"내 자식을 만나 이야기하는 것은 나의 권리요!" 니묄러 여사의 강하고 분명한 항변이 효과를 나타내 결국 그들은 니묄러 여사의 안내를 받아 다른 방들로 갔다.

오후 4시경 야단법석을 떨던 게슈타포의 소동이 갑작스레 멈추었다. 가택 수색이 끝나자 대위가 떠나도 좋다고 했다. 목사관을 나와 맞은편 길에서 쳐다보니 니묄러 여사와 아이들이 2층 창문에서 손을 흔들고 있었다.

단지 파울라 본회퍼와 두세 분의 교회 책임자들만 오늘 예배가 프란츠가 달렘 교회에서 드리는 마지막 예배임을 알고 있었다. 주일 예배 내내 감시하는 게슈타포들 때문에 공식적인 광고를 할 수 없었다. 지난 3주 동안 프란츠가 니묄러 목사를 대신하여 설교를 맡았다. 늘 해 오던 대로 중보기도 명단도 낭독했고 불법인 연보도 거두었다. 그러나 파울라 여사와 디트리히는 프란츠에게 속히 독일을 떠나 몸을 피하라고 강권했다. 런던에 있는 줄리우스 리거로부터 초청도 받았지만 정작 프란츠 자신은 결단을 미루고 있었다. 이 어두운 시기에 교회를 버려 두고 나만 살겠다고 어떻게 등을 돌린단 말인가? 그리고 나의 늙으신 부모님들을 어떻게 버려 두고 갈 수 있겠는가? 유대인 어머니에게는 날로 위협이 커 가고 있지 않은가? 아버지는 늙고 쇠약해 같이 외국으로 피신하는 것은 도저히 불가능했다. 그러나 결국 프란츠는 이런저런 생각을 다 접고 오늘 오후 예배 후 떠나기로 마음먹었다.

달렘 교회는 늘 그랬듯이 터질 것같이 꽉 찼다. 파울라는 앞줄에 자리를 잡기 위해 일찍 도착했다. 외손자 레나테와 한스-발터 슐라이허도 프란츠와 이별을 나눌 수 있도록 데리고 왔다. 프란츠는 이 아이들에게 교회 입교를 위해 성경을 가르쳤고, 아이들은 그를 삼촌이라고 부르며 따랐다.

설교가 끝나고 프란츠는 중보기도 명단을 읽었다. 투옥된 사람이 백여 명이나 되어 지역별로 나누어 불렀다. 동 프로이센 지역에 50명, 작센 지방에 37명. 마지막 이름이 마르틴 니묄러 목사님이었다.

기도 후 파울라는 자기 주위에 있는 사람들의 눈이 다 눈물로 젖어 있는 것을 보았다. 연보는 앞으로 가져가 감사기도 후 강대상 위에 올려졌다.

축복기도가 올려지는 동안 파울라는 옆 복도에서 빠르게 걸어오는 발걸음 소리를 들었다. 곧 검은 비밀경찰복 차림의 사내 둘이 프란츠에게 가서 그의 팔을 낚아챘다. 다른 비밀경찰 두 명이 성구실에서 나오더니 강대상으로 갔다. 한 놈은 주머니를 들고 있고 다른 놈은 헌금을 흔들어 넣었다. 교인들을 한 번도 쳐다보지 않았고, 말 한마디 하지 않았다. 그렇게 네 명의 경찰이 프란츠를 옆문으로 끌고 나갔다.

순식간에 일어난 일이었다. 프란츠의 체포 자체만이 파울라를 놀라게 한 게 아니었다. 그의 체포는 고백교회 다른 목회자들과 마찬가지로 이미 예상했던 바가 아닌가! 그녀를 경악케 한 것은 모든 교회 회중들을 조금도 개의치 않는 나치들의 오만불

손함이었다.

"저기를 봐요, 할머니! 프란츠 삼촌을 어디로 데려가는 거예요?" 레나테가 애처롭게 물었다.

"삼촌이 체포됐어. 니묄러 목사님처럼 말이야." 한스-발터가 누이에게 설명했다.

수근거림은 곧 분노의 아우성으로 변하기 시작했다. 사람들이 의자에서 일어나 성구실 입구를 통해 나와 교회와 목사 사택을 둘러싸고 있는 높은 돌담 안에 있는 문으로 나갔다. 파울라는 손자와 다른 이들과 함께 바깥 보행자 길에 서서 흥분한 채 성토하고 있었다.

큰 메르세데스 자동차 뒷좌석에 두 명의 비밀경찰이 프란츠를 사이에 두고 앉았다. 운전수가 자동차 문을 닫고 시동을 걸었다. 자동차 엔진이 몇 번 요란한 소리를 내더니 멈췄다. 두 번째 시동을 걸자 한 번만 짧게 소리가 나더니 완전히 꺼져 버렸다. 대여섯 번 시도해 보다 한 명이 내려 엔진 뚜껑을 열고는 모든 회중들이 쳐다보고 있는 가운데 이곳저곳을 쑤셔 댔다. 아무 소용이 없었다.

그러는 사이에 파울라와 두 아이들은 차 옆으로 갔다. 프란츠가 그들을 보며 살짝 웃었다. 결국 경찰들은 프란츠를 걸어가게 했다. 그들은 루이제 여왕 거리에서 오른쪽으로 꺾어 프란츠 집이 있는 반대 방향으로 갔다. 프란츠는 그들에게 길을 잘못 들어섰다는 말을 하지 않고 오히려 목사 가운을 걸친 채 당당하게 앞서 걸어갔다. 파울라와 다른 회중들은 인간 사슬을 만들어 뒤따르고 있었다. 8월의 한여름 속에 침묵시위가 이루어지고 있었다. 파울라는 이 흥미진진한 광경에 가슴 벅차면서도 한편으로 터져 나오는 웃음을 참느라 애를 먹었다.

길을 한 세 개쯤 지나쳐서야 비밀경찰들은 잘못 왔음을 눈치챘다. 잠시 멈춰 서서 지도를 살펴보기 시작했다.

"아르님 알레에 살고 있지 않소? 아르님 알레 126번지 말이오?" 한 명이 성급하게 묻는 소리가 들렸다.

"맞소." 프란츠가 무뚝뚝하게 대답했다.

다른 경찰이 지도를 가리키며 소리쳤다.

"그렇다면 정반대로 왔어. 잘못 꺾었다고."

사내의 얼굴이 화가 나서 붉으락푸르락했다. 금방이라도 프란츠의 얼굴에 주먹을 날릴 태세였다. 그러나 뒤에 따라오는 군중들을 화가 난 얼굴로 훑어보고는 수첩을 꺼내 메모했다. 그리고 곧 돌아서 아르님알레 거리로 들어갔다. 다시 회중들이 그들을 뒤따라가기 시작했다. 프란츠는 집 입구 앞에서 자기를 위해 뒤따라 와 준 회중들을 향해 손을 흔들며 들어갔다. 가택 수색은 오래 걸리리라. 교인들은 삼삼오오로 서서 속수무책으로 서로를 위로하고 있어야만 했다.

'교인들 중 몇 사람이나 프란츠가 유대인 출생임을 알고 있을까?'

파울라는 마음속으로 질문했다. 진정으로 몇 사람 안 될 것이 분명했다. 그러나 게슈타포들은 이미 냄새를 맡았는지도 모른다. 초록색 경찰차 한 대가 오더니 프란츠 집 앞에 섰다. 약 한 시간 정도 지난 뒤 프란츠는 비밀경찰들에 둘러싸여 함께 나와 운집해 있는 교인들에게 손을 흔들어 보이고는 경찰차에 탑승했다. 문이 닫히고 자동차는 떠나갔다.

지금 이 시점에 가장 중요한 것은 프란츠를 게슈타포의 손에서 찾아와서 다른 관청 소관으로 넘기는 일이었다. 뤼디거가 나치를 싫어하지만 히믈러와 친분이 있는 변호사 랑벤 박사를 알고 있었다. 혹시 랑벤 박사가 무엇인가 할 수 있지 않을까 기대해 보는 수밖에 없었다. 디트리히는 어머니의 간절한 부탁으로 집으로 돌아갔지만, 어떤 경우에도 프란츠를 방문한다든가 하는 희망은 생각조차 할 수 없었다.

다음 주 달렘 교회는 니묄러 목사와 프란츠를 위한 기도회를 개최한다고 공포했다. 그러나 그날 밤 파울라는 교회 앞 광장이 경찰로 포위되어 있는 것을 보았다. 아무도 교회 안으로 들어갈 수 없었다. 성난 교인들은 경찰들과 충돌을 일으켰다. 건너편에서도 교인들이 목사관 앞에 모여 있었다. 이 두 그룹이 합쳐지자 큰 무리를 이루었다. 누군가가 찬송가 〈내 주는 강한 성이요〉를 시작했다. 웅장한 합창이 퍼져 나갔다.

십여 명의 경찰이 신경질적으로 외쳐 댔다.

"해산하시오! 해산이오, 해산!"

그러나 승리한 군대의 함성소리 같은 교인들의 합창소리에 파묻혔다. 달렘 교회 교인들은 찬송을 부르며 루이제 여왕 거리로 행진했다. 파울라도 그 속에 섞여 있었다. 몇 주 동안 굴욕과 핍박 그리고 무력적인 협박을 받아 왔던 달렘 교회 교인들이 드디어 폭발하게 된 것이었다. 아무도 어떤 것으로도 이들의 저항을 제압할 수 없었다. 그들은 기쁨으로 합창을 불렀고 기도했다. 두 블록 정도 행진했을 즈음, 경찰차의 사이렌 소리가 교인들의 합창 소리보다 더 크게 울렸다. 수많은 경찰들이 몰려오고 있었다.

경찰들이 교인들을 체포하기 시작했지만 별 요동도 어떠한 저항도 없었다. 파울라는 갑자기 남편 걱정이 되며 마음이 아팠다. 하지만 그도 자기를 이해해 줄 것이다. 이 일은 그만큼 가치 있는 일이다. 넉 대의 경찰차에 1차 체포된 교인들이 먼저 실려 갔다. 그래도 교인들의 찬송 시위는 조금도 흔들리지 않았다. 이어 세 대의 경찰차가 왔다. 이번에는 시위 교인들을 제지하며 지켜보고만 있었다.

프란츠의 석방을 위한 노력이 성과를 거두기까지는 3주가 걸렸다. 석방되던 날, 한스가 바로 차에 태워 스위스 국경으로 데리고 갔다. 한스가 프란츠가 국경을 넘어 안전한 곳에 있게 되었다는 소식을 가지고 돌아왔을 때에야 비로소 모두 안도의 숨을 쉴 수 있었다.

19

"법무부에서 한스를 괴롭히는 놈이 있어."

"무슨 말이야, 누나?"

"말한 그대로야. 한스가 법무부에서 사라졌으면 하는 거지. 이제는 그의 출신을 문제 삼고 있어."

"왜?"

"시기심 때문에. 그가 항상 다른 동료들보다 몇 발자국 앞서 가니까. 법무부장관이 너무 드러내놓고 편애하거든. 눈뜨고 못 봐주겠는 모양이야. 롤란드 프라이슬러가 한스 뒷조사를 하고 있나 봐."

한스는 언젠가 디트리히에게 프라이슬러에 대해 말한 적이 있었다. 그는 광적인 나치이며, 법무부에 있는 당원 중에 지도급에 속해 있고, 법무부 내 불순 사상들을 뿌리 뽑는 것을 자신의 사명으로 알고 있는 사람이었다. 나치당원도, '국가사회주의 법률가 협회' 회원도 아니라고 한스를 늘 괴롭히고 있었다.

크리스텔은 머리를 흔들며 말했다.

"아주 지독한 자야. 얼굴에 살기가 흘러. 꿈에 나타날까 봐 끔찍해."

"우선 따뜻한 커피라도 좀 더 마셔. 그런데 매형은 뭐래?" 디트리히가 누이의 커피 잔을 채우며 물었다.

"속수무책이야. 그냥 기다리는 거지. 자리만 지키고."

"프라이슬러가 매형 할머님이 유대인이라는 것을 밝혀냈어? 알아내는 것은 그리 어렵지 않을 텐데."

"아니, 그렇지는 않아. 확실한 증거를 손에 쥐려면 헝가리까지 가야 할 거야. 그런데 문제는 충분히 그렇게까지 할 인물이라는 거지. 하지만 한스가 그 사이에 시아버지께 연락을 해서 입단속을 시켜 놓으려고 해."

크리스텔은 커피 잔을 입에만 댄 채 마시지는 않았다.

"실제로 위험 수위가 얼마나 되는지 알 수가 없어. 롤란드 프라이슬러 같은 사람들의 복수 심리가 무섭거든. 그에게는 한스를 법무부에서 쫓아내는 것만큼 신나는 일도 없을 거야. 한데 한스는 오히려 프라이슬러를 제거할 수 있으리라 생각해. 너도 한스를 잘 알잖아. 제발 악마와 장기 두는 일 따위는 그만두면 좋겠어."

디트리히는 손으로 빵을 뜯으며 말을 꺼냈다.

"집안 식구들에게 알리는 걸 생각해 봤어?"

"아니야. 너하고 먼저 이야기하고 싶었어."

"어머니가 가끔씩 천재적인 아이디어를 내놓을 때가 있잖아."

"그렇지만 이 문제로 엄마를 필요 이상으로 두렵게 하고 싶지 않아."

"문제를 직시할 때 오히려 두려움이 덜한 법이야."

크리스텔이 디트리히를 올려다보았다.

"엄마도 벌써 눈치 채고 있을 거야." 그녀는 한숨을 쉬며 힘없이 말했다.

그 다음 주에 한스가 업무상 슈테틴에 왔다가 핑켄발데로 디트리히를 불시에 찾아왔다. 디트리히는 한스와 함께 보트를 타러 나갔다. 후고가 한스를 도와주겠다고 적극 나서고 있다는 말을 들려주었다.

"히틀러 면담을 주선해 주겠다는군. 그런 방법으로 자동적으로 프라이슬러의 음모에 마침표를 찍게 되는 사면을 얻게 된다는 거지. 우리 가족이 유대인의 혈통일 수 없다는 증명으로 금발 머리를 가진 아이들 사진을 제출해야 한다는 조건이야."

입을 꼭 다물고 있는 디트리히의 얼굴에 극도의 불쾌감과 혐오감이 뒤섞여 있었다.

한스가 말했다.

"대항해서 싸우든지, 아니면 독일을 떠나야 해!"

이미 독일에는 아리안인이 아닌 자들이 정부 조직에서 일하게 되면 최고형을 받도록 되어 있었다.

한스가 말을 이었다.

"이 범법자들 밑에서 굴복할 수는 없어! 오히려 언젠가는 그들을 공격할 수 있는 위치를 확보해야만 해. 그것이 바로 내가 원하는 바야!"

한스가 노를 빠르게 저어 나갔다. 보트는 앞쪽으로 쏜살같이 질주했다. 둘 사이에 아무 오가는 말이 없이 한참 동안 조용히 노만 저었다.

"이 게임에서 냉철한 이성을 잃어버리지만 않는다면……. 물론 후고는 전혀 눈치 채지 못하고 있지."

디트리히가 말했다.

"난 그런 아슬아슬한 긴장감은 견딜 수 없을 것 같아."

"사람은 절체절명의 위기에서 생각하는 것보다 더 많은 것을 감당할 수 있어."

"그럴지도 모르지."

"이번에 돌아가면 내 '기록 문서'를 건네주어야 해. 자네가 본 이후로 아주 많이 불어났어. 그 중에 몇 가지 내용들은 너무나 끔찍해서 자네는 믿을 수 없을 거야. 언제 한번 보여 줄게."

디트리히는 특별한 관심을 나타내지 않았다. 그러나 그런 정보를 소유하는 것이 얼마나 중요한지, 또 그의 의무라는 것도 알았다.

"히틀러 전복을 진정으로 원하는 사람들은 그렇게 명료하게 기록된 증거들을 필요로 하겠지."

"그래, 매형. 그럴 거야."

"때가 오면 거사를 같이 일으킬 인물들과 손을 잡아야 한다고."

일이 어떻게 진행될지 그려졌다. 거기에 비하면 교회 투쟁은 어린애 장난 같았다. 그러나 디트리히는 아직은 이편에서 저편으로 옮겨가고자 하는 생각이 추호도 없었다.

여름방학을 맞아 디트리히가 에버하르트를 데리고 괴팅겐의 사비네 집으로 내려온 지 3일이 지났다. 사비네 집은 잘 꾸며져 있었으며 게다가 손님들을 풍성하게 대접하기로 유명했다. 특히 사비네 부부에게 에버하르트를 소개하게 되어 디트리히는 무척 기뻤다. 아이들이 잠자리에 든 뒤 사비네 부부의 장래에 대해 긴 이야기가 오갔다. 게르트는 일 년 이상 강의를 못 하고 있었다. 그래서인지 해외로 이주하기로 마음을 굳히는 듯했다. 그러다가도 가족들과 이별하고 낯선 나라에서 생활할 것이 두려웠다.

"아니, 조금 더 기다려 봐야겠어!"

어느 늦은 밤, 디트리히 혼자 한 시간 정도 정원을 산책하고 있었다. 밤하늘에는 보름달이 휘영청 떠 있었다. 게르트와 에버하르트는 식탁에 앉아 영국 지도를 살폈다.

갑자기 사비네가 게르트의 서재 창문에 앉아 있다가 쏜살같이 뛰어나왔다.

"비밀경찰 두 명이 문 쪽으로 오고 있어요. 게르트, 빨리 몸을 숨겨요." 남편을 부엌 쪽으로 밀며 말했다.

"빨리, 서둘러요! 정원으로 가세요!"

그 순간 초인종이 울렸다.

디트리히가 말했다.

"사비네, 같이 피신해! 문은 내가 열게."

"아이들은?" 사비네가 당황하며 물었다.

"내가 돌볼게. 빨리 가!"

디트리히가 에버하르트에게 말했다.

"여기서 지도를 보고 있어. 아주 자연스럽게."

디트리히는 자연스럽게 불을 켜고 문을 열었다. 바깥에는 돌격대원 유니폼을 입은 남자들이 서 있었다. 한 사람은 손에 쪽지를 들고 있었다. 히틀러 경례를 하고는 메모지를 든 사내가 물었다.

"리보휘츠 씨요?"

"라이프홀츠요, 아니면 리보휘츠요?" 두 이름이 아주 비슷하게 들려 디트리히는 흠칫 놀랐다. 그럼에도 다시 침착하게 말했다.

"저는 디트리히 본회퍼라고 합니다."

쪽지를 들여다보며 친위대원이 물었다.

"모르데카이 리보휘츠가 아니오?"

"아닙니다."

"여기에 살고 있을 텐데."

"아닙니다, 잘못 찾아오셨습니다."

대원 한 사람이 길을 살피며 물었다.

"이 거리 이름이 뭐요?"

"헤르츠베어거-란트 길입니다."

"아, 그러면 우리가 잘못 들어왔군요. 미안합니다."

그들은 히틀러 경례를 하고는 사라졌다. 그자들이 완전히 사라진 것을 확인한 뒤에야 동생 내외를 불렀다. 그 사이에 디트리히는 모르데카이 리보휘츠 씨를 전화번호부에서 찾아 전화를 했다. 아무도 받지 않았다. 아마도 이미 피신했으리라.

이틀 뒤, 핑켄발데에서 전화가 왔다. 신학원 살림을 맡아 하는 슈트루베 부인이었다.

"본회퍼 형제님이세요?"

"네, 무슨 일입니까?"

"게슈타포 두 명이 왔다 갔습니다. 들여보내지 않으려고 했습니다만, 히틀러의 서명이 있는 증서를 제시해서요. 본회퍼 박사님, 그것만 아니었다면 결코 들여보내지 않았을 겁니다."

"괜찮습니다. 그런데 무슨 용건으로 왔다고 하던가요?"

"신학원을 폐쇄했습니다. 다시 문을 열 수 없다고 했어요. 그 증서만 아니었어도 그들을 들여보내지 않았을 텐데." 부인은 흐느끼기 시작했다.

슈트루베 부인은 지난 2년 동안 신학원에 같이 있으면서 한 번도 운 적이 없었다. 그런데 전화기 너머에서 슬픈 울음소리가 한참이나 흘러나왔다.

"신학원은 불법 단체라고 했습니다. 그리고 남은 학생들을 전원 해산시켰습니다."

"알겠습니다, 부인. 진정하세요. 별 도리가 없는 것 같군요. 그들이 압수해 간 것이 있습니까?"

"그런 건 없어요. 복도 외에는 못 들어가게 했거든요."

"잘하셨습니다. 정말 멋있게 행동하셨습니다."

전화 통화를 하면서도 생각이 혼란스러웠다.

"핑켄발데까지 돌아가는 데 얼마나 걸릴지 모르겠군요. 일단 베를린에서 그곳 형제단 지도부와 상의를 해야겠는데……. 부인께서 며칠 더 머물러 주시겠습니까?"

"그럼요! 제가 어디로 가겠습니까? 여기가 제 집이나 마찬가지인걸요."

"정말 감사합니다. 부인께서 모든 일을 잘 살펴 주셔서 정말 기쁘고, 감사를 드립니다."

베를린 기차 역에 도착한 것은 다음 날 오후였다. 운집해 열광하는 군중들로 길마다 교통이 통제돼 있었고, 곳곳에 나치 철십자 휘장이 바다 물결같이 휘날렸다. 무솔리니의 독일 방문으로 온 세상이 열광의 도가니에 빠져 있었다. 솔다우어 광장은 완전히 차단되었다. 광장 한쪽에는 오케스트라가 자리를 잡았고, 양국기들에 둘러싸여 있었다. 군중들은 열광한 채 만면에 웃음을 띠고 손에 작은 깃발을 흔들면서 그들의 지도자, 히틀러와 무솔리니가 나치 부대 사열대 사이로 카이저 담을 따라 카 퍼레이드 벌이는 것을 기다리고 있었다.

디트리히와 에버하르트는 빽빽이 밀집해 있는 사람들 사이를 겨우 빠져나와 집으로 돌아왔다.

"그냥 당하고 있을 수는 없어요. 대책을 세워야겠어요." 디트리히가 어머니께 말했다.

어머니는 어찌할 바를 몰랐고 충격은 심했다.

"그렇지만 어떻게, 디트리히? 그렇다고 게슈타포와 싸울 수는 없지 않니?"

"하지만 어머니, 어떻게 해서든 신학원을 계속해야 해요. 비밀 지하조직처럼 운영할 수도 있어요."

"그건 너무 위험해."

"다른 방도가 없으면 그렇게라도 해야 합니다."

"형제단이 동의를 할까? 너 혼자는 안 돼."

"당연히 동의할 거예요. 반드시 그래야만 합니다!"

파울라는 형제단이 디트리히에게 불법적인 지하운동의 길을 가도록 결정한 것을 보고 마음이 복잡했다.

한편 신학원 해산 명령을 취소시키려고 몇 번 시도했으나 별

효과가 없었다. 오히려 고백교회 내 다른 네 개의 신학원도 차례로 똑같은 운명을 맞이하고 말았다. 두 달이 흘렀다. 디트리히와 에버하르트는 드디어 신학원을 유지하기 위한 길을 찾아냈다.

슈테틴에서 160킬로미터 정도 떨어진 곳에 나란히 접해 있는 두 교구에서 이들을 돕겠다는 의사를 보내 왔던 것이다. 신학원생들은 그곳에서 시무하는 목사들의 교육부목사로 경찰서에 등록하면 되었다. 두 명의 감독 중 한 사람인 온나쉬 감독은 디트리히의 새 동료 프리츠 온나쉬의 부친이었다. 온나쉬 감독은 열 명까지도 수용 가능한 쾨슬린에 있는 그의 목사관을 개방했다. 게다가 강의실까지 준비해 주었다. 온나쉬 부인은 형제단에서 지불하는 돈으로 식사를 정성껏 준비했다.

슈테틴에서 40킬로미터 떨어진 슐라베에서 에두아르트 블록 감독이 비슷한 준비를 하고 있었다. 그는 '지구르츠호프'라는 작은 마을 근처에 비어 있는 산장 한 채를 찾았다. 전기시설조차 되어 있지 않았지만 슈트루베 부인이 아무 불평 없이 신학원 살림을 관리해 주고 잘 적응하리라. 어떻게 하면 라디오를 배터리에 연결해 BBC 방송 뉴스를 들을 수 있을까? 이것이 디트리히의 가장 큰 고민이었다. 무엇보다 바른 정보를 얻는 것이 생명과도 같은 일이었기 때문이다.

디트리히는 교수진으로 지구르츠호프에는 에버하르트를, 쾨슬린에는 프리츠 온나쉬를 기용할 생각이었다. 디트리히 자신은 양쪽을 오가며 가르칠 것이다. 오토바이가 큰 도움이 될 것이다.

'세면도구와 책가방만 있으면 돼. 자, 다시 시작하자!'

디트리히가 웃으며 결심했다.

핑켄발데 신학원이 폐쇄된 뒤, 신학원이 지하운동으로 운영되자 파울라 여사의 괴로움은 이루 말할 수 없었다. 그러면서도 자신이 할 수 있는 한 최선을 다해 도왔다. 가끔씩 파울라 부인은 잠을 설쳤다. 아들 디트리히가 차가운 형무소에 수감되어 있는 모습이 꿈에 나타나곤 했다. 얼마나 심하게 고문을 받았는지 그녀를 알아보지도 못했다.

디트리히와 에버하르트가 포메른 주로 출발하기 며칠 전, 프리츠 온나쉬가 체포되었다는 소식이 도착했다. 파울라는 잠자리에 들었지만 잠들지는 못했다. 다시 베란다로 나와 캄캄한 밤을 한참 바라보았다. 늦가을의 밤 기운이 꽤 찼다. 번개가 하늘을 가르며 번쩍이는데, 천둥소리는 아직 들리지 않았다.

"폭풍우가 몰려올 것 같지?" 칼 박사가 물었다.

바람에 커튼이 심하게 펄럭거렸다.

"그래요. 폭풍우가 이제 우리에게로 몰려오고 있어요!"

"여보, 방으로 들어오는 것이 좋을 것 같은데. 바람이 차가워."

그녀는 침실로 들어와 창문을 닫았다.

"여보, 온나쉬가 체포된 걸 너무 심각하게 받아들이지 말라고. 온나쉬는 곧 풀려날 거야."

"글쎄, 니묄러 목사님을 보세요."

"니묄러는 아주 특별한 경우야."

파울라는 겨우 안락의자에 앉았다.

"디트리히는 너무 태평이라서 걱정이에요."

"표시 나지 않게 잘 하겠지."

"그게 가능할까요? 신학원생 수도 너무 많고, 게다가 오토바이를 타고 두 곳을 왔다 갔다 한다고 하잖아요."

"여보, 당신은 우리 아들이 자기 일을 계속해야 한다고 생각하지?"

"그걸 말이라고 해요?"

"그럼 가만 둬. 우리가 할 수 있는 일은 별로 없는 것 같아."

그녀는 남편을 하염없이 바라보았다. 남편은 그녀의 마음을 안다는 듯 바라보며 조용히 웃어 주었다.

"내일이면 좀 좋은 소식이 있겠지."

칼 박사의 말은 적중했다. 다음날 온나쉬가 슈테틴 감옥에서 석방되었다는 소식이 들려왔다. 그러나 한스는 이제까지 듣던 것 중에 가장 심각한 뉴스를 전해 주었다. 히틀러가 장관들과 군부 최고 수뇌부들을 앞에 놓고 그의 대외 정책을 설명하며 전쟁 계획을 발표했다는 소식이었다.

"생존권 획득을 위해 모든 세기마다 전쟁이 불가피하오. 이 시대가 수행할 전쟁을 내가 맡을 것이오. 첫 공격 목표는 체코슬로바키아요!"

20

 1938년으로 가는 길목에, 빌헬름 니젤 형제단 협의회 회장은 다섯 개의 고백교회 신학원 지도자들을 베를린으로 소집해 회의를 개최했다. 디트리히가 지구르츠호프-쾨슬린에서 지하운동 형태로 신학원을 시작한 이후 처음이었다. 디트리히와 함께 쾨슬린에서 성공적으로 신학원을 이끈 프리츠 온나쉬도 초대되었다. 30여 명의 형제들이 모였다. 그런데 모임이 한 30분 진행될 무렵 문이 활짝 열리더니 게슈타포들이 몰려 들어왔다. 비밀경찰 중 한 명이 소리쳤다.

 "하일 히틀러! 당신들 모두는 위대하신 지도자의 이름으로 체포되었소."

 니젤 목사가 일어나 이의를 제기했다.

 "무슨 짓을 하는 겁니까?"

 "할 말이 있으면 법정에서 하시오!" 경찰들이 대답했다.

 그들은 총을 겨누며 말을 잃은 목사들을 매서운 1월의 추위

속으로 몰아내고는 검푸른 경찰차에 실었다.

안으로 선팅을 해 바깥에서는 보이지 않는 경찰차 한 대마다 문쪽 자리에 총을 든 경찰이 탔다. 차 안은 차가웠다. 그들의 외투는 달렘 교회에 걸려 있었다. 약 15분 후 '끽' 하는 브레이크 소리와 함께 알렉산더 광장에 있는 경찰본부에 도착했다.

비밀경찰이 디트리히와 프리츠 그리고 다른 목사들을 복도로 인도해 갔다. 좁은 복도는 큰 콘크리트 건물로 연결되었는데, 무거운 창살로 엮인 3층 건물이었다. 계단으로 올라가 육중한 철문을 지나니 좁은 복도에 나무 의자들이 놓여 있었다. 거기서 호명될 때까지 기다렸다.

벽에는 우스꽝스런 유대인의 얼굴이 그려진 흑색 포스터들이 걸려 있었다. 중앙에 적힌 굵은 노란색 글씨가 도드라졌다.

'유대인들이 웃을 때, 유대인들은 타고난 범죄자들이다. 유대인들은 악마의 입으로 웃는다.'

다른 쪽 벽에는 처량해 보이는 한 부부와 어린 소녀가 앉아 있었다. 아마도 유대인일 것이다. 열한 살 정도 된 듯한 소녀가 아버지의 손을 잡고 목사들을 호기심 어린 눈길로 쳐다보았다. 질식할 것 같은 분위기 속에 부부의 속삭이는 소리가 들려왔다.

"영수증 가지고 왔죠?"

"그럼. 벌써 말했잖아."

"어차피 그들이 우리 상점을 없애 버릴 텐데."

"조용히 해."

"우리가 무슨 말을 하든지 어차피 마찬가지겠죠?"

"조용히 하라니까."

시간이 흘러 디트리히가 불려 들어갔다. 경찰은 우선 인적 사항을 자세히 적었다. 그리고 다른 방으로 안내했다. 큰 대기실에는 두 명의 여비서가 열심히 타이핑하고 있었다. 그 뒤로 조그만 사무실이 세 개 있었다. 그 가운데 한 방으로 디트리히가 들어가자 육중한 몸에 이마가 반짝거리는 수사관이 앉아 있었다.

"자, 이쪽으로 앉으시지요. 당신이 본회퍼 목사 맞지요, 디트리히 본회퍼?"

"그렇습니다."

수사관이 담배를 권했으나 디트리히는 거절했다. 수사관은 서류를 뒤적이더니 말을 꺼냈다.

"당신이 소위 고백교회의 신학원장입니까?"

"조금 전까지는 그랬습니다."

"어디서?"

"슈테틴 근교 핑켄발데입니다."

"그러면 지금은 보조 설교자이구먼. 그렇지 않소?"

"그렇습니다."

"슐라베에서?"

"포메른에 있습니다."

"거기는 들어 본 적이 없는데."

디트리히가 가만히 있자 형사는 계속했다.

"보조 설교자라. 본회퍼 박사, 이거 정말 너무한 것 아니오? 좌천되어도 유분수지."

"강등되었다고 생각하지 않습니다."

"여보시오, 나더러 그 말을 믿으라고요? 당신과 같은 대학자이며 저술가가 겨우……. 당신은 작년 십일월, 유명한 책을 출간했지요?"

디트리히는 게슈타포에게도 자신의 책 《제자도》(*Nachfolge*)가 알려져 있는 게 신기했다.

"스웨덴에 갔었소?"

"오래됐습니다. 벌써 이 년 전이지요."

"학생들을 전부 데리고 갔지요?"

"그렇습니다. 스웨덴 대주교가 초청했습니다."

"그의 비호 아래서 독일 제국을 신문에서 마구 비판하지 않았소?"

"우리는 독일을 비판하지 않았습니다. 다만 독일 교회 안에 있는 서로 다른 의견들을 알렸을 뿐입니다. 별로 뉴스거리가 되지 않았을 텐데요?"

"우리는 그 기사를 눈여겨보았소. 당신은 그 기사에서 세계의 원수인 유대주의를 찬양하는 글을 발표했소."

수사관이 디트리히를 매섭게 쏘아봤다. 디트리히의 얼굴에서 놀라는 기색을 조금이라도 찾고 싶어서였다. 하지만 디트리히는 오히려 상대방의 눈을 뚫어지게 쳐다보았다.

"당신 강의를 듣는 학생 수는 얼마나 되오?"

"어떤 강의를 말합니까?"

"본회퍼 목사, 장난하지 마시오! 당신이 요즘 암암리에 신학원에서 강의를 하고 있다는 것을 잘 알고 있소."

그렇구나. 달렘의 비밀 신학원에서 강의를 하고 있다고 추측하고 있는 것이다. 안도가 되었다. 디트리히는 비밀경찰들이 새로 시작된 지구르츠호프–쾨슬린 지하 신학원 사정을 속속들이 알고 있나 해서 염려하고 있었다. 디트리히는 냉정을 되찾고 시큰둥한 목소리로 말했다.

"번지수가 틀렸습니다. 오늘 달렘에서 모인 것은 중요한 교회 업무를 토론하기 위해서였습니다."

"뭐요? 목사들이라고요? 신학생들이 아니라는 말이오?"

"아닙니다. 학생은 한 명도 참석하지 않았소."

'당신이 차츰 확실히 밝혀내겠지만…….' 이 말이 목까지 올라왔으나 디트리히는 꾹 참으며 다른 말로 대신했다.

"이런 만남의 자리까지 금지된 것은 아니지 않소? 게다가 모임 장소가 증명하듯이 비밀스럽게 모인 것이 아닙니다." 대담하게도 항의조였다.

"그냥 넘어갈 수 없습니다. 조사해 보겠소! 현재로서는 어떤 불법적인 것도 발각되지 않았지만……." 수사관은 말끝을 흐리며 담뱃재를 거만스럽게 털었다.

부관에게 디트리히를 다시 다른 방으로 보내라고 눈짓했다. 이미 그 방에는 프리츠 온나쉬, 빌헬름 니젤과 몇몇 목사들이 있었다. 디트리히는 프리츠 옆에 앉았다.

"저자들이 사건을 잘못 짚어 놓고, 이제는 일을 만들려는 심산이야." 프리츠의 귀에 대고 속삭였다.

네 시간이 지났다. 허기가 느껴졌다. 아무 통보도 없이 또 두 시간이 흘렀다. 마침내 부관이 나타났다. 디트리히와 프리츠를 불러내 친위대 고급장교 앞으로 데리고 갔다. 한마디도 하지 않고 불쑥 신분증을 돌려주었다. 디트리히의 신분증에는 '베를린 체류 금지' 도장이 찍혀 있었다.

"이게 무슨 말이오?"

"써 있는 그대로요. 베를린으로 다시 올 수 없소."

"하지만 무슨 혐의로······."

"결정은 우리가 하는 거요."

울컥 치미는 분노로 숨이 막힐 것 같았다.

친위대 장교는 팔짱을 낀 채 안락의자에 기대어 말했다.

"다시 한 번 말하지만 당신이 하는 일에 신경이 많이 쓰인단 말이오."

코를 킁킁거리면서 거만한 투로 계속 말을 이었다.

"당신이 불법적인 저항운동에서 손을 떼기까지 말이오, 우리의 최대 의무는 독일 국민을 보호하는 것이오. 그런 의미에서 당신의 활동 반경을 제한하는 것이 불가피하오. 본회퍼 보조 설교자님! 제국이 언젠가 당신의 강연 금지 조치를 부득불 취하게 된다면 참으로 유감스럽지 않을 수 없습니다."

마치 디트리히에게 선심을 쓰는 듯 부드럽게 말을 흘렸다.

두 명의 비밀경찰이 역까지 따라오더니 쾨슬린행 기차 안 좌석까지 정해 주었다. 기차가 출발하고 얼마가 흘러갔다. 마음이 조금씩 안정되자 디트리히가 프리츠를 쳐다보며 말했다.

"쾨슬린과 지구르츠호프를 지금 수색하고 있으면 어쩌지?"

"나도 그 생각을 했어. 하지만 미리 알려 줄 길이 없으니 난감하군."

"슈테틴에서 전화를 해야겠어."

"들키지 않을까?"

"그래도 해야 해."

슈테틴에서 쾨슬린으로 가는 기차를 바꿔 타기까지 30분이 남았다. 미행이 있는지 살피며 5분 정도 슈테틴 역 복판을 빈둥빈둥 할 일 없는 사람처럼 이리저리 돌아다니다 맥주 집으로 들

광야의 대변자 **265**

어갔다. 프리츠를 혼자 남겨 두고 디트리히는 길 구석에 있는 전화박스로 갔다. 다행스럽게 프리츠의 부친이 받았다.

"인사를 드리려고 전화했습니다. 예기치 않게 게슈타포 본부에 잡혀갔습니다. 비밀경찰들이 아직 그쪽으로 오지 않았는지요? 그렇다면 조만간 들이닥칠 것입니다."

놀랐는지, 온나쉬 감독은 수화기 저편에서 아무 말도 하지 못했다.

"아무도 여기로 오지 않았소."

"아마도 올 것입니다."

디트리히는 잠시 말을 끊었다.

'벌써 연락이 간 것은 아니겠지?'

이때, 머리 회전이 빠른 온나쉬 감독이 물었다.

"저녁식사를 준비해 놓아야 합니까?"

"좋은 생각입니다. 소식을 아는 것이 필요할 것 같아서요. 에버하르트에게도 전해 주셨으면 합니다."

쾨슬린에는 비밀경찰들의 낌새가 전혀 없었다. 학생들은 모든 자료들을 식품 저장 창고에 있는 밀가루와 소시지 사이에 숨겼다. 헌 마구간에도 숨겼다. 신학원 강의는 몇 개만 진행되었다. 강의가 끝나면 책과 공책도 모두 숨겼다. 강의 장소도 날마다 바꿨다. 별다른 일이 없이 학생들은 다시 정상적인 생활을 시작했다.

가족들에게서 베를린 소식을 빠짐없이 듣고 있었지만, 마음은 점점 불편했다. 일상적인 일 외에는 전화 사용을 피했다. 편지도 마찬가지였다. 밤 10시 BBC 방송을 듣는 일은 점차 거룩한 업무 중에 하나가 되었다. 때때로 〈런던 타임즈〉를 구해 볼 수도 있었다. 가끔씩 믿을 수 있는 사람을 베를린에 보내 소식을 알아보게도 했다. 영국에서 벨 주교의 '망명자 사역'을 돕는 프란츠가 소식을 전해 오기도 했다.

몇 주가 흘렀다. 영국 BBC 방송이 히틀러와 군부 최고 수뇌들이 군사 계획에 의견 충돌을 빚고 있다고 보도했다. 뉴스의 진위를 가려 낼 방법은 없었다.

아버지 칼 박사는 아들의 베를린 체류 금지 조치를 풀기 위해 백방으로 힘썼다. 마침내 베를린 교회 지도자들과 만나지 않는다는 조건으로, 가족만 만날 수 있는 임시 허가를 받았다.

오랜만에 만난 아버지는 그동안의 이런저런 이야기를 들려주셨다. 히틀러의 전쟁 계획에 반대 의사를 표시한 육군 최고 사령관 프리치를 동성애자라는 죄목을 씌워 실각시킨 것, 그러나 실제로는 사실무근이며 히틀러가 꾸며 낸 모략이라는 것, 국방부 정보국에서 한스 폰 도나니와 그의 상관 한스 오스터가 프리치 사건의 음모를 밝히기 위해 증거를 찾고 있다는 등. 그 사이 참 많은 일이 일어났다.

다음날 주일 오후, 매형 한스를 찾아갔다.

"게슈타포 상부에서 흘러나온 중요한 정보들을 입수했어."

"정말? 그런 정보들을 대체 어떻게 빼내는 거야?"

"알렉산더 광장의 범죄 수사본부장 아르투르 네베로부터 입수했지. 그는 히틀러와 하이드리히 비서실에 자유롭게 출입할 수 있거든. 비서실에 근무하는 입이 가벼운 부관을 통해 엿들은 거야."

"네베 서장 같은 이가 왜 매형 동지들을 도우려고 하지?"

"제국이 하는 짓이 그도 썩 마음에 들지 않거든. 특히 비밀경찰의 정보원들이 그를 괴롭히고 있지."

"그래도 그자 스스로가 그 일을 하고 있잖아?"

디트리히가 일어나 창가로 갔다. 정원에는 한스의 두 아들 크리스토프와 클라우스가 내리는 눈을 맞으며 놀고 있었다. 열 살, 아홉 살 된 아이들이었다.

한스가 격앙된 채 날카롭게 말을 했다.

"우리가 정식으로 정보를 얻으려 한다면 아무것도 얻을 수 없어. 하지만 네베는 바로 그러한 위치에 있어. 그는 우리가 가질 수 있는 유일한 최상의 정보 출처야!"

디트리히는 아이들을 계속 바라보며 말했다.

"물론 그건 알고 있지만……."

"디트리히, 히틀러를 중지시키려면 우리 중 누군가 더러운 일을 해야만 해."

디트리히는 심각하게 물어보았다.

"정말 그런 시도가 가능하긴 한 거야?"

"아직은 아니야. 그렇지만 그렇게 할 수 있도록 준비하고 있어. 우리는 별 성과 없이 누군가 무엇인가 하도록 기다리기만 했어. 그래서 이제는……."

디트리히는 창가를 왔다 갔다 하며 안에서 끓어오르는 불만을 누르고 있었다.

"매형, 제국에 맞서 어떤 일을 하려면 수단과 방법에 대해서도 생각해야 해."

"아직은 거기까지 오지 않았어. 우리는 먼저 국방부를 게슈타포와 분리시키는 작업을 해야 해. 히틀러에 대해 저항하려면 국방부를 이용하는 수밖에 없어."

"매형은 지금까지 군에 대해 좋은 이야기를 한 번도 하지 않았는데?"

"그렇지. 사실 나는 군을 좀 경멸했거든. 또 너무 조국과 명예에 대한 좁은 견해를 가지고 있다는 편견도 있었어. 그런데 말이야, 오스터 대령은 달라. 너에게도 소개해 줄게. 그는 히틀러를 증오하고 있어. 그래서 군 내에서 기회를 얻으려고 백방으로 노력하고 있어."

한스는 더욱 놀라운 소식을 알려 주었다. 자신들이 얻은 정보는 모두 정보국의 빌헬름 카나리스 제독에게 보고되며, 그것은 또 총사령관 루드비히 벡 장군까지 전달된다는 것이었다.

디트리히가 물었다.

"그는 프리치 건에 대해 어떻게 생각해?"

"벡 장군 말이야? 터무니없는 누명이라며 상당히 불쾌해하고 있어. 그래서 히틀러가 그에게 프리치 자리로 옮기라고 제의했지만 거절했지."

프리치에 대한 판결은 한 달 이상 걸렸다. 한스와 오스터 대령이 이 사건은 조작되었음을 완벽하게 증명했다. 게슈타포에서 동원된 증인들은 결국 자신들이 거짓 증언을 했다는 것을 시인했다. 괴링이 재판부의 모든 권한을 가지고 있었으나 법적 근거가 미비했으므로 프리치를 무죄로 선고하는 수밖에 없었다. 그럼에도 불구하고 히틀러는 프리치를 복직시키지 않고 강등해서 겨우 기병 연대의 책임을 맡겼다.

21

4월, 부활절을 앞둔 고난주간에 디트리히와 에버하르트는 튀링겐 주로 등산을 갔다. 봄기운이 완연했다. 식사할 곳과 숙소를 찾기 위해 마을로 들어섰다. 온 동네가 독일이 오스트리아를 합병한 소식에 열광하고 있었다. 나치의 철십자 휘장은 교회 탑에도 달려 있었다. 한 술집 앞에는 수많은 사람들이 오스트리아 합병에 환호하며 모여 있었다. 입구에는 멋진 제복 차림에 말을 타고 있는 히틀러의 포스터가 붙어 있었다. 포스터 밑에는 '우리의 기수'라는 제목이 붙어 있었다.

그들은 바르트부르크 성(루터가 종교개혁 당시 피신하여 90일 동안 머물면서 신약성경을 독일어로 번역한 곳. -옮긴이) 근처로 갔다. 디트리히는 개혁자 루터를 흠모하여 늘 이 성에 와 보고 싶었다. 그들이 산기슭에 있는 유스호스텔을 발견한 건 어두워진 뒤였다. 아직도 하얀 눈이 그대로 남아 있었다. 한 5킬로미터 더 가면 아이제나흐에 도착할 수 있었지만 춥고 피곤해서 쉬고 싶었다. 유스호스텔에서 제식 훈련을 하는 히틀러 소년단원들을 만났다. 스피커에서 구령이 흘러나왔다.

"우리의 지도자, 당신의 이름은 소년들의 행복입니다. 우리의 지도자, 당신의 이름은 영원한 생명입니다."

제복을 입은 한 남자가 큰소리로 선포했다.

"이제 오스트리아의 청년들도 우리와 한 형제가 되었습니다. 그들도 제국의 품으로 들어왔습니다. 하나님의 도우심으로 아돌프 히틀러는 독일의 높은 뜻과 사상을 하나가 되게 했습니다. 오늘 총통의 신임을 묻는 국민투표는 사실 투표라기보다 오히려 위대한 지도자에 대한 감사의 기도입니다. 이 기도는 오! 우리의 지도자……."

소년들은 손바닥으로 바닥을 치며 환호했다.

"오! 우리의 지도자, 우리의 인도자, 우리의 영도자!"

"누구든지 우리의 지도자 아돌프 히틀러를 섬기는 자는 독일을 섬기는 것이며, 독일을 섬기는 자는 곧 하나님을 섬기는 것이다!"

스피커에서는 선동적인 슬로건이 계속 쏟아져 나왔다.

디트리히는 분노에 떨었다. 둘은 생각에 잠겨 말없이 길을 내려갔다. 숲을 지나자 저 아래 골짜기까지 한눈에 들어왔다.

"여기가 바르트부르크 성의 절경을 볼 수 있는 지점이야. 특별히 달이 밝은 밤에는 전경이 황홀해."

둘은 계속 가파른 길을 올라가 골짜기 하나 너머에 있는 바르트부르크 성을 바라보았다. 여전히 그 성은 아름다웠고 산 정상에 견고하게 서서 묘한 조화를 이루었다. 하지만 늘 빛을 발하며 자기를 맞아 주던 성 탑의 십자가는 더 이상 보이지 않고, 대신 엄청나게 큰 나치의 갈고리 십자가 휘장이 휘날리고 있었다. 그 휘장을 본 순간 디트리히는 더 이상 성에 가고 싶은 마음이 사라졌다. 결국 디트리히와 에버하르트는 돌아서서 애써 왔던 가파른 길을 다시 내려갔다. 원래는 다음날 아침 바르트부르크 성을 방문할 예정이었으나 아이제나흐에 더 이상 머물지 않고 프리드릭스부룬으로 향했다. 디트리히에게는 프리드릭스부룬이야말로 가장 안락하고 휴양하기에 좋은 곳이었다. 깊은 숲속의 길이나 절벽, 평화로운 골짜기 풍경, 이 모든 것이 디트리히에게는 무척이나 익숙했다.

부활절 주일 아침, 시골 교회를 방문했다. 교회당 뜰에서 요르크 뮐하우젠의 부모를 만났다. 그들은 조금 멋쩍은 표정을 지으며, 요르크는 요즈음 교회를 위해 시간을 잘 내지 못한다고 말했다. 부모들은 다시 자랑스럽게 말을 이었다. 요르크는 '나폴라'(Napola)라는 국가 정치 교육 아카데미에 다니는데, 아주 우수한 학생이라고 말했다. 반장까지 맡았다고 했다.

오후 늦게 편지를 쓰고 있는 에버하르트를 두고 마을로 산책을 나갔다. 혹시 요르크를 만나 볼 수 있을까 하는 생각에서였다. 길을 가다 한 농가 옆에서 마을 소년들에게 둘러싸여 있는 요르크를 보았다. 요르크는 그를 보지 못했다. 요르크가 마을 소년들에게 자기가 다니는 학교에 대해 자랑스레 이야기하는 것이 들려왔다.

"학교에서 매일 스포츠 시합을 해. 그 시합에서 이긴 팀은 케이크와 초콜릿을 상으로 더 받게 되거든. 지도자의 배려야!"

금발 소년 한 명이 어떻게 하면 그런 학교에 들어갈 수 있는지 물었다.

"학교 선생님이나 당원의 추천서를 받으면 돼. 그리고 한 주 동안 심사를 하게 되지. 합격하려면 체격도 좋아야 해. 귄터, 네 몸으로는 어렵겠는데."

야윈 금발의 소년은 실망해서 어깨를 축 늘어뜨렸다.

"심지어 두개골까지 다 검사해."

"그건 왜?"

"독일인인지 아닌지 가려내는 거야. 유대인들이나 그들과 유사한 인종이라면 들어올 수 없어."

그제야 그는 디트리히를 보았다. 디트리히가 먼저 인사를 건넸다.

"요르크, 잘 있었니?"

"아, 본회퍼 박사님."

요르크는 일어나 군대식으로 인사했다. 허리에 찬 칼집과 가죽끈이 달린 갈색 제복을 입은 그는 성숙해 보였다. 더 이상 순박한 시골 소년이 아니었다. 예전부터 총명했던 눈빛은 더욱 빛났다. 특별히 그의 잘 연마된 근육과 육체가 근사하게 보였다.

"오랜만이야. 여기 자주 오지 않는 모양이구나."

"학교에 다니고 있어요."

"어느 학교?"

"쾰른 근처 벤스베어그에 있어요."

"그래, 그러면 쾰른 성당을 보았겠구나?"

"아직 보지 못했습니다."

디트리히는 요르크에게 제안을 했다.

"나와 함께 옛 유적지로 산책 갈까? 네 친구들은 다음에 만나면 어떻겠니?"

요르크는 잠시 주저하다가 소년들에게 다시 오겠다고 하고 디트리히를 따라나섰다. 길을 가는 동안 요르크에게 가족의 안부를 물었다. 그리고 옛날 요르크 부친과 공놀이를 하던 것, 또 요르크 부친의 좋은 기억들에 대해 재미있게 들려주었다. 분위기가 차츰 부드러워졌다. 학교 이야기가 나오자 요르크는 흥분해서 말하기 시작했다.

"정말 신나는 일이에요. 이런 건 처음이에요. 위대하신 지도자가 모든 것을 바꾸어 놓았어요. 한 청년이 조국을 위해 무엇인가 하기를 원하면 기회가 주어진다고요. 누구든지 열심히 하면 그렇게 할 수 있어요. 정말 신나는 일 아니에요?"

"열심히 공부하니?"

"네. 좀 힘들지만 더 나은 조국을 위해서라면 그 정도는 거뜬히 참아 낼 수 있어요."

"너는 더 나은 조국을 만들기 위해 무엇이 필요하다고 생각하니?"

요르크는 잠시 생각에 잠기더니 힘차게 대답했다.

"독일은 강해야 해요. 강한 조국을 위해 우리 모두 일해야 하죠. 우리는 독일인인 것을 자랑스럽게 생각합니다. 그리고 누구도 우리에게서 조국을 빼앗지 못하도록 지도자를 위해 싸울 준비가 되었습니다."

두 사람은 오래된 파수대 성벽에 걸터앉았다.

"나도 더 나은 조국을 위해 일하길 바란다. 그런데 나는 이 불의한 체제에서 좋은 것이 나올 것이라고 믿어지지 않아!"

요르크는 무엇인가 잘못 들었나 싶어 뒤를 돌아보았다.

"맞아, 불의! 어떤 경우에는 아주 심각한 범죄 행위지. 아무도 이런 이야기를 할 수 없기 때문에 너는 듣지 못할 뿐이야. 아니면 그들은 의를 불의로, 불의를 의로 선전하기도 하지."

요르크는 도저히 이해할 수 없다는 듯이 디트리히를 쳐다보았다.

디트리히는 자신이 직접 경험한 마르틴 니묄러 목사의 체포 사건과 강제수용소의 참혹한 현실을 설명했다. 학교에서 배우는 것과 디트리히가 말하는 것이 너무 달라 요르크는 당황했다. 그러나 곧 마치 서류철에 정리되어 있는 대답들을 빼 온 것처럼 말을 했다.

"이미 그런 이야기에 대해서는 들은 바가 있어요. 본회퍼 박사님, 그런 것은 지도자 히틀러와 그가 이룬 업적을 음해하는 모함이라고 생각합니다. 왜 그런 부류들과 함께 일하시죠?"

요르크는 디트리히에게 대답할 기회도 주지 않고 다시 말을 이었다.

"아니에요! 더 이상 박사님 이야기는 듣고 싶지 않아요! 제발 이제 그만하시죠. 계속 그런 이야기를 하신다면, 저는……."

요르크가 고개를 잠시 숙였다가 갑자기 날카로운 눈빛으로 쏘아보면서 내뱉었다.

"박사님을 신고할 것입니다!"

"네가 그곳에서 교육을 받았다는 것이 바로 친구를 배반하는 것이었어?"

"그보다 더 중요한 것이에요. 제국의 명예를 모함으로부터 보호하는 것입니다."

그는 마치 녹음기를 틀어 놓은 것처럼 암송한 말들을 줄줄 내뱉었다.

"그렇지만 제가 결코 박사님에 대해서……."

요르크의 목소리는 거의 들리지 않을 만큼 작아지더니 끊겨 버렸다.

"네가 결코 원치 않는다는 것을 알지." 디트리히는 따뜻한 눈길로 요르크를 바라보았다.

"내 이야기를 한번 생각해 봐. 그리고 지금껏 그랬듯이 나는 너를 결코 속이는 일이 없다는 것도 기억하고."

요르크가 급히 일어났다.

"집에 들어가야겠어요. 안녕히 계세요, 박사님!"

"잘 가렴, 너도."

요르크가 길 저 아래로 사라지기까지 쳐다보며 디트리히의 마음이 한없이 무거웠다. 이제는 요르크에게마저 영향력을 미칠 수 없지 않은가?

저녁에 에버하르트에게 마음을 쏟아 놓으면서 자책이 더 심하게 느껴졌다.

"사 년 동안이나 나치의 손아귀에 잡혀 있었던 것을 기억해 봐. 사 년 동안 세뇌 교육된 것을 어떻게 한 시간 만에 바꿀 수 있어?" 디트리히가 깊은 한숨을 쉬었다.

"그래, 디트리히. 자네 말이 맞아."

다음날 디트리히는 모친을 잠시 뵈러 가는 에버하르트를 카데까지 데려다 주고 바로 베를린으로 향했다. 베를린에 도착하자 한스가 만나자는 연락이 와 있었다. 한스가 오스터 대령과의 만남을 주선하고 있었다.

디트리히가 크리스텔 옆으로 다가가 앉았다.

"일찍 와 줘서 고맙네." 한스가 기다렸다는 듯 반겨 주었다.

"오스터를 만나기 전에 미리 알아 두어야 할 정보들이 조금 있는데……." 평소와는 달리 한스가 초조한 빛을 띠고 방을 이리저리 왔다 갔다 하며 쉴새 없이 말을 했다.

오스터 대령이 게슈타포 타도 모의에 몇몇 유력한 장군들을 포섭했고, 오늘은 비츠레벤 장군 집을 찾아갔다고 했다.

"그런 일들과 나랑 무슨 상관이 있어? 오스터 대령이 나를 여기서 만났으면 한 거야?" 디트리히가 언짢은 듯 물었다.

"자네가 온다는 것을 알고 있지."

깜짝 놀라 어리둥절해하고 있는데 때마침 약간 말라 보이는 신사가 들어왔다. 한스에게 인사를 하고는 크리스텔에게 몸을 깊이 숙여 인사했다. 활짝 웃는 얼굴로 디트리히에게 악수를 청하며 심한 작센 사투리로 말을 했다.

"한스 폰 도나니 보좌관이 여기 오신다는 소식을 전해 주었지요. 본회퍼 목사님, 대단하십니다. 정말 대단하십니다!"

외모가 수려하고 세련되게 입은 복장이 마치 영화배우 같은 느낌을 주었음에도 그의 기쁨이 진실하게 느껴졌다. 나이는 오십에 가깝게 보였다. 그는 목사인 부친이 목회자의 길을 권했지만 거절했다고 했다. 목회자를 하기에는 세상에 너무 흥미가 많았다나. '설교자 학교'에 대해 관심 있게 물어보았다. 예의상 물어보려니 하는 생각에 디트리히는 대충 대답했다. 그러나 뜻밖에 오스터 대령은 꼬치꼬치 캐물었다. 한스의 조급함은 안중에 없는 양 디트리히의 이야기에 흠뻑 빠져 있었다.

"좋은 일을 하고 계십니다. 우리가 감사를 드려야 할 것 같소. 그런데 나이가 퍽 젊어 보이는데, 군 입대를 곧 해야 될 것 같군요. 병역 통지서가 나오면 어떻게 하실 건가요?"

"잘 모르겠습니다. 내년쯤 1906년생들이 영장을 받게 될 텐데, 그때까지는……." 디트리히가 오스터 대령의 눈을 빤히 바라보면서 말을 이었다.

"하지만 히틀러 부대에서 군 복무를 할 수는 없습니다."

오스터가 말을 받았다.

"대책을 세워야겠군요. 도움이 필요하면 연락 주세요."

오스터가 상아로 된 파이프에 시가를 끼워 불을 붙였다. 그러더니 한스를 향해 말했다.

"아주 좋은 소식이 있소."

"비츠레벤?" 짐작하고 있었다는 듯 한스가 물었다.

"맞아요. 그와 그의 부하들이 적극적으로 도와주기로 했소. 우리는 뿌리부터 제거해야 하오. 게슈타포 본부가 있는 프린츠 알브레히트 거리에 있는 모든 상점을 점령하고, 민간인들을 피신시킨 뒤에 히믈러와 하이드리히를 체포해야 합니다. 비츠레벤이 이 일을 처리할 겁니다. 그러면 우리는 진입하여 서류 금고를 부수고 나치의 범죄와 비리에 대한 많은 증거 자료를 찾아내야 합니다. 프리치 사건뿐만 아니라 수많은 아픈 역사의 기록들이 있을 거요."

디트리히는 믿어지지 않았다. 그런 엄청난 일이 프린츠 알브레히트 거리만 점령한다고 성공할 수 있을까? 오스터 대령은 작전을 신속히 수행한다면 가능하다고 했다. 더구나 카나리스 제독이 최대한 지원하겠다고 약속했다. 그가 원하는 것은 단 한 가지, 정보국을 장악하려는 친위 세력 히믈러와 하이드리히를 제거하는 것이었다. 카나리스는 히틀러를 전복하자는 것에는 아직도 소극적이었다.

디트리히는 이러한 부분적인 시도는 실패할 게 분명하다는 생각이 들었지만 침묵했다.

오스터 대령이 비장한 표정을 지으며 말을 이었다.

"이번 게슈타포 진압이 궁극적인 해결책이 될 수는 없어요. 조국 독일이 바로 서기 위해서는 히틀러를 제거해야만 합니다. 그가 악의 주축이기 때문입니다."

그가 숨기지 않고 말하자 디트리히도 용기를 내 물었다.

"거기에 대한 계획도 세우셨습니까, 대령님?"

"물론이지요. 하지만 아직 제 머릿속에만 들어 있습니다. 벌써 몇 달 되었지요. 언제든지 서면으로 작성할 준비도 되었고요. 필요한 장군들의 협조만 보장된다면 말이지요. 문제는 장성들이 너무 겁이 많다는 거예요. 무슨 핑곗거리들이 그리도 많은지. 그들의 총사령관이 당하는데도 속수무책이죠. 한심한 양반들입니다. 프리치 사령관만 불쌍하게 됐지요!"

"하지만 장군들 입장에서는 군인으로서 서약을 지킨다고 생각하겠지요." 디트리히가 반론을 폈다.

"맞아요. 이 망할 놈의 서약이 문제요! 히틀러는 힌덴부르크가 죽은 뒤에 군수 최고 지휘권을 장악하고 모든 국방군들이 자기에게 절대 복종하도록 서약을 요구했죠. 위로부터 명령에 절대 복종하는 프로이센의 미덕과 명예를 존중하는 장성들이 서약을 깨기가 쉽지 않죠."

오스터 대령이 흥분을 조절하지 못한 채 말을 막 하는 것을 보면서, 디트리히는 자신이 너무 직접적으로 군대의 아픈 상처를 언급했나 싶었다.

"명예가 무엇입니까? 미덕이 무엇입니까? 무엇이 진정한 애국이란 말입니까? 본회퍼 목사님, 내가 잘못된 것입니까?" 대령이 애가 타듯 물었다. 그러고는 탄식했다.

"여기 있는 도나니와 나, 그리고 몇몇 동지들로는 너무 적은 숫자이지요. 저항을 하기에는 너무나 소수예요. 다른 이들은 거의 동조하지 않아요."

디트리히가 편을 들었다.

"절대로 옳은 길을 가고 계십니다. 생각해 보세요. 어떤 미친 운전자가 거리에서 차를 몰고 있다면, 그에게서 운전대를 빼앗아야 하지 않겠습니까?"

"그렇지요, 본회퍼 목사! 어떠한 대가를 치르더라도 거사는 이루어져야 합니다."

5월 말, 디트리히는 불쑥 베를린을 방문했다. 부모님, 도나니 부부와 함께 디트리히도 그날 밤 오페라 공연을 관람할 예정이었다. 디트리히는 지나친 과장과 억지로 꾸민 가수들의 연기가 어색해 보이는 오페라를 썩 즐기지는 않았다. 어쩔 수 없이 가야 할 때면 대개 눈을 감고 음악만 감상하곤 했다. 그러나 그날 밤 〈피델리오〉(Fidelio) 공연은 출연자들 대부분이 아주 유명한 오페라 가수들이었다. 오랜만에 문화의 밤을 즐겨 보리라.

조금 여유 있게 도착해 자리를 잡았다. 베를린 국립 오페라 극장은 아직도 카이저 시대의 화려함을 유지하고 있었다. 천장과 벽은 금으로 장식되어 있었고, 멋진 조각이 새겨져 있었다. 수많은 전등이 달린 화려한 조명이 더욱 고전적인 분위기를 연출했다. 그러나 이곳에서도 흉측한 나치의 갈고리 십자가는 어김없이 무대 양 옆을 장식했다.

오페라가 시작하기 전에 항상 그런 것처럼 오케스트라의 연습 소리, 관객들이 서로 인사 나누는 소리, 무대 설치자들의 바쁜 움직임 소리들이 뒤섞여 강당은 어수선했다. 디트리히는 베를린의 소위 상류층이 이제 과거의 주류사회와 새로운 나치당원으로 형성되는 것을 흥미롭게 바라보았다. 생각했던 것보다 많은 군대의 고급 장교들과 그 가족들이 와 있었다. 한스는 디트리히에게 이제 막 강당에 입장한 카나리스 제독을 소개했다. 놀랍게도 그는 키가 작고 몸이 왜소했다. 흰머리도 눈에 띄었다. 그는 아주 젊은 여인 옆에 앉았다. 한스가 그의 딸이라고 알려 주었다. 다른 쪽에는 참모총장 루드비히 벡이 혼자 앉아 있었다. 불이 꺼지자 오스터 대령과 그의 가족은 벡 장군 옆자리에 앉았다.

휴식 시간에 디트리히와 한스는 로비에서 오스터 대령을 만났다. 한스는 장인과 장모를 오스터 대령에게 소개했다. 오스터 대령은 파울라 본회퍼 여사의 손에 키스하며 다정하게 인사했다.

"만나 뵙게 되어 영광입니다. 여사님, 공연이 마음에 드십니까?"

"아주 훌륭해요, 오스터 대령님. 레오노레의 노래에 완전히 넋을 잃었죠. 공연 전체가 생동감이 있었어요. 오페라를 별로 좋아하지 않는 디트리히마저 이번 공연은 아주 좋았다고 하는군요."

오페라 애호가인 오스터 대령은 파울라 여사와 단숨에 친구가 되어 오페라 이야기로 꽃을 피웠다. 그러다 한스와 디트리히에게 바람을 쐬러 나가자고 했다. 관람객들이 서성거리고 있는 극장 주변의 장미 정원 사이를 지나 인적이 없는 곳까지 걸었다. 대령이 주위를 조심스럽게 살피며 입을 열었다.

"벡 참모총장이 우리 편이 되었소. 드디어 히틀러의 광란이 저지되어야 된다는 판단이 선 것이지요."

"대령께서 설득을 하셨군요?" 한스가 잔뜩 긴장한 목소리로 물었다.

"히틀러가 그 일을 한 셈이죠. 내가 한 것이라고는 단지 필요한 정보를 제공했을 뿐이오."

"그가 생각을 바꾼 결정적인 계기가 무엇인데요?"

"임박한 전쟁 때문이오! 유일하게 남은 수단으로 히틀러를 전복시키기 위해 온 힘을 쏟아야 한다는 거죠. 대충해서는 결코 안 됩니다."

보행자들이 다가오는 것이 보이자 모서리로 장소를 옮겨 대리석 조각 앞으로 갔다. 저 너머 베를린 대학이 보였다. 가로등의 싸늘한 불빛 아래 대학 양쪽 문 옆의 대리석 장식대 위에 훔볼트 형제가 위엄 있게 서 있었다.

대령의 말이 빨라졌다.

"히틀러가 어제 아침 베르크호프 비밀 별장에서 돌아오자마자 총통관저로 수뇌부들을 불러들였소. 벡 참모총장도 갔지요. 그 자리에서 히틀러는 체코슬로바키아를 지도상에서 없애 버리겠다고 통보하며, 10월 1일까지 공격 작전을 내놓으라고 했답니다."

순간, 디트리히는 자신의 징집 가능성을 생각했다. 사비네 부부는 어떻게 되나? 전쟁이 일어나면 국경이 막히게 되고 독일을 떠날 기회도 막혀 버릴 것이다.

"영국군과 프랑스군이 개입할 거라고 벡 총장은 믿고 있습니까?" 한스가 물었다.

"물론입니다. 히틀러와 리벤트롭 외상을 제외하고는 모두 그렇게 믿고 있어요. 카이텔 작전참모는 예외입니다. 그는 히틀러가 한 말을 앵무새처럼 따라하는 것 외에는 아무것도 할 수 없는 아첨꾼이니까요."

"다른 장군들은요?" 한스는 궁금한 게 한둘이 아니었다.

"다른 장군들은 혼란스러운가 봐요. 그러나 그들은 독일이 또 한번의 세계대전으로 끌려 들어가서는 안 된다는 것을 알고 있어요." 오스터 대령은 더욱 힘을 주면서 말했다.

"도나니 보좌관, 기회입니다. 이런 기회는 다시 오지 않을 것 같아요!"

디트리히는 걱정스럽게 주위를 살펴보았다. 오스터 대령 뒤편으로 한 장교가 부인과 함께 걸어오고 있었다. 디트리히는 얼른 엉뚱한 이야기를 꺼냈다.

"당신네들 조정 경기 선수가 어깨에 부상을 입었다지요? 아주 재미있는 게임이 될 것 같아요."

어리둥절해하던 오스터 대령은 그제야 검붉은 나치 완장을 한 장교가 아내와 지나가는 것을 봤다.

"그럼요, 정말 흥미로운 게임이 될 거요."

"우리 팀을 이끄는 선장이 되어 주시겠습니까?" 디트리히가 묻자, 대령은 사라지는 장교 부부를 바라보며 나지막이 말했다.

"감사합니다, 본회퍼 목사님. 저는 언제나 당신 팀과 같은 배를 타고 노를 저을 것입니다."

그는 동상 쪽으로 다가가 하던 이야기를 계속했다.

"벡 장군이 이 일에 동참하려는 것은 갑작스러운 일이 아니지요. 그는 벌써 오래전부터 눈치 채고 있었지만 이번 프리치 총사령관 조작 사건이 그의 눈을 결정적으로 뜨게 해 주었어요. 장군들이 히틀러의 전쟁 계획을 저지할 수 없다면 그는 쿠데타까지 각오하는 것 같았어요. 나에게 구체적인 작전 수립에 착수하라고 부탁하더군요. 이제 도나니 당신 도움이 필요합니다."

한스는 고개를 끄덕이며 기꺼이 수락했다.

그들은 다시 건물 안으로 돌아갔다. 관객들이 극장 안으로 입장하고 있었다. 로비에서 카나리스 제독을 만났다. 오스터 대령이 그들을 제독에게 소개하며 귀에 속삭였다.

"본회퍼 목사님은 우리 편입니다, 제독 각하."

허옇게 센 머리에도 불구하고 제독은 별로 노인 같지는 않았다. 제독이 경계하듯 주위를 돌아보며 작은 목소리로 디트리히에게 물었다.

"그럼, 본회퍼 목사도 이번 거사에 가담했소? 나 자신은 아직은 관망자요. 오스터 대령이 이야기하면 난 주로 듣는 편이지요. 겉으로는 내가 많이 가담하는 것 같지만 실제로는 그렇지 않소이다. 허나 히틀러가 너무 심하게 나가면 나도 칼을 뽑아야겠지요."

다시 오스터 쪽으로 고개를 돌려 속삭이듯 이야기했다.

"벡 장군이 내 자리 바로 건너편에 앉아 있어요. 오스터 대령, 오페라 공연이 끝난 뒤에 우리 집으로 벡 장군을 모셔 오시지요. 알겠습니까?"

"알겠습니다, 각하."

카나리스 제독은 정중하게 인사한 후 딸이 기다리는 좌석으로 돌아갔다. 디트리히는 구겨진 유니폼을 입은 이 정보국 책임자에게서 상당히 깊은 인상을 받았다. 한스가 디트리히의 생각을 알아차렸는지 설명을 덧붙였다.

"겉으로는 수수하게 보이지만 실제로는 아주 범상하고 날카로운 장군이야."

7월 말경 아버지 칼 박사의 은퇴 기념식을 위해 온 집안 식구들이 베를린에 모였다. 그 자리에서 칼 박사의 은퇴 강연이 있을 예정이었다. 2년 전에 이미 은퇴해야 했지만 병원 측의 부탁으로 연장했던 것이다. 그동안 환자들을 더 돌볼 수 있었고, 정신과 환자들에게 행해지는 나치의 범죄 행위로부터 이들을 보호할 수 있었다. 그는 이들을 위해 새로운 병명을 지어 내기도 하고, 관청에는 알리지 않고서 이들을 병원에 수용시키기도 했다. 동료들과 함께 환자들을 나치의 손이 미치지 않는 안전한 곳으로 피신시키기도 했다. 그러나 이제는 SS 친위대 중 유명 인사인 막스 데 크리니스 교수가 칼 본회퍼 박사의 후임자가 되었다.

칼 박사가 의사로서, 또 교수로서 재직한 수많은 세월 동안, 의학 세계 안팎에서 그에게 보여 준 존경과 감사를 파울라 여사는 잘 알고 있었다. 그렇지만 지금 이 시간 수여되는 명예와 감사, 그리고 수많은 친지들의 사랑은 그녀의 상상을 초월했다.

파울라는 브레슬라우에서 청년 칼을 만났던 연애 시절을 기억했다. 처음에 그녀는 이 젊은 정신과 의사에게 관심이 없었다. 그녀는 발랄하고 명랑한 열아홉 살 소녀였고, 칼은 과묵하고 약간 내성적인 편이었다. 그런데 그가 입을 열면 해 주는 이야기들은 갈수록 가치 있는 것들이었다. 또 그의 믿음직스러운 얼굴도 점점 그녀를 사로잡았다.

기념식 손님들이 떠나고 집으로 돌아오는 길에서 실물 크기의 아돌프 히틀러 흉상 앞을 지났다. 칼 박사가 말했다.

"후임자 크리니스가 병원에 지도자의 초상화가 걸려 있지 않은 것에 아주 놀라더라고. 그러더니 바로 다음날 이 흉상이 세워졌지. 초상화로는 양이 차지 않는 모양이야."

차에 타기 직전 한스는 일이 생겼다며 디트리히에게 잠깐 자기 집으로 와 달라고 했다.

파울라는 디트리히가 돌아오기를 기다렸다가 함께 카카오를 마셨다.

"디트리히, 무슨 일이 있구나. 그렇지?"

디트리히는 어디까지 털어놔야 할지 난감했다.

"매형이 프리치 사건 진상 폭로에 끼어든 것을 눈치 챈 것 같아요."

"얼마나 알아냈다니?"

"아주 자세히요. 매형 책상이 몇 번씩 수색을 당한 모양입니다."

"저항일지는?"

"그건 아직. 이제 법무부에서 나와야 할 것 같아요."

"법무장관이 한스 뒤를 밀어 주고 있지 않니?" 파울라가 물었다.

"이번에는 안 될 것 같아요. 총통관저로부터 히틀러 측근인 보어만에게서 직접 명령이 하달되었어요. 장관도 두려워하고 있습니다. 프리치 사건이나 매형의 출신 성분에 대한 직접적인 언급은 없었고, 다만 한스가 아직 나치당에 속하지 않고서 장관과 너무 가깝게 일하는 것을 추궁했다고 하네요."

"한스는 어떻게 할 계획인데?"

"매형은 라이프치히로 갈 생각인 것 같아요."

파울라가 오래 침묵하다가 고개를 떨군 채 말했다.

"또 사위와 딸을 잃어버리겠구나."

디트리히는 그래도 그들은 독일 내에 있지 않는가 하고 속으로 위로했다.

"엄마, 오스터 대령이 아버지를 찾아올 거예요."

"무슨 이유로?"

"매형이 말은 안 했는데 추측해 볼 수는 있지요."

정말로 오스터 대령이 디트리히의 부모님을 찾아왔다.

"벡 장군은 히틀러를 산 채로 체포해서 그의 범죄 행위와 반인륜적인 만행에 대해 백성들 앞에서 철저히 규명해야 한다는 생각입니다. 다시는 이런 끔찍한 계략이 발생하는 것을 뿌리 뽑겠다는 취지입니다."

칼 박사는 오스터의 설명을 주의 깊게 들었지만 동조한다는 표정은 보여 주지 않았다. 다만 조용히 듣기만 했다.

"도나니 보좌관은 재판을 준비할 것입니다. 저항일지가 분명한 증거 자료가 될 것입니다. 우리 모두 그 자료가 있어 참 다행이라고 생각합니다. 벡 장군도 그 자료를 보고 놀라 할 말을 잃었습니다. 히틀러를 정신병 환자로 규정하는 박사님의 정신의학적인 진단서가 필요합니다."

칼 박사는 부인을 잠깐 쳐다보고는 대령에게 물었다.

"오스터 대령, 어느 시점에 진단서가 필요합니까?"

"교수님께서 얼마나 시간이 필요하신지에 따라 달라집니다."

"그렇다면 추정된 진단서를 원하시는 것이군요?"

"교수님, 물론 학자의 양심을 버리라는 것은 아닙니다. 다만 시간이 정말 부족하다는 것을 아셨으면 합니다."

"물론 의심할 수 없는 많은 현상들이 히틀러의 환자 증세를 보여 줍니다만, 그래도 의사는 환자를 면담하고 진료한 뒤에야 진단서를 발부합니다."

"그것은 일단 히틀러를 체포한 뒤에 하셔도 되지 않습니까? 일단 체포하면 히틀러는 재판 전까지는 비밀 장소에 수감됩니다. 그러나 백성들을 설득하기 위해서는 그를 체포한 후 하루 정도 뒤에는 정확한 정보와 자료가 필요합니다."

한스가 옆에 있다가 물었다.

"아버님, 문서로만 환자를 진단한다면 어느 정도 분량의 문서가 필요합니까?"

"글쎄, 그 정도로 많은 자료를 구할 수 있을까?"

"제 생각에는 가능해요, 아버님. 비록 복사한 것이지만 법무 장관이 많은 문서 자료들을 가지고 있습니다."

파울라는 사위가 이런 긴박한 순간에도 흥분하지 않고, 모아 놓은 자료들을 하나하나 가지고 나오는 것을 차분히 지켜보고 있었다.

오스터 대령은 칼 박사에게 자료 분석을 위임했다. 여하튼 모든 준비가 히틀러가 체코슬로바키아를 공격하기 전인 9월 말까지는 완료되어야 했다. 그들은 계획을 하나하나 점검해 나갔다. 오스터 대령은 히틀러에 대한 강력한 조치가 필요한데, 영국을 설득하는 데 어려움이 있다고 토로했다. 영국에 벌써 히틀러 저항 세력 중에 한 사람을 보냈는데 영국은 공동작전을 거절했다. 독일 내에서 먼저 히틀러를 처리해 주기를 바란다며 슬그머니 발뺌을 했다.

"히틀러의 목을 먼저 가지고 오시오. 그리고 다음 문제를 상의합시다."

파울라는 옆에서 그 모든 이야기를 들으면서 사랑하는 가족의 운명이 위험에 처해 있음을 직감했다. 한스, 디트리히 그리고 이제는 남편 칼 박사까지. 그러나 파울라는 지금 당장 해야 할 일이 무엇인지 생각했다. 그렇다. 이제 그녀는 괴팅겐으로 가서 사비네와 게르트를 서둘러서 출국시켜야 한다. 디트리히도 곧 군대 영장을 받게 될지도 모른다. 정말 전쟁이 일어난다면 영원히 못 만날 수도 있다. 두려운 생각들이 그녀의 머릿속을 어지럽혔다.

며칠 뒤, 벡 장군이 참모총장직에서 물러났다고 오스터 대령이 전해 왔다. 그가 없다면 저항은 잠시 유보해야 했다. 왜 벡 장군은 시작도 하기 전에 물러나야만 했을까? 물론 더 이상 나치 정권에 동조하기 어려웠을 것이다.

'남편에게 걱정을 끼치지 말아야지. 남편이 결정한 의로운 일에 찬물을 끼얹을 수는 없는 거야.'

파울라는 걱정스런 속내를 감추느라 애썼다. 옳은 길을 가겠다는 아들과 사위, 남편을 막을 수 없었다.

22

9월 늦은 밤, 디트리히는 사비네로부터 급한 전화를 받았다.

"떠나기로 결정했어. 괴팅겐으로 와 줄 수 있니?" 그녀의 목소리는 상당히 긴장되어 있었다.

디트리히는 에버하르트와 함께 길을 나섰다. 사비네 집에 도착하자마자 짐 꾸리는 것을 도왔다. 다음날 기센 역에서 스위스 바젤로 가는 기차를 타게 되어 있었다. 디트리히는 슬픔을 애써 감추며 쌍둥이 여동생을 껴안았다.

"머잖아 다시 만나게 될 거야."

"디트리히, 고마워. 잘 있어, 쌍둥이 일 번." 사비네가 양쪽 검지 한 개씩을 치켜세워 까딱 인사를 시켰다.

"사비네, 조심해. 쌍둥이 이 번." 이번에는 디트리히가 양쪽 검지와 중지 두 개를 한꺼번에 까딱하며 화답했다.

쌍둥이 남매만의 인사법이었다.

디트리히와 에버하르트는 괴팅겐으로 다시 돌아와서 주인이 떠난 집을 정리하고 지켜야 했다. 3주 뒤면 브레슬라우에서 엘리자베스 고모가 와서 이 집을 관리하고 지킬 것이다. 과연 그들은 국경을 넘을 수 있을까? 사비네 부부가 바젤에서 걸어 올 전화를 초조하게 기다리고 있었다.

한밤중에 전화벨이 울렸다. 사비네와 게르트는 드디어 국경을 넘어 안전한 지역으로 옮겨 갔다.

"하나님께 감사!"

전화를 놓으며 디트리히가 환호성을 질렀다.

뉘른베르크에서 며칠 동안 나치당의 전국 전당대회가 연속해서 열렸다. 디트리히는 히틀러의 선동이나 군중들의 열광에 애써 무관심하려 했으나 허사였다. 결국 주말에 라디오를 켰고 괴링의 위협적이고 공격적인 연설을 들었다.

"이 더러운 야만적인 체코 종족들이 수데텐란드에 거주하는 소수의 게르만 동족을 탄압하고 있습니다(수데텐란드는 체코에서 손꼽는 공업지대이자 방위 지역이다. 거주하는 주민 대다수가 독일계로서 수데텐 독일인이라 불림. -옮긴이). 배후에는 모스크바와 탐욕스럽고 저주스런, 영원히 사라지지 않고 이 땅을 방랑하는 유대인 악마들이 있습니다!"

끝으로 괴링은 독일에 대해 선전포고하는 나라들을 무참하게 격퇴할 것이라고 경고했다.

다음날, 영국 〈런던 타임즈〉는 프라하 공항과 중앙 역에서 체코를 떠나는 유대인들의 아우성거리는 모습을 담아 대대적으로 보도했다.

전당대회가 있은 뒤부터 디트리히는 한 가지 생각에 사로잡혀 있었다. 오스터 대령 팀들이 베를린에서 무엇을 하고 있을까? 전화를 쓰는 건 위험하다. 혹시라도 도청당한다면 모든 계획은 물거품이 된다. 그러던 중 영국 수상 체임벌린이 평화적인 해결책을 찾기 위해 독일에 와서 히틀러와 회담한다는 BBC 뉴스를 보았다.

영국이 결국 꼬랑지를 내리고 양보하게 될 거야! 체임벌린이 양보할 거야! 그래서 히틀러가 전쟁 한번 하지 않고 기세 좋게 큰소리로 위협하여 원하는 것을 얻어 온다면……? 만약 그렇게 된다면 어떤 장군도 히틀러 암살 모의를 하지 않으리라! 디트리히는 마음이 착잡했다.

회담 초기에 체임벌린이 히틀러의 모든 요구 사항을 들어주고 양보하면서 일단 전쟁 위기가 극복되는 것 같았다. 그런데 두 번째 회담이 결렬되었다. 체임벌린은 회의 도중 자리를 박차고 일어나 그 길로 영국으로 돌아갔다.

갑자기 상황이 거꾸로 돌아가기 시작했다.

디트리히는 다음날 아침, 바로 베를린으로 출발했다. 9월 마지막 토요일이었다. 무장한 군인들이 곳곳에서 육중한 방책을 세워 놓고 차량을 통제하느라 밀린 자동차들과 화물차들이 거리를 꽉 채우고 있었다. 기차 건널목에도 예외가 아니었다. 군인들과 탱크를 실은 긴 기차들이 계속해서 지나가고 있었다. 그나마 한산한 사잇길로 빠지면 군대 이동 차량을 피해 갈 수 있으리라. 맙소사! 쉐네벡 남쪽 근처는 아예 길이 막혀 있었다. 전투복을 입은 군인 두 명이 가리키는 방향으로 2킬로미터 정도

무작정 달리다 전투기들을 보았다. 이제 막 고속도로에서 이륙한 듯 보이는 비행기들은, 아주 낮게 떠서 곡예에 가까운 비행을 하고 있었다.

"비행기 엔진 소리가 엄청나지?" 디트리히가 어처구니가 없다는 듯 물었다.

"심리적인 전술인 것 같아." 에버하르트가 설명했다.

바로 머리 위에서 비행기 한 대가 급강하하더니 폭탄을 투하했다.

"진짜 폭탄은 아니야, 연습용이지." 에버하르트는 불안해하는 친구를 위로하듯 설명했다.

"어떻게 그렇게 잘 알아?"

디트리히는 전쟁 연습과 실전이 어떤 차이가 있는지 구분이 안 갔다.

마리엔부어거 알레에 있는 집에 도착하니 아버지가 히틀러 전복 계획이 완료되었다고 전해 주었다. 아버지와 동료 박사들은 히틀러의 통치 수행 능력에 의문을 제기하고, 여러 번 토의를 거친 결과, 이러한 조치 방안에 만장일치로 지지했다는 것이다. 이전에 가질 수 없었던 강한 연대의식이 아버지에게 느껴졌다. 한스는 겉으로는 법무부 근무에 충실하며, 매일 저녁 늦게까지 저항운동 지도자들과 회합을 했다. 다른 한편으로는 라이프치히로 가는 이사를 준비하고 있었다.

어느 날 저녁, 한스, 클라우스, 디트리히 그리고 에버하르트가 한스의 집 식탁에 모였다. 늘 그렇듯이 한스는 여유가 있었다. 그러나 클라우스는 긴장감을 감추지 못했다.

작전 계획은 완료되었다. 한스와 오스터 대령이 여러 번 검토하고 확인했다. 계획에 따르면 비츠레벤 장군이 반 히틀러계의 젊은 장교 30명과 노동자, 대학생들의 호위 아래 총통관저로 진입한다. 진입 팀들은 이미 카나리스 제독으로부터 총통관저의 평면도와 무기들을 입수하여 한 달 전부터 아주 집중적으로 작전 훈련을 해 오고 있었다.

베를린 경찰국장이 경호대 뒤에 위치한 총통관저의 육중한 이중 출입문을 미리 열어 두기로 했다. 그도 이 저항운동의 동조자였다. 진입 팀들이 신속히 히틀러의 위치를 파악하면 비츠레벤은 히틀러에게 하야를 종용할 것이다. 거부할 경우 히틀러는 즉각 체포된다.

동시에 3사단의 엘리트 부대가 포츠담 탱크부대의 지원을 받아 베를린을 점령하고, 수도 친위대 전투부대 진압을 맡을 것이다. 중요한 정부 청사들을 점령하고 방송국, 언론사들을 접수할 것이다. 나치 수뇌부들도 즉각 체포될 것이다. 에리히 회프너 장군의 기병대들이 그라펜뵈어에 있는 친위대 전투부대들의 베를린 진입을 막고, 다른 부대들이 전국에 흩어져 있는 주요 친위대 전투부대들의 진지들을 점령할 것이다. 친위대 진압과 히틀러 체포는 라디오 방송을 통해 국민들에게 알려질 것이다.

디트리히는 한스가 보여 주는 지도를 보며 설명을 들었다.

"작전은 속전속결로 수행되어야 하고 단숨에 장악해야 돼." 한스가 강조했다.

클라우스 편에서 가장 큰 걱정은 벡 참모총장 뒤를 이은 신임 참모총장, 프란츠 할더였다. 할더 총장 개인은 쿠데타를 적극 지지하고 있지만, 수하 장군들 다수가 비협조적으로 나오는 데다 국민들이 히틀러를 너무 열광적으로 지지하는 것 때문에 골머리를 썩이고 있었다. 대다수의 장성들은 히틀러가 겉으로 위협적인 전쟁 도발 발언을 일삼지만, 진의는 그렇지 않다고 믿고 있다. 이런저런 생각에 할더 총장은 총통관저 진입 명령을 주저하며, 체코 공격시 오스터 대령 쪽 동지들에게 48시간 전에 통보해 주겠다고 약속하는 정도로 느슨한 동역을 하고 있었다.

주말 내내 라디오에서는 군대 행진곡들만 흘러나오더니 월요일 저녁, 히틀러가 체육 궁전에서 환호하는 군중들 앞에서 하는 긴 연설을 생방송으로 내보냈다. 신경질적이고 자극적인 목소리로 총통은 체코 대통령을 향해 모욕적인 말을 서슴없이 뱉어 내며 10월 1일까지는 슈테틴이 독일에 합병될 거라고 장담했다. 동시에 체임벌린의 평화적인 노력에 대해 감사하고 이번이 독일 옛 영토 회복을 위한 마지막 요구라고 선언했다.

다음날 아침, 크리스텔이 디트리히를 찾아왔다. 영국수상이 어젯저녁, 히틀러에게 밀사를 보내 슈테틴을 선물로 받아들이고 전쟁을 포기하라고 요청했다고 전했다. 이제 전쟁은 히틀러의 결정에 달려 있었다.

"여하튼 힘들게 되었어. 한스는 어제 늦게 집에 들어왔는데, 또 오늘 일찍 사무실로 나갔어. 단 일 분도 사무실을 비울 수가 없대. 오늘 저녁 히틀러의 결정을 알아내기 전까지는 집에 오지 못할 거야. 참, 오늘 오후 늦게 사무실로 들렀으면 했어. 그때는 아마 사태 윤곽이 드러날 거야."

태양이 낮게 떠 있었다. 차가운 가을 바람이 옷깃을 파고 들었다. 전차 안에는 승객들이 별로 없었는데도 서로들 소리를 높이지 않고 속삭이듯 말했다. 디트리히는 포츠담 광장 역에서 내려 라이프치히 거리로 걸어갔다. 빌헬름 거리는 조용했다. 나치의 갈고리 십자 휘장만 휘날리고 있었다. 갑자기 경찰들이 투입되더니 차량을 통제하고 모든 길이 막혔다. 퍼레이드가 있는 모양이었다. 카이저호프 호텔의 커피숍 앞은 괜찮으리라. 호텔 쪽으로 발걸음을 옮겼다.

넓은 광장 한쪽에 구 총통관저가 서 있고, 맞은편에 히틀러의 화려한 신청사가 이제 막 완공을 기다리고 있었다. 디트리히는 커피숍 안으로 들어갔다. 입구에는 큰 안내판이 붙어 있었다.

"독일인의 인사는 '하일 히틀러!' 입니다."

디트리히가 호텔을 떠날 무렵 벌써 해가 서산으로 기울었다. 가로등이 켜 있었다. 치텐 광장을 지나는데 아직도 퍼레이드가 진행 중이었다. 군인들이 무거운 걸음으로 총통관저 앞을 행진해 나갔다. 그들은 이마를 다 덮을 정도로 철모를 눌러쓴 채 눈을 부릅뜨고 앞만 바라보았다. 그 뒤로는 전차부대와 대포, 수송차량들이 줄을 이었다. 예상 외로 광장은 거의 비어 있었다. 200여 명의 군중들이 말없이 이 행진을 지켜보고 있었다. 대부분은 흘깃흘깃 쳐다보며 걸음을 재촉했다.

디트리히도 구경꾼이 되고 싶은 생각은 없었다. 그럼에도 불구하고 빌헬름 사거리에서 걸음을 늦출 수밖에 없었다. 총통관저 발코니에 서서 행진을 사열하는 얼굴이 보였기 때문이다. 디트리히는 이제까지 아돌프 히틀러를 이렇게 가까이 본 적이 없었다. 딱딱하면서 한편으로는 분노에 찬 표정으로 서 있는 자칭 '위대한 독일 민족의 지도자'를 바라보았다.

히틀러는 갈색 군복 주머니에 거만하게 손을 넣고 있었다. 그 뒤에는 약간 거리를 두고 두 명의 경호 장교가 서 있었다. 그들의 금빛 나는 제복이 조명에 비쳐 건물 내부로도 비치는 것 같았다. 디트리히는 대제독 에리히 라에더와 새로 임명된 국방장관 발터 폰 브라우히치를 알아볼 수 있었다. 광장에 있는 어느 누구도 히틀러를 향해 경례를 하지 않았다. 총통의 분노가 느껴졌다.

디트리히가 막 걸음을 옮겼을 때 히틀러가 발코니에서 사라졌다. 흰 장갑을 낀 친위대원 두 명이 문을 닫았다. 기계적으로 행진하는 군인들의 발걸음 소리만 광장에 가득했다.

"틀림없이 전쟁이 시작될 거야. 내 말이 틀리나 두고 보라고!" 모자를 푹 눌러쓴 한 젊은 노동자가 중얼거리는 소리가 들렸다.

전차 기관사복을 입은 옆 사람이 고개를 끄덕이며 속삭였다.

"또 한번 속은 거야!"

마치 자신의 대단한 표현에 스스로 놀란 것같이 디트리히를 흠칫 바라보았다. 디트리히는 동조한다는 듯 잔잔한 눈길로 바라보며 미소를 던졌다. 전차나 지하철을 타기 위해 서둘러 발걸음을 옮기는 행인들의 얼굴에는 근심이 깔려 있었다.

한스는 디트리히에게 기다리라는 메시지를 남겨 놓은 채 사무실에 없었다. 비서가 타자기 뚜껑을 막 열고는 알 수 없는 미소를 던지며 방을 나갔다. 디트리히는 기다리는 시간 내내 안절부절못하다 거리를 내다볼 수 있는 사무실 방으로 갔다. 사무실은 모든 것이 그대로였다. 단지 곧 이루어질 사무실 이전을 위해 서류장 옆에 박스들이 놓여 있었다. 창문으로 내다보니 운터 덴 린덴 거리(베를린 브란텐부르크 개선문 앞에 있는 화려한 거리. 보리수 나무 밑이라는 뜻. -옮긴이)에서 마지막 탱크가 사무실 앞을 지나고 있었다. 리벤트롭 외상이 집무하는 맞은편 건물에 불이 훤히 켜져 있었다.

외무성에서 한스가 막 돌아왔다. 외무성 저항 인사들로부터 히틀러가 영국수상에게 보내는 답신을 듣고자 했으나, 답신은 아직 나오지 않은 상태였다. 히틀러의 답신에 따라 모든 일이 결정될 것이다.

"만일 거절하면 최대한 속히 오스터 대령에게 보내는 문서 하나를 만들어야 해. 그러면 우유부단한 자들이 그제야 움직이게 될 거야." 한스가 사뭇 진지한 어조로 말했다.

한스와 디트리히는 앉아 있는 의자들을 창문 쪽으로 밀어 외무성을 계속 주시하고 있었다. 위층 모든 방에는 불이 켜져 있었다.

한스가 거의 알아들을 수 없을 만큼 낮은 소리로 속삭였다.

"이번에는 성사가 될 거야. 오, 하나님! 성공을 빕니다!"

한스가 갑자기 디트리히를 묘한 눈길로 쳐다보며 조심스레 물었다.

"언제부터 여기에 있었어?"

"아마 십 분이나 십오 분 정도?"

한스가 고개를 끄떡이며 집게손가락을 입술에 갔다 댔다. 그러고는 살금살금 기어서 책상과 의자 밑을 손가락으로 더듬어 뭔가를 찾고 있었다. 전화 수화기도 살폈다.

"이상 무! 오스터 대령이 가르쳐 주었지. 항상 조심하라고."

한스는 손을 씻고는 다시 의자에 기대 앉아 길 저편 건물을 바라보았다.

"내가 적어도 오십 번 정도 작전 세부 조항들을 재점검했어.

작전 계획은 허점 하나 없이 완벽해. 하지만 거사 인물들이 좀 미심쩍어. 거사 성공은 전적으로 그들 개개인에게 달려 있어. 관저 진입 팀들은 사자굴에 들어갈 준비가 되어 있는데."

한스가 신경이 곤두서서 턱을 만지작거리며 말을 이었다.

"독일이 다시 정상적인 나라로 회복될지는 조금 지나면 알게 될 거야. 히틀러가 저항 없이 항복하지는 않을 테니 충격도 예상해야 해. 히틀러가 총격을 당할 수도 있어."

그러더니 궁금한 게 있는 듯한 표정으로 쳐다보았다.

"신약성경에 검을 쓰는 자는 검으로 망한다는 말씀, 이 경우에도 적용할 수 있을까?"

디트리히는 침묵했다. 이러한 질문을 받지 않기를 바라 왔다. 왜냐하면 자신이 이 계획을 알고 비밀을 지켜 주는 것만으로도 한스나 오스터 대령과 다름없는 공범자라는 생각을 처음부터 하고 있었다.

'이러한 사실이 자신에게 어떠한 도덕적인 책임을 수반하는 것일까?'

늘 고민해 왔지만 결론을 얻을 수 없었던 것이다.

디트리히가 조심스럽게 말을 꺼냈다.

"이번 경우도 예외는 아니. 우리가 이 말씀으로부터 자유로울 수는 없다고 생각해."

"그렇다면 현 사태를 방관하고 가만히 있으면 죄가 없다는 거야?"

"그것 또한 공범죄가 아니겠어?"

"그렇지!"

"이것이 우리의 딜레마야. 흑백 논리로는 명확한 답이 없어."

"하지만 우리는 하나를 선택해야 해! 최선을 위한 필연적인 선택 말이야." 한스가 주장했다.

"그래, 둘 중 하나의 선택! 하지만 이러나 저러나 둘 다 범죄행위라고."

"그렇다면 둘 중 더 큰 죄가 무엇인지 우리가 판단해야 하는 거 아냐?" 한스가 주저하지 않고 즉각 말했다.

"그래, 판단은 우리 개개인의 몫이야." 디트리히가 동의했다.

사비네와 게르트, 또 벌써 집과 가족들을 잃어버린 여러 유대인 친구들과 게슈타포 건물에서 고문을 받던 쥐스바흐 씨가 디트리히의 뇌리를 스쳐 갔다. 한스의 저항일지에 기록되어 있는 수많은 사건들도 떠올랐다. 하지만 이는 나치 만행의 빙산의 일각일 뿐이리.

한스가 신음하며 절규하듯 말했다.

"왜? 왜? 내가 이 죄짐을 져야 하는지 모르겠어. 다른 사람들은 양 팔을 끼고 수수방관하거나 속수무책으로 앉아 있단 말이야. 그들이 죄가 없고 선한 것은 아니지 않니?"

"물론 그들의 죄도 크지. 하지만 문제는 우리가 사용하는 수단이……."

"이건 우리에게 남아 있는 유일한 최후의 수단이야. 자네도 오스터 대령에게 미친 사람이 잡고 있는 운전대를 빼앗아야 한다고 말했잖아?"

"맞아. 하지만 미친 사람을 총으로 죽여야 한다고 말하지는 않았어!"

한스는 자리에서 벌떡 일어나 티어가르텐 공원의 나무들을 바라보며 물었다.

"그 방법이 유일한 수단이라면?"

"유일한 수단? 적어도 그렇지 않기를 바라."

이 말을 하면서도 디트리히는 자신의 희망이 거의 가능성이 없다는 것을 알고 있었다.

한스가 손을 책상 위에 얹은 채 강렬한 눈빛으로 응시했다.

"그 방법이 유일하게 남은 길이라면?"

"그렇다 해도 마태복음의 진리는 여전히 유효하고, 우리는 이 진리가 요구하는 것을 벗어날 수 없어."

디트리히가 매형의 긴장된 얼굴을 힐끗 쳐다보았다. 매형의 마음의 짐을 덜어 줄 수 있다면! 하지만 달리 해 줄 말이 없었다. 긴 침묵이 흘렀다.

디트리히가 입을 다시 열었다.

"그러나 우리의 시대는 비상한 행동을 요구하게 되고, 매형과 같이 힘든 결단을 하고 그에 따른 책임을 지는 사람들이 필요하다고 확신해. 비록 그것이 일반적으로 여겨지는 '죄'라 할지라도 자기 몫으로 받아들이는 사람이 필요한 것은 사실이야. 그 짐을 스스로 지는 사람 말이야. 결과는 하나님만이 판단하실 수 있는 문제야."

전화기가 울렸다.

"그녀가 몸이 불편하다니 유감입니다. 의사의 방문 후 연락을 주십시오. 기다리겠습니다."

"외무부에서 온 전화야. 히틀러가 체임벌린의 제안을 거절했다는군. 히틀러 답신이 번역되고 전송되는 대로 다시 전화를 줄 거야. 외무성 저항 동지들이 우리를 위해 사본 하나를 얻어 놓을 거야. 할더 총장과 브라우히치 사령관에게 사본은 히틀러의 전쟁 도발 의지를 보여 주는 증명서가 되는 셈이지. 그렇게 되면 그들도 거사 출정을 적극 지지할 거야."

디트리히가 집에 가려고 모자를 집어 들자 한스가 작별 인사를 했다.

"크리스텔에게 나는 오늘 좀 늦는다고 전해 줘. 아무 걱정하지 말라고 말이야. 내일이 어쩌면 D-Day가 될지도 몰라."

한스의 얼굴에는 일련의 희망과 걱정이 뒤섞여 있는 듯 복잡해 보였다.

다음날, 한스에게서는 아무 연락이 없었다. 라디오의 긴급 특종 뉴스도 잠잠했다. 숨막히는 시간들이 째깍째깍 흐르고 있었다. 오후 늦게 드디어 한스 부부가 왔다. 한스의 얼굴은 무척 창백했다. 피로까지 겹쳐 소파에 그대로 쓰러졌다.

"일이 틀어져 버렸어. 연기가 됐다고! 영국 수상이 최후의 시도로 수뇌 회담을 제안했어. 내일 뮌헨에서 프랑스의 달라디어, 무솔리니까지 와 히틀러를 만난다는군. 히틀러가 그 협상에서 전쟁 없이 원하는 것을 손에 쥔다면 모든 것은 끝난 거야. 히틀러가 전쟁을 취소한다면 장성 중 누구도 우리에게 협조하지 않을 거야."

충격 속에 모두 말을 잃었다. 희망의 빛이 사라진 눈길만이 서로 부딪쳤다.

한스가 비통해하며 어이가 없는 듯 말을 더듬더듬 했다. 아침에 비츠레벤이 히틀러의 답신 사본을 할더에게 가져갔을 때만 하더라도 할더는 거사 쪽으로 마음이 기울었다. 그리고 쿠데타 작전 명령서를 작성했다. 브라우히치도 히틀러의 편지를 본다면 거사 계획에 분명 가담할 것이라고 그는 확신했다. 그렇게 되면 거사 성공은 이미 정해진 것이었다.

"그런데 미온적인 브라우히치가 11시 30분경 확인차 총통관저로 갔지. 하필 그때 외무성에서 무솔리니가 영국의 제안대로 협상하자고 한다는 연락이 온 거야. 히틀러는 즉시 승낙했고. 영국, 프랑스와의 전쟁은 무리니까 말이야. 그렇게 되었어."

다음날 하루 내내 라디오 방송은, 히틀러가 유럽을 전쟁의 포화로부터 막을 수 있었던 용기 있는 결단력으로 인해 위대한 정치가로서 추앙되는 소식을 뮌헨으로부터 생방송으로 중계하고 있었다.

세 번째 출산을 앞둔 에미 집에서 전 가족이 모여 뉴스를 기다렸다. 한스와 클라우스는 아직도 시내에 있었다. 협상이 무산될 작은 가능성이 있는 한, 히틀러 전복 기도는 완전히 철회되지 않았다.

거실에서 뤼디거의 아들 한스-발터, 디트리히와 현악 사중주를 연주하던 에미가 갑자기 멈추고 바이올린을 턱에서 내렸다.

"산기가 있는 것 같아요. 나 없이 연주를 계속해요."

두 시간쯤 지나자 웅장한 팡파레와 함께 정부 발표가 있었다. 뮌헨 협정에서 히틀러가 내세운 요구사항이었다.

'이틀 후인 10월 1일, 독일 군인들이 체코 수데텐란드로 진군하여 점령을 완료하기로 한다.'

잠시 후 디트리히의 어머니가 만면에 웃음을 띄고 흥분한 목소리로 외쳤다.

"사내아이야. 순산이었어!"

한 시간쯤 지나자 클라우스가 도착했다. 뮌헨회담 결과에 너무 충격을 받은 클라우스는 아들의 출산을 제대로 기뻐할 수도 없었다.

"애가 날을 잘못 택했어. 이런 날 태어나다니!" 디트리히를 보더니 에미가 품에 안긴 아기를 보며 말했다.

"이 아이 때문에라도 우리가 포기해서는 안 되죠. 아이와 아이들의 세대를 위해."

방으로 들어서던 클라우스가 고개를 떨군 채 절망적으로 소리쳤다.

"거의 다 된 일을! 틀림없이 성사시킬 수 있었는데, 그들이 그렇게 오래 기다리지만 않았다면……."

그리고 천천히 침대로 다가갔다.

"조그마한 머리통 하나에 큰 입 한 개와 길고 붉은 다리를 가지고, 늪에서 멍청히 발로 서 있는 게 뭐겠어?"

에미가 디트리히와 클라우스를 번갈아보다 말했다.

"두루미?"

"틀렸어. 멍청한 독일 장군들이야!"

아기가 막 깨어나 우렁차게 울기 시작했다.

23

 디트리히는 지구르츠호프로 돌아와 은신하고 있었다. 우유 배달부 오토 씨가 잔뜩 흥분해서는 쾨슬린에서 발생한 유대인 박해 소문을 들려주었다. 지난밤 나치들이 쾨슬린 유대인 회당을 방화하여 완전히 태워 버렸다는 것이다.

 "친위대들이 길에 서서 소방대원들이 접근하는 것도 막았어요. 솔로몬 가게 유리를 다 부수고, 물건들을 다 밖으로 내동댕이치고요. 상점을 엉망으로 만들었답니다. 솔로몬 씨와 두 아들들은 이 추위에 맨발로 차에 실려 갔습니다. 아무도 그들이 실려간 곳을 몰라요. 큰일입니다, 정말 끔찍해요!"

 저녁에 쾨슬린으로 가 보니 회당은 시커멓게 그을린 돌무더기로 변해 있었다. 친위대들이 근방을 아직도 지키고 있었다. 신문에서는 독일에서 일어나는 유대인 회당과 가옥, 상점에 대한 방화와 훼손을 사진과 함께 생생하게 보도했다. 공보장관 괴벨스는 이러한 난동은 유대인에 대한 독일 국민들의 적대적인 정서가 순간적으로 표현된 것일 뿐이라고 변명했다.

다시 베를린 부모님 댁으로 가는 기차를 탔다. 부친이 베를린의 상황을 자세히 설명해 주었다.

"믿을 수 없는 상황이야. 그날 밤 내가 시내 전차 역에서 직접 눈으로 목격을 한 거지. 시커먼 불길들이 회당마다 치솟았어. 상점들도 마찬가지고. 길거리는 깨진 유리조각들과 부서진 기물, 상품들로 아수라장이 되었어. 병원 직원 중에 엘리베이터 기사 양반 하나가 얼마나 좋아하던지. 그러면서 말하더군. '유대인 놈들은 마땅히 그런 일들을 당해야 해요. 박사님이 여기서 직접 두 눈으로 그 통쾌한 장면들을 목격했어야 하는데, 유감입니다. 볼 만한 구경거리를 놓치셨습니다.' 도저히 그 양반을 가만히 둘 수 없더라니까. 물론 그 사람에게 손 하나 대지 않았지만, 대신 '천만에요. 짐승 같은 인간들만이 그렇게 난폭하게 행동할 수 있지요'라고 대꾸했지."

디트리히는 혹 그 양반이 친위대장 히믈러가 세운 '제국시민고발센터'(친유대주의자들을 밀고하는 관청. —옮긴이)에 부친을 밀고하지 않을까 걱정이 앞섰다.

그때, 부친이 디트리히를 쳐다보며 말했다.

"기사 양반이 나를 신고할지도 몰라."

오후에 큰매형 뤼디거와 함께 시내에 나가 사실을 목격했다. 무거운 마음으로 기차를 타고 지구르츠호프 역에 도착하니 새벽 세 시였다. 새벽기도 시간까지 몇 시간은 눈을 붙일 수 있으리라.

그 밤에 디트리히는 시편 74편에 진한 밑줄을 그었다.

"저희의 마음에 이르기를 우리가 그것을 진멸하자 하고 이 땅에 있는 하나님의 모든 회당을 불살랐나이다"(시편 74:8).

그 말씀 옆에 1938년 11월 9일이라고 날짜를 적어 놓았다. 독일 방방곡곡에 유대인에 대한 박해가 무섭게 자행된 '수정의 밤' 사건이었다.

유대인 박해에 대한 긴 토론 끝에 학생 한 명이 예수님을 십자가에 내준 유대인들에 대한 죗값이요 저주라는 의견을 내놓았다.

디트리히가 즉시 학생의 말을 받았다.

"이 사건에 대한 해명을 그런 식으로 접근할 수 없습니다. 우리는 지금 가장 원시적이고 야만적인 폭력을 목격하고 있습니다. 이런 악에다 '죄에 대한 형벌-저주의 성취'라는 면죄부를 주는 것은 생각조차 할 수 없는 일입니다."

디트리히가 분노의 격정을 담아 열변하는 것을 본 적이 없는 학생들은 당혹스럽고 민망했다. 평소 자신의 감정을 억제하고 잘 드러내지 않는 디트리히에게 익숙했던 학생들로서는 충격이고 낯설었다.

"교회는 예수님을 모든 세기를 거쳐 계속해서 못 박았습니다. 오늘 유대인의 회당이 불탄다면 내일은 교회들도 그렇게 될 것입니다."

그러면서 스가랴 선지자가 이스라엘에 언급한 말씀을 상기시켰다.

"내 백성을 건드림은 내 눈동자를 건드림과 같으니라"(슥 2:8 참고).

또 로마서 11장에 나타난 하나님께서 당신의 백성 이스라엘을 버렸음을 부인하는 사도 바울의 사상을 강하게 설파했다.

며칠이 지나갔다. 디트리히는 고백교회가 유대인 학대에 대해 공식적인 입장을 표명하고 적극적인 관심을 가져야 한다고 촉구했지만, 이미 교회는 자신의 목소리를 잃어버린 뒤였다. 고백교회의 형제협의회에서도 지난번 체포 사건으로 받은 두려움 때문에 침묵하고 있었다.

목회자 후보생들에게 디트리히는 다시 한 번 갈파했다.

"유대인 즉 고난받는 소수들을 위해 소리치는 자만이 그레고리안 찬가를 부를 수 있습니다!"

새해가 되자 병무청에 신고하라는 통지가 왔다. 징집 명령의 첫 단계였다. 더 이상 연기는 불가능했다. 도움을 받을 만한 지인들을 떠올려 보았다. 우선 런던에 있는 줄리우스 리거와 뉴욕의 라인홀드 니버에게 편지를 보냈다. 니버는 유니온 신학교 시절 스승이었고, 그와는 유대인 망명자들과 관련된 일로 자주 연락을 하고 있었다.

고백교회 지도부가 문제를 복잡하게 몰아갔다. 군복무를 위한 휴직 허가를 보류하고 있었다. 그들로서는 그만한 신학교수를 구할 수 없어 붙잡고 싶기도 하고, 다른 한편으로는 양심에 따른 병역 거부로 인한 처벌을 겁내고 있었다. 디트리히가 이 사안을 의논하기 위해 고백교회 사무실에 들렀을 때 알베르츠 감독이 먼저 말을 건넸다.

"헤르만 스테어 박사 소식은 들어서 알겠지?"

"예, 어느 정도는……. 병무청하고 문제가 생겼습니까?"

"어제 검거해 갔다네."

디트리히가 알던 스테어 박사는 평화주의자로, 양심에 따라 병역을 거부했다.

"그를 도와야 하겠군요."

"우리가 할 수 있는 일이 별로 없다네."

"제가 아는 사람이 몇 명 있습니다."

알베르츠 감독은 얼굴 가득 의미심장한 표정을 지으며 디트리히의 입을 막았다.

"스테어 박사는 굴복하지 않을 것이네. 한치도 물러서지 않을 거라고. 이렇게 양보하지 않을 때 결과가 어떠리라는 것은 자네도 잘 알고 있지 않나?"

디트리히는 너무나 잘 알고 있었다. 다른 한편으로는 알베르츠 감독이 자신에게도 무언의 압력을 행사하는 것을 느끼고 불쾌했다.

교회 협력 문제를 책임지고 있는 한스 뵘 목사가 끼어들었다.

"현재와 같은 상황에서 그런 희생이 무슨 의미가 있을까 의심이 갑니다!"

대부분이 그런 생각을 하고 있었다. 이것은 쓸모 없는 낭비라고 알베르츠 감독은 한숨을 쉬었다.

"할 말은 아니지만, 사실 스테어 박사와 우리 관계가 그렇게 깊지 않은 것을 다행으로 생각하네. 개인적으로는 유감이지만 교회를 보호하기 위한 차원에서 그렇다는 거지."

"이 문제가 고백교회를 위협할 거라고 생각하십니까?"

디트리히는 알베르츠 감독과 다른 동료 목사들을 노려보며 물었다.

그들은 모두 두려워하고 있었다. 저마다 디트리히의 얼굴을 제대로 쳐다보지 못하고 벽을 향해 서 있었다.

"히틀러를 향해 충성을 맹세한다는 것은 나로서도 도저히 용납할 수 없는 일입니다." 디트리히가 단호하게 밝히며 말을 이었다.

"미국에서 고백교회를 위해 할 수 있는 일이 있을 것 같습니다. 말하자면 '에큐메니컬적인 연결고리'로 말입니다. 미국 교회들은 독일의 현 상황에 대해 전혀 알지 못하거든요."

고백교회 지도자들이 생각해 보지 못한 사실이었다. 오랜 토론 끝에 디트리히의 제안이 최선의 방법으로 채택되었다.

"체류 기간은 일 년 정도쯤 머무는 것으로 하지요." 디트리히는 기간을 스스로 제한했다.

전원 동의했다.

그러나 에버하르트는 디트리히가 지구르츠호프에 있는 신학원 때문에 고민하고 있는 것을 알고 있었다. 에버하르트는 디트리히에게 떠나도록 강하게 권유했다.

"아마도 하나님의 부르심이 너를 거기서 기다리고 있을 거야."

디트리히는 몇 날을 자신의 조그마한 책상에 고개를 파묻고 앉아 고민했다. 미국으로 가야 하는가? 아니면 여기에 남아 계속 저항하며 신학원을 인도해야 하는가? 상반된 생각들이 뒤죽박죽되어 심란하게 괴롭혔다. 자신이 진정으로 바라는 바가 무엇인지 혼란스러웠다.

에버하르트는 고민하는 친구의 짐을 덜어 주려고 무진 애를 썼다.

"여기를 잠시 벗어나는 것이 도망이 아니라, 오히려 하나님의 부르심이 어디에 있는지 확실하게 들을 수 있는 시간이 될 거야."

아! 그렇다. 이곳 독일에는 정말이지 히틀러의 칼 가는 소리와 소극적인 저항 세력의 피곤한 잡음만 들려올 뿐이었다. 저항에 맞서야 하는 교회의 말씀의 칼과 소리들이 무뎌지고 있었다. 독일 내에서는 방해 없이 신학을 연구하고 말씀을 선포할 수 없었다. 디트리히는 마음 깊은 곳에서부터 아무런 장애 없이 신학과 말씀 연구에 전념하고 싶었다. 얼마 전부터는 여기서 조금, 저기서 조금, 자투리 시간이 생길 때마다 기독교 윤리에 대한 논문을 저술하는 것에 마음과 정열을 드리던 차였다.

"세상은 지금 너의 신학적인 은사와 재능을 필요로 해, 디트리히. 검열과 제한이 없는 곳, 탄압받지 않는 곳으로 너의 은사와 재능을 십분 발휘할 수 있는 곳으로 가야만 한다고!"

디트리히는 에버하르트가 자기와 똑같은 생각을 하고 있는 것에 놀라기도 하고, 고맙기도 했다. 그럼에도 불구하고 디트리히는 결정하지 못하고 고민에 고민을 거듭했다. 에버하르트가 말하는 것이 진심일까? 아니면 친구의 신변을 보호하려고 단지 부추기는 것일까?

"출국 준비를 서둘러!" 에버하르트가 재촉했다.

디트리히는 잠시 생각에 잠기더니 에버하르트를 쳐다보았다.

"그런데 자네는?"

"난 아직 영장을 안 받았잖아. 시간이 있다고. 나 때문에 벌써 걱정할 필요는 없어!"

"올해가 다 가기 전에는 징집이 될 텐데. 그때 나는 저 바다 건너 안전한 곳에 있고, 너에게 그런 상황이 벌어지면 나는 견딜 수 없을 거야. 내가 다시 와서 너를 어떻게 하든지 구출해야 할 거야. 너를 그렇게 혼자 내버려 두는 것은 상상조차 할 수 없어. 도저히 너만 위험하게 내버려 둘 수 없다고!"

에버하르트의 얼굴에 기쁨과 놀라움이 가득했다. 이토록 솔직하고, 강하게 둘 사이의 우정을 나타낸 적이 없었다. 비록 친구와 이별을 앞둔 순간이었지만, 에버하르트는 그리스도 안에서 맺어진 우정으로 인해 기쁘고 행복했다.

디트리히의 뇌리에는 한스, 오스터 대령과 형 클라우스의 얼굴이 스치며 그들에게 닥친 어려움과 앞으로 닥칠 일이 떠올랐다. 거사에 실패했지만 분명 다시 시도할 것이다. 일은 점점 더 어려워질 것이다. 독일에 머물게 된다면 이 음모에 가담하지 않을 수 없고, 더 깊이 관여하게 될 것은 명확한 일이었다. 형과 매형들, 누나 친구들이 조국과 정의를 위해 목숨을 걸고 있는데, 자기만 깨끗하게 살겠다고 목사라는 직분을 내세워 피할 수도 없는 것이다.

디트리히의 생각이 다시 원점으로 돌아갔다.

"여기 머물면서 군복무를 어떻게든 모면할 수만 있다면……."

"그건 불가능해! 국내에 머물면서는 징집을 피할 수 없다고."

"그렇겠지."

4월 중순, 뉴욕에 있는 라인홀드 니버 교수에게서 초청장이 왔다. 디트리히는 일 년 동안 미국 체류를 위해 여권을 신청했다. 그러나 손에 받은 것은 여권 대신 일주일 내에 출두하라는 징집 통지서였다. 부친의 도움이 필요했다. 시간이 없었다. 군 입대를 하든지 아니면 병역 기피자로 군법에 회부될 것이다. 부친께 연락을 취했으나 목요일까지도 아무런 연락이 없었다. 금요일이나 되어서야 편지 한 장이 도착했다. 편지를 여는 손이 떨렸다. 출두 명령은 취소되었고 일 년 미국 체류가 허가되었다는 소식이다. 더구나 형 칼 프리드리히도 강연을 위해 시카고로 함께 가게 되었다는 소식도 들어 있었다. 출국이 일주일 정도밖에 남지 않았다. 아, 신학원을 위해 후계자도 세워 놓지 않고 너무 무책임하지 않은가!

에버하르트가 미소를 지으며 말했다.

"여기 걱정은 하지 마. 지도부에서 되도록 빨리 사람을 보내 줄 거야."

디트리히는 그대로 믿기로 했다. 스스로 자기 과신에 젖어 있지는 않은지? 자기가 아니더라도 하나님은 당신의 역사를 이루실 분이다.

24

 디트리히는 '선지자의 방'의 넓은 창문을 통해 유니온 신학교의 아름다운 캠퍼스 마당을 내다보고 있었다. 그를 마주보고 있는 예배당의 탑이며, 회색 담장에 싸여 산뜻하고 아름답게 꾸며진 정원들을 얼마나 오래 잊고 있었던가! 잊었던 기억의 편린들과 함께 학교 전체에 스며 있는 향과 가죽 냄새가 떠올랐다. 오랜만에 학교를 돌아보니 낯익은 얼굴들이 거의 없었다. 자신마저도 더 이상 9년 전의 젊은이가 아니지 않은가! 그 당시 교수님들의 비성경적인 교리를 얼마나 신랄하게 비판했던가? 추억에 잠겨 교정을 돌아보다 마침 경비아저씨 임마누엘 씨를 만났다. 1930년 처음 유니온 신학교를 방문했을 때, 임마누엘 씨는 학교 전화기 사용법을 알려 주면서 친해졌고, 그가 주일학교를 맡고 있던 할렘 가의 침례교회를 디트리히에게 소개한 고마운 분이다.
 임마누엘 씨는 디트리히를 보고 무척 반가워했다.

"자네가 여기서 강의를 하리라고 누가 감히 꿈이라도 꿨겠나? 그것도 영어로 말이야. 정말 대단하군."

"돈이 좀 필요해서요." 디트리히가 농담을 했다.

그가 인도 여행을 위해 한푼이라도 아껴 쓰며 모으고 있었던 것은 사실이다. 숙소인 '선지자의 방'은 부족함이 없었다. 갑자기 독일의 지구르츠호프와 그곳 친구들 소식이 궁금해졌다. 신변에 별 문제는 없는지? 신학원 후임자가 왔는지? 그렇지 않을 거야! 그렇다면 에버하르트가 자기 몫까지 대신 짐을 지고 얼마나 힘들까? 미국행 배를 타면서 시작된 질문이 또 머리를 흔들었다. 하나님이 계신 그곳, 그를 위한 계획을 가지고 계시는 하나님이 있는 장소를 떠난 것은 아닌지?

"사람이 나를 섬기려면 나를 따르라. 나 있는 곳에 나를 섬기는 자도 거기 있으리니"(요 12:26).

뉴욕 생활은 그의 기대와는 많이 달랐다. 원래는 신학교에서 여름 강의를 맡게 되었는데, 실제로 주어진 일은 뉴욕 시의 독일 망명자들을 돌보는 것이었다. 이 일이 나치 귀에 들어가면 귀국 금지 조치를 받지나 않을는지? 또 전쟁이 발발할 경우 안전한 이곳에 머물고자 하는 유혹에 빠지지는 않을는지? 디트리히 자신도 대답할 수 없는 질문들이 꼬리를 물었다. 한 가지 확실한 것은 미국 생활을 위해 수입이 필요하다는 사실이었다.

시계를 들여다보았다. 오후 4시에 유니온 신학교 학장 코핀 박사와 만나 코네티컷에 있는 그의 산장에 며칠 함께 묵기로 했다. 지금 심정으로는 학교에 머물면서 조용히 옛 기억도 더듬어 보고 장래 방향을 위해 생각할 시간을 가지면서 평온을 찾고 싶었다. 그러나 학장의 친절한 배려를 다치게 하고 싶지 않았다.

디트리히는 코핀 여사가 가져다 준 음료수를 마시며 촛불 아래로 모여드는 불나방들을 관찰하고 있었다. 산장은 언덕 위에 있었고 주위는 울창한 숲이었다. 코핀 박사는 여전했다. 독일 교회의 형편과 신자들 이야기를 깊이 있게 나누었다. 다음날에는 야외로 나갔다. 주위 풍경이 독일과 비슷하기도 했으나 집 모양들은 달랐다. 목사들, 교수들과 그들의 가족까지 약 스물다섯 명 정도가 모여 파티를 열었다. 즐거운 웃음과 유쾌한 파티 분위기. 유럽의 문제들이 이곳 미국인들에게는 멀리 떨어져 있는 남의 문제인 것처럼 보였다. 디트리히의 생각은 어느새 하늘 저 멀리 조국으로 날아가 있었다.

다음날, 높은 산 위에 사는 노부인을 방문했다. 부인은 뉴욕 시의 음악 교육과 허드슨 강가에 세워질 주차 시설과 어린이 캠핑 시설에 관해 장황하게 설명했다. 고급스런 핑크빛 소파에 앉아 있는 디트리히는 몸은 편했지만, 마음은 영 좌불안석이었다. 귀중한 시간들을 이런 곳에서 헛되이 보내고 있지는 않은지, 조국 독일에서는 한시가 긴요하지 않은가? 밤에 혼자 숙소로 돌아오니 자신을 질책하는 마음이 한없이 일어났다. 무엇을 하러 미국으로 왔는가? 여기서 무엇을 얻을 수 있는가?

두 주가 흘렀다. 5,000킬로미터나 떨어진 독일 소식은 전혀 들을 수 없었다. 몸을 뒤척이며 '오늘의 말씀'을 읽어 보았다.

"사람이 여호와의 구원을 바라고 잠잠히 기다림이 좋도다"(애 3:26).

저녁식사가 끝나고 딱히 갈 곳도 없이 그냥 길을 나섰다. 브로드웨이를 지나 타임스 광장에 도착했다. 일주일 동안의 뉴스를 방영해 주는 극장으로 발길을 옮겼다.

"유럽에 전쟁 긴장감이 높아지고 있습니다. 이백만 군인들을 무장시킨 독일은 폴란드 국경 주위로 병력을 계속 증가 배치하고 있습니다. 폴란드 당국에 의하면 나치가 무장한 돌격부대를 매일 단치히(폴란드 중북부 그다인스크 주의 주도.-옮긴이) 시로 통과시키고 있습니다."

앞으로 사태가 어떻게 전개될지, 전 유럽이 두려워하는 큰 전쟁 재난이 발생할지, 화면 가득 만족스럽게 웃으며 전용 비행기에 오르는 히틀러의 모습이 나타났다.

영화관에서 나오자 뒤에서 비웃는 소리가 들려왔다.

"빌어먹을 독일 돼지 놈들! 그놈들 때문에 전쟁을 또다시 하게 되었어. 독일 놈들은 도무지 역사에서 배울 줄을 모른단 말이야."

디트리히는 멈춰 서서는 대꾸를 해야 할지 잠시 고민했다. 뒤를 돌아보니 욕하던 사내는 벌써 군중들 사이로 사라지고 없었다. 돌아오는 복잡한 지하철 안에서 방금 들은 말들이 머리를 계속 맴돌았다. 대부분의 미국 국민들도 같은 생각을 하리라. 이를 피할 도리가 없을 것이다. 더더욱 전쟁이 발발한다면 더 이상 변명의 여지가 없다.

전쟁이 불가피하게 발발하면 어떻게 해야 하나? 정말 이곳에 머물 수 있을까? 일 년을 다 채우지 않은 채 귀국한다면, 군 입대를 어떻게 피할 수 있을까? 출입국 관리사무소에서는 슐라베에 있는 병무청에 자신의 입국 사실을 즉시 알릴 것이다. 그들이 그렇게 하지 않는다 하더라도 디트리히는 더 이상 공적인 활동을 할 수 없다. 지구르츠호프의 깊은 산속에는 사냥꾼들이 가

끔찍 사용하는 오래된 산장이 한 채 있다. 그러나 게슈타포는 뛰어난 수색견들도 가지고 있으니 거기 숨어 있다 한들 금세 잡힐 것이다. 그나저나 지금 당장 수중에 돈이 점점 줄어들고 있었다. 소지하고 있는 주식은 1930년 이후 배 이상 올랐으나 본래 사비네와 게르트를 위해 가지고 있었던 것이다. 이런저런 생각으로 뒤척이며 잠을 설쳤다.

일요일, 신학교 가까이 위치한 장로교회 예배에 참여했다. 교회당은 평범하고 검소했다. 설교단이 가운데 있었고 신도들의 의자가 매우 좁게 놓여 있었다. 성가대석 위에 말씀 한 구절이 붙어 있었다.

"우리는 십자가에 못박힌 그리스도를 전하니"(고전 1:23).

성도들과 함께 기도하고 설교를 들었는데, 디트리히가 미국에서 지금까지 들어 보지 못한 훌륭한 설교였다. 교회를 나설 때 고독의 한 덩어리가 떨어져 나간 듯한 느낌이었다.

매일 에버하르트의 편지를 간절히 기다렸다. 조언이 필요했다. 그러나 기다리던 친구의 편지는 오지 않았다. 리버사이드 공원을 달려 보기도 하고 공원 벤치에 앉아 허드슨 강을 한참 동안 바라만 보기도 했다. 뉴욕 시내를 유유히 흐르는 강물은 그에게 평강을 주지 못했다. 그의 눈앞에는 지구르츠호프와 베를린이 어른거렸다. 갈등과 고민의 연속이었다. 극장에서 나오는 뉴스에서 요세프 괴벨스의 연설하는 모습을 보았다.

"단치히 시민 여러분! 이 도시의 운명에 대해 걱정하지 마십시오. 우리는 백 퍼센트 여러분의 뒤에 있습니다. 단치히 시는 제국의 품에 돌아오게 될 것입니다."

나치가 단치히에서 개최한 독일 문화 행사의 마지막 날에 그가 한 연설이었다.

디트리히는 쓸쓸한 기분으로 극장을 나섰다. 비가 온 뒤라 공기가 차가웠다. 센트럴파크를 지나 숙소로 돌아갔다. 그리고 강의 준비에 몰두했다. 하지만 별로 소용이 없었다. 자꾸만 생각이 분산되었다. 결국 그는 백지를 꺼내 엘머스트 대학의 폴 레만 교수에게 편지를 썼다. 만약 그가 미국에 머물게 된다면 다음 가을학기에는 일자리가 필요하다고.

레만 교수는 9년 전 유니온 신학교 시절 가장 친한 친구 중에 한 사람이었고, 이미 그를 도와주겠노라고 제안한 적이 있었다.

전쟁은 불가피해 보였다. 영국과 프랑스 수상들의 히틀러에 대한 경고는 더욱 강해졌고, 히틀러가 계속 자신의 뜻을 관철할 경우 가만히 있지 않겠다는 뜻을 전달했다. 그러나 히틀러는 이러한 경고들을 무시했다. 〈타임〉지는 '전시 작전회의'에서 행한 히틀러의 연설을 보도했다.

"주사위는 던져졌습니다. 이제 뒤로 후퇴할 수는 없습니다. 우리는 앞으로밖에 갈 수 없습니다. 나는 우리가 일본, 이탈리아와 함께 모든 적군들을 이길 수 있다고 굳게 확신합니다. 따라서 우리는 위험 부담을 안고 전진해야만 합니다."

카나리스 제독은 그 어색한 자리에서 어떻게 처신했을까?

다음날 학장을 만났다. 최후의 결단의 순간이 온 것이다. 그날 밤 그는 디모데에게 보내는 사도 바울의 편지를 읽었다.

"겨울 전에 너는 어서 오라!"(딤후 4:21)

디모데는 사도 바울의 고난을 부끄러워하지 말고 적극적으로 함께 고난에 동참하도록 권면을 받았다. 겨울 전에 너는 어서 오라! 이때를 놓치면 영영 기회를 잃어버리게 되리라. 그는 휴가 받은 군인이 모든 두려움을 극복하고 다시 전선으로 돌아가야 하는 것처럼 자기 자신을 설득하고 있었다. 그렇지! 이제 조국의 고난받는 형제들과 생사를 함께 해야만 한다. 거기에 자신의 인생의 의미가 있다.

"겨울 전에 너는 어서 오라!"

배 난간 위에서 디트리히는 출렁거리는 파도 소리를 들었다. 부두에서 들려오는 선원들의 소리와 기계 소리들이 브레멘 호의 출항을 알렸다. 폴 레만 교수는 바쁜 중에 시간을 내 시카고에서부터 와서 디트리히를 배웅했다. 본래 배 안까지 들어오고 했으나 게슈타포들이 있는 것을 알고 조용히 인사를 나누며 주위 시선을 끌지 않으려고 애썼다. 그리고 조금 떨어진 가로등 아래에서 배가 떠나는 것을 내내 지켜보고 있었다.

브레멘 호에 승선해 독일에 함께 돌아가는 형 칼 프리드리히에게 말했다.

"폴 교수를 형에게 소개해 주려고 했는데 유감이야."

"그러게 말이야. 너를 전송하기 위해 여기까지 온다는 얘기에 꼭 만나고 싶었는데."

"폴 교수는 내가 여기에 머물기를 원했어. 그래서 미국 서부 지역에서 내 강연 일정까지 다 잡아 놓았어. 나를 독일에 돌아가지 않게 하려고 최선을 다했지만, 이젠 너무 늦었어."

디트리히는 아주 가라앉은 목소리로 설명했다.

사내 한 명이 조금 거리를 두고 서서 디트리히를 주시하고 있었다.

형은 걱정스러운 표정으로 말했다.

"폴 교수의 말을 듣는 것이 좋지 않았을까? 잘못된 결정이 아니었으면 싶다."

"형은 왜 독일에 돌아가는 거야?"

"내가 지켜야 할 가족이 있잖아."

"나도 같은 이유야. 그리스도 안에서의 가족 때문이지."

"폴 레만 교수는 뭐라고 했어?"

"무엇보다도 이 세상은 교회운동에 대한 진실된 해석자가 필요하다고 했어."

"나도 같은 생각이야."

"그런 사람은 나 말고도 많이 있어. 폴 교수는 내가 신학적인 연구를 계속하기를 바랐지. 장래가 촉망되는 신학자와 그 사상이 사장되기를 원하지 않는다면서 말야."

"그분 생각이 맞아. 디트리히, 네가 정치적인 갈등에 휩싸인 독일을 위하여 몸으로 행동하는 것보다 신학적인 근본 사상과 진리를 연구하고 알리는 일이 더 중요하지 않을까?"

"그렇지 않다고 생각해. 내가 여기에 몸을 도사리고 있는다면 독일 교회를 위해 해 줄 말이 없을 거야. 그리고 나의 설교, 이제까지 내가 증거한 모든 것이 다 웃음거리가 되는 거지. 뿐만 아니라 전쟁이 끝나고 교회를 재건할 권리도 못 가지게 될 거야. 형과 나, 독일에 있는 그리스도인들에게는 오직 양자택일뿐이야. 조국이 패망해 기독교가 살아남게 되든지, 아니면 전쟁에서 대승하여 그리스도의 교회가 박살이 나든지. 어떤 선택을 해야 하는지는 분명해. 그 선택을 미국에서는 할 수 없어."

"그렇다면 우선 포메른 주에 은신할 곳을 잘 찾았으면 좋겠구나." 형의 얼굴이 어두웠다.

"은신처 문제는 독일에 도착해서 알아보지 뭐."

그날 저녁 성경을 폈다.

"고난당한 것이 내게 유익이라. 이로 인하여 내가 주의 율례를 배우게 되었나이다"(시 119:71).

디트리히가 좋아하는 시편, 그 중에서도 그가 더 좋아하는 말씀 가운데 한 구절이다.

3부

폭풍우 한가운데서

25

"국민 여러분은 오스트리아 문제, 그리고 다음으로 수데텐란드, 보헤미아, 모라비아 문제를 평화적으로 해결하기 위해 내가 한 무수한 시도를 잘 알고 있습니다. 그러나 이 모든 것이 헛되이 되었습니다."

독재자는 허스키한 목소리로 변명과 설득을 섞어 호소하고 있었다. 어쩌면 이 사기꾼의 명수도 국민들을 교묘히 속일 자신이 없는 것은 아닐까?

"폴란드는 내 제안을 거절했습니다. 꼬박 이틀 동안 나와 제국의 각료들은 폴란드 정부에서 전권대사를 보내 줄 것을 기다렸습니다. 평화를 위한 나의 이러한 노력과 인내가 나약함이나 비겁함으로 그릇 판단되지 않기를 바라는 바입니다."

히틀러의 연설을 듣는 가족들의 얼굴에는 조롱의 빛이 역력했다. 어머니 파울라의 얼굴에는 수치와 분노가 뒤범벅이 되어 있었다. 디트리히도 대부분의 독일 국민들이 이 거짓말을 그냥 그대로 받아들일지도 모른다는 사실에 부끄러워졌다.

곧 예상했던 선전포고가 전달되었다.

"오늘 밤, 폴란드 정규군이 먼저 우리 영토를 향하여 포화를 터뜨렸습니다. 우리도 5시 45분부터 반격을 시작했습니다. 이는 어디까지나 정당방위입니다. 앞으로도 포탄에 대해서는 포탄으로 응할 것입니다. 나는 이 순간부터 독일 제국의 첫 군인으로 돌아가고자 나에게 가장 신성하고 소중했던 군복을 다시 입었습니다. 나는 이 제복을 승리의 순간까지 결코 벗지 않을 것입니다. 이 제복을 입은 채로 최후를 맞이할 것입니다."

무거운 침묵이 흘렀다. 모두들 하얗게 질린 얼굴을 한 채 허공만 쳐다보았다. 언젠가도 집 안에 이 같은 침묵의 순간이 있었다. 형 발터의 관이 거실로 운구되던 날, 꽃병에 가득 꽂혀 있던 백장미들, 한 소년이 말없이 누워 있는 형의 얼굴을 관 옆에서 한동안 바라보고 서 있었다. 형이 전선으로 간 지 2주 만의 일이었다(디트리히의 둘째 형으로, 1차 세계대전 중 프랑스 전선에서 사망했다. -옮긴이).

검은 천으로 얼굴을 가리고 말이 끄는 장의차를 따르는 어머니의 얼굴은 죽은 사람의 얼굴같이 창백했다. 묘지 내의 예배당에서 디트리히는 사비네의 옆에 앉아 찬송가 〈거룩한 성, 새 예루살렘〉을 나지막하게 따라 불렀다. 발터의 친구들이 관을 들고 묘지로 향할 때 관현악단이 성가 〈하나님이 하시는 일은 선하도다!〉를 연주했다. 어머니가 특별히 부탁한 찬송이었다.

어머니는 그날 형의 장례식 때 보았던 것과 같은 예의 그 놀란 얼굴을 하고 있었다. 손을 깍지 낀 채 방바닥만 응시하다 눈을 들었다. 순간 디트리히와 눈이 마주쳤다. 서로 같은 기억을 떠올리고 있음을 알았다. 어머니는 짐짓 당황한 표정으로 방을 나갔다. 잠시 후 아버지도 자리에서 일어났다. 부모님은 테라스에 나란히 서서 하늘을 보고 있었다. 아버지의 팔이 어머니의 어깨를 다정하게 감싸 안았다. 평소에 잘 볼 수 없었던, 서로를 신뢰하는 아름다운 모습이었다.

일요일, 영국과 프랑스는 독일에 대해 전쟁을 선포했다. 클라우스의 집에서 이 소식을 들은 디트리히는 바로 자전거에 올라 집으로 향했다. 시내는 평상시와 같았다. 경고 사이렌도, 폭탄 소리도 들리지 않았다. 디트리히는 어머니에게 이 전쟁이 오래 가지 않을 것이며, 프랑스와 영국의 개입이 필히 히틀러의 몰락을 가져올 것이라고 설명했다.

"그랬으면 좋겠구나." 어머니의 말에 힘이 하나도 없었다.

히틀러가 폴란드를 공격하기 며칠 전, 디트리히와 에버하르트는 학생들과 함께 신학원의 창문에 못을 박고 휴교를 선언했다. 최후의 순간까지 신학원을 지키다 어쩔 도리 없이 각자 제 길을 찾아 떠났다. 그 사이 이 지역 전역은 폴란드로 진격하는 독일 군인들로 뒤덮였다. 신문과 방송은 독일의 급강하 전투기가 폴란드의 군사 지역과 도시들을 폭격하고 점령한 승리의 소식들로 넘쳐났다. 디트리히는 작센에서 본 적이 있는 '슈투카'라는 급강하 폭격기가 떠오르자 등골이 오싹했다. 탱크부대가 폴란드의 방어진을 무자비하게 무너뜨리고 있었다. 비가 오지 않아 폴란드의 비포장 도로들은 딱딱하고 매끄러웠다. 사람들 말대로 그야말로 '히틀러를 위한 천후(天候)'였다.

한 달 전, 카나리스 제독이 한스를 정보국의 정보부장 부관으로 임명하는 바람에 그의 가족들은 임시로 디트리히의 부모님 집에 머물게 되었다. 어느 날 저녁, 디트리히는 피아노를 치는 레나테 옆에 앉았고, 크리스텔의 막내아들 크리스토프가 노래를 불렀다.

마르테가 노크를 하며 라이칭어 씨가 왔다고 알려 주었다.

"라이칭어 씨가?" 어머니가 의아해하는 얼굴이셨다.

"누군데요?"

"프로이센알레에서 채소 가게를 하고 있지."

마르테를 향해 어머니가 물었다.

"무슨 일이라니?"

"그가 이 동네 새 동장이 되었답니다, 사모님."

"그런데 이렇게 늦게 좀 무례하지 않나?" 파울라 부인은 약간 화가 났으나 이 순간에 자신의 거절이 별로 소용이 없을 것을 알고는 들어오라고 했다.

조금 있으니 갈색 유니폼과 빛나는 장화를 신은 새 동장이 나타났다. 오른팔을 들어 올리며 인사를 했다.

"하일 히틀러!"

누구 하나 대꾸하는 사람이 없었다. 새 동장은 수첩을 열며 거만하게 말했다.

"지시한 대로 검은 천을 준비해 놓으셨는지요?"

"당연하지요, 라이칭어 씨." 어머니의 대답도 냉랭했다.

"한번 보여 주시죠!"

파울라는 마르테를 향해 말했다.

"마르테, 그것을 좀 가져다 줄래요?"

라이칭어 씨는 물어보지도 않고 집을 돌아보며 수첩에 무엇인가 기록을 해 나갔다.

"제국의 국기가 걸려 있지 않습니다. 박사님 가정이 규정을 이해하지 못하신 것 아닙니까?" 그는 징그럽게 웃으며 말했다.

"아, 미처 생각하지 못했군요." 디트리히의 어머니는 되도록 충돌을 피했다.

"실수라. 그럴 테죠!"

"라이칭어 씨, 그러면 검은 천으로 창문을 가리는 것보다 국기를 먼저 걸도록 할까요?" 눈썹 하나 까딱하지 않고 파울라 여사는 태연하게 물었다.

이때 마르테가 검은 천을 가지고 왔다.

"하, 참! 우선 창문을 먼저 가려야 합니다." 라이칭어 씨는 혀를 차며 말했다. 몇 번을 입술을 삐죽거리고 혀를 차더니 설명을 시작했다.

"자, 창문을 어떻게 가려야 하는지 시범을 보이겠습니다."

파울라가 소파에서 벌떡 일어났다.

"호의는 고맙습니다만, 저희도 신문에 나와 있는 규정대로 할 수 있어요."

"하지만 사모님! 이것이 저의 임무요, 책임입니다."

어쩔 수 없다는 듯이 파울라는 마르테에게 그 사람이 가르쳐 주는 대로 하라고 지시하고는 다시 거실로 들어와 앉았다.

디트리히는 조카들에게 고개를 끄떡이며 다시 음악을 연주하도록 했다. 크리스토프는 터져 나오는 웃음을 간신히 참으며 노래를 시작했다.

신문마다 독일 군인들과 러시아 군인들이 불가침 국경선을 넘어 악수하는 사진들이 일제히 보도되던 날, 디트리히는 매형 한스와 시내에서 점심식사를 하고 정보국 본부로 갔다. 매형이 자신의 새 사무실을 보여 주고자 했다.

한스가 모자를 금속 장롱에 거는 동안 디트리히는 호기심이 가득한 눈으로 사무실 여기저기를 살폈다. 한스는 디트리히에게, 유럽 대륙에서는 '첩보의 도사'라는 별명이 주어진 카나리스 제독이 극도로 신중하게 선발하고 교육시킨 동료들과 함께 어떻게 '비밀 첩보망'을 구축했는지 등등 몇 가지 중요한 정보를 이야기해 주었다. 정보국 내 공석이나 새로 생기는 자리를 제독이 계속 반나치 인사들로 채우고 있었지만, 그래도 여전히 아직 친나치 열성분자들과 동조자들이 많이 자리를 지키고 있었다. 오스터 대령을 중심으로 하는 히틀러 저항 세력들은 극도로 행동을 조심해야만 했다.

그러나 제독의 가장 큰 문제는 정보국 내부가 아니라 외부 세력인 친위대장 하인리히 히믈러였다. 히믈러는 어떻게 해서든 카나리스 제독에게서 군사정보 업무에 대한 권한을 빼앗으려고 호시탐탐 노리고 있었다. 카나리스 제독도 이에 못지않게 빈틈 없는 방법으로 히믈러의 음모로부터 정보국을 보호하려고 했다. 2년 전, 카나리스 제독은 양 부서 사이의 협력 부분과 독립 부분을 규정하는 '십계명'이라는 협정을 통과시켰다. 군에 대한 보안 업무는 정보국 관할 내에 있게 되고, 모든 정치에 관련된 조사는 게슈타포 관할에 속하게 되었다. 군사 업무와 정치 업무 사이에 애매하게 걸려 있는 안건들에 대해 게슈타포가 권한을 행사하려는 것을 카나리스가 강력하게 항의하여 두 부서 사이의 긴장 관계가 팽팽했다. 한스에 의하면 어쨌든 이 협정 자체는 카나리스의 명백한 승리라고 했다. 그럼에도 불구하고 히믈러와 보안대장 하이드리히는 기회만 있으면 공격할 곳을 찾았다. 지략가인 제독은 경쟁자를 물리치는 일에 재미가 붙은 것 같았고, 이를 위해 한때 해군 동료였던 하이드리히와 관계를 그런 대로 잘 유지하고 있었다.

한스가 소령 제복을 꺼내 보였다.

"공식적인 행사에만 입게 되어 다행이야."

군복을 입는 것이 한스에게는 어색했지만 직무상 피할 수 없었다. 한스는 오스터 대령이 맡고 있는 중앙부서의 정치 업무를 담당하고, 동시에 카나리스 개인 비서실장으로 저항운동을 은밀히 관리하고 있었다. 업무 성질상 항상 제독의 사무실에서 열리는 아침회의에 배석했으며, 정보국에 흘러 들어오는 모든 정보를 파악할 수 있었다.

한스는 철로 된 서류장 쪽으로 가면서 그 사이 크게 불어난 저항일지를 숨겨 놓는 장치에 대해 설명했다. 저항일지를 숨겨 놓은 서류철들은 제목을 위장하여 일반 서류철 사이 사이에 꽂혀 있었다. 위장 서류철은 바로 앞에 꽂힌 보통 서류철에서 비밀 코드를 통해 찾을 수 있게 되어 있었다. 한스가 서류철 하나를 찾아 끄집어내 보이며 말했다.

"이게 너에게 흥미로울 거야. 글라이비츠 사건이야."

폴란드 공격이 시작된 아침, 한스는 가족들에게 이미 히틀러가 꾸민 연극 이야기를 해 주었다. 히틀러의 말을 빌리자면 폴란드 공격 바로 전날 밤, 폴란드 국경에 가까운 독일 땅 글라이비츠와 그 주변에 폴란드 병사들이 먼저 포화를 터뜨렸다는 것이었다. 그러나 그 병사들은 사실 폴란드군의 제복을 입은 나치 친위대원들이었으며, 쓰러져 있는 폴란드 병사 시체들은 강제수용소의 사형수들이었다.

"이게 그 작전에 내려진 명령의 사본이야. 강제수용소 죄수들을 관리하는 게슈타포 뮐러에게 가는 지시와, 게슈타포 의사에게 독침을 놓도록 하는 지침서가 하이드리히의 서명으로 하달되었어."

서류의 기록들을 살펴보는 동안 소름이 끼쳤다.

"괴벨스 공보장관에게 보낸 편지에 신문기자들을 보내라는 부탁도 들어 있지." 한스는 침착한 어조로 말을 이어 갔다.

디트리히의 뇌리에 신문에 보도됐던 죽은 '폴란드 병사들'의 처참한 모습들이 스쳐 갔다.

"이건 제독이 직접 나에게 준 거야." 한스가 종이 한 장을 건네며 말했다.

하이드리히에게 폴란드 군복 150벌과 소총 150개를 수송해 주도록 제독에게 떨어진 명령이었다. 아돌프 히틀러가 직접 서명한 명령에는 그 외 다른 설명은 없었다.

디트리히가 멍하니 한스를 보고 있는 동안, 그는 아무 말 없이 서류들을 다시 챙겨 원래 숨겨 놓았던 자리에 서류철들을 꽂아 넣었다.

마침 그때 카나리스 제독이 문 앞에 나타났다. 한스는 카나리스 제독을 '불요불굴의 장군'이라고 했다. 자주 복도를 돌아다니며 개인 사무실들을 예고 없이 불쑥 방문하기가 일쑤란다. 놀랍게도 제독은 디트리히를 잊어버리지 않고 기억했다.

"도나니 소령에게서 들었소. 미국을 다녀왔다고요. 다시 돌아오다니. 당신같이 현명한 사람이…… 쉽게 납득이 가지 않는군요."

"많은 경우에 별다른 도리가 없어서 선택할 때가 많죠. 그것이 비록 미련하게 보일지라도 말입니다. 그렇지 않습니까, 각하?"

제독의 무성한 허연 눈썹 아래 맑은 푸른 눈빛이 그를 날카롭게 훑어 갔다.

"그렇지요, 당신 말이 옳소이다."

일 등 십자장이 달린 구겨진 푸른 제복 차림의 카나리스 제독은 쇠약해 보였고, 확실히 프로이센 사람은 아니었다. 주머니에서 약을 꺼내 입에 털어 넣고는 의자에 몸을 기댔다.

"도나니 소령, 자네 도움이 시급하네. 어젯밤 하이드리히와 '고양이와 쥐 쫓기'식의 통화를 했다네."

"제독 각하께서 고양이였습니까?" 한스가 물었다.

"글쎄, 하이드리히는 도무지 종잡을 수가 없어. 어젯밤도 말이야, 전혀 혐의를 품는 듯한 인상을 못 받았어. 다만 국방부가 폴란드 국민들을 너무 느슨하게 대하는 것에 화가 많이 나 있더군. 참 어처구니가 없어. 하루에 군법재판에서 이삼백 명을 사형시키는 것이 너무 느리고 조심스러운 처사라니. 아마 그는 재판 과정이 없었으면 하는 것 같아. 조금도 망설이지 않고 아주 태연히 말하더군. 빈민들은 살려 두고, 귀족과 성직자들, 유대인을 대대적으로 학살하게 될 것이라고. 바르샤바를 손에 넣으면 국방부와 이 일을 협의할 모양일세."

카나리스가 일어나 의자 뒤로 걸어가며 말을 이었다.

"오늘 아침 카이텔 장군한테 경고했어. 만약 그런 일이 일어난다면 온 세계가 독일 국방부에게 책임을 물을 것이라고. 카이텔 대답이 뭔지 알아? 위대한 지도자의 결정이므로 국방부는 묵인해야 된다는 거야. 결과적으로는 국방부가 아니라, 친위대가 이 일을 맡게 된다는 거지. 그것으로 변명을 충분히 했다는 식이었어."

의자 등받이 위에 올려진 그의 손이 불안하게 떨리고 있었고, 숨 쉬기가 힘든 듯 겨우 말했다.

"그에게 게슈타포가 국방부의 명령 체계를 뒤흔드는 걸 묵인할 것이냐고 물었어. 어쩔 수 없다고 대답하더라고. 아, 이 비굴한 아첨꾼! 한 미치광이가 우리 모두를 아주 비굴한 아첨꾼으로 만들고 있다고."

카나리스 제독은 허공을 쳐다보며 거침없이 자신의 생각을 쏟아 냈다.

디트리히는 어안이 벙벙하고 당황스러웠다.

더 이상 할 말이 없는지 카나리스도 고개를 숙이고 무엇인가 생각했다. 자국 보호라는 전쟁의 당위성을 위해 150명의 SS 친위대원들에게 폴란드 군복을 입혀 침입시킨 사건이야말로 실로 지울 수 없는 독일의 수치였다. 조금 가라앉은 목소리로 제독은 말을 이었다.

"본회퍼 박사, 처음에는 나도 히틀러를 지지했어요. 부끄럽지만 고백하죠. 공산주의자들을 배격하는 강경한 그의 자세가 마음에 들었어요. 그것은 맹세코 그래야만 했고, 또 계속 그래야 해요."

카나리스 제독은 디트리히를 바라보며 그의 의견을 구하는 표정을 지었다.

"강경함과 무자비한 폭력은 다른 것입니다." 디트리히는 짧게 대답했다.

"당연하지요. 전쟁은 우리 모두를 파멸시킬 거요. 이러한 잔혹 행위와 함께 독일의 정신까지 말이오. 조국이 한 미치광이의 손 안에 들어 있습니다. 그는 겨울이 오기 전에 서부전선으로 전쟁을 확대하려고 합니다. 어제 총통관저에서 발표했어요. 히틀러는 한쪽으로는 다음 공격 작전을 계획하면서 다른 한쪽으로는 평화를 부르짖고 있어요. 그의 주장은 전부를 가지든지 아니면 모두를 잃어버리든지 둘 중 하나라는 것입니다. 본회퍼 목사님, 당신이 내 위치에 있다면 어떻게 하시겠습니까?"

"내 권한에 속한 것으로 저지할 수만 있다면 무엇이든지 할 것입니다."

"전쟁까지도 말이오?"

"무엇이든지요!"

카나리스는 의자에 다시 앉았다.

"나는 티펠스키르히를 할더 육군 참모총장에게 보냈어요. 총장도 이미 이 만행에 대해 알고 군의 지도자들이 결정적인 행동을 해야 한다고 동의했지요. 그런데 그는 항상 엉뚱한 핑계를 대고 행동에 옮기지를 않아요. 그게 가장 큰 문제죠."

카나리스는 한스를 돌아보며 말했다.

"폴란드에 있는 모든 정보국 요원들에게 그런 사태를 빠짐없이 보고하라고 지시해 놓았다네. 내일은 내가 직접 오스터 대령과 함께 폴란드로 갈 것이라네. 도나니 소령, 힘이 닿는 대로 보고 자료들, 그림, 사진 등 구할 수 있는 모든 증거 자료를 모아 주게. 알겠나?"

"알겠습니다, 제독 각하."

"이런 수치스런 잔혹 행위에 대처하는 유일한 방법이야. 군 장성들이 독일군의 이름으로 어떠한 악행이 벌어지고 있는지 똑똑히 알아야 해. 소령이 준비되는 대로 나와 함께 군 수뇌부를 차례로 돌면서 증거를 보여 주고 사실을 확인해 주었으면 하네."

어느 날 밤, 한스가 카나리스 제독과 함께 군 장성들에게 제시할 자료와 사진들을 집으로 가지고 왔다. 대량 학살 장면들, 가톨릭교회의 신부로 보이는 세 명이 친위대에 의해 총살되는 장면……
파울라는 두려움을 애써 누르며 엄숙하게 말했다.
"하나님의 진노가 독일에 임하겠지. 우리는 이 진노의 잔을 한 방울도 남김없이 마셔야만 할 거야!"

한 달도 못 가서 폴란드는 항복했다. 영국과 프랑스의 공세는 아직 없었다. 그날 밤 뤼디거는 히틀러의 서부 공격부대가 독일과 프랑스의 국경에 구축된 철의 요새, 마지노선을 넘지 않고 중립을 지키는 네덜란드를 공격할 것이라는 소식을 전해 주었다.
충격과 경악! 그러나 한편으로는 혹독한 겨울 전투와 중립국 침공으로 오히려 저항의 불길이 타올라 군 수뇌부들의 마음이 저항 노선으로 돌아서지 않을까 하는 막연한 기대도 있었다.
폴란드 침략을 감행한 검은 9월 말, 포메른 지방이 조금 조용해지자 디트리히는 에버하르트가 다시 베를린으로 돌아왔으면 했다. 함께 고백교회의 형제단 협의회에 요청하여 지구르츠호프에서 다시 신학원 문을 열고자 했다. 예상 밖으로 여덟 명이나 되는 학생이 기다리고 있었다.

디트리히와 에버하르트가 짐을 싸고 있는데 우편 배달원이 검은 색으로 두른 엽서를 전해 주었다.

'테오도어 마스, 1939년 9월 3일 폴란드 전선에서 사망.'

그 밑에 부모님과 형제들의 이름과 요한복음 말씀이 쓰여 있었다.

"그는 사망에서 생명으로 옮겼느니라."

디트리히는 아무 말 없이 에버하르트에게 엽서를 넘겨주었다.

마스 형제는 에버하르트와 함께 신학원 제1기 졸업생이었다. 디트리히는 전선에 나가 있는 신학원 학생들의 명단을 다시 읽어 보았다. 전선에 나간 학생들과 연락이 두절되지 않도록, 할 수 있는 한 힘이 닿는 대로 지원하고자 일일이 편지를 보냈다. 그 중에 몇 명은 답장을 보내오기도 했다. 하지만 검은 색으로 둘러진 이 엽서는 비극의 시작에 불과했다.

가만히 쳐다보는 에버하르트를 향해 디트리히는 소리치다시피 했다.

"도저히 이렇게 있을 수 없어! 다른 형제들은 사투를 벌이며 죽어 가고 있는데, 나만 안전하게 있다니! 대체 어떻게 해야 하는 거지?"

"우리가 무엇을 할 수 있을까?" 에버하르트가 되물었다.

"나도 몰라! 하지만 고통당하는 자들과 함께 무엇인가 해야 하지 않을까 하는 마음이 솟구쳐. 그렇게 하지 않으면 안 될 것 같은 심리적인 압박감 말이야."

"자진 출두해 전선으로 가겠다는 거야?"

"아니, 아니! 나는 무기를 손에 들 수 없어. 군목으로 전선에 갈 수 있을 거야. 자네도 함께 가지 않겠나?"

"물론이야, 너와 함께라면!"

디트리히와 에버하르트는 다음날 바로 군종 장교로 지원했다. 빨라도 한 달은 기다려야 결정이 난다고 직원이 대답했다.

10월 중순, 한스는 카나리스와 서부전선을 방문하고 돌아온 뒤, 무책임하고 비겁한 장군들과 피상적인 핑계들에 진절머리를 냈다. 부하들이 순순히 복종하지 않을 것이다, 군인은 정치에 관여하지 않는다, 지금은 전쟁 중이다 등등의 이유로 장군들은 미온적인 태도를 보였다. 그러나 서부전선에서 실패할 것이라는 데는 모두 의견을 같이했다.

여행에서 돌아온 며칠 뒤, 한스가 디트리히를 찾아왔다.

"오스터 대령이 자네를 꼭 만나 보고 싶어해. 자네가 떠나기 전에. 오늘 별일 없으면 대령이 오늘 밤 이곳으로 들렀으면 한다네."

"무슨 일로?"

"잘 모르겠는데, 중요한 사안인 것만은 확실해."

"그럼 만나도록 할게."

26

"내 사전에는 후퇴란 없소!" 극도로 흥분하여 내뱉는 오스터 대령의 말을 알아듣기가 쉽지 않았다.

"내 마음은 이미 결정되었소. 권총 한 자루를 집어 들어 누군가를 사격하거나 기관총의 사격 속으로 뛰어 들어가는 것이 지금부터 내가 실행하고자 하는 일보다 훨씬 간단한 일이지요!"

힐끗 보니 한스의 얼굴에도 단호한 결심이 서려 있었다. 창문에 걸려 있는 검은 천이 오스터의 날카롭고 창백한 얼굴을 더욱 돋보이게 했다.

"상황이 도저히 희망이 없어요. 날이 갈수록 나빠져만 가요."

오스터는 애써 안정을 찾으며 말을 이었다.

"그런데 우리는 속수무책이오. 장군들은 서부전선 공략을 이미 수용한 상태고, 카나리스 제독이 오늘 할더 참모총장을 찾아갔더니 그도 진퇴양난이라더군요. 히틀러가 요구하는 것과 그가 책임져야 하는 것 사이에서 말이오. 육군 최고사령관 브라우히치도 마찬가지고. 브라우히치는 '나는 군인이다! 군인의 의무는 복종이다'라는 주장으로 자신을 지켜 왔지요. 히틀러는 모든 군 수뇌부들의 합리적인 제안을 무시하고, 11월 12일을 공격 개시일로 잡았어요. 할더는 쿠데타만이 유일한 대책이라는 것을 잘 알지만 육군 최고사령관의 동조 없이는 감히 이행할 수가 없죠. 그러나 브라우히치의 반응은 한결같았어요. 쿠데타가 일어나면 영국이 우리 뒤통수를 칠지도 모르오."

오스터는 절망한 듯 의자에 털썩 주저앉았다.

"서부전선 공격을 막기 위해 내 역량 안에 있는 모든 것을 다 해 봐야겠다는 결론을 내렸소. 어떻게 해서든 전쟁이 확산되는 걸 막기 위해, 폴란드에서 일어난 일들이 다시 되풀이되는 것을 완전히 막기 위해서 말이오. 내 눈으로 폴란드에서 목격한 것은……. 차라리 보지 않았더라면 좋았을 것을. 그때부터 밤마다 악몽에 시달리느라 뜬눈으로 밤을 새워요. 히틀러가 서부전선에서 다시 한 번 승리하게 된다면, 그 잔혹함과 비참함이 그대로 재연될 거요. 행운의 별의 보호를 받는 이 몽유병 환자를 얕잡아 보아서는 안 됩니다. 영국이 미처 전쟁 준비를 갖추지 않은 지금을 절호의 공격 기회로 노리는 거죠."

오스터의 눈빛은 마치 불이 난 집을 구하기 위해 허둥지둥하는 사람같이 흐트러져 있었다.

"아무도 나를 이해하지 못하겠지만 어쩔 수 없소. 베를린에 있는 네덜란드 대사관 주재 무관이 내 친구지요. 그 친구에게 공격 개시일에 대한 정보를 전해 줄 거요."

디트리히의 반응을 살피는 대령의 눈길이 번쩍거렸다.

"사람들은 조국을 파는 매국노라 하겠지요. 하지만 나는 나

자신을 히틀러 뒤에서 터벅터벅 걸어가며 추종하는 소위 '애국자들'보다 더 나은 독일 시민이라 생각해요. 장군들은 총통의 명령에 따라 그들의 의무에 충실한다는 명분하에 수백만의 생명을 죽음으로 몰아넣고 있지만 욕 한마디 듣고 있지 않습니다. 그래요. 비록 매국노라는 낙인이 찍힐지언정 사람들의 생명, 이 나라를 구하기 위해 모든 것을 바칠 준비가 되어 있습니다."

"당신은 매국노가 아닙니다, 오스터 대령님!" 디트리히가 나직이 말했다.

오스터는 눈을 아래로 깔며 마음이 가라앉은 듯 다시 말을 이었다.

"카나리스 제독과 이 문제를 상의할 수 없습니다. 그분이 인류를 배역하는 것과 조국을 배반하는 것의 차이를 알기란 불가능하지요."

"대령님, 그건 조국을 배반하는 것이 아닙니다. 미치광이 하나로 인해 하나님 아래 있는 정부가 마땅히 국민들에게 책임져야 하는 것을 한 미치광이가 짓밟고 있다면……."

"그것을 내가 하겠다고 나서야 합니까?"

"결정은 대령님 자신에게 달려 있습니다. 그러나 그 일은 절대적으로 정당합니다. 원칙을 벗어난 이런 상황에서 근본적으로 모든 면에서 바르고 좋은 해결 방법은 없습니다. 그리고 대령님이 이런 상황에 직접적인 책임이 있는 것은 아니지요! 나도 동조자입니다. 결과적으로 우리 모두가 동조한 셈이지요."

'교회 지도자들이 진리를 위해 이 사람의 단지 반이라도 따라한다면, 그들의 행동은 달라졌을 텐데.' 디트리히의 머릿속에 많은 생각들이 스쳐 갔다.

오스터 대령은 점차 흥분과 긴장이 가라앉으면서 어린 시절 이야기와 부친에 대한 이야기들을 풀어놓았다.

"제 아버지는 위대한 설교자는 아니었어요. 그러나 아주 정직한 목사였지요. 아버지가 살아 있다면 지금 무슨 말을 해 줄 수 있을까, 늘 궁금해요."

대령은 한숨을 쉬더니 말을 계속 이어 나갔다.

"저는 여러 모로 아버지를 실망시켰습니다. 무엇보다 내가 교회에 등을 돌리고 난 뒤에 말입니다. 이런 말을 하는 것이 무척 마음이 아픕니다만 갈수록 그 결정이 결코 틀리지 않았다고 느끼고 있습니다."

대령이 미안한 듯 미소를 지어 보이며 쾌활하고 여유 있던 원래 모습을 애써 되찾으려 했다.

"솔직히 털어놓자면 하나님의 진노가 두려운 것은 사실입니다."

"오, 많은 사람들이 대령님과 같은 두려움을 가지고 있다면!"

디트리히가 오스터 대령의 고백에 감사하고 감격하여 하마터면 크게 소리 지를 뻔했다.

한스와 오스터가 떠난 뒤 디트리히는 한참 동안 그대로 앉아 생각에 잠겼다. 히틀러를 하나님보다 더 두려워했던 교회 지도자들! 자기 입으로 '교회에 등을 돌렸다'고 말한 오스터 대령이야말로 예수를 주라고 겉으로만 고백하던 교회 지도자들보다 그리스도에게 진실로 더 가까이 서 있는 것이 아닐까? 오스터와 같은 이들이 교회의 설교를 받아들일 수 없다고 고백하는 것이 옳다는 생각에 미치자 디트리히는 너무 부끄럽고 안타까웠다.

디트리히는 에버하르트에게 오스터 대령의 계획을 알렸다.

"디트리히, 도대체 무슨 말이야? 사람들이 배반이라고 일컫는 것에 대해서……."

에버하르트가 갑자기 말을 중단하더니 잠시 입을 꼭 다물었다. 그러고는 곧 날카롭고 집요한 어조로 물었다.

"정말 그렇게 해야 된다는 거야? 너무 심하지 않아?"

오스터의 계획은 에버하르트가 지금까지 받은 교육과는 정반대가 되는 것이었다. 디트리히에게도 마찬가지였다. 고민하는 대령에게 그 계획이 옳다고 차분히 설명했지만, 에버하르트에게는 어떻게 설명할지 어렵기만 했다.

"근본적으로 우리의 충성이 누구에게 속한 것인지 다시 생각을 해 봐야겠어."

"조국에 대한 충성과 그리스도에 대한 충성이 상반될 수 있으리라고는 생각한 적이 없어. 히틀러가 문제지, 조국이 문제는 아니잖아?"

"대령도 그 정도까지는 아니야."

"글쎄, 그렇게 들리는데."

"아니야, 에버하르트! 오스터 대령은 모든 사람이 바라는 훌륭한 애국자야."

"그렇게 속단하기는 어렵지. 내 판단으로는 히틀러 전복만이 대령의 관심사인 것 같아. 단순히 히틀러를 전복하기 위해서라면 분명 더 현명한 방법이 있을 거야. 만약 대령의 계획대로 밀어붙인다면 수많은 사람들이 희생될 거야."

디트리히는 대령이 폴란드에서 목격했던 것과 나치의 잔악무도한 행위가 네덜란드와 프랑스에서 재연될 것이라는 이야기를 해 주었다.

"현재 상황으로는 다른 수가 없잖아. 내가 보기에는 오스터 대령의 방법이 유일한 길인 것 같아."

"발각되면 추방될 거야."

"대령도 잘 알고 있어."

"그 일을 수행해야 된다고, 네가 그에게 말한 거니?"

"아니야! 대령 스스로의 결심이야."

"하지만 너도 찬성하잖아?"

"필요하다면! 오스터의 취지는 적어도 그렇다는 거지."

에버하르트가 뭔가 더 말할 것이 있는 것 같았으나 디트리히가 막았다.

"더 이상 간단한 길이란 우리에게는 없을 거야. 다른 방도들도 이것 이상 감당키 어려운 시점에 와 있다고. 다만 차이는 어떤 것이 더 나쁜 것이냐의 문제지. 그렇다고 해서 아무것도 하지 않고 지켜보고만 있다면 우리는 분명 파멸하고 말 거야. 그러면 모든 바리새인들 중 가장 악한 바리새인들이 되겠지. 한 가지 위로가 되는 것은 우리 혼자서 이 결정을 내리지 않아도 된다는 거지. 또 이 모든 것을 통해서 어쩌면 우리가 생각지도 못한 어떤 새로운 상황이 생겨날 수도 있어. 여하튼 우리들의 실수에도 불구하고 모든 것을 합력하여 선을 이루시는 한 분! 그분의 손 안에 우리가 들어 있다는 것을 믿어야겠지."

파울라 부인은 잠에서 깼으나 두 눈은 감고 있었다. 갑자기 생각이 떠올랐다. 오늘이야! 바깥은 아직도 깜깜했다. 11월의 차가운 아침이었다. 남편은 아직도 깊은 잠에 빠져 있었다.

자주 있는 일이지만 어제도 한스는 밤 11시경 집에 돌아왔고, 장인 장모, 아내 크리스텔과 함께 최종적인 계획들을 이야기하며 늦게까지 거실에 앉아 있었다. 히틀러가 서부전선 공격을 취소하지 않는 한 모든 것은 준비되어 있었다. 한스는 쿠데타가 성공할 경우 벡 장군이 대통령, 괴어델러가 새 총통이 되는 것을 국민들에게 알리는 공보물을 준비하는 일을 맡았다.

한스와 크리스텔이 깨어 부스럭거리는 소리가 들렸다. 일어나 나가 보니 크리스텔과 한스가 계단에 서서 부드러운 눈길을 주고받으며 키스를 나누고 있었다. 주고받는 나지막한 속삭임은 들리지 않았다. 한스가 집을 나가자 크리스텔은 그 자리에 서서 대문이 닫히기까지 바라보고 있었다. 문이 닫히자 두 손으로 얼굴을 가렸다. 마음 같았으면 당장 크리스텔을 끌어안았으리라. 하지만 파울라는 조용히 침실로 돌아와 문을 닫았다.

시간이 좀처럼 가지 않았다. 한스는 저항 세력들의 새 본부인 초센에 있는 자리로 근무지를 옮겼다. 베를린에서 25킬로미터 남쪽으로 떨어져 있었다. 오스터는 베를린 티르피츠 우퍼 74, 75번지에 위치한 정보국 사무실에 머물며 모든 정보망을 관리했다.

그날 오후, 한스가 전에 없이 일찍 귀가했다. 뭔가 심상치 않았다. 그러나 한스는 한마디도 하지 않았다. 아이들이 방에서 다 나가자 사실을 쏟아 놓았다.

"쿠데타가 실패로 돌아갔어! 할더가 막 명령을 내리려고 하는데, 쿠데타에 대해 전혀 모르고 있던 브라우히치가 갑자기 나선 거야. 히틀러가 서부전선 공격을 중단하도록 마지막으로 한 번 더 설득해 보겠다고 말야. 할더는 총통관저까지 브라우히치를 수행하고 돌아와 모든 서류를 소각하라고 허겁지겁 명령을 내렸어. 게슈타포가 들이닥칠 거라고 예상한 거지. 히틀러가 낌새를 눈치 챈 것 같다는 거야. 흔적을 하나라도 남겨서는 안 되거든."

한스가 서류 가방을 열었다.

"불길 속에서 내 공보물을 겨우 건져서 도망쳐 온 거야."

타다 만 서류 뭉치들을 책상에 올려놓았다.

"게슈타포들은?" 파울라가 떨리는 목소리로 물었다.

"아직은요."

며칠 후 그것은 기우(杞憂)였다는 것이 밝혀졌다. 히틀러는 쿠데타에 대해 전혀 아는 바가 없었고, 단지 자기를 서부 공격에서 중도하차시키려는 브라우히치 사령관에 대해 격노한 것이었는데, 할더가 과민했던 것이다. 그러나 추진되던 쿠데타 계획은 이미 물거품이 되어 버린 상태였다. 히틀러도 험악한 겨울 기후 관계로 서부 공격을 연기해야만 했다.

주말에 설교자 학교에서 돌아온 디트리히와 온 가족이 모여 지난 주에 일어난 일들을 나누고 있었다.

한스가 입을 열었다.

"할더가 점차 충격에서 회복되고 있어. 어떤 이가 히틀러를 사살한다면 모든 문제가 풀릴 텐데."

"왜 할더가 그 일을 직접하지 않지?" 클라우스의 아내 에미가 물었다.

"최근에 스스로 시인하더라고. 그 일을 과감하게 실행하지 못한다고 눈물을 글썽이며 털어놓았어. 일주일 내내 주머니에

권총을 가지고 다니며 총통관저에 불려 갈 때마다 히틀러에게 총을 겨누기를 바라지만 결국 그렇게 할 수 없었다고."

클라우스가 말을 가로챘다.

"적어도 암살 반대자 반 이상이 속으로는 지지할 거야."

"암살 행위가 진지하게 생각해 볼 가치가 있다는 말이야?" 디트리히가 끼어들었다.

"못할 이유가 어디 있어?" 에미가 응수했다.

"벡 장군과 카나리스 제독은 아니야. 그들은 강경하게 반대하는 입장이야!" 한스가 덧붙였다.

"이유가 뭐야? 어떤 식의 논조로 반대한다는 거야?" 에미가 따져 물었다.

"대체로 종교적인 이유 때문이지. 할더 참모총장도 무장하지 않은 사람을 쏠 수는 없다는 이유로 기회를 자꾸 놓치는 거고. 한 사람만 없어지면 많은 문제들을 동시에 해결할 수 있는데도 말이야." 한스가 투덜댔다.

"하지만 동시에 또 많은 문제들을 발생시키잖아? 그런 극단적인 방법은 최후의 수단으로만 생각해야 되는 것 아냐?" 디트리히가 이의를 제기했다.

그때, 에미가 공격조로 나왔다.

"너희들 같은 고리타분한 교회 양반들은 하여간 이상한 물건들이야. 자기들은 히틀러를 죽이려 하지 않고 다른 사람들이 그렇게 하면 함성을 지를 테지. 그렇지 않아?"

디트리히는 아무 말도 못했다.

"이 마귀 같은 자를 왜 죽이지 말아야 되는 거야? 이 불한당을 죽이는 것이 왜 문제가 되는 거냐고? 그에게 가까이 접근만

할 수 있다면, 나라도 그 일을 하겠다."

파울라는 며느리의 눈빛에서 진심을 느낄 수 있었다.

파울라는 침실로 가기 전에 디트리히의 방으로 올라갔다. 아들은 들어오라는 듯 밝은 미소를 지었다. 자리를 권하며 어머니 옆에 앉았다.

"디트리히, 내가 요즘 무슨 생각을 하고 있는지 알고 있지? 아까 에미가 말하는 것을 듣고 있기가 민망하더구나. 꼭 그렇게까지 너를 무안하게 만들게 뭐냐."

"하지만 형수 말이 옳아요. 생각해 보니, 크리스천이며 목회자라는 명분이 이 일에 방관해도 된다는 이유는 될 수 없으니까요. 오히려 그 반대죠."

"글쎄, 꼭 그렇게까지야."

"그래요. 하지만 다른 어떤 선택도 마찬가지로 감당하기 어려울 시간이 우리에게 오고 있어요."

파울라는 아무 말이 없었다. 얼마 전부터 이런 순간이 오리라고 짐작은 하고 있었다.

"받아들이기에 너무 힘들구나. 아니, 받아들이고 싶지가 않구나."

"어머니 마음은 충분히 알아요. 저도 받아들이고 싶지 않아요. 이 모든 일이 끝나려면 별의별 진흙탕 속을 거쳐야 되겠죠. 하지만 반드시 해야 하는 일이라면 감당할 수 있다는 생각을 합니다. 창조주 하나님 앞에서 생명의 이름으로 우리가 이 일을 한다면 말입니다. 어머니, 아버지도 우리들에게 생명의 이름으로 모든 것을 하도록 가르쳐 주셨습니다. 더군다나 우리는 가족으로서 함께 이 일에 관여하고 있어요. 정말 하나님께 감사해야 할 일입니다."

결국 '생명의 이름'을 위해서 살도록 가르친 자녀들이 그 길을 가겠다고 하는 것은 자기가 뿌린 것을 거둬들여야 하는 자업자득이 아닌가! 한편으로는 뿌듯했다.

끔찍한 겨울 내내, 디트리히는 약간 날씨가 풀렸을 때 단 한 번만 집에 올 수 있었다. 폭설로 인해 지구르츠호프에 갇혀 있을 수밖에 없었기 때문이다. 3월이 되자 그나마 비밀리에 운영되던 지구르츠호프-쾨슬린 신학원마저도 강제 폐교 조치되고 말았다.

4월 초, 디트리히의 가족들은 라디오 방송을 통해 독일군이 덴마크와 노르웨이를 점령한 소식을 들었다. 이유는 그 나라들을 연합군의 공격으로부터 보호할 필요가 있다는 명목이었다. 또 그렇게 해야만 유럽의 몰락을 막을 수 있다는 억지 주장이었다. 이제는 동서남북 모두가 전쟁터였다. 그야말로 '세계대전'이었다. 도처에서 들려오는 승전 소식에 히틀러와 추종자들은 고무되었다. 이상하게도 저항 세력 앞에 깔려야 할 붉은 카펫이, 행운의 여신 아래 보호를 받는 한 미치광이 앞에 펼쳐지고 있었다.

27

1940년 6월 17일, 프랑스가 히틀러에게 항복했다. 디트리히와 에버하르트는 동부 프로이센의 순회 초청강연 중에 이 소식을 접했다. 히틀러를 얼마나 과소평가하고 있었던가! 이제 그의 실각은 더 어렵고 오래 걸릴 것만 같았다.

그 무렵 나치 정부는 제국교회 목회자들에게 징집을 면제해 주는 반면, 고백교회 목회자들에게는 더 살벌하게 징집을 강행했다. 목회자 없이 장로나 목사 부인들이 성경 공부반을 인도하는 고백교회가 점점 늘어갔다. 그러나 그럴수록 고백교회에는 신도들이 꽉 차는 반면, '독일 제국교회'의 예배당은 썰렁했다. 디트리히 일행의 설교 여행은 이러한 교회들을 지원하기 위한 것이었다.

블뢰슈타우에서 고백교회에 속한 대학생들을 위한 수양회를 개최했는데, 그곳에 경찰들이 들이닥쳤다.

"이제 더 이상 이 모임은 할 수가 없소. 당장 해산하시오!"

"이유가 뭡니까? 보시다시피 대학생들의 작은 모임일 뿐입니다."

"유월 말부터 모든 기독청년 수양회를 금지하라는 행정 명령이 내려졌소."

"우리는 전혀 들은 바가 없는데요. 혹시 그 명령이 공지되었습니까?"

"공지되었든 아니든 명령은 명령이오. 알겠소?"

"행정 조치를 서면으로 볼 수 있습니까?" 디트리히는 끝까지 굽히지 않았다.

"해산하라면 해산이오!"

체포되거나 최소한 심문 조치가 있을 것이라는 두려움과는 달리 인적 사항을 기록하고 모임을 해산시킨 것 외에 더 이상의 조치는 없었다.

이런 상황에서도 디트리히는 움츠러들지 않고, 오히려 리투아니아 국경 근처 아이트퀴넨까지 방문해 성도들을 위로하고 격려하는 여행을 감행했다. 그곳에는 서부독일과는 다른 분위기가 감돌았다. 나치의 갈고리 십자기가 파리 에펠탑 위에 게양되고 백성들이 환호성을 지르는 서쪽과는 달리, 이쪽 프로이센 동부에서는 차가운 소련의 입김을 느낄 수 있었다. 독일군이 파리를 점령할 무렵 소련군은 리투아니아를 점령해 버렸던 것이다. 러시아 군인들은 긴 요새와 같은 진지를 구축하고 붉은 색 유니폼을 입고 거리를 활보하고 있었다. 디트리히는 매형 한스에게 이 사실을 알려 주기 위해 여행을 중단하고 베를린으로 돌아와야 했다.

베를린에 가까이 오자 승리를 자축하는 깃발이 물결을 이루었다. 승리하고 돌아오는 군대를 환영하는 기둥들이 곳곳에 서 있고, 여기저기 '축! 승리의 귀국 장병들을 환영합니다'라고 적힌 플래카드가 나붙어 있었다. 신문들은 프랑스 전선에서 승리하고 돌아온 군인들을 위한 대대적인 환영식과 부대 해단식이 베를린에서 있을 거라고 보도했다. 디트리히는 베를린 시내를 빠져나가기 위해 전속력으로 차를 몰았다. 흥분한 탓인지 길을 잘못 든 데다, 빽빽한 환영 군중 때문에 더 이상 차를 몰 수가 없었다.

"승전 해단식을 볼 수밖에 없겠는데. 자네는 본래 이런 것을 보고 싶어 했지?" 디트리히는 치미는 화를 참지 못하고 에버하르트를 넌지시 몰아세웠다.

"솔직히 한 번도 이런 재미있는 구경을 한 적이 없어. 좋은 구경거리가 생겼군 그래." 에버하르트도 농담으로 받아쳤다.

디트리히는 하는 수 없이 차에서 내렸다. 운터 덴 린덴 거리에 있는 집들마다 거대한 붉고 하얀 깃발이 펄럭였다. 어린아이들이 경찰들의 벽을 뚫고 군인들에게 꽃다발을 건네기도 하고 건물 곳곳에서 풍선과 색종이를 뿌렸다. 군인들은 브란덴부르크 개선문을 지나 파리 광장에 마련된 큰 단상 앞에 도달해 위용을 자랑하고 있었다. 홍보장관 괴벨스가 그들을 영접했다. 그 뒤로 에버하르트가 보기에는 디트리히의 외삼촌뻘 되는 파울 폰 하제 장군이 괴벨스를 수행하고 있었다. 디트리히에게 물어보려고 했으나 얼굴이 어찌나 심각하던지 감히 말을 건넬 수 없었다. 사람들은 승리한 전쟁에 대한 기쁨과 전쟁이 곧 끝날 것이라는 희망을 서로 나누고 있었다. 에버하르트도 혹시나 하는 기대가 스쳐 갔으나, 디트리히의 표정은 오히려 그 반대였다.

디트리히의 집 분위기는 냉랭했다. 디트리히 가족들이 현 사태를 아주 이성적으로 해석하고 있다는 증거였다. 실제로 영국이 평화 협상에 응한다 할지라도 그럴 가능성에 대해 본회퍼의 가족들은 아무도 믿지 않았다. 그것은 오히려 히틀러의 권력을 강화시켜 주고 독일을 더욱 감옥 같은 독재의 나라로 만들 것이라는 의견이 지배적이었다. 그러나 반면에 처칠 수상이 영국 국민을 설득하는 데 기적적으로 성공하여 독일의 공격에 저항한다면 전쟁은 상당히 길고 긴 전쟁이 될 것이다.

"정말 어려운 시대가 우리 앞에 놓여 있구나." 디트리히의 어머니가 걱정스레 말했다.

저녁을 먹고 레나테가 엄마아빠와 함께 건너와 할머니 옆에 앉았다. 그런데 에버하르트는 처음으로 레나테가 지난 6개월 동안 상당히 성숙했다고 느꼈다. 그녀는 이제 막 열다섯 살이 되었을 것이다. 그런데도 아직 그녀는 아이같이 머리를 뒤로 묶고 있었다. 지금까지 레나테는 대화에 참여하기보다는 주로 경청했다. 그런데 오늘은 목소리를 높여 물었다.

"구스타프의 누나 같은 사람들을 왜 죽이려고 하는 거예요?"

"그런 일이 일어나지 않도록 기도하자, 레나테." 파울라는 어린 손녀를 부드럽게 진정시켰다.

"구스타프가 누구야, 레나테?"

"학교에 같이 다니는 친군데, 장애인 누나가 있어요."

"친구 누나에게 무슨 일이 있는 거야?"

"참 이상해요. 원래 수용소에 사는데 거기에서 많은 환자들과 장애인들이 죽고 있는데요, 어린이들까지도요……. 구스타프 누나는 다행히 죽지는 않았는데, 기적이래요."

그녀는 창백한 표정으로 에버하르트를 주목했다.

"그런 이야기를 나도 들은 적이 있어." 에버하르트는 중얼거리며 대답했다.

몇 달 전부터 정신 및 신체 장애인들을 조직적으로 살인한다는 소문이 있었다. 그래서 몇 주 전에 디트리히와 함께 베텔과 로베탈 요양소에 있는 간질병 환자들을 살리기 위해 백방으로 노력했다. 디트리히는 필요한 서류들을 꾸미고 아버지 본회퍼 박사가 서명하여 환자들이 나치 강제수용소에 수송되지 않도록 도왔던 것이다.

레나테가 말을 이었다.

"구스타프 부모님이 소문을 듣고 딸을 장애인 기숙사에서 집으로 데리고 왔어요. 그런데 며칠 뒤에 관청으로부터 공문을 받았는데, 그 딸이 죽은 것으로 되어 있었어요. 구스타프가 그것을 나에게 보여 주었어요. 심장마비로 죽은 것으로 되어 있었어요. 물론 구스타프의 누나는 다행히 살았지만, 실제로 그렇게 된 경우가 많이 있다는데요?"

"실제로 그렇단다, 유감스럽게도." 디트리히가 수긍했다.

"정말 끔찍한 일이에요!"

어린 레나테의 얼굴에 나타난 표정이 에버하르트에게 많은 것을 생각하게 했다. 레나테와 같이 아직 어린 소녀가 그런 끔찍한 세상 일에 대해 관여하지 않을 수 있으면 얼마나 좋을까? 자신은 열네 살 때 아버지를 잃었다. 물론 개인적으로는 슬픈 일이었지만, 이토록 끔찍한 사회적인 충격은 아니었다.

다음날 디트리히는 카나리스 제독이 서명한 공문을 받았다. 그 공문에는 디트리히가 프로이센 동부 지역에서 국방부 정보국 민간 직원으로 일할 수 있다는 사항이 적혀 있었다. 에버하르트는 달렘에 있는 고스너 선교회의 부책임자 자리를 얻었다. 사택도 마련되어 있었다. 일생에 처음으로 자기 집을 갖게 된 에버하르트를 위해 디트리히는 가구들과 집 안 살림을 마련해 주었다. 모든 것이 빠르게 진행되었다. 디트리히도 급히 동부 프로이센으로 떠나야 했다.

"곧 다시 보게 될 거야. 몇 주만 있으면."

에버하르트는 디트리히의 손을 힘주어 마주 잡았다.

"로키스 목사를 잘 도와줘. 네가 나를 진심으로 도와준 것처럼!" 디트리히는 선교회의 일을 부탁했다.

굳게 악수하고 서로의 신뢰를 나누며 두 믿음의 형제가 작별했다. 디트리히는 차에 올라 새로운 근무지를 향해 떠났다.

28

"국민을 해치는 활동이라니요? 도대체 저의 어떤 행동이 국민을 해친다는 말입니까?"

디트리히가 물었다.

"공문에는 구체적인 내용은 없습니다, 본회퍼 목사님!"

"공문을 한번 볼 수 있을까요?"

경찰이 서류를 책상 위에 올려놓았다. 제국 중앙 보안국 공문에는 아래와 같이 쓰여 있었다.

"본인은 국민을 저해하는 본회퍼 목사의 행동 때문에 독일제국 전역에 걸쳐 강연을 전면 규제합니다. 보안국 국장 로스."

공문 두 번째 장에 쓰여 있는 부연 설명은 더 기가 찼다.

"이제부터 본회퍼 목사는 정기적으로 슐라베 경찰청에 신고를 해야 하며 사전 허가 없는 여행은 금지됩니다."

힘없는 경찰과 입씨름을 해 봐야 무슨 소용이 있으랴! 디트리히는 점잖게 공문을 한 부 복사해 달라고 부탁했다. 경찰은 한

마디로 거절하더니 대신 공문 번호 적는 것은 허락했다.

'제국 중앙 보안국 IVA 4b 777/40.'

경찰서를 나오는 디트리히의 마음이 쓰렸다. 밑바닥을 헤아릴 수 없는 습지를 아슬아슬하게 걸어가는 것 같았다.

정보국 사무실에서 한스와 오스터는 계획을 짜고 있었다. 디트리히를 정보국 뮌헨 지부 직원으로 발령을 내고, 정보국 첩보 업무를 위해 그의 에큐메니컬 접촉을 이용한다는 방침이었다. 그의 국제적인 넓은 인맥은 저항운동을 위해 유용하게 사용될 것이다.

디트리히는 그 사이에 다른 이들이 생명의 위협을 감수하면서 저항 모의에 가담하는 것을 방관하지 않기로 이미 결단했다. 교회 친구들에게는 자기가 하는 일을 함구했다. 벨 주교는 예외로 치더라도 다른 에큐메니컬 친구들과의 신뢰에 금이 갈 수도 있으리라. 벨 주교만큼은 자기를 이해해 주리라고 생각했다.

디트리히가 물었다.

"정보국에 고백교회 목사라. 대령님, 어울린다고 생각하십니까?"

오스터가 즉시 대답했다.

"정보국은 공산주의자든, 유대인이든, 누구를 막론하고 같이 일을 하지요. 하물며 고백교회 목사님이라고 못할 이유가 없지요!"

뮌헨 발령이 결정났다. 뮌헨 지부에는 바티칸에 가서 저항 활동을 벌였던 요세프 뮐러가 책임자로 있을 뿐 아니라 몇몇 반체제 인사들이 포석하고 있었다. 한스는 경찰서에 정기적으로 출두해야 하고, 또 여행 금지 조치들이 해제되어 자유롭게 움직이는 데 시간이 약간 걸릴 것이라고 했다.

"시간이 좀 걸릴 거야. 그때까지 외부에 신분을 노출시켜서는 안 돼. 그동안 여기를 떠나 좀 한적한 시골로 내려가 있었으면 해. 믿을 만한 사람들이 있는 곳으로 말이야."

제일 먼저 클라인-크로신에 사는 클라이스트-레초우 노부인이 생각났다. 노부인은 신실한 고백교회 신자로 핑켄발데 신학원을 시작할 때부터, 나중에 지구르츠호프-쾨슬린에 이사하기까지 항상 후원금과 감자, 채소류, 엄청난 육류와 소시지, 과일들을 아낌없이 지원해 준 뜨거운 후원자였다. 일요일 예배에는 손자 손녀 중 몇 명을 항상 데리고 왔다. 다른 대지주 귀족들과 달리 오히려 활발하고 개방적인 자세로 디트리히를 놀라게 했다. 특히 디트리히의 사상에 극히 동감하며 '유대인을 위해 소리치는 자만이 그레고리안의 찬송을 부를 수 있다'는 말에 손뼉을 쳤다. 그러면서 디트리히에게 기회가 되면 특히 젊은 대학생들에게 이 사상을 심어야 한다고 격려했다.

또 많은 목회자들이 디트리히가 교회연합회에 소속되면 교회를 내적으로 개혁시킬 것이라고 믿은 반면, 이 노부인은 '뿌리가 썩었으면 아무리 건강한 가지를 접붙인다 해도 소용이 없다'고 주장했다.

한번은 노부인이 그리스어를 배우기 시작했다고 말했다.

"본회퍼 목사님, 언젠가 그리스어 원어로 성경을 읽지 않고는 신약성경을 바로 이해할 수 없다고 말씀하신 적이 있지요? 그래서 늦었지만 이제라도 그리스어를 배우기 시작했습니다."

노부인은 눈을 반짝거리며 약간 상기된 얼굴로 디트리히를 쳐다봤다.

"이 늙은이에게 너무 벅차다고 생각하시지요?"

"아! 그렇다기보다……"

"그래요, 목사님 생각이 맞지요. 나도 이제는 머리가 녹슬어 이전 같지 않습니다. 저는 오랫동안 교회가 낡은 가죽부대처럼 되는 것 때문에 기도를 많이 해 왔습니다. 그런데 지금 영적 각성이 생기는 걸 느껴요. 그래서 동참하고 싶은 것입니다."

핑켄발데 신학원이 폐쇄된 뒤 몇 번이나 방문하여 며칠씩 머물곤 했던 노부인 댁을 다시 찾았다. 잘 다듬어진 논밭들과 숲, 조그마한 강, 이 모든 것이 클라이스트-레초우 부인의 친절한 환대 속에서 조용히 쉬며 방해받지 않고 집필하기에는 정말 이상적인 환경이었다. 쾌활했던 클라이스트-레초우 부인은 일 년 전 손자 한 명을 폴란드와의 전쟁에서 잃은 후 쓸쓸해 보였다. 두 사람은 집을 돌아보며 포도나무 줄기에 둘러싸여 있는 테라스로 걸어 나왔다. 그러자 손자 막스와 그의 여동생 마리아가 합류했다. 막스는 사관 후보생이었는데 기병 연대로 막 복귀하려던 중이었다. 군 복무와 조국을 위해 전쟁에 나가는 것은 젊은 포메른 출신의 귀족에게는 생명만큼 중요했다. 예쁘게 자란 어린 여동생 마리아는 이제 16세로 성숙한 처녀의 냄새가 물씬 났다. 그들의 아버지는 소령으로 프랑스 전투에 참여했다가 얼마 전 폴란드 남동쪽으로 재배치되었다.

"아빠가 두 주 동안 집에 머무셨어요. 정말 꿈같았는데 너무 짧았죠." 마리아의 검푸른 눈이 반짝거렸다.

마리아는 흰 블라우스 위에 검푸른 승마복을 입고 있었고, 그녀의 붉은 갈색 머리칼이 금빛 핀에 묶여 어깨 위로 찰랑거렸다. 내일 하이델베르크 근처에 있는 사립학교 기숙사로 가게 된다고 했다.

"학교는 어때?" 디트리히가 물었다.

"좋은 학교죠. 일류 학교 중 하나라고 할 수 있죠." 노부인이 끼어들었다.

"나는 차라리 고향 패치나 이곳 할머니 댁에서 다녔으면 좋겠는데."

"하이델베르크가 마음에 안 들어?"

"큰 도시는 싫어요. 숨을 제대로 쉴 수가 없죠. 말하는 것도 조심해야 하고요. 사람들을 쉽게 믿을 수도 없어요. 생각을 마음대로 말할 수 없는 게 얼마나 답답한지 몰라요."

"정말 그래." 막스가 편을 들었다.

마리아가 살짝 웃었다. 아름다운 얼굴에 굳이 흠을 잡자면 오른쪽 위 송곳니 사이가 약간 벌어져 있었다.

어릴 때부터 말의 등에서 자라다시피 한 막스와 마리아가 승마를 하러 가면서 같이 가자고 했다. 승마를 한 번도 해 본 적 없는 디트리히는 멋쩍게 웃으면서 거절했.

디트리히와 노부인은 서로 마주보며 편안히 자리를 잡았다. 9월의 늦은 비가 내린 후 강렬한 풀 향기가 상큼하게 코를 찔렀다. 노부인 소유의 넓은 들은 저 멀리 숲까지 이어졌고, 잘 다듬어진 모랫길이 저택과 잔디밭을 둘러싸고 있었다.

노부인이 먼저 입을 열었다.

"마리아가 학교에 있는 동안은 별 걱정이 안 되죠. 아직 이 년이 남았어요. 그 이후에는 노동 숙소로 가야 하니."

"그렇지요. 아마 피할 길이 있을 것입니다."

"무슨 대가를 치르더라도 그래야지요! 하지만 쉽지가 않지요, 본회퍼 목사님. 그들은 예외를 허락하지 않을 거예요. 지인 중에 약사가 한 사람 있는데 그의 딸이 노동 숙소에 가게 됐지요. 얼마 전 합숙소 소장이 편지 한 장을 보냈답니다. 그 편지를 보여 주더군요. 내용인즉 당신의 딸과 다른 다섯 처녀들이 조만간 총통에게 아이를 선물하게 될 것이라고요. 그 양반이 편지를 받고 제정신이 아니었습니다."

"저도 그런 소문을 들었습니다."

친위대장 히믈러가 대원들을 휴가차 노동 합숙소로 보낸다고 했다. 합숙하는 소녀들은 하라는 대로 해야지 그렇지 않으면 총통과 제국에 불충한다는 비난과 함께 온갖 불이익을 감수해야만 했다.

"목사님이 손을 써 줄 수 있겠습니까?"

"제 매형 한스나 아니면 다른 사람들에게 물어서 길을 찾아봐야겠습니다."

노부인이 고개를 끄떡이며 말을 했다.

"감사합니다. 목사님은 우리를 이대로 버려 두지 않을 거라 믿어요. 하지만 곧 바이에른으로 가게 되다니 안타깝습니다. 머무실 수도원이 정확히 바이에른 어디에 있지요?"

"에탈입니다. 뮌헨에서 남쪽이죠. 오스트리아 국경에서 가깝습니다."

"세상 끝이군요."

마구간 쪽에서 말 우는 소리가 나며 말을 탄 기사들이 나타났다.

"어디로 가려고?" 할머니가 물었다.

"말이 달리는 대로, 저쪽 강가로요." 마리아가 말 목을 '툭툭' 치며 대답했다.

산들바람이 그녀의 얼굴 위로 흩어 놓은 머리칼을 가을햇살이 황금빛으로 반짝거리게 했다. 눈부시게 아름다웠다.

"같이 가시지 않을래요, 본회퍼 목사님. 날씨가 참 좋아요!" 막스가 뒤를 쳐다보며 외쳤다.

"고마워요! 다음에 같이 갈게요." 디트리히가 미안해하며 그들을 향해 대답했다.

저녁에 노부인의 또 다른 아들의 가족과 막스 친구 두 명이 찾아왔다. 노부인의 제안으로 가족 음악회가 열렸고 할머니는 마리아에게 바이올린 연주를 부탁했다.

"죄송합니다, 바이올린을 손에서 놓은 지 너무 오래되어서." 마리아가 디트리히를 보며 말했다.

"혹시 본회퍼 목사님께 피아노 반주를 부탁드려도 될까요? 그렇다면 제 실수가 표시나지 않을 거예요."

마리아는 디트리히의 반주로 슈베르트 곡을 연주하기 시작했다. 중간중간에 몇 번의 실수가 있었지만, 그녀의 연주는 힘이 있으면서도 우아했다. 그녀의 가느다란 몸매가 부드러운 리듬을 따라 조화롭게 움직이고 있었다. 마리아의 연주가 끝나자 디트리히에게 연주 요청이 쇄도했다.

연주회가 끝나자 화제가 '사냥'으로 옮겨 갔다. 다음날 막스와 그들의 친구들은 사냥을 가기로 되어 있었다. 누군가가 '그렌 밀러'의 음악 판을 축음기에 올려놓았다. 음악이 흐르고 젊은이들은 춤을 추기 시작했다. 아까부터 마리아에게서 조금도 눈길을 떼지 않고 있던 막스의 친구 중 하나가 마리아에게 춤

신청을 했다. 그 청년은 키가 크고, 검은 곱슬머리에 용모가 뛰어난 군인 장교였다.

파티도 흘러나오는 음악도 디트리히의 마음을 끌지 못했다. 디트리히는 한쪽 구석에 자리를 잡고 앉아 노부인의 아들과 함께 감자를 어떻게 해야 잘 저장할 수 있느냐는 문제에 몰두하고 있었다.

29

디트리히가 에탈 수도원에 도착했을 때는 겨울이었다. 삼면이 좁은 골짜기로 둘러싸여 있는 높은 산들은 하얀 눈으로 덮여 있었다. 겨울 내내 몇 주만, 그것도 골짜기 아래로 겨우 한 시간 정도 햇빛이 비친다고 했다. 산마루에는 마을의 자그마한 집들이 수도원 주위에 다닥다닥 밀집해 있었다.

베네딕트 수도사들은 디트리히를 따뜻하게 맞아 주었다. 디트리히는 수도원에 속한 숙소에서 잠을 자고 수도원 식당에서 수도사들과 함께 식사를 하며 도서관을 자유롭게 사용하도록 배려를 받았다. 크고 여윈 몸 위로 검고 긴 수사복을 걸친 대부 요하네스 수도원장은 디트리히에게 열쇠까지 주며, 기도와 묵상을 할 수 있는 작은 기도실을 자유롭게 사용하게끔 했다.

"언제든지 와서 사용하게. 원하면 여기서 자도 되네."

원장이 미소를 지어 보이며 말했다.

'이분이 게슈타포와 나의 관계를 얼마나 알고 있을까?'

요세프 뮐러의 말로는 수도원장이 디트리히의 신상에 대한 이야기를 이미 알고 있고, 이 젊은이를 숨겨 줌으로써 발생할 수 있는 위험도 감수할 준비가 되어 있다고 했다.

오전에는 주로 도서관에서 지내면서 '윤리학' 저술에 힘을 쏟았다. 식사할 때는 항상 수도사 한 명이 중세 찬송으로 선창했다. 오후 휴식 후에는 숙소에서 지내다 저녁식사 때까지 산책을 나갔다가 수도원 종소리가 저녁식사를 알리면 돌아오곤 했다. 지난 5년 동안의 정신없이 바빴던 세월에 비하면 사치스러울 만큼 하루하루가 한가하고 여유로웠다. 수도원 미사에 참석하기도 했다. 서로 다른 신앙 형태에도 불구하고 기도와 경배에서 신·구교의 공통점을 찾아볼 수 있었다. 한번은 수도사들끼리 모여 《제자도》를 읽고는 책에 대해 함께 대화를 나누자고 초청하기도 했다.

그의 숙소 건물에는 함부르크 여학생들이 폭격을 피해 와 있었다. 그들은 한결같이 '히틀러 소년단' 유니폼을 입고 있었다. 또 베를린에서도 피신 온 몇몇 아동들이 자기와 같은 층에 머물렀다. 첫 번째 주말에 크리스텔 누나와 에미 형수가 조카들을 데리고 왔다. 조카들은 수도원에서 머물며 수업을 받았고, 엄마들은 베를린과 에탈을 번갈아 오갔다. 일곱 살에서 열네 살 사이의 다섯 조카들은 디트리히를 한시도 가만히 두지 않았다. 방과후 스키를 타러 갔다가 돌아오면 허기진 이들은 먹을 만한 것이라면 무조건 집어삼켰다. 매일 디트리히는 그들의 이야기를 들어 주며 같이 놀아 주고 숙제도 도와주었다. '대리아빠' 몫을 톡톡히 해야만 했다. 어느 날 우연히 식당을 지나다 조카 크리스토프의 목소리에 귀를 기울였다.

한 소녀가 물었다.

"네 삼촌은 뭐하는 사람이야?"

크리스토프가 대답하는 말이 들렸다.

"신학을 가르치는 교수야."

"그러면 개신교인이잖아? 그런데 가톨릭 수도원에서 무엇을 하려고 하는 거야?"

"우리 삼촌은 신학자야. 신학자는 모든 종교에 대해 알아야 하거든. 그게 삼촌의 직업이야."

"이상해."

"왜? 우리 삼촌은 단지 자기가 할 일을 할 뿐이야."

디트리히는 잠시 휴게실로 들어가 크리스토프가 지나가기를 기다리고 있었다. 크리스토프는 아무 이야기도 하지 않았고, 디트리히도 묻지 않았다.

일주일이 지나갔다. 수도원 사환이 문을 두드렸다. 문을 여니 밑에서 웬 사람이 찾는다고 했다.

"목사님! 게슈타포 같습니다." 늘 밝은 얼굴로 생글거리던 그가 겁에 질린 얼굴로 말했다.

"고마워요. 곧 내려간다고 전해 주세요. 별일 없을 겁니다!"

사환이 나간 뒤 디트리히는 책상 위에 흠잡힐 만한 것이라도 있나 급히 살펴보았다. 얼마 전 도착한 한스의 편지에는 일의 진척 사항이 비밀암호와 함께 적혀 있었다. 그는 급히 편지를 갈갈이 찢어 발코니에서 뿌렸다. 바람이 그 편지를 멀리 눈 덮인 산골짜기로 흩어 놓았다.

디트리히는 태연하게 아래로 내려왔다. 게슈타포 장교는 휴

계실 작은 책상 뒤에 자리를 잡고 있었다.

"제가 알기로는 당신은 뮌헨에 등록되어 있습니다!" 친절이 지나칠 정도였다. 그러면서 뮌헨 주소를 읽어 주었다.

"맞습니다. 저의 집 주소죠."

"그런데 무슨 일로 이곳에 자주 오지요?"

"일이 있어서요. '윤리학' 책을 저술하는 데 자료가 필요해서요."

"윤리학?"

"그렇습니다."

"당신은 가톨릭교인이 아니지 않소?"

"그렇습니다. 그러나 윤리 문제는 모든 종교에서 다루어야 할 학문임을 알고 계시지요? 그런 연구에는 시간이 많이 걸리지요. 에탈에는 그 주제에 맞는 책들을 구비한 좋은 도서관이 있고요."

"알겠습니다." 키가 크고 아리안족 특유의 얼굴을 가진 게슈타포 형사는 에탈 수도원 도서관에는 흥미가 없는 듯 말했다.

"얼마나 머물 작정이오?"

"시간이 좀 걸릴 겁니다. 정확한 계획을 세우기가 어렵습니다. 연구에 심취하다 보면 예기치 않게 뜻하지 않은 질문에 자주 맞닥뜨리게 되지요."

형사는 더 이상 묻지 않았다. 그리고 디트리히 방을 조사할 기미도 없었다. 이 비밀경찰들이 왜 왔을까? 정기적인 조사를 위해 나온 것일까? 무엇보다 자신을 바싹 달라붙어 일거일동을 살피려 하지는 않을지 심사가 약간 불편했다.

수도원장은 걱정이 대단했다. 늘 디트리히에게 조심하라고 일렀다. 디트리히를 위해 비상시 연락을 취하도록 도서실에 전화까지 설치했다. 게슈타포가 다시 나타나면 수도사복을 입고 떠나라고 귀띔까지 했다.

"그렇게까지는, 원장님."

"아무리 조심해도 나쁠 것은 없네."

다음날 아홉 살 난 조카 크리스토프가 독감에 걸렸다. 디트리히는 자기 방으로 데려와 밤새 간호했다. 그날 밤, 디트리히가 전선에 가 있는 신학교 제자들에게 성탄 편지를 쓰고 있는데 크리스토프가 물었다.

"디트리히 삼촌, 누구에게 편지를 쓰세요?"

"나와 함께 신학교에 있던 목사님들에게."

"손이 아프지 않아요?"

"물론 아프지. 그렇지만 멀리 전쟁터에 나가 있는 그들은 아주 외롭단다. 내 편지가 그들에게 큰 기쁨이 될 거야."

"카드도 보내세요?"

"응!"

"한번 보여 주세요."

디트리히는 알트도르퍼가 그린 예수님 그림이 인쇄되어 있는 카드를 보여 주었다. 폐허를 배경으로 한 성탄 장면들이 그려져 있었다. 디트리히는 자기 처지와 왠지 어울리는 듯한 이 카드를 90장이나 사 한 장 한 장 써 내려갔다.

소년은 잠시 생각에 잠기더니 다시 질문을 던졌다.

"디트리히 삼촌, 나도 나중에 전쟁터에 나가야 하나요?"

"아니야, 그때쯤이면 전쟁은 끝날 거야. 물론 희망사항이기는 하지만."

"아빠도 그랬어요. 그런데 한스-발터 형은 어쩌죠?"

"한스-발터는 전쟁이 계속된다면 참전해야 할지도 몰라."

크리스토프는 카드를 돌려주면서 또 물었다.

"게슈타포가 삼촌을 미행하는 이유는 아빠랑 같이 일하기 때문이지요?"

디트리히는 흠칫 놀랐다.

"그들은 내가 사람들 앞에서 강연이나 설교하는 것을 싫어해서 그래."

"삼촌은 카나리스 제독을 위해 일하지요? 혹 이중 스파이가 아니에요?"

"무슨 엉뚱한 생각을! 이제 잘 시간이구나, 크리스토프."

"디트리히 삼촌!" 크리스토프는 이불을 턱 바로 밑까지 끌어올린 채 물었다.

"함부르크에서 온 여자친구가요, 삼촌에 관해서 물어보았어요. 삼촌이 여기서 무엇을 하는지 의심하는 것 같았어요."

"그래? 너는 뭐라고 대답했어?"

"신학자로서 가톨릭에 대해 연구해야 한다고 했어요. 내가 대답을 옳게 했는지 약간 수상하게 여기는 것 같았는데, 그래서 게슈타포가 온 게 아닐까요?"

크리스토프의 눈에 눈물이 글썽거렸다.

디트리히는 조카의 침대 가까이 다가갔다.

"아니야, 크리스토프. 너의 대답은 아주 훌륭했어. 왜냐하면 사실이니까."

조카의 손을 굳게 잡아 주었다.

"자, 이제 잘 시간이야. 잘 자!"

그 달에, 오랜만에 디트리히에게 좋은 소식이 날아들었다. 한스가 에버하르트 목사의 징집 명령을 취소시키는 데 일단 성공했다는 소식이었다. 에버하르트를 통해 고스너 선교회 소속의 인도와 중동 국가들과 접촉하는 것은 국방부 정보국으로서는 포기할 수 없는 중요한 첩보 활동이라는 이유가 받아들여진 것이다. 성탄절 직전에 한스와 요세프 뮐러가 에탈로 왔다. 연합군과의 접촉 문제를 의논하기 위해서였다. 뮐러가 디트리히를 위해 에탈에 거처를 마련해 주면서부터 디트리히는 약간은 거친 이 변호사 양반에 대해 많은 것을 알게 되었고, 점차 존경하게 되었다. 뮐러는 겉으로는 나치당이 침투하여 들어가고자 하는 서민층의 냄새를 물씬 풍기는 사람이었으나, 실제로는 전혀 나치 사상에 물들지 않았다. 그는 황소로 땅을 갈고 개간해 학비를 벌었던 사람이라, 나치 저항운동가들 사이에서 '우직한 황소, 요셉'이라는 별명을 얻었다. 디트리히를 처음 만났을 때, 그는 이렇게 말했다.

"우리는 공동 목표를 위해 함께 일하고 있소. 당신은 신교에서, 나는 구교에서. 1936년에 당신이 작성한 히틀러에게 보내는 서한을 읽어 보았지요. 정말 용기 있는 일이라고 생각합니다. 히틀러가 당신과 나, 신교와 구교를 하나로 묶어 준다면 적어도 좋은 일을 하나 한 셈이군요. '한 무리가 되어.' 안 그렇소?"

뮐러의 갈색 눈은 디트리히의 동의를 구하고 있었다.

"한 목자에게로요?"

"흠, 물론 그 목자가 누가 되어야 하는 것은 모두가 알고 있지 않소? 그 주제에 대해서는 차차 더 이야기를 나누도록 하죠." 뮐러는 씩 웃었다.

그러나 그것은 이루어지지 않았다. 바티칸에서 성탄절 방문차 온 세 명의 주교들과 연달아 회동이 이루어졌기 때문이다. 지난해 바티칸과 뮐러의 협상을 주선해 주었던 라이버 주교가 그 중 한 사람이었다. 호텔의 작은 식당에서 만나자마자 그들은 마치 오랜 지기들을 만난 듯했다. 정치적·영적 공통 관심사가 처음 만난 그들을 하나로 묶어 주었고, 자신들이 경찰 국가 안에 있다는 사실을 잊어버리고 아주 자유롭고 유쾌한 분위기가 만들어졌다. 특히 특산품 에탈 맥주를 담은 잔을 부딪쳐 가며 재미있게 엮어 가는 요세프 뮐러의 구수한 말 솜씨가 한층 분위기를 돋우었다.

"처음 베를린 정보국에 들어갔을 때, 적어도 카나리스 제독이 나를 영접하려니 했죠. 그런데 웬걸! 오스터 대령과 도나니 부관이 불쑥 나오지 않겠습니까? 오스터 대령은 좀처럼 말문을 열지 않더니 '우리는 이미 당신에 대해 많은 것을 알고 있습니다'라고 이야기를 시작하더라고요. 그 말에 얼마나 충격을 받았는지. 그들은 정말 훤히 다 알고 있었어요. 단 한 가지 사실만 빼놓고. 내 결혼식 주례 신부님이 지금 교황인 것처럼 정보국 내부에 헛소문이 났더군요. '교황이 주례 선 사람.' 기분이 나쁘지는 않죠. 심지어 보안대장 하이드리히는 나를 변장한 예수회 신부로 생각하고 있고, 교회 업무를 위해 교황으로부터 아내를 얻어 결혼할 수 있는 특별 허가를 받았다고 추측하고 있지요. 그러나 상상은 자유 아닙니까?"

모두들 폭소를 터뜨렸다. 심지어 본래 집 밖에서는 감정을 잘 드러내지 않는 한스조차 유쾌한 표정을 숨기지 않았다.

저녁이 되어 본론에 들어가자 웃음이 넘치던 얼굴은 서서히 심각하게 변해 갔다. 아담하게 생긴 라이버 신부는 모임 내내 검은 신부복 속에서 겸손하고 소박한 미소 외에는 좀처럼 자신을 드러내지 않더니, 한스가 다시 한 번 영국과의 접촉을 부탁하자 아주 단호한 모습을 나타냈다.

"유감스럽지만 더 이상은 불가능하군요. 교황께 그 말을 다시 할 수 없소."

"우리가 지난번에 교황을 실망시켜 드렸기 때문입니다. 아마도 우리에게 거는 기대가 컸던 모양입니다." 요세프 뮐러가 덧붙여 설명했다.

"당신들의 기대보다는 더 크지 않았죠. 교황은 그것을 알고 있었어요. 노르웨이와 네덜란드에 대한 경고를 해 준 것으로 충분하다고 생각합니다. 실상 저와 교황은 세상 일에 지나치게 관여했지 않나 싶어요. 두 번 다시는 그런 일이 없을 것입니다."

주교는 부드러운 듯하면서도 강인했다. 바티칸은 아무리 히틀러 전복이 영예롭고 도덕적인 명분을 내세운다 할지라도 성공 확률이 아주 낮은 불안한 계획에는 더 이상 참여하지 않을 심산이었다.

"네덜란드에 독일이 침공할 거라는 경고가 전달되었다면, 왜 상응하는 조치를 취하지 않았을까요?" 한스가 물었다.

"글쎄요. 도저히 믿을 수 없는, 신빙성 없는 정보로 간주한 것 같소. 심지어 벨기에 대사도 독일이 설마 그렇게까지 나오지는 않을 거라고 했다 하더군요." 라이버 주교의 설명이었다. 그는 또 뮐러를 향하여 말했다.

"그는 당신을 믿을 수 없는 간신배이거나, 히틀러가 파견한 엉터리 정보를 흘리는 사람으로 생각한 것 같아요."

"어떻게 그렇게 경솔할 수 있습니까?" 밀러는 고개를 흔들며 소리쳤다.

바티칸 손님들이 수도원으로 돌아간 뒤 밀러는 말없이 맥주잔을 다시 채우고 비우기를 반복하며 한숨을 푹푹 내쉬었다.

"휴, 이제 어떻게 할 거요?"

"다른 경로를 찾아야죠. 그 중 한 경로는 디트리히가 잘 알고 있는 영국의 벨 주교지요."

한스가 디트리히를 돌아보며 물었다.

"디트리히, 어느 정도 가능성이 있을 것 같아?"

"아마도 제네바에 있는 WCC를 통해 접촉이 가능할 거야. 여하튼 그곳으로 가야 하는데……."

"그건 별문제 없어. 다만 네가 돌아오는 대로 보고서를 작성해야 해. 네가 민간 정보요원으로 군사적인 정보를 수집하고 활동했다는 보고서를 작성하면 문제없어."

이제 드디어 이중 스파이가 되는가? 디트리히는 생각에 잠기며 물었다.

"언제 떠나면 될까?"

"가능하면 빠른 시일 내에. 한심하기 짝이 없는 게슈타포의 여행 금지 조치가 종결되는 대로."

바야흐로 그가 행동할 시간이 다가온 것이다.

30

 스위스 국경에 가까워지자 기차가 서행하기 시작하더니 철이 부딪히는 소리를 내며 완전히 멈춰 섰다. 국경 검문소 군인들과 SS 친위대원들이 사나운 수색견을 끌고 기차 안으로 들어오자 디트리히는 등골이 오싹했다. 맥박이 빨라지기 시작했고, 손바닥이 땀으로 축축해져 수시로 닦아 내야 했다. 침착하려고 애를 쓰며 눈길을 창밖으로 던지자 하얀 눈으로 뒤덮인 아름다운 풍경이 펼쳐져 있었다.
 사비네와 게르트 부부에게 전해 줄까 하여, 출발 전에 이천 마르크를 구좌에서 인출해 책갈피 사이에 숨겨 넣은 게 마음에 걸렸다. 갑자기 다른 객차 저쪽 끝에서 소동이 나더니 남자 하나가 SS 친위대원들에게 짓밟히고 있었다. 그런데 대원 가운데 장갑을 끼고 망토를 걸친 한 젊은 장교의 얼굴이 낯이 익었다. 친위대 유니폼을 입은 요르크 뮐하우젠! 바로 그 청년이었다. 당황스럽고 충격적이었다. 하지만 어쩌랴, 보던 책을 옆에 놓고 정보국 뮌헨 지부에서 발행해 준 여권과 신분증을 꺼냈다.

3년 전, 프리드릭스부룬에서 요르크를 만난 이후, 그가 우수한 성적으로 졸업시 표창장을 수여받았다는 것 외에는 별다른 소식을 듣지 못했다. 나치 장교의 길은 요르크 청년에게 하나의 신분 상승의 길을 열어 주었음에 틀림없었다.

그들이 서서히 다가왔다. 정말 어디론가 숨고 싶었다. 요르크가 여권과 여행증명을 보고 어떤 생각을 할까? 이제 당신도 별 수 없이 히틀러를 위해 일하는 공무원이 되었군요. 아니면 비밀리 진행되는 계획을 눈치 채고 미심쩍은 질문을 하면 계속 거짓말을 둘러대야 하나? 둘 중에 어떤 것도 마음에 들지 않았다. 요르크가 숨겨진 돈을 발견하면 뭐라고 하지?

마침내 SS 친위대원들이 디트리히가 있는 칸으로 들어왔다.

"하일 히틀러!"

그들은 손을 들어 경례를 하더니 여권 검사를 시작했다.

"안녕하시오, 장교님." 디트리히는 요르크에게 먼저 인사를 건네며 고개를 약간 숙였다.

"아, 안녕하십니까? 본회퍼 박사님!" 그는 아주 당당하고 덤덤하게 인사했다.

디트리히가 여권을 경찰에게 넘겨주자, 그가 요르크에게 다시 넘겼다. 요르크는 여권과 여행증명서를 자세히 보더니 고개를 끄덕였다. 요르크가 디트리히의 여권에 출국 도장을 찍고 있는 부하 사내를 흐뭇하게 바라보았다. 이 젊은 나치 장교가 과거 목동 일을 하던 그 '덧니 소년'이라고 상상이나 할 수 있겠는가? 짐 검사도 있었다. 요르크가 책갈피 사이에 있는 돈도 발견했다. 그러나 잠시 생각하더니 책을 덮고 디트리히에게 약간 어색한 표정을 지으며 돌려주었다. 그러고는 아무 말 없이 다른 칸으로 갔다.

다시 기차가 천천히 움직이기 시작하더니 10분 후 바젤에 도착했다. 여기서는 스위스 관리들이 비자 검사를 해 긴 줄을 서서 기다려야 했다. 한 젊은 스위스 관리가 물었다.

"체류 목적이 무엇이지요, 본회퍼 씨?"

"교회에 관한 일 때문에 왔습니다. 제네바에서 에큐메니컬 지도자들과 회의 약속이 있습니다."

"독일 제국이 그런 회의에 대표자들을 파송하다니 의외입니다."

"순전히 초교파적인 일로 인한 사적인 만남입니다."

디트리히의 말을 믿지 못하는 것은 뻔한 일이었다. 디트리히 뒤에 서 있는 독일 양반 하나가 그들의 대화를 듣고 있었다. 디트리히가 국경 검문소장을 만나게 해 달라고 부탁했다. 곧 작은 사무실 안에 나이가 지긋이 들어 보이는 소장에게로 안내되었다. 그 역시 의심에 찬 눈초리였다. 디트리히는 모임 취지가 유럽 교회간의 관계를 돈독히 하여, 전시 상황일지라도 그리스도 지체들 사이의 화목과 평화를 도모하기 위함이라고 설명했다.

소장이 비웃는 듯한 미소를 지어 보였다.

"나치가 그런 일에 출국 허가를 했다고요?"

"물론 아니죠! 당신 생각대로 공식적으로는 나는 다른 임무를 띠고 왔소."

디트리히가 차근차근 상황을 설명하자 종이 위에 찍찍 낙서를 해 가던 소장이 인상을 쓰기 시작했다.

"그런데 교회 추천서 한 장도 가지고 있지 않다는 말이오? 믿기 어려워요, 본회퍼 씨."

"그런 서류를 소지한 채 독일을 빠져 나올 수 없습니다. 이해 못하시겠소?"

"글쎄요." 소장은 시큰둥했다.

"소장님, 바젤에 있는 칼 바르트 교수에게 전화로 확인해 보시지요. 저를 잘 알고 있습니다."

더 이상 아무 말도 않고 소장은 옆방으로 들어갔다.

칼 바르트 교수와 직접적인 교제는 몇 년 동안 단절 상태였지만, 분명히 자기 신분을 보증해 줄 거라고 확신했다. 어느 누구보다도 본회퍼 자신이 신학을 하도록 동기를 부여한 분이고, 디트리히도 바르트의 저술은 빼놓지 않고 탐독했다. 1931년, 미국에서 귀국하여 본에서 3주에 걸쳐 열린 바르트 신학원에서 두 사람은 처음 만났다. 신학원 첫 시간에 디트리히는 루터의 글을 인용했다.

"때로 무신론자들의 퍼붓는 저주는 신자들의 할렐루야 찬양보다 하나님의 귀에 더 좋게 들리는 법이지요."

바르트는 이 젊은이에게 감탄했다. 이후 두 사람 사이는 급격히 가까워졌고, 때때로 본질적인 의견 차이가 있긴 했지만 우정은 더욱 깊어졌다.

소장이 얼굴에 미소를 머금고 돌아오더니 악수를 청했다.

"무례했습니다. 용서하십시오, 본회퍼 목사님! 독일 친위대가 자국 비밀경찰들을 스위스에도 깔아 놓으려고 하지요. 스위스 당국은 항상 이를 경계해야 한답니다."

바르트는 검은 테의 안경을 벗어 닦기 시작했다. 그의 각진 얼굴에 아직도 의심이 서려 있었다.

"제네바 인사들의 협조가 쉽지 않을 것이네. 자네와 친분이 없다면 나 역시도 그랬을 거야."

책으로 둘러싸여 있는 바르트의 서재에서 나누는 대화는 여간 곤혹스럽지 않았다. 바르트를 설득하기 위해 장장 몇 시간에 걸쳐 긴 설명을 해야 했고, 저항운동의 전모에 대해서도 대략은 밝혀야만 했다.

"어쨌든 스위스 사람들과 일이 쉽지 않을 것이네. 언젠가부터 여기 사람들은 독일에서 오는 것이라면 사람이든 물건이든, 모두 일단 의심부터 하지." 바르트가 경고했다.

"이해가 됩니다."

바르트 교수는 히틀러 전복 계획에 전혀 동의하는 빛이 없었다. 오히려 그런 움직임이 민족주의적이며, 군국주의가 기세를 부리는 전체주의 체제로 몰아가게 되지나 않을까 염려하고 있었다.

"마치 계란에서 귀족이 나오듯 대포알에서 프로이센 제국이 이루어졌어."

바르트는 특히 군 장성들을 믿지 못했다. 바르트 교수의 집요하게 이어지는 날카로운 질문에 디트리히는 저항운동가들의 다양한 정치적 성향과 앞으로 하나의 나라를 세우는 데 의견 차이가 있음도 숨김없이 토해 냈다.

"차기 정부 수립 구상이 주요한 의제이긴 합니다만, 무엇보다 급한 것은 악랄한 나치 정권을 무너뜨리는 것입니다."

"귀국 길에 다시 한 번 들른다면 나를 설득할지도 모르겠군." 여전히 믿지 못하는 투였다.

"교수님과 차라리 신학적인 문제에 대해 이야기를 나누었더라면 좋았을 뻔했습니다."

스무 살 이상 나이가 많은 바르트 교수. 며칠간이라도 이런 석학 곁에 머물면서 신학의 존립 같은 본질적인 문제에 대해 대화를 나눌 수 있다면……. 그러나 그럴 시간이 없었다.

취리히에서 미국 유니온 신학교 동기 에르윈 슈투츠를 만났다. 그가 벨 주교가 전해 준 몇 달 묵은 소식을 건네주었다. 주교는 변치 않는 기독인의 사랑의 교제를 확인해 주었고, 프란츠도 잘 지낸다고 알려 주었다. 그것만으로도 힘든 스위스 여행의 가치가 충분히 있는 듯했다.

취리히 근교에 사는 에미의 여동생을 통해 옥스퍼드에 있는 사비네의 소식을 들었다. 영국이 독일의 폭격을 받고 있던 가을과 겨울 내내 사비네 부부와 소식이 끊겼던 터라 얼마나 반가웠는지 모른다. 에미 여동생 말로는 사비네 남편이 전쟁 초기에 독일 시민권 때문에 몇 달간 가택 연금 상태에 있었으나, 벨 주교의 노력으로 가택 연금이 풀렸다고 했다. 디트리히는 사비네에게 긴 편지를 쓰고 2천 마르크를 넣었다. 벨 주교에게도 감사 편지를 썼다.

바르트가 경고한 대로 디트리히는 제네바에서 난관에 부딪혔다. 연합군들과의 교섭과 접촉을 도와주어야 할 에큐메니컬 동료들은 독일 교회 상황에 대한 보고를 받아들였으나, 독일 국방부 정보국 핵심에서 일어나는 저항운동 움직임을 쉽게 믿을 수 없어 했다. 디트리히가 개개인의 신분은 밝히지 않고 차분하게 저항운동의 윤곽을 설명해 나가자, 마침내 그들이 설득되기 시작했다. WCC 사무총장은 벨 주교에게 상세히 보고하겠다고 약속했다. 그리고 나치 전복 후 기독교적 관점의 세계 평화에 관한 백서를 영국 정부에 보내고자 초안 작성도 시작되었다. 벨 주교의 제안대로 이 백서는 디트리히가 귀국한 뒤 완성될 것이며, 이를 기초로 하여 세계 평화를 위한 일들이 폭넓게 진행되도록 할 것이다. 디트리히는 거사 기간 동안 연합군들이 공습 작전을 중지해 주도록 부탁했다. 또 독일 주요 군 장성들의 지원이 긴급히 필요한데, 이들을 거사에 끌어들이기 위해 연합군의 확실한 승낙이 보장되어야 한다고 요지를 밝혔다.

행동하는 실천적인 그리스도인들의 교제 속에서 전 세계에 흩어진 교회 공동체의 존립에 대해서, 또 그리스도께서 현재 일어나는 엄청난 사건들을 넘어 자신의 몸 된 교회 안에서 어떻게 역사하시는지에 대한 토론들은 디트리히에게 일종의 치료제처럼 작용했다.

제네바에 체류하는 동안, 부당한 검열과 삭제로 정확한 언론 보도에 목말라 하던 디트리히는 매일 밤늦게까지 지난 2년간의 신문과 잡지 기사들을 탐독해 갔고, 친구들에게 쉴 새 없이 질문을 퍼부었다. 4주가 후딱 지나갔고 귀국 길에 올라야 했다. 새 힘을 듬뿍 얻고 국경을 넘어 다시 폭풍우 속으로 들어갔다.

베를린 정보국에서 오스터가 내미는 서류를 건네받았다. 총독관저에서 떨어진 명령서 사본인데, 두 달 뒤 1941년 6월 6일에 발표될 예정이었다. '정치위원 관리 지침서'라는 제목 아래 다음과 같이 적혀 있었다.

"러시아와의 전쟁은 점잖게 이루어져서는 안 된다. 이 전쟁은 이데올로기와 종족 차별에 대한 전쟁이다. 통상적인 전쟁과는 다르게 무자비하고 살벌하게 치러야 한다. 모든 장교는 케케묵고 낡아 빠진 사상에서 벗어나 내 명령에 이유 불문하고 따를 것을 명한다."

명령서의 한 단락이 유달리 눈에 띄었다.

"붉은 군대의 정치위원들은 작전 중 생포하든지, 만약 저항하면 바로 사살한다. 이 경우 국제법을 준수하지 않는다고 독일 군인들을 결코 비난하지 못할 것이다."

그 외에도 총독의 명령에는 유격대들은 예외 없이 사살하고 적의 민간인 중에서도 모든 의심스런 움직임에는 집단 사살을 포함해 가장 엄격하게 즉각 다스리도록 요구하고 있었다.

"국방군에게, 폴란드에서 SS 친위대원들이 저질렀던 만행을 똑같이 하라고 요구하는 것인가요?" 디트리히는 어이가 없었다.

두려움에 싸인 채 징집되어 러시아 전선에 배치된 신학원 제자들이 떠올랐다.

"바로 그것을 원하는 거요. 대다수 사령관들이 말도 안 된다고 펄펄 뛰지만, 브라우히치 총사령관은 아직도 히틀러에게 거역할 마음이 없어요."

"브라우히치가 계속 총사령관으로 머물게 됩니까? 할더 총장도요?"

"본인들은 나라가 극적인 상황으로 빠지는 것을 막기 위해 그 자리를 지켜야 한다고 말하죠. 즉 히틀러의 명령을 조금이라도 완화해 보고자 시도하겠다는 거예요."

"지도자의 명령을 완화하거나 제지할 수 있는, 그런 정도의 재량의 여지가 있단 말입니까?"

"아주 조금. 어쩌면 특별 명령으로 몇몇의 목숨은 구할 수 있을 거요. 많이는 아니고. 아니! 많이는 절대 안 되죠. 그들은 독일 국방부의 명예를 팔아 버리고, 우리와 우리 자손들은 수치를 당하게 되었소." 오스터는 명령서를 도로 받아 서랍에 집어넣었다.

"'작은 헬라인'이 만나고 싶어 해요. 카나리스 제독이 목사님의 두 장의 보고서(정보국에 내는 공식적인 보고서와 저항 동지들을 위한 비밀 보고서)를 다 읽었소. 당분간 목사님이 베를린에 머물 수 있어야 한다는 의견입니다."

제독 집무실에 들어서자 애완견들이 요란하게 짖으며 디트리히를 환영했다. 오스터 장군이 '작은 헬라인'이라고 부르는 제독은 방 안에 없었다.

"새들에게 먹이를 주고 있을 거요." 오스터가 알려 주었다.

두껍게 차려 입은 물체 하나가 발코니에서 새 먹이를 뿌리고 있었다.

제독이 들어오며 손을 내밀었다.

"아, 본회퍼 목사님! 와 주셔서 감사합니다."

4월 말, 날씨가 그렇게 춥지도 않은데 신발까지 닿는 외투를 입고 있었다. 애완견들이 호기심에 찬 눈빛으로 서성거렸다.

"자, 이제 너희들 차례구나. 영리한 놈들." 제독이 주머니에서 먹이를 꺼낸 뒤 머리를 쓰다듬고 먹이를 주고는 책상 옆 자기 자리들로 애완견들이 돌아가는 것을 웃으며 쳐다보았다.

"개라는 짐승들은 인간들의 나쁜 점은 하나도 가지고 있지 않지요. 오히려 인간들의 좋은 점만 가지고 있어요." 제독이 외투를 걸면서 거창하게 자기 주장을 펴 나갔다

"내 애견들은 참 믿음직스럽죠. 나를 절대 배반하지 않을 거요."

제독은 디트리히의 스위스 여행의 세부 내용보다 영국 상원의원인 벨 주교에게 큰 관심을 보였다.

"벨 주교와 처칠 수상과의 교분이 어느 정도인지 아십니까?"

"그 점에 대해서는 잘 알지 못합니다만, 주교님이 고위층 분들과 폭넓은 인맥을 가지고 있다고 알고 있습니다."

"처칠은 대단한 사람이오. 그리고 영국은 유럽 대륙을 나치와 볼셰비키 공산주의자들, 두 역병으로부터 구해 낼 수 있는 공군력을 가지고 있소. 처칠 수상과 내 이름의 첫 자가 똑 같은 것을 알고 있소?"

빌리암 카나리스(William Canaris)와 윈스턴 처칠(Winston Churchill)! 이제까지 한 번도 생각해 보지 못한 점이었다.

"그렇군요." 디트리히가 미소를 지어 보였다.

제독이 자리를 권하며 자기도 소파에 앉았다.

"당신이 부르는 별명처럼, '첩보 도사'인 내가 처칠과 영국민들을 무릎 꿇게 하기 위해 간첩 침투, 폐업, 자살 명령 등을 관장 수행해야 하죠. 이게 내 직업이오. 언젠가는 보안대장 하이드리히와 쉘렌베르크 같은 놈들과 담판을 지어야 하는데, 그러다가 저들과 똑같이 비열하게 추락할지도 모르죠. 그 문제는 뒤로 두고, 우선은 당신 같은 분들과 어떻게 이 제국을 무너뜨릴 수 있을지 이야기해야겠소." 대화가 갑자기 비약을 했다.

"박사님, 마르틴 니묄러 목사를 아시지요?"

"네, 압니다."

"요즘 근황을 알고 있습니까?"

"이곳으로 오기 전 사모님과 만나 뵈었습니다. 건강도 양호한 편이고, 믿음도 흔들리지 않고 잘 지키고 있다고."

"정말 용감한 분이오. 수용소에 간 지 한 사 년 됐지요?"

"예."

"정말 용감한 분이에요! 이전에 달렘 교회에 종종 나간 적이 있어요."

디트리히와 오스터에게는 전혀 뜻밖이었다.

"자신에게 닥친 운명을 거부하는 것이 어떤 의미가 있는지 모르겠소."

디트리히가 대답했다.

"그것이 자신이 처해 있는 시간과 장소에 대한 것이라면 별 의미가 없는 것 같습니다."

"불운의 시간과 불운의 장소? 그렇다면 왜 싸워야 하지요?"

"하나님이 악을 선으로 바꾸실 수 있고, 또 더 큰 악으로 치닫지 않을 것을 믿기 때문이죠."

제독은 조용히 디트리히를 바라보았다.

디트리히는 계속했다.

"하나님은 이러한 목적을 위해 최선을 다하는 사람들을 사용하지요."

잠시 후 제독이 질문을 던졌다.

"아르헨티나에 가 본 적이 있소, 본회퍼 목사님?"

"아뇨!"

"놀라운 나라예요. 광활하고 탁 트인 대지, 환상적인 자연 경관들. 지금은 그리스 섬을 더 사랑하게 되었지만 말이오."

오스터는 초조하게 담뱃재를 털어 냈다.

"목사님은 왜 독일로 돌아왔습니까?"

아, 이 질문을 여기서도 듣다니!

"왜 미국에 머물지 않았소?"

"조국의 운명을 피해 달아날 수 없었습니다."

"아! 그렇군요." 제독의 눈빛이 빛났다.

"이번에 새로 내려진 어처구니없는 지도자의 명령에 대해 알고 계시죠?"

"제가 보여 드렸습니다." 오스터가 대신 답했다.

"이 명령이 철회되지 않으면 독일은 대대손손 수치를 당하게 될 거요."

오스터가 끼어들었다.

"이 명령을 철회시키기 위해서는 한 가지 길밖에 없습니다. 하셀을 프랑스에 있는 비츠레벤에게 보내 히틀러가 오월 프랑스 항복을 기념하기 위해 그곳으로 갈 때 습격하는 것입니다."

"자세한 설명은 그만하고!" 제독이 말을 끊고는 몸을 구부려 애견의 머리를 쓰다듬으며 말했다.

"진행하시오! 별로 자랑거리도 아닌 세부 계획들을 듣고 싶지 않소. 그렇지, 롤로야? 정말이지 듣고 싶지 않소!"

제독이 애견을 부르며 소파에 몸을 기댔다.

"독일군인들이 광란의 화신이 내리는 명령 아래 러시아의 초원 위에서 피를 흘리게 될 거요. 히틀러는 나폴레옹의 러시아 원정 실패 이야기를 모르는 게 분명하오." 제독의 목소리에는 침통함이 배어 있었다.

디트리히는 조카 레나테가 자기 부모나 자기보다 제일 먼저 에버하르트에게 속마음을 털어놓는 것이 신기했다.

"그 애가 누군데?"

"같은 학교 친구요. 우리 둘 다 학급 대표라 자주 봐요."

뺨으로 흘러내린 머리카락을 만지며 레나테가 에버하르트를 쳐다보더니 다시 피아노 연주에 열중했다. 데부쉬의 삼중주가 조용히 울려 퍼졌다.

"너를 왜 신고하겠대?" 디트리히가 불쑥 물었다.

"이 세상에 일어날 수 있는 가장 끔찍한 일을 친구가 알아야 할 것 같아 말해 주었거든요."

"무슨 이야기?"

에버하르트가 대신 설명했다.

"안락사와 강제수용소에 대해서 말이야. 그리고 그들이 유대인들을 어떻게 다루는지……."

"그 친구는 아주 좋은 애 같았어요. 비록 아빠가 나치당원이기는 하지만 나한테는 아주 친절했거든요. 그리고 인상도 좋고 품행도 단정하고. 그래서 친구가 사실을 알아야 된다고 생각했어요."

레나테는 마치 자신을 지키려는 듯 고개를 들고 의연한 척했으나 그녀의 턱이 가볍게 떨리고 있었다.

레나테는 지난 가을만 해도 조그마한 소녀였는데, 어느덧 성숙한 아가씨로 성장해 있었다. 6개월 만에 다시 만나니 그녀의 의연한 자태와 꼿꼿이 세운 머리, 성숙해진 얼굴 윤곽에서 얼마나 많이 성장했는지 알 수 있었다. 새하얀 블라우스에 푸른 스웨터, 바둑판 치마와 흰 스타킹 같은 단조로운 교복도 그녀의 놀라운 변화를 숨길 수 없었다. 외형뿐 아니라 인식의 변화도 읽을 수 있었다. 레나테가 디트리히의 생각을 중단시켰다.

"그런데 그 친구는 이야기를 듣자마자 잔뜩 흥분해서는, 그런 말들을 퍼트려서는 안 된다고 경고했어요. 그렇지 않으면 나를 신고해야 한대요. 그것이 자기 의무래요. 친구가 정말 신고를 할지 겁이 나요. 어떻게 해야 할지 모르겠어요."

"부모님께 말씀드렸어?" 디트리히가 물었다.

"아직은……."

"부모님께 말씀드려야 되지 않을까?"

"하지만 아버지와 어머니가 무척 걱정할 텐데. 걔가 정말 신고하면 우리 가족 모두가 위험해질 텐데요."

"정말 네 친구라면 그렇게까지는 하지 않을 거야." 에버하르트는 부드러운 목소리, 사랑스런 눈빛으로 그녀를 위로했다.

"그 친구가 나를 해칠 생각은 없어요. 그런데 신고를 자기 의무로 생각하고 지켜야 한다는 거죠."

레나테는 여전히 불안해했다.

"그렇다면 너의 친구로서도 의무를 지켜야지." 에버하르트가 뼈 있는 말을 했다.

"네, 하지만……."

그런 것은 기대할 수 없다는 듯 에버하르트를 물끄러미 쳐다보았다.

"계속 친구로 자연스럽게 있어. 그리고 걔랑은 토론 같은 것은 하지 말고, 설득하려고도 하지 마." 에버하르트가 말했다.

한참 동안 그 둘은 디트리히가 옆에 있다는 것도 잊고 그들만의 대화에 몰두했다.

레나테가 돌아가자 에버하르트의 마음이 매우 심란한 것 같앉다.

"레나테가 신고를 당해 무슨 일이라도 일어나게 된다면, 고통스러워! 어떻게 해서든 레나테를 구해야 하는데 어떻게 해야 할지 모르겠어." 에버하르트가 탄식했다.

"너희 둘은 좋은 친구가 된 것 같은데?" 디트리히가 넌지시 물어보았다.

"응, 자네 가족은 모두 다 나의 좋은 친구야. 자네가 없는 동안 레나테가 늘 반주를 해 줬어."

"자네의 플루트 연주에 레나테가 피아노로 반주를?"

"노래할 때에도. 실력이 대단해, 정말로!"

"플루트 연습은 잘 돼?"

"잘되어 가고 있어."

"밀러의 곡을 연주할 정도까지? 우리 한번 맞춰 볼까?"

"레나테랑 벌써 같이 해 봤어. 주말 음악회에 그 중에서 한두 곡을 골라 함께 연주하려고 해."

"정말 놀라워. 생각보다 정말 오래 집을 떠나 있었던 것 같아." 디트리히는 실망스러움을 애써 감추고 태연한 척했다.

다음날은 별일 없이 평온하게 지나갔다. 레나테 친구도 더 이상 아무 말이 없었다. 그러나 레나테는 이상하게도 점점 긴장했다. 주말 가족 음악회가 열렸을 때, 레나테와 에버하르트는 함께 〈밀러 음악선집〉에서 두 곡을 연주했다. 에버하르트의 플루트 연주를 포함한 두 사람의 연주는 모인 사람들 모두를, 특히 디트리히를 매료시켰다. 레나테가 에버하르트와 함께 연주하는 것을 얼마나 기뻐하던지.

다시 두 주가 지나갔다. 레나테는 아직도 걱정에 싸여 있었다. 디트리히가 에버하르트에게 심포니 연주회를 같이 가자고 하자 레나테도 함께 데리고 갔다. 심포니 연주는 놀라웠다. 연주회 내내 에버하르트는 레나테의 마음을 유쾌하게 하려고 지극 정성으로 신경을 쓰고 있었다.

다음날 오후, 디트리히와 에버하르트는 정원에서 살포시 내리쬐는 4월의 햇빛을 즐기고 있었다. 레나테가 얼굴에 웃음을 함빡 머금은 채 뛰어오더니 에버하르트가 내민 의자 끝에 앉으며 숨을 몰아쉬었다.
"친구가 나를 신고하지 않도록 머리를 짜냈는데, 나를 사상 전환을 시키겠대요."
에버하르트가 허리가 끊어지듯 '껄껄' 웃어 댔다.
"내일 히틀러의 〈나의 투쟁〉을 학교에 가져온대요. 그리고 집에 있는 나치당에 대한 설명서랑도 가져온대요. 그리고 나의 잘못을 보여 주겠다고 하지 뭐예요."
"그러면 너는 믿어 주는 것처럼 감쪽같이 연극을 할 거다, 이 말이지?"
"바로 맞혔어요!"
셋이 함께 와르르 웃음을 터트렸다. 디트리히는 문득 레나테가 에버하르트를 부를 때 늘 앞에 붙이던 '삼촌'이라는 말을 최근 들어 들은 적이 없다는 생각을 했다.

추운 11월 어느 날, 제네바에서 파견된 WCC의 사절이 벨 주교 소식을 가져왔다. 디트리히의 백서가 큰 관심을 불러일으켰으며, 주교는 그것을 주요 인사 대부분에게 전달했다고 했다.

머지않아 상세한 답장을 디트리히에게 보낼 수 있을 것이라는, 상당히 고무적인 내용이었다. 사절이 떠난 뒤 에버하르트의 집을 찾아갔다. 둘은 벨 주교가 전해 준 내용을 가지고 서로 분석해 가며 희망을 나누었다.

한참 뒤 에버하르트가 주저하듯 말을 꺼냈다.

"물어볼 게 있어."

"좋은 것, 나쁜 것? 어느 쪽이야?"

"몰라! 그래서 물어."

에버하르트가 너무 당황하는 듯해 디트리히는 웃음이 터져 나올 지경이었다.

"좋아, 물어봐!"

"레나테 생일 때문에."

"아, 그래. 다음 주에 레나테 생일이지."

"다음 주가 아니라, 이번 금요일."

"뭐, 이번 금요일이라고?"

"선물을 벌써 사 놨거든. 정말 예쁜 선물이야. 레나테 마음에 들 것 같아서 준비는 했는데, 자신이 없어."

디트리히는 에버하르트의 가슴에서 자라는 레나테를 사모하는 연정이 진심임을 알았다. 올해 레나테가 열여섯 살 생일을 맞이하게 된다. 부모인 우르젤과 뤼디거가 거기에 대해 무엇이라 할는지? 또 레나테가 충분히 대답할 준비가 되었는지? 마음이 혼란스럽고 뒤숭숭했다. 에버하르트는 디트리히의 대답을 기다리며 일어서서 안절부절못하고 있었다.

"선물, 내가 한번 봐도 돼?"

에버하르트가 옆방에서 큰 상자를 들고 왔다. 갈색 포장지를 풀자 네 개의 큰 책이 15-16세기의 옛 민요와 함께 예쁘게 묶여 나타났다. 레나테가 무척 좋아할 선물이고, 또 누나 가족들이 얼마나 가곡 부르기를 좋아하는지 디트리히는 잘 알고 있었다. 이 선물을 사느라 에버하르트는 주머니를 다 털었으리라.

"놀라워, 정말 멋진 선물이야! 뛰어난 감각을 가졌어. 어떻게 이런 선물을 골랐어?" 첫 책 장정을 죽 훑어보며 디트리히가 감탄을 연발했다.

"진담이야?"

"그럼, 레나테가 좋아서 펄펄 뛰겠는데."

뮌헨에 몇 주간 가 있는 바람에 디트리히는 레나테의 생일 파티를 놓치고 말았다. 뮌헨에서 돌아오니 에버하르트의 얼굴에 화색이 만연했다. 디트리히가 레나테가 결혼을 약속했는지 넌지시 물었다.

"응, 약속했어!"

설마! 그러나 에버하르트의 얼굴을 보고는 농담이 아니라는 것을 알았다. 디트리히가 숨을 가다듬고 넌지시 말했다.

"너무 갑작스러운 것 같은데."

"그렇게 갑작스러운 건 아니야. 사실은 그녀에게 청혼을 해야 할지 망설이고 있었어. 그런데, 그런데 갑자기 그녀도 똑같은 생각을 하고 있다는 것을 알게 된 거야."

에버하르트는 자기에게 찾아온 행운이 아직도 실감이 나지 않고 꿈을 꾸는 것 같다고 했다. 32세라는 나이에도 불구하고, 에버하르트는 싱싱한 젊음과 매력을 가지고 있었다.

"너희 두 사람이 결혼하게 된다니, 참으로 기쁘구나! 그럼 레나테 부모님께도 말씀드렸어?"

"아직 못 드렸어."

"어쩌면 문제가 조금 생길지도 몰라. 레나테가 아직 너무 어려서."

에버하르트는 잘 알고 있다며 어떤 장애도 못 넘을 것이 없다고 했다. 레나테가 자기를 사랑하는 것만으로 우선 충분하다는 것이었다.

다음날 오후, 에버하르트가 시무룩한 채 나타났다.

"레나테가 부모님께 우리 일을 말씀드렸어. 어젯저녁 레나테 아버님이 나를 부르시더니 여섯 달 동안 서로 만나서는 안 된다고 하셨어. 육 개월이나! 생각을 좀 해 봐."

"좀 심한데."

"심한 정도가 아니라 이건 형벌이야! 어처구니없는 일이야! 지금은 20세기야! 중세가 아니라고. 그녀를 볼 수 없다니! 그게 나에게 어떤 건지 이해가 되니?"

에버하르트가 이렇게 이성을 잃을 정도로 흥분한 모습은 한 번도 본 적이 없었다.

"그분들 편에서 이해를 한번 해 봐." 디트리히가 진정시키려고 애를 썼다.

"그녀는 어린 소녀가 아니라고. 나이에 비해 대단히 성숙해, 대단히!"

"네 말이 맞아. 그분들도 시간이 필요할 거야. 아마 곧 생각을 바꾸실 거야."

"글쎄, 상당히 완고하시던데."

"그래도 그들에게 시간을 좀 줘."

레나테에게도 그만한 시간적 여유가 나쁘지 않을 거라는 생각이 들었다.

에버하르트는 별로 위로를 받은 것 같지 않았다. 그가 돌아간 후 디트리히는 창문 가에 앉아 바로 옆에 서 있는 우르젤 누나 집을 살펴보았다. 일이 어떻게 돌아갈지 예측을 불허했다.

31

 1941년 말, 히틀러가 육군 최고 사령관 브라우히치를 전격 파면시키고, 스스로 최고 사령관 자리에 앉았다. 저항 동지들로서는 완전히 뒤통수를 맞은 격이었다. 하필 부라우히치가 이제 막 저항 동지들과 뜻을 같이하기로 마음을 굳힌 때에!

성탄절이 지나갔다. 클라우스는 저항 세력들 사이에 다양한 의견들을 확실하게 규합하고, 공동 합의를 이끌어 내기 위해 회합을 제안했다. 한스 폰 도나니가 즉시 동의하고 사크로우에 있는 자기 집을 회의 장소로 내놓았다. 책임질 수 있고 정말 믿을 만한 주축들만 초대하기로 했다. 디트리히도 그 중에 한 사람이었다.

외무성 젊은 저항 세력의 하나인 아담 폰 트로트가 비교적 일찍 나타났다. 그는 줄담배를 피우며 오가는 모든 말에 토를 달았다. 트로트는 정보국 저항 세력과 현저한 의견 대립을 보이는 몰트케 백작 그룹에 속한 인물이었는데, 특히 괴어델러에 대해서 극히 보수적이라고 못마땅해하고 있었다.

에미의 오빠이며 한스의 보좌관인 유스투스 델브뤼이, 사민당 소속으로 노동운동 지도자이자 자기 사촌뻘인 에른스트 폰 하르낙과 함께 왔다. 벡 장군은 아파서 못 왔고, 순회 전도사로 불리는 전직 라이프치히 시장 괴어델러가 조금 늦게 나타났다.

새로운 정부 수립시 수상으로 추대될 그는, 1937년 나치가 라이프치히에서 멘델스존의 동상을 철거했을 때 시장직을 사퇴했다. 그러고는 독일, 유럽, 미국 등을 순방하며 독재자에게서 폭정 외에 어떤 다른 것도 기대할 수 없다며 외치고 다녔다. 또 히틀러를 외교적으로 고립시켜야 한다고 주장하고, 독일과 이탈리아에 대한 원자재 엠바고를 시행해야 한다고 요구했다. 동시에 베르사이유 협정이 지닌 불합리성을 연합군 측에서 수정해 주어야 한다고 강력하게 호소했다.

"건전한 인간의 이성과 진실하고 명확한 논리가 많은 것을 변화, 발전시킨다."

디트리히도 그의 연설을 들은 적이 있었다. 이 면에서 디트리히는 자신과 상당히 닮은 면을 발견하였다. 그래서 디트리히는 미래를 낙관하는 것이 비록 백 번 빗나갔을지라도 낙관주의 자체를 조롱해서는 안 된다며 한스와 클라우스 앞에서 괴어델러를 칭찬했다. 전쟁이 발발하자 괴어델러는 한 걸음 더 나아가 독일이 나치의 불의에 대해 책임져야 하고, 나치 범죄자들을 재판에 회부해야 한다고 주장했다. 디트리히는 이로 인해 그를 더 존경하게 되었다. 게슈타포가 왜 이런 옹고집 괴어델러를 아직 체포하지 않고 묵인해 주는지 풀리지 않는 수수께끼였다.

"심하게 짖는 개는 물지 않는다는 말이 있잖아?" 클라우스가 나름대로 추측해 보았다.

그러나 오스터의 정보는 달랐다. 히믈러가 괴어델러가 접촉하는 자들을 다 파악하고 일망타진하기 위해 당분간 눈을 감고 있다는 것이다. 그럴 가능성이 더 높으리라.

회의가 시작되면서 저항 동지들은 히틀러 전복 이후에 정국을 어떻게 꾸려 갈 것인지 논의했다. 아담 폰 트로트는 왕정 체제도, 엘리트 위주의 체제도 안 된다고 강력하게 주장했다. 그렇다면 노동자들이 협력하지 않을 거라고 했다.

"우리가 낡아 빠진 구시대적 사고에 묶여 있는 귀족이라는 인상을 주어서는 안 됩니다."

배반할 여지가 있는 루이스 페르디난드 왕자를 저항운동에 끌어오려고 했던 괴어델러에게 들으라고 한 말이었다. 사민당 쪽 사람들은 한결같이 트로트의 말에 동의했다.

대화는 이제 히틀러 암살에 대한 어려운 질문으로 이어졌다. 히틀러 체포는 더 이상 불가능할 것 같았다. 히틀러는 벌써부터 삼엄한 경비로 둘러싸인 비밀 벙커에 몸을 숨기고 있다가 가끔 사전 연락도 없이 총통관저에 나타나곤 했다. 히틀러로 인한 희생자와 앞으로 생길 희생자들의 수가 엄청나게 불어날 것이다. 한꺼번에 죽임을 당해야 하는 유대인, 전쟁 사상자들, 안락사 희생자들……. 그들을 생각하면 최후 수단은 불가피했다.

오스터가 이 문제를 건드리자 회의 진행자인 아담 폰 트로트는 몰트케 백작이 반대할 것이라고 했다.

"살인은 범죄 행위라고 백작이 말했습니다. 악을 악으로 갚는다면 결국 우리들 자신이 위해서 싸우는 근본 정신을 배반하고 짓밟는 것이 될 것입니다."

오스터가 쏘듯이 되물었다.

"그럼 백작의 대안이 뭐요? 연합군들에게 위임해야 한다는 말이오?"

"아마도 그럴 겁니다! 백작은 히틀러가 자기가 지은 범죄에 대해 책임을 스스로 지는 것이 낫다는 판단입니다. 독일 국민들에게 주는 교훈도 명백하고요. 어느 누구도 독일의 패망이 내부 반역에 있다고 다시 주장할 수 없을 것입니다."

"천만 명, 아니 백만여 명의 무고한 시민들이 이 미치광이 밑에서 죽어 가고 있는데, 국민에게 교훈을 주는 것만이 우리의 할 일이란 말이오?" 오스터의 얼굴이 험악해졌다.

"하지만 새 정부 수립 초기에 범법 행위를 해서는 안 된다고 백작은 주장하고 있어요. 몰트케 백작뿐 아니라, 나도 말이오. 히틀러 암살은 최후의 수단으로만……."

"친애하는 동지 여러분, 준비는 거의 다 됐습니다." 오스터가 조금 머뭇거리는 듯했지만 냉정하게 호소했다.

"행동할 시간이 왔습니다. 유감스럽게도 대부분의 장군들이 '군인의 의무는 복종에 있다'라는 단지 하나의 관점에서만 생각하고 있소. 그러나 그들은 우리가 멍석을 깔아 놓으면 우리와 협력할 것입니다."

괴어델러가 끼어들었다.

"장성들에 대해 그렇게 혹평하지 맙시다. 다들 알지 못하는 어려움들이 있을 거요. 우리가 정당하고 바른 조건들을 마련하면 동참할 장군들이 적지 않소."

디트리히는 할 말이 많은 듯한 한스를 쳐다보았다. 괴어델러는 골머리 아픈 사안은 제쳐 놓는 안타까운 습관을 가지고 있는 듯했다.

한스가 부드럽지만 뼈 있는 말을 던졌다.

"괴어델러 각하, 문제는 더 이상 정당하고 바른 조건들이 없다는 것이고, 바로 그 점이 가장 걱정스럽습니다."

"몰트케 백작이 옳습니다. 암살은 기독교 윤리에 어긋납니다." 괴어델러는 흔들리지 않았다.

주위가 찬물을 끼얹은 듯했다. 시선이 일시에 디트리히에게 쏠렸다.

"그렇지 않습니까, 본회퍼 목사?" 괴어델러가 재촉하듯 물었다.

"우리가 하나의 강력한 규칙을 만들어 놓고 '이 규칙은 어느 시대와 장소를 막론하고 참되며 유효합니다'라고 선포했다 합시다. 그러면 그 법칙을 벗어날 수 없습니다." 디트리히가 대답했다.

"이건 우리가 만든 법칙이 아니라 하나님의 계명이오." 괴어델러가 항의했다.

다시 디트리히가 말을 이었다.

"그렇다면 문제는 한결 더 쉬워지죠. 그것이 하나님의 계명임을 확실히 주장할 수 있다면 우리는 모든 책임에서 자유롭습니다. 그리고 이렇게 머리를 싸매며 어려운 결정을 내리기 위해 고민할 필요가 없다고 봅니다."

트로트가 디트리히에게 말했다.

"당신의 의도를 잘 모르겠소. 내 자신이 경건한 그리스도인이라고 말할 수 없지만, 이 계명은 분명히 십계명의 여섯 번째 '살인하지 말라'에 있소. 두말할 필요 없소!"

"두말이 필요 없으신 분은 오직 예수님 한 분 아니십니까? 율법의 주인이신 예수님만이 법을 재해석하실 수 있습니다. 그분께 마지막 판단을 맡겨야 합니다." 디트리히는 다시 한 번 힘주어 말했다.

오스터의 표정이 평소 늘 미심쩍어 하는 표정과 달리 호기심에 차 있었다. 디트리히로서는 오스터나 그와 생각이 비슷한 클라우스 형 부부와 아버지가, 진리를 지키는 데 실패한 교회에서 상처를 입고 그리스도 곁을 떠나 있는 것을 감당하기가 어려웠다. 디트리히는 몇 날 밤을 잠을 이루지 못하고 뒤척이며 이에 대한 하나님의 해답을 얻고자 했다.

디트리히는 상념을 걷고 다시 말을 이었다.

"하나님의 계명은 인간이 순종하기 위해 존재하는 것입니다. 계명은 인간의 해석을 허용하지 않습니다. 그러나 그리스도 안에 계시된 하나님의 계명이 그리스도인만을 위한 것은 아니지요. 우리가 그것을 받아들인다면 계명은 비인격적인 고정된 법칙이 아니고, 살아 계신 하나님의 인격적인 말씀입니다. 하나님은 우리가 어려울 때 말씀하시고 우리에게 허락하시고 또 앞으로 가든지 중단하든지 결단을 하도록 명령까지 하시는 살아 계신 하나님이십니다. 우리는 거인 헤라클레스처럼 사거리에 영원히 가만히 서 있어서는 안 됩니다."

"하나님의 계명을 범하지 않고도 히틀러를 죽일 수 있다는 말이오?"

"그런 가능성은 없습니다. 그러나 악한 행동보다 악한 상태에 머무는 것이 더 나쁩니다. 따라서 우리는 하나님의 계명을 어기는 값을 치름으로써, 더 큰 사랑의 계명을 순종해야 합니다."

디트리히는 어리둥절해하는 좌중의 사람들을 쳐다보고는 다시 한 번 입을 열었다.

"저나 여러분들이, 혹 다른 진리의 옹호자가 거짓말을 하는 것보다 요세프 괴벨스가 진리를 말하는 것이 더 나쁜 것입니다."

그제야 하나 둘씩 고개를 끄떡였다.

"문제의 핵심은 히틀러 아래서 고문당하고 죽어 가는 유대인과 수많은 희생자들에 대한 책임이 우리 개개인에게는 없냐는 것입니다. 우리의 현실이 어떻습니까? 남은 유일한 한 가지 방법으로 독재자의 만행을 제어하지 못한다면, 살인 현장에서 공범죄를 짓는 것이 아니겠습니까? 히틀러를 죽인 것으로 인한 죄 값보다 오히려 방치하는 것이 더 큰 죄를 부르는 게 아닐까요?"

"맞습니다." 오스터가 정적을 깼다.

"우리가 팔짱만 낀 채 행동을 취하지 않는다면, 우리 자신을 불순하고 독한 포도주에 혼합하는 거나 같지요. 세월이 지나 모든 것이 지나간 뒤, 사람들이 포도주 찌꺼기는 없애 버리겠지만 포도주는 그대로 남게 되지요."

디트리히의 말이 끝나자 오스터가 소파에서 몸을 앞으로 숙이며 말했다.

"절호의 기회를 놓쳐서는 안 됩니다. 애매한 도덕적 문제에 매달리다 영원히 기회를 잃어버리고 말 겁니다."

괴어델러는 괴로운 듯 흰머리가 무성한 머리를 흔들며 탄식했다.

"그래도 암살에는 동조할 수 없소! 여하튼 난 못해요. 벡 장군도 그렇고, 카나리스 같은 몇 명만······."

디트리히가 다시 한스를 쳐다봤다. 저항운동의 가장 큰 취약점이 바로 여기에 있었다. 현실 감각이 부족했다. 무엇보다도 일치 단결해야 하는데 동지들은 그걸 몰랐다.

괴어델러가 야릇한 미소를 지으며 덧붙였다.

"하나님이 아브라함을 위해 그리하셨듯 최후의 순간에 수양 한 마리가 나타날 것입니다."

"우리는 여기서 '이삭' 같은 죄 없는 한 어린아이에 대해 이야기하는 게 아닙니다." 오스터가 이의를 달았다.

"알아요, 알아! 하지만 암살을 모의하기 전에 내 권한 내에서 히틀러를 한번 만날 수 있도록 힘써 보겠소. 그리고 국가를 위해 하야(下野)가 불가피함을 종용하겠소."

디트리히의 얼굴이 놀라움과 경악에 찼다. 저렇게 세상을 모르고 용감무쌍할 수가!

그러나 괴어델러는 자신에 차 있었다.

"내 시도가 실패로 돌아가지 않을 거라고 장담하오. 예외는 항상 있는 법이고, 그에 따른 위험은 스스로 감수해야 하는 법이오."

오스터는 좌중을 쭉 둘러보더니 밀어붙이듯 말했다.

"저희 모두는 당신의 대담성, 깨끗함을 잘 알고 감사하는 바입니다. 하지만 저희를 포함하여 몰트케 백작까지도 각하께서 이번 일을 하지 말았으면 합니다."

하지만 괴어델러는 한마디 대꾸도 없이 회의를 마무리했다.

"자, 이제 각자가 더 할 말들을 하지. 아니면 이만 끝내든지요. 대령이 벡 장군에게 오늘 내용을 알려 주시지요."

"내일 보고하겠습니다." 오스터가 대답했다.

지금까지는 결정적인 순간에 공격을 중지하겠다는 연합군의 약속이 없었다. 괴어델러는 영국과 우호 관계를 맺고 있는 디트리히와 폰 트로트에게 이를 위해 계속 애써 달라고 부탁했다. 그 외에도 연합군들에게 새로운 정부 수반들과 저항운동 지도자들의 정확한 이름, 계획들이 모두 전달되어야 한다고 다짐했다.

회의는 끝났다. 디트리히와 한스, 오스터는 아직도 자리를 뜨지 않고 허심탄회하게 심중을 털어놓았다. 오늘 회합이 너무나 느슨하고 허점투성이임을 이 세 사람은 똑같이 인식했다. 쿠데타가 실패한다면? 그 대안은? 쿠데타 성공 후, 즉각 국민을 안정시킬 수 있는 모습을 취하고 일들을 해 나가기 위해, 새로 구성된 정부 수반이 국민들에게 암살의 정당성을 어떻게 설득할 것인지? 오랫동안 나치의 선전 아래 세뇌된 국민을 바로 일깨우는 것은 큰 난제였다. 굵직하고 큼직한 사안들은 거론조차 되지 않았다. 암살이 어떻게 수행될 것인지, 누가 이 자살 행위에 목숨을 던질 것인지? 히틀러에 대한 경호가 더 삼엄해지면서 가까이 갈 수 있는 측근들은 점점 줄어들고 있었다. 또 그들마저도 정말 이 일에 자기 목숨을 던질 것인지 의문이었.

디트리히가 천천히 입을 열었다.

"제가 히틀러에게 접근할 수 있는 방법이 있습니까? 저는 그럴 준비가 되어 있습니다. 그러려면 우선 교회에서 사퇴를 해야만 하죠. 교회가 그런 저를 지지하거나 옹호하는 것을 기대하지 않을뿐더러 바라지도 않습니다."

"그 일을 하실 준비가 되었다고요?" 오스터가 믿을 수 없다는 표정을 지었다.

"제가 무기나 폭발물에 전혀 문외한이라는 것이 장애입니다. 사냥 한 번 해 본 적도 없어요. 장군께서 가르쳐 주세요."

한스는 입을 다물고 있었다. 한스가 무슨 생각을 하고 있는지 도통 알 수가 없었다. 신경이 곤두선 듯 오스터는 담배를 눌러 껐다. 시계가 밤 10시 45분을 알렸다.

"본회퍼 목사님, 당신이 항상 우리 편이라는 것을 알고 있었습니다. 그러나 그렇게까지 준비되어 있는 줄은 몰랐습니다. 정말 큰 힘이 됩니다. 목회자로서 그러한 결정을 한다는 것이 얼마나 힘든 일인지 잘 알고 있습니다. 목사님이 목사님의 위치에 서만 일해 주셔도 저희는 감사할 따름입니다. 우리 중 누가 연합군과의 통로를 만들어 줄 수 있겠습니까? 우리에게는 정말 중대한 일이지요. 목사님이 가시게 될 스위스 여행은 그런 점에서 정말 중요합니다. 며칠 내로 스위스 여행에 필요한 모든 준비를 마치겠습니다."

자정 즈음 디트리히는 에버하르트를 찾았다. 에버하르트는 잠옷 바람으로 차를 급히 끓였다. 디트리히가 그날 저녁 일들을 쏟아 놓았다.

"말 좀 해 봐, 에버하르트." 디트리히가 괴로운 듯 물었다.

에버하르트가 되물었다.

"그가 비록 독재자이지만 그를 암살하는 죄를 그리스도인으로서 용서받을 수 있다는 말이야? 일이 그렇게까지 진행이 되었어?"

"그래."

에버하르트는 넋이 나간 것처럼 커피만 젓고 있더니, 마침내 운을 뗐다.

"예수님도 사람을 돕기 위해 하나님의 율법을 범했어. 한 번도 아니고 그것도 여러 번. 너도 언젠가 그렇게 말했지. 교회가 미친 사람이 운전하는 자동차 바퀴 아래 깔려 있는 사람을 끄집어낼 뿐 아니라, 더 이상 깔려 죽지 않도록 막아야 한다고."

"기억해."

"그렇다면! 성전 안에서 소와 양과 비둘기 파는 사람들과 돈 바꾸는 사람들을 채찍으로 쫓아내고 상을 엎어 버린 그 예수님이 오늘 우리와 같은 상황에서 아무것도 않고 가만히 있을 것 같아?"

"아니지. 바로 그 생각이 나를 떠나지 않아." 디트리히가 쓴 커피를 삼키며 자기가 제안했던 것과 오스터의 반응을 알려 주었다.

에버하르트의 표정이 경직되고, 사색이 되었다가 풀려지는 것이 뚜렷하게 나타났다.

디트리히가 말했다.

"비록 내가 직접 암살 행위를 하지 않는다 하더라도 직접 그 일을 하는 사람과 똑같은 책임을 갖게 되는 거지. 더 이상 목사로 있을 수 없어!"

"더 이상 목사로 있을 수 없다고?"

"응, 불가능해! 루터도 위에 있는 권세자들과 법과 규율에 저항하는 것을 타당하다고 했을 텐데, 오늘날 루터교회들은 그렇지 않아."

밤이 늦도록 둘의 결론 없는 대화는 그칠 줄 몰랐다. 친구와 마음의 번민을 나눌 수 있는 것이 무엇보다도 큰 위안이 되었다.

5월 중순, 디트리히는 다시 제네바로 갔다. 이번에는 이중 임무가 주어졌다. 저항운동 임무 외에 '작전 7호'라는 임무였다. 카나리스는 유대인 친구들을 정보국의 에이전트라고 꾸며 스위스로 탈출시키려고 했다. 디트리히는 기꺼이 그 일을 받아들였다. 일반적으로 스위스는 유대인에게 입국을 잘 허락하지 않았다. 아주 특별한 경우에만 예외를 허용했다. 처음에는 일곱 명의 명단이 있어서 '작전 7호'라고 명명했는데, 얼마 안 되는 사이에 열네 명으로 불어났다.

기차 역까지 배웅을 나온 에버하르트에게 디트리히는 봉투 하나를 건넸다. 그의 마지막 뜻이 담긴 유서였다.

"잘 보관해 줘. 가족들에게는 비밀로 하고. 부탁해!"

세계교회협의회 사무실에 도착하니 꼭 만나야 하는 비서트 후프트 사무총장이 영국으로 가고 없었다. 또 에렌스트룀도 제네바에 없었다. 둘 다 몇 주 뒤에나 돌아온다고 했다. 난감했다. 디트리히는 스위스 교회연합회 회장인 알폰스 쾨흘린을 만나기 위해 취리히로 갔다. 그에게 '작전 7호'를 설명하고 협조를 부탁할 생각이었다. 쾨흘린은 디트리히의 오랜 지기였는데 핍박받는 고백교회를 여러 번 도와주었다. 이번에도 정부에 부탁해서 유대인들이 스위스에 입국하는 데 필요한 허가를 받아 주겠다고 약속했다. 디트리히는 기쁜 마음으로 제네바로 돌아왔다. 이제는 저항운동에 필요한 다리를 만들어야 했다.

어느 날 오후, 디트리히는 제네바 중심가를 걸으며 상점들을 돌아보았다. 오랜만에 철십자 깃발이나 선동적인 구호, 갈색 유니폼이 없는 거리를 걸으니 하늘을 날 것만 같았다. 걱정이 없어 보이는 한 부부가 꼬마를 데리고 산책하고 있었다. 평화로운 오후였다. 레만 호수에서 가벼운 바람이 불어왔다. 고풍스런 성당에서 종소리가 울렸다. 마치 모든 악과 어둠의 세력이 눈으로 뒤덮인 높은 알프스 산맥 건너편으로 사라진 것처럼 생각되었다. 그런데 불현듯 누군가 계속 뒤를 밟는 느낌이 들었다. 디트리히는 초콜릿 가게를 지나 한 카페에 들어가 거리를 살폈다. 조금 있으니 뒤를 미행하던 사내가 나타났다. 그는 극장 뒤로 돌아 디트리히가 카페에서 나오기를 기다리는 것 같았다.

어떻게 해야 할까? 사내를 따돌릴까? 하지만 어떻게? 사내는 이미 디트리히의 숙소도 알고 있으리라. 아무것도 모르는 척 자연스럽게 행동하는 것이 제일 좋지 않을까? 하여튼 이 그림자가 그 주 내내 디트리히의 발꿈치를 미행했다

스위스 친구들이 돌아가면서 디트리히를 초대했다. 한번은 비서트 후프트 사무총장 댁에서 저녁식사가 있었는데, 비서트 부인이 그랜드피아노 옆에서 어느 신학 교수와 함께 대화하는 중에 벨 주교가 현재 스웨덴에 있다고 이야기하는 것을 들었다. 벨 주교는 디트리히가 베를린을 떠나던 5월 11일, 스웨덴에 도착해 3주 일정으로 스웨덴에 있다고 했다. 디트리히는 힘이 빠지고 실망했다. 그 사실을 알았더라면 차라리 스웨덴으로 가는 것이 낫지 않았을까? 그러나 지금도 늦지는 않았다. 급히 제네바를 떠나 베를린으로 돌아왔다. 베를린에서는 예상 외로 모든 일이 순조롭게 돌아가 주말에 스웨덴으로 가는 비행기를 탈 수 있었다. 한스 도나니 외에는 아무도 이번 여행의 목적을 알지 못했다. 심지어 에버하르트마저도.

32

험상궂은 날씨 때문에 스톡홀름행 비행기 여행은 편치 못했다. 공항에 내리니 이미 어둠이 깔려 있었다. 노련한 택시 운전사가 아무도 미행하지 못하게끔 기가 막히게 운전해 작은 호텔 방으로 데려다 주었다. 오순절 주일 다음날, 벨 주교를 찾아 나섰다. 스톡홀름에서 50킬로미터 정도 떨어진 근교에 위치한 식투나의 북부 에큐메니컬 연구소에 벨 주교가 머물고 있다는 것을 알아냈다. 오후에 택시를 타고 출발했다. 요금을 지불하고 내리면서도 주위를 조심스럽게 살펴보았다. 미행자는 없었다.

방 안에는 손님 두 사람이 이미 와 있었으나 디트리히는 오직 벨 주교만을 응시했다.

벨 주교가 놀라며 몸을 일으켰다.

"디트리히, 이게 얼마 만인가? 믿어지지 않는군!"

"스위스에 갔더니 여기 계신다고 하더군요."

"그래, 사무총장이 자네가 거기 왔다고 말해 줬다네."

체구가 큰 스웨덴 소장이 벨과 디트리히를 조그마한 겨울 발코니로 안내했다. 제법 따뜻한 햇살이 얼굴 위로 비쳤다. 디트리히는 아무 말 없이 벨 주교를 바라만 보았다.

주교가 먼저 말문을 열었다.

"참으로 놀랍네. 도저히 믿어지지가 않는군."

디트리히는 이제까지의 일들을 소상히 알려 주었다. 자기의 특사 여권을 보여 주며 이야기는 이어져 갔다. 핑켄발데 신학원 폐쇄, 강연과 저술 금지, 독일 교회들이 점차 나치의 손아귀에 굴복하고 있는 것······.

"교회도 나치군 장성들과 함께 마귀를 섬기고 있습니다. 심지어 고백교회까지도 말입니다."

모든 것을 다 이야기하기에는 시간이 모자란 듯 급했고, 대화는 아주 빠르게 이어졌다. 주교는 사비네 부부는 잘 있다고 알려 주었다. 주교와 게르하르트가 정규적으로 통신을 한다면 독일 상황을 좀 더 정확히 알릴 수 있을 텐데.

프란츠도 점차 영국을 고향처럼 여겨 가고 있다고 했다. 언제나 그랬던 것처럼 망명자들을 위해 열심히 일하고 있었다. 물론 벨 주교가 사비네 부부와 프란츠 같은 많은 망명자들을 위해 의욕적으로 수고하는 결과였다.

지난여름에 디트리히가 벨 주교에게 보낸 진정서와 영국의 저명인사들에게 전달하기 위한 벨 주교의 수고에 대해서도 이야기를 나누었다.

"그들이 진정서를 하찮게 여길까 걱정했지." 조금 실망한 듯 주교가 나지막이 말했다.

"그들은 독일 내에서 저항 동지들이 성공하리라는 것을 쉽게 믿으려 하지 않아. 군대의 근본적인 전환이 없는 이상 말야."

"성공할 수 있습니다! 저를 믿어 주십시오. 우리들이 한순간의 기회만 얻는다면 말입니다."

디트리히는 현 상황을 설명해 나갔다. 연합군이 평화 협정에 응해 주는 것이 얼마나 중요한지 강조했다. 계속해서 저항군의 평화 협정 계획도 설명했다.

"저희는 먼저 히틀러와 그의 핵심 추종자들을 제거하고 점령 지역에 대한 항복, 무장 해제, 심지어 연합군이 일시적으로 독일을 점령하는 것까지도 받아들일 준비가 되어 있습니다. 필요하다면 말입니다."

"아주 타당하게 들리는군." 벨 주교는 인정했다.

"저항운동 지도자들의 이름을 거론해 줄 수 있겠나? 내 생각에는 새 정부를 이루게 될 이름을 아는 것이 연합군을 설득하는 데 도움이 될 듯한데."

디트리히는 아주 조심스럽게 한 사람 한 사람에 대해 설명했다. 그는 새 정부의 목적과, 암살 계획 등 모든 것에 대해 자세한 정보를 제공했다. 그러고는 자리에서 일어나 창가로 갔다.

유대인 강제수용소에 대해서도 설명했다.

"짐차에 실어 폴란드 또는 체코로 보내 그곳에서 계획적으로 죽이고 있습니다."

주교의 얼굴을 정면으로 바라보지 못했다.

"수천 명, 수십만 명이 그곳에서 죽어 가고 있습니다. 나의 조국이 이런 끔찍한 범죄 행위를 행하고 있습니다. 우리 모두가, 특히 교회가 이 범죄에 가담하고 있습니다. 힘없고 저항할 능력이 없는 예수 그리스도의 형제들에게 말입니다."

디트리히는 도저히 말을 더 이어 갈 수 없었다.

주교도 말없이 디트리히의 슬픔을 함께 나누었다.

"저의 조국 독일이 이렇게까지 된 것은 몇 세대를 거슬러 올라갑니다. 인간의 악한 본성와 편견, 그리고 시기심. 우리 모두, 그 중에도 특히 우리 지식인들의 책임입니다. 늦기 전에 저지해야 했는데 이제는 그 시기를 놓치고 말았습니다. '위에 있는 권세들에게 굴복하라'는 말씀에 매여 우리 백성들이 현명한 판단을 할 수 있는 능력을 잃어버리고 말았습니다. 이제는 너무 늦어 독재자를 죽이는 방법밖에 남지 않았습니다. 여기까지 온 것 자체가 우리에게는 무서운 형벌입니다."

"오, 자네가 처해 있는 위험이 얼마나 큰지!" 벨 주교는 진심 어린 위로의 말을 건넸다.

"그것이 문제가 아닙니다, 주교님. 나의 조국이 다른 사람들에게 행하는 고난에 비하면 개인적인 위험은 아무것도 아닙니다. 다만 조금이라도 내가 선한 일에 쓰임 받을 수 있다면 얼마나 좋겠습니까? 심지어 나는 조국이 패전하기를 바랍니다. 우리의 계획이 실패로 돌아갈 경우에 말입니다."

벨 주교는 감격하여 디트리히의 손을 붙잡고 약속했다.

"내 힘이 미치는 한 돕겠네. 처칠까지는 몰라도 외무장관에게는 말해 보겠네. 처칠 수상은 평화 협정을 반대하고 있어."

"예, 압니다. 취리히에서 들었는데 히믈러 때문이라고 하더군요. 혹시 다른 이유도 있습니까?"

"그는 모든 힘을 동원해서 전쟁을 이기는 것이 상책이라고 생각하네. 이것저것 따지지 말고 무조건 전쟁을 밀어붙이려고 하지. 다시는 이런 상황이 재발하지 않기 위해 뿌리를 뽑을 작정이라네. 전쟁 후의 미래, 유럽의 새로운 질서나 정의라는 말은 현 시점에서는 고려할 여지가 없다네. 특히 평화에 대해서는 더 더욱이나. 오히려 그런 말이 위험하다고 여겨지지."

"아니, 위험하다니요?"

"러시아 때문이야. 러시아의 스탈린이, 영국이 독일군과 협상하는 걸 알게 되면 러시아를 연합군에서 잃어버리게 되지. 그것은 너무 위험한 일이라네."

독일 저항 세력이 미처 생각하지 못한 면이었다.

"오직 승리밖에 길이 없다고 영국 정치가들은 판단하고 있어. 승리와 투쟁, 정복. 이런 단어만이 그들의 머릿속에 있지. 벌써 나는 정치가들 사이에서 쓸데없는 평화만 이야기한다고 '골치 아픈 신부'로 따돌림 당하고 있다네."

디트리히는 이번 일로 주교에게 무슨 안 좋은 일이 생기면 어떡하나 싶었다. 벨 주교는 장차 켄터베리 대주교에 오를 첫 후보자로 꼽히고 있었다.

"주교님의 장래에 별로 유익이 되지 못하겠군요." 디트리히는 조심스레 말했다.

하지만 주교는 미소를 잃지 않고 말했다.

"그건 별로 중요하지 않지."

디트리히는 그 말에 아무런 대답을 하지 않았다. 그러더니 불쑥 물었다.

"전해 준 정보들이 도움이 되겠습니까?"

"그러기를 바라네! 그렇게 되도록 기도를 하자고. 여하튼 나도 온 힘을 기울이겠네."

벨은 굳게 약속했다.

디트리히가 시계를 봤다. 만난 지 두 시간이나 흘렀다. 애석하지만 작별을 고하기 위해 두 사람은 몸을 일으켰다.

"주교님의 기도를 결코 잊지 않을 겁니다."

벨이 디트리히의 손을 잡았다.

"자네와 자네 가족을 위해 기도하겠네. 그리고 자네의 안전을 위해. 세상은 자네를 필요로 한다네. 디트리히, 조심하게."

베를린으로 돌아와 정보국에 전달할 보고서를 정리하며 오스터, 벡 장군과 자세히 이야기를 했고 사비네 부부 소식을 부모님께 전했다.

삼 일 뒤, 클라인-크로신으로 향하는 열차에 몸을 실었다. 마리아 폰 베데마이어를 본 지도 일 년이 넘었다. 기차 승객들의 얼굴에서는 좌절도 저항도 찾아볼 수 없었고, 오히려 만사가 피곤해서 모든 것에 무관심한 표정들이었다. 오후 무렵, 기차는 슈타트가르트 저편 해변 지경을 지났다. 디트리히는 읽던 책을 덮고 창밖으로 고개를 돌렸다. 나무가 무성한 경사진 언덕이 펼쳐졌다. 반짝거리는 바다를 따라 길게 늘어진 암벽을 지났다. 두꺼운 정방형의 마을 교회탑이 시야에 들어왔다. 기차가 역 안으로 들어서자 비가 후드득 떨어지기 시작했다. 우산을 받쳐 들고 누가 마중을 나왔는지 주위를 두리번거렸다. 클라이스트-레초우 부인의 기사가 보이지 않았다.

"본회퍼 목사님!"

디트리히가 소리 나는 쪽을 바라보았다. 마리아 폰 베데마이

어였다.

"기사 아저씨가 차를 돌리고 있어요." 마리아가 뛰어와 디트리히의 우산 안으로 몸을 피하며 소리쳤다.

"와우! 엄청나게 쏟아지네요. 그렇죠?"

"그래, 역 안으로 들어갈까?"

수화물 창구 옆에서 마리아는 머리에 쓰고 있던 수건으로 머리를 닦으며 환하게 웃어 보였다. 그녀는 가느다란 허리띠로 맨 수수한 푸른색 원피스를 입고 있었다.

"바로 만났네요. 하마터면 제때 도착하지 못할 뻔했거든요. 약국에서 시간을 너무 지체했어요."

"나 때문에 줄섰다가 그냥 온 것 아냐?"

"아니에요, 아니에요! 다행히 차례가 돌아왔어요. 아스피린 한 통과 붕산 한 병 때문에 한 시간 십 분이나 걸렸어요. 상상이 되세요? 다음에는 조그만 의자 하나와 뜨개질거리를 가지고 갈 작정이에요."

디트리히가 웃음을 터뜨렸다.

클라인-크로신에 반쯤 다다르자 비가 그쳤다. 서편 저 너머, 지평선 위로 파란색 하늘이 모습을 드러냈다. 노부인 소유의 땅의 경계인 호숫가에 도착했다. 마리아가 기사 아저씨에게 잠시 차를 세워 달라고 부탁했다.

"여기서부터 걸어갈까요?"

대답 대신 디트리히는 이미 내리고 있었다. 디트리히와 마리아가 호숫가를 산책하는 동안 말발굽 소리가 자주 들렸다. 아주 거침없고 구김살 없는 표정으로 마리아는 디트리히 옆을 걸었다. 마리아를 만난 이후, 디트리히의 마음에는 표현하기 힘든 기쁨이 넘쳐났다.

마리아는 바이블링겐에서 이제 막 고등학교를 졸업하고 대학 입학 자격을 획득했다고 했다. 그 이후 마리아는 일주일 정도 패치히 고향집에 있다가 할머니가 있는 클라인-크로신으로 왔는데, 이곳은 지구상에서 그녀가 제일 좋아하는 장소라고 했다. 손녀와 할머니는 서로 사랑했고 닮은 면이 많았다. 할머니는 항상 손녀를 보면 자신의 소녀 시절이 떠오른다고 했다. 손녀는 상당히 활동적이고 야성적이었다. 그녀의 어머니는 마리아가 너무 여자 같지 않다고 걱정이지만, 바로 그 점이 할머니 마음에 들었다. 아버지는 이런 딸이 좀 사고를 쳐도 그냥 웃기만 하신다고 마리아가 재미있는 듯 말했다.

현재 아버지는 최전방에, 오빠 막스도 스몰렌스크 근방 사단에 배치되어 있었다. 그들에게서 몇 주 동안 소식을 받지 못할 때도 있다고 했다. 마리아의 얼굴에 그림자가 드리워졌다. 마리아는 이미 사촌 둘을 전쟁터에서 잃은 터였다.

"앞으로 무엇을 할 거야?" 혹시 마음에 둔 남자친구가 있는지는 물어볼 용기가 없어 디트리히는 엉뚱한 질문을 했다.

"수학을 전공하고 싶어요."

디트리히는 더 이상 묻지 않았다.

"그런데 전쟁 중이라 대학 입학은 어렵고, 적십자에서 직업교육을 받는 것 외에는 현재로서는 무리예요. 그저 패치히와 클라인-크로신을 왔다 갔다 하며 어머니와 할머니를 돕는 것이 좋아요."

침묵이 꽤 길어졌다. 마리아가 침묵을 깼다.

"목사님의 신학원이 문을 닫게 된 건 정말 유감이에요. 그것도 두 번씩이나."

"그렇지. 안타깝게도 그렇게 되었어."

"할머니와 함께 처음으로 핑켄발데에 갔던 일을 기억해요. 목사님이 탁구 시합에서 저를 이겼는데, 내 생애에 처음 진 거죠. 그때까지 한 번도 진 적이 없었거든요."

디트리히는 미소를 지었다.

집에 도착하니, 나이가 지긋하게 드신 부인이 정원 의자에 앉아 있다가 디트리히를 진심으로 반겼다.

저녁 무렵, 세 사람은 발코니에서 수학에 대해 이야기를 나누었다. 수학에 대해서는 별로 아는 것도 없고 관심도 없는 디트리히였지만, 그날 밤 대화는 아주 재미있었다.

자기 일에 몰두하면 좀처럼 집중력을 잃어버리지 않던 디트리히가 이번에는 왠지 한 문장을 쓰다가 멈추고, 집 안에서 들리는 발자국 소리와 명랑한 목소리에 정신을 팔고, 엿들으려고 귀를 기울이다가, 혹시 애마와 함께 달리는 마리아를 볼 수 있나 하는 기대감으로 창밖을 두리번거리기도 했다. 어느새 디트리히는 책 쓰던 일을 중단하고 행여 마리아를 만날 수 있을까 하여 마구간으로 가 보기도 하고, 해변 백사장으로, 언덕 저편 숲으로 자주 산책을 나갔다.

시골 생활은 비교적 단조로웠다. 엄격한 식품 배급 때문에 노부인은 조그만 것도 낭비하지 않으려고 신경 썼다. 편지 봉투들도 조심스럽게 열어 뒤집어 다시 쓰고, 한 번 사용한 비닐 봉투도 다시 씻어 사용했다. 한번은 점심식사 때 초콜릿푸딩이 나왔는데, 초콜릿 맛이 전혀 안 나고 탄 냄새만 났다.

"혹, 밀가루를 태워서?"

"어떻게 알아냈어요?" 노부인이 놀라며 물었다.

마리아가 웃더니 얼굴을 찡그리며 투덜댔다.

"이 푸딩은 도저히 먹을 수 없어."

디트리히는 아무 불평 없이 다 먹어 치웠다.

집안의 모든 신경이 온통 동부전선 상황과 그곳에 배치된 집안 남자들의 생사에만 가 있었다. 갈수록 자꾸 낯익은 이름들이 전선 사망자 명단에 나타났다.

어느 점심식사 후 디트리히는 복도에 걸려 있는 노부인 부부의 젊은날의 초상화를 보았다. 처음으로 마리아가 그녀의 할머니를 많이 닮았다는 것을 알았다. 똑같은 눈빛, 똑같이 생긴 코, 자신감 있고 다부지게 보이는 머리 모습까지.

"그때가 좋았죠." 레초우 부인이 애잔한 목소리로 말했다.

"남편 유르겐과 십이 년을 같이 살았죠. 그러나 결코 이 시간을 다른 남자와 바꾸지 않을 거예요."

그때, 베란다 쪽에서 생소한 음악 소리가 들려왔다.

"마리아인가 봐요. 미국 음반들 중 한 장을 올려놓았군요. 박사님께 방해가 안 되는지 모르겠어요."

"아, 아닙니다. 절대요."

"그래요, 저는 잠시 자리를 비울게요. 저녁식사를 어떻게 준비하는지 나가 봐야겠어요."

노부인이 지팡이를 짚고 부엌으로 갔다.

"자, 한번 보세요." 마리아가 설명을 해 나갔다.

"전혀 어렵지 않아요! 다만 한번은 사각형을 그리고, 다음은 옆으로, 그리고 한 걸음을 앞으로요. 비스듬히 그리고 그 다음 뒤로. 보세요! 그리고 앞으로. 거기까지 했으면 음악을 돌려서 직접 한번 해 보세요!"

디트리히가 춤을 배운 것은 아주 오래전이었다. 당시 어머니가 가끔씩 여는 무도회와 함께 춤은 본회퍼 집안의 자녀 교육의 한 부분이었다. 그에게 음악도, 춤 스텝도 낯설었지만 익숙한 땅에 서 있는 것 같았다. 〈달빛 세레나데〉의 리듬은 아주 간단했지만 그냥 이 매혹적인 작은 여인으로부터 강습받는 것이 정말 좋았다.

그녀의 다가옴, 머리카락이 풍기는 내음. 그녀의 허리를 감쌌을 때의 행복감! 그 아찔함! 그의 발이 말을 듣지 않았다. 둘은 까르르 웃어 댔고 헛발을 짚어 넘어지기도 했으나 행복하기 그지없었다.

"사람들 앞에서는 이렇게 춤을 추지 못할 거야." 디트리히가 털어놓았다.

"왜요?"

"음, 목사로서 하기에는 좀……."

"아주 고지식하시네요!"

하지만 곧 왈츠곡이 이어지자 둘은 마룻바닥 위에서 빙글빙글 돌기 시작했다.

어느새 춤도 끝나고 클라인-크로신에서 지내던 시간도 끝이 왔다. 한스와 함께 정보국 일로 로마로 가기로 되어 있었다. 세어 보니 11일 동안 이곳에 머물렀다. 마리아에게 좀 더 분명하게 의중을 털어놓고도 싶었지만 참았다. 그녀의 감정도 자기와 같을까? 섣부른 추측을 일축하면서, 동시에 그런 희망이 싹트는 것이 두렵기도 했다.

33

다시 클라인-크로신을 찾아왔을 때는 8월 말이 훨씬 지나 있었다. 이번에는 기차 역에 기사 아저씨 혼자만 나왔다. 디트리히를 보자마자 기다렸다는 듯이 소식을 전해 주었다.

"마리아 아가씨가 아버님을 잃었습니다."

"마리아가 이곳에 와 있습니까?"

"예, 목사님. 그저께 왔는데, 오늘 아침에 사망 통보를 받았습죠."

무슨 말을 해야 할지 채 준비도 안 되었는데, 벌써 집에 당도해 버리고 말았다. 레초우 부인이 디트리히를 맞았다.

"마리아는 어디에 있습니까?"

"바깥 마구간에 있어요. 그 애 아빠도 말을 참 좋아했지요."

"아, 그렇군요!"

"가 보세요. 그 애에게는 지금 목사님이 필요하답니다."

주제넘게 마리아의 가정생활에 관여하는 것 같아 두렵기도

하고 주저가 되었다.

"가 보세요. 목사님이 그 애를 도와줄 수 있을 거예요."

목장과 헛간 사이를 가르는 울타리 옆에 마리아의 모습이 보였다. 애마 스카렛이 울타리 너머로 머리를 빼 마치 마리아의 슬픔을 아는 듯 그녀의 목을 코로 쓰다듬어 주고 있었다. 마리아의 눈은 울어서 붉게 충혈되어 있었고, 얼굴에는 슬픔이 가득했다. 디트리히의 손을 마치 구명줄을 잡듯 힘주어 잡았다. 그녀는 머리를 숙인 채 이마를 디트리히의 어깨에 기댔다. 오랫동안 아무 말도 없이 그렇게 서 있기만 했다.

드디어 그녀가 입을 열었다.

"지긋지긋하고 무시무시한 전쟁! 하나님이 어떻게 이런 전쟁이 일어나도록 하시는지! 정말 받아들일 수 없어요!"

얼마나 울었는지 목소리가 쉬어 있었다.

"마리아, 때때로 하나님은 각자의 가장 사랑하는 이들을 빼앗아 가는 것 같아. 그것도 세상이 정말 그들을 진정으로 필요로 할 때에."

"왜 그래요? 왜, 왜, 왜? 아무 의미가 없어요. 어떤 것도 의미가 없어요."

"나도 대답해 주고 싶지만, 세상에는 우리가 이해할 수 없는 일들이 많이 있어. 아마 영원히 이해할 수 없을 거야. 받아들이기가 힘들지."

마리아가 울먹이며 두 손으로 얼굴을 감쌌다.

"한 가지는 분명해. 하나님은 마리아의 아버지를 사랑하셨어. 그리고 아버지도 하나님을 사랑하셨음을 자기 삶을 통해 나타내 보이셨고."

"알아요! 하나님의 뜻이라는 말이군요. 그리고 하나님의 뜻이니까 우리가 받아들여야 하고요. 그런데 저는 그러지 못하겠어요."

"아니야. 하나님이 그렇게 하신 것이 아니라고."

마리아가 뺨을 타고 흐르는 눈물을 훔치며, 어리둥절한 눈빛으로 그를 바라보았다.

"아니야, 아니라고! 하나님이 아니라고! 하나님은 생명을 주고 생명을 세우는 쪽에 서 계셔. 아버지를 죽인 것은 세상이 가지고 있는 미움의 세력과 미련함 때문이지. 지금은 아버지가 살아 계시지 않는다는 생각 외에는 아무 생각도 들지 않겠지!"

마리아는 아무 말도 없었다.

"하지만 나중에 모든 아픔이 가라앉으면, 그것을 기억해야 해. 하나님께서 아버지의 삶을 마치도록 한 것이 아니라, 새로운 삶을 시작하게 하신 것이라고."

마리아가 몸을 일으키더니 스카렛의 코를 쓰다듬었다.

"말을 타고 나가고 싶어요. 같이 갈래요?"

이 순간에는 승마에 서툰 것이 문제 되지 않았다. 마리아를 위해 곁에 있어 줄 수만 있다면 못할 것이 없었.

다음날 마리아는 할머니를 모시고 패치히 집으로 돌아갔다. 디트리히도 스위스와 이탈리아, 발칸 여정을 준비하기 위해 베를린으로 돌아왔다. 새 여권을 기다리는 동안 한스가 벨 주교의 답장을 가지고 스위스에서 돌아왔다. 6주 전 에큐메니컬 사무총장에게 보낸 전보에는 다음과 같이 쓰여 있었다.

'관심은 확실, 유감이지만 명확한 답은 불가능.'

디트리히와 한스는 단어 하나하나를 자세히 분석해 보며 주교가 전달하고자 하는 진의를 파악하려고 애썼다. 관심이 확실하다면 왜 답하는 것이 불가능한지? 아직 의논 중이며 결론이 내려지지 않았다는 것인지? 희망이 거의 안 보였음에도 그들은 거기에 매달렸다.

한스의 보고에 의하면 '작전 7호'로 떠난 열네 명의 유대인 모두 베른에 무사히 도착했고, 정보국 뮌헨 지부의 빌헬름 슈미트후버 영사가 그들의 생활비를 밀반출하는 데 성공했다고 했다. 디트리히가 코앞에 있는 여행을 위해 마지막으로 해야 할 일은 요세프 뮐러를 뮌헨 정보국 지부에서 만나는 일이었다. 그러나 디트리히가 뮌헨에 당도했을 때 예상치 못한 일이 벌어졌다. 군사재판부가 슈미트후버 영사에 대해 수사를 착수했던 것이다. 체코 프라하에서 거액의 미국 달러를 독일에서 해외로 암거래하던 것이 적발되자, 수사 과정에서 슈미트후버 영사가 지시한 일임이 드러났다. 영사는 '작전 7호'를 돕기 위해 외화 밀반출을 했는지 심문을 받았고, 이미 자백한 상태였다.

"영사가 어느 정도 알고 있소?" 뮐러가 물었다.

"제가 묻고 싶은 말인데요." 디트리히가 말했다.

알고 보니 영사는 외화 밀반출은 제쳐 놓더라도 유대인들의 가짜 여권 일까지 알고 있었다. 또 지난 2년 동안 바티칸과의 교섭과 디트리히가 영국과 접촉하고 있는 것까지도 말이다.

"일이 터지기에 충분하오." 뮐러가 근심에 싸여 방 안을 서성이기 시작했다. 그러다 갑자기 쉰 목소리가 터져 나왔다.

"게슈타포가 끼어들기 전에 우리가 영사를 이 땅에서 떠나게 하지 않는다면, 이 일은 천파만파 어디까지 퍼질지 누가 알겠소. 게슈타포가 끼어드는 것은 시간문제요." 그리고 덧붙였다.

"우리는 숨어 버립시다. 그들이 정보국까지 수사하려면 모종의 조치를 기다려야 할 거요."

디트리히도 뮐러가 옳다고 생각했다. 비밀 유지의 마개를 열기 위해서, 게슈타포는 지금까지 정보국을 그렇게 안전하게 지켜 주고 카나리스 제독을 보호하던 카이텔의 승낙이 필요했다. 외화 밀반출에 대한 혐의 하나로만 게슈타포가 끼어들기에는 명분이 충분하지 못했다. 그러나 게슈타포가 영사에게서 더 많은 것을 알아낸다면. 그렇다면……?

"영사는 마음이 약한 사람이오. 직접 말하는 것을 들은 적이 있는데, 특히 게슈타포들의 강한 고문은 이길 수 없을 거요."

다행히 수사는 공식적인 법정 고소 없이 마무리되었다. 며칠 사이에 뮐러는 영사 부부를 이탈리아로 보내 포르투칼 대사의 보호를 받도록 하는 데 성공했다.

뮐러가 디트리히에게도 통보했다.

"여행 허가가 취소되었습니다. 염려스럽습니다. 적어도 이 사건이 다 밝혀질 때까지 말입니다. 혐의가 드러나면 다시는 베를린으로 돌아갈 수 없습니다."

베를린 집에 당도하니 레초우 부인의 편지가 와 있었다. 눈 수술을 받으러 베를린을 방문한다는 내용과 마리아도 동행하며, 이번에 베를린에 사는 가까운 친지들을 방문할 것이라는 내용이었다. 날짜를 보고는 깜짝 놀랐다. 이미 베를린에 와 있지 않은가!

외투를 입고 거울 앞에 섰다. 거울에 비친 얼굴은 몇 년 전까지만 해도 그렇게 젊어 보이던 청년의 얼굴이 아니었다. 이미 서른여섯. 세월을 까맣게 잊고 살았다. 마리아보다 꼭 배나 되는 나이다. 그녀를 본 지도 6주나 되었다.

엎드려 신발을 닦고 다시 큰 체구를 세웠다. 건장한 몸이었다. 그녀보다 두 배나 나이가 많은 것이 무슨 문제람? 일층에 계신 어머니께 바로 나가야 한다고 전했다.

"애야, 금방 도착하고는……. 조금이라도 쉬어야 하지 않니?"

"아닙니다, 그녀를 곧 만나야 하거든요."

그러나 마리아가 이미 베를린에 와 있다는 것은 언급하지 않았다.

영국군의 엄청난 공습이 있었다. 어디를 가든지 베를린 시가는 폐허 그 자체였다. 동물원 역에는 기차 철로가 파괴되어 운행할 수 없는 기차들이 쭉 서 있었다. 베를린 중앙공원 안에 있는 항공 탑제탑을 고치기 위해 15-16세쯤 된 청소년들이 일하고 있었다. 이 높은 탑을 다시 원상태로 복구하자면 족히 2년은 걸리리라.

레이터 역에서 장미 한 묶음을 사서 훔볼트 항구 가까이 있는 샤리테 광장으로 갔다. 안과 병원은 금방 찾을 수 있었다.

"아, 아름다운 장미! 할머니는 보지 못해도 그 향기는 맡을 수 있어요."

"할머니는 좀 어떠셔?"

"지금 주무시고 있어요. 많이 아프셨을 텐데 별로 말씀을 안 하세요. 아시다시피 할머니에게 가장 어려운 일은 앞을 볼 수 없다는 사실이에요."

"얼마나 오래 그렇게 지내셔야 하는데?"

"한 이 주 정도 안대를 하셔야 한대요."

할머니에게는 절대적인 안정이 필요하다고 마리아가 설명했다. 심지어 머리를 조금도 움직이면 안 된다고 했다.

"책을 많이 읽어 드려요. 이렇게 두 주 정도 있으면 아마 내가 박사가 될지도 몰라요."

디트리히가 장미를 꽂을 화병을 가지러 나가자 마리아도 따라나왔다. 마리아에게 어머니의 안부를 물었다.

"엄마는 마음을 강하게 하려고 노력 중이지만 힘들지요. 아빠와 엄마는 금실이 참 좋았어요."

"마리아는?" 사실 가장 묻고 싶은 말이었다.

그녀는 한숨을 쉬며 대답했다.

"믿어지지도 않고 믿고 싶지도 않아요. 아빠가 말들에게 다가가 하시던 말씀이 귀에 그대로 들리는 것 같아요. 정신을 차려야 하는데, 정말 어려워요!"

병실로 돌아오니 노부인은 깨어 있었다. 레초우 부인이 장미 향기를 맡으며 디트리히의 손을 잡았다.

"목사님이 와 주셔서 곧 일어날 수 있을 것 같습니다."

디트리히는 매일 병문안을 했고 레초우 부인도 차도가 있었다. 노부인은 마리아와 디트리히에게 병원 정원으로 가서 둘만의 시간을 가지라고 배려했다. 매일 만나면서 둘 사이의 친밀함이 그냥 좋아하는 것 이상임을 서로 확인했다. 거의 모든 면에서 그들은 의견 일치를 보았고 서로를 조화롭게 보충했다. 문제는 나이 차가 너무 많이 나는 것이었다. 그것을 제외하곤 함께 웃고 울 수 있었고, 생명에 대한 경외심과 악과 거짓에 대한 혐오감도 비슷했다.

비록 전쟁 중이지만 마리아를 베를린의 고급 레스토랑에 초대하는 것은 큰 즐거움이었다. 하루는 비텐베르크 광장에 있는 '알로이스'라는 식당으로 초대했는데, 그 식당은 히틀러의 형이 경영했다. 마리아가 그 사실에 놀라자 디트리히는 그녀를 안심시켰다.

"대화를 나누기에 여기보다 더 안전한 곳은 없거든."

두 사람은 교회와 신학에 대해서는 아주 드물게 대화했다. 한번은 마리아가 할머니에게 디트리히가 쓴 《신도의 공동생활》을 읽어 주었다고 했다.

"아직도 기억나요. '목회자는 자신의 교회나 신도 그리고 하나님에 대해서 불평하지 말아야 합니다'라는 구절 말이에요. 참 마음에 들었어요. 물론, 목사님은 책에 쓰신 대로 그대로 살겠죠?" 마리아가 짓궂은 표정을 지으며 말했다.

"물론!" 디트리히의 대답에도 다소 장난기가 섞여 있었다.

"언젠가 목사님이 한 학생의 좋은 설교를 칭찬하더니, 동시에 그가 설교 내용을 자신의 일부분으로 삼지 않고, 설교 원고를 기계적으로 발표한다고 꾸중을 하더라고요."

"전혀 기억이 없는데."

"그때 말하기를 본인은 처음 열 개의 설교문까지는 암기하고 있다고 했어요. 혹시나 그것을 증명하기라도 할까 봐 저는 강의실에서 나와 버렸지요."

디트리히가 큰소리로 웃음을 터트렸다. 옆 테이블 손님들의 시선들이 일제히 두 사람에게 몰렸다. 마리아는 황홀하게 아름다웠다. 디트리히에게 특별히 마음에 드는 것은 그녀가 활달하고 자유롭고 분명한 자세와 강하고 자립적인 지성을 가졌다는 사실이었다. 그녀의 이런 점 때문에 자신과 장래를 약속하는 데 어려움이 있지 않을까 걱정스러운 데다, 특히 아버지의 죽음으로 인해 마리아는 마음이 상해 있고, 그녀 어머니의 허락이 없는 상태라 구애를 미루고 있었다.

잠 못 이루는 어느 날 밤, 디트리히는 몸을 뒤척이며 고민에 빠졌다. 그녀가 자신의 구애를 받아 줄까? 그녀에게 젊은 청년들이 더 어울리지 않을까? 그녀가 목회자의 아내로서 행복할 수 있을까? 무엇보다 자신이 동참하는 저항운동으로 인한 불확실한 미래가 그에게는 제일 큰 고민거리였다. 결말이 어떻게 될지 모르는 저항운동에 마리아를 끌어들이는 것이 얼마나 무모한 일인지? 아, 어떻게 해야 하는가?

마침내 디트리히는 그녀에게 비밀 사항을 제외하고 저항운동에 대해 대충 설명했다. 그녀도 이미 그러한 사실을 거의 알고 있었다. 그녀는 아버지가 사촌오빠 헤닝 폰 트레스코프와, 파비안 폰 슐라브렌도르프(슈타우펜베르크 대령과 함께 히틀러 암살을 두 번이나 시도한 독일 장교들. -옮긴이), 이렇게 셋이서 저항 계획에 대해 나누는 이야기를 들었다고 했다. 하지만 그녀의 아버지는 그들의 히틀러 암살 계획을 군인의 양심상 수용할 수 없다고 했다.

"아버지가 잘못 생각한 거예요?"

"각자가 자기 양심에 따라 판단해야지."

"그렇지만 목사님은 아버지가 잘못 판단했다고 생각하죠?"

디트리히는 조심스럽게 대답했다.

"말하자면 '진실한 오류'라는 게 있어. 진실한 오류는 사람이 평생 동안 한 측면에서만 치우쳐 보기 때문에 생기는 것 같아.

우리들의 삶은 입체적으로 조명해 볼 필요가 있어. 하지만 한 번의 진실한 오류는 용서받아야 한다고 생각해."

마리아가 포메른으로 돌아가기 전에 디트리히는 그녀를 가족에게 소개하고 싶었다. 그래서 레나테에게 그녀를 주말 가족 음악회에 초대해 주었으면 하고 부탁했다. 레나테는 에버하르트와 함께 그녀를 병원에서 만난 적이 있었다. 디트리히의 마리아에 대한 마음을 에버하르트는 알고 있었다. 에버하르트가 레나테에게 이런 이야기를 숨길 수 있으랴!

마리아는 초대에 기꺼이 응했고, 마리아의 아름다움이 음악회 분위기를 압도했다. 모두들 디트리히에게 왜 이제까지 마리아를 숨겨 두었느냐고 한마디씩 했다. 마리아는 가족들과 잘 어울렸다.

그날 저녁, 그녀를 삼촌 집 문까지 배웅하고 헤어져야 하는 순간에 디트리히는 감정을 주체할 수 없었다. 내일이면 그녀는 다시 돌아가게 될 텐데.

늦은 밤 디트리히는 친구 에버하르트에게 자신의 절망적인 고민을 털어놓았다.

"어떻게 해야 할지 모르겠어."

"있는 그대로, 느끼는 그대로 말해야 하지 않을까?"

"그게 쉽지 않다고."

에버하르트가 웃으며 말했다.

"뭐가 그렇게 어려워?"

"나는 그녀보다 곱절로 나이가 많아."

"이유가 그것뿐이야?"

"게다가 지금 모든 상황이 좋지 않아. 그녀 아버지의 전사,

어머니의 정신적인 어려움, 집안의 오랜 전통······."

"그녀의 어머니를 찾아가 솔직히 털어놔. 밑져야 본전이잖아. 내 말을 한번 믿어 봐. 분명히 효과가 있을 거야."

디트리히는 깊은 생각에 잠겼다. 에버하르트의 확신에 찬 얼굴이 부러웠다. 에버하르트는 실제로 이런 일을 현실로 만들어 내지 않았는가! 레나테와 에버하르트는 뤼디거 부부의 축복 아래 카데에 있는 에버하르트 어머님을 방문해 필요한 양측 부모의 모든 승락을 받아 냈다. 정면 돌파 작전이 성공한 것이다. 이제 그들은 약혼식 날짜를 손꼽아 기다리고 있었다. 레나테가 고등학교를 졸업했기 때문에 전쟁 보조 업무에 소환될 수도 있었는데, 결혼이 그러한 위험에서 면제해 주기 때문에 결혼식도 서두를 예정이었다.

디트리히가 아직 결정을 못하고 있을 때, 레초우 부인에게서 전화가 왔다. 마리아의 오빠 막스 폰 베데마이어가 전사했다는 소식이었다.

"아니 어떻게 그런 일이!"

디트리히도 깊은 슬픔을 느꼈다.

"본회퍼 목사님, 나로서도 더 이상은 견딜 수 없습니다. 아버지와 아들들, 지금까지 다섯 명의 손자가 전쟁에서 넘어졌습니다. 이 늙은이가 명이 길어 온갖 험한 일을 겪는군요."

전화선을 타고 들려오는 레초우 부인의 흐느끼는 소리가 디트리히의 눈가를 적셨다.

"레초우 부인, 곧 그리로 가겠습니다."

"마리아와 함께 패치히에 가야 하는데, 마리아는 내 눈 때문에 반대하네요. 그래도 아이들 엄마에게 가 봐야 합니다. 도저히 혼자 힘으로 버티지 못할 것입니다."

"하지만 부인, 마리아의 말도 맞습니다. 우선 의사에게 물어보시지요?"

"그렇게 하지요."

디트리히는 레초우 부인을 최대한 위로한 후에 마리아를 바꿔 달라고 했다. 의외로 마리아는 강하고 담담한 반응을 보였다. 오빠를 정말 사랑하고 있었는데도 그녀는 이 모든 상황에서 자신이 무엇을 해야 하는지 잘 알고 처신했다. 디트리히는 그런 마리아의 모습에 또 한번 감동했다. 그녀의 걱정은 할머니를 혼자 두고 패치히에 있는 어머니를 돕기 위해 가야 하는 것이었다. 디트리히는 그녀의 걱정을 덜기 위해 자신이 클라인-크로신에 가서 며칠 동안 할머니를 돕겠다고 했다. 마리아는 무척 고마워했다.

"감사합니다, 본회퍼 목사님. 저와 할머니에게 큰 위로가 됩니다."

디트리히는 약속대로 나흘을 레초우 부인과 있으면서 정성껏 간호했다. 이 기간 중에 그는 패치히에 있는 마리아에게 편지를 썼는데, 막스에 대한 존경과 그를 잃은 슬픔을 담아 보냈다.

베를린에서는 그 사이에 심각한 문제가 발생했다. 뮌헨에 있는 군사 재판부는 이탈리아에 있는 슈미트후버 영사의 송환을 요청했다. 결국 그는 체포되어 수사를 이유로 독일로 송환되었다. 아무도 그가 어떤 정보를 불어 버릴지 알 수 없어 답답했다. 뿐만 아니라 악명 높은 만프레드 뢰더가 이번 수사를 담당하게 되었다는 소식이 한스를 더욱 불안하게 했다.

"이 흡혈귀는 정보국을 겨냥해서 수사할 거야."

그리고 얼마 안 있어 게슈타포가 요세프 뮐러도 연행해 갔다. 뮐러가 수사 방향을 엉뚱하게 이끌어 가기를 기대하며, 한스가 디트리히에게 부탁했다.

"디트리히, 지금 뮌헨에 가서 일이 어떻게 되는지 좀 알아봐. 거기 머물면서 요세프 뮐러를 만나 보라고. 그가 전해 주는 말을 듣고 와야 해. 조심하고!"

34

 남쪽 도시 뮌헨에는 벌써 눈발이 날렸다. 디트리히가 뮐러의 사무실에 들어서자 카나리스에게서 전화가 걸려 왔다. 프랑스에서 막 귀국한 제독이 비밀 회동을 제안했다. 뮌헨 정보국 사무실에서 정보국 직원들이 묵는 숙소인 호텔 '유럽의 뜰'은 걸어가기에 그리 멀지 않았다. 뮐러는 자신이 받은 수사 이야기를 세세히 털어놓았다.

 "담당 수사관이 사우어만이었던 것이 천만다행이었죠. 그는 영사가 알려 준 정보국 내부의 거사 모의 세력에 대한 정보를 별로 신빙성이 없는 것으로 간주했어요. 하여간 영사 그 사람 얼마나 겁쟁인지. 온갖 거짓말들을 다 늘어놓고, 카나리스 제독에게 다 뒤집어씌웠다지 뭡니까!"

 분이 풀리지 않은 양 시가를 질겅질겅 씹었다.

 "심지어 제독이 1939년과 1940년에 쿠데타를 이미 모의했다는 것도 말했다지 뭡니까. 제가 사우어만에게 그건 말도 안 되는, 어처구니없는 추측이라고 설득했지요. 당시 그런 소문들이 흉흉하게 돌았고 영국 신문에도 기사가 실린 적이 있다고. 만일 그렇다면 총통의 귀에 틀림없이 들어갔을 것이고, 그게 사실이라면 제독이 지난 이 년 동안 자기 자리를 지킬 수 있었겠냐고 오히려 반문했죠. 총통이 그런 순진한 사람이냐고 덧붙였고요. 그랬더니 할 말이 없는지 그건 금방 잊는 듯했어요."

"그런 풍문이 정말 나돌았습니까?" 디트리히가 물었다.

"낸들 어떻게 압니까?" 뮐러의 눈빛이 기지로 빛났다.

사안을 어렵게 만든 것은 '외화 밀반출'을 정보국의 지시로 수행했다는 영사의 주장에 있었다.

"물론 그 일은 영사의 주머니를 두둑하게 해 주었죠. 그 사실을 한스와 나도 알고 있었다고 했답니다." 뮐러가 흥분했다.

"아니, 한스의 이름을 들먹였답니까?" 디트리히가 깜짝 놀라 물었다.

"물론, 당신 이름까지도 말이오!"

등골이 오싹했다. 뮐러를 뚫어져라 바라보았다.

"사실이에요. 옆방에 앉아서 내 귀로 똑똑히 들었소."

"저와 관련해서는 무엇이라고?" 디트리히가 재촉했다.

"그건 알 수 없었소. 단지 당신 이름이 거론되는 것을 들었소."

"작전 7호에 관한 일 아니었을까요?"

"이 일로 스위스에 있는 망명자들이 위험해질까요?"

"그럴 수도 있지요."

어느새 호텔에 당도했다. 호텔 로비에 들어서서 아치형의 중간 문으로 가는 계단을 지나 레스토랑으로 들어갔다. 세 명의

SS 친위대원들이 입구 쪽 테이블에 앉아 있었다. 그 중 키가 가장 크고 얼굴에 긴 직선 흉터를 가진 남자가 디트리히와 뮐러를 의심스러운 눈초리로 살폈다.

그들이 멀어지자 뮐러가 속삭였다.

"칼텐부루너요. 당신도 봤지요?"

디트리히가 고개를 끄덕였다. 하이드리히 암살 이후 그 후계자로 친위대 보안대장으로 임명된 그의 사진을 본 적이 있었다.

카나리스의 대변자요, 부제독인 브뤼크너가 마주보고 오더니 제독에게로 안내했다. 제독은 소파에서 몸을 일으키며 악수를 청했다. 제독이 무슨 말을 꺼내기도 전에 뮐러가 먼저 속삭였다.

"칼텐부루너가 와 있는 것을 보셨습니까? 저 아래 레스토랑에요."

카나리스가 머리를 흔들면서 벽들을 두드려 보기 시작했다. 벽의 그림들을 떼고 벽 안을 꼼꼼하게 살피고 책상 모서리를 만져 보며 소파도 두드려 보았다. 방 안에 있는 사람들은 아무 말이 없었다. 도청 장치가 확실히 없다고 결론을 내리고는 제독은 자기 외투로 전화를 조심스럽게 덮었다.

"자, 앉으시지요!"

제독은 선 채로 뮐러에게 수사에 대해 아주 상세한 부분까지 낮은 목소리로 물었다. 제독이 저항자들 팀에 끼어 있을 것이라는 암시에 대해서는 아무 말도 하지 않고 그냥 지나갔다.

"문서들은 어떻게 되었나?"

"사우어만과 형사들이 오기 전에 흔적도 못 찾게 처리했습니다."

"좋아요!"

제독은 스위스에 있는 '작전 7호' 사람들을 위해 영사에게 건네준 돈 때문에 걱정했다.

"얼마나 되지?"

"잘 모릅니다. 도나니 보좌관이 관리했습니다." 뮐러가 대답했다.

"십만 제국마르크입니다." 디트리히가 끼어들었다.

한스가 그에게 영사가 사인한 영수증을 보여 준 적이 있었다. 이런 방법으로라도 악에 대항하여 조금의 선을 행할 수 있는 것에 대해, 한스와 디트리히는 얼마나 기뻐했던가!

"그들이 어떻게 냄새를 맡았을까?" 카나리스가 물었다.

디트리히도 같은 생각이었다. 혹시나 슈미트후버가 겁쟁이이며 사기꾼 정도가 아니라, 이중 스파이라면?

제독은 디트리히에게 물었다.

"목사님, 일이 앞으로 어떻게 될 것 같소? 끝장이 난 것인지, 아니면?"

제독은 디트리히가 목사로서 위에 있는 신비로운 힘에 더 가까이 있다는 생각을 하고 있는 듯했다. 제독이 다분히 미신적인 경향을 가지고 그런 질문을 한다는 생각이 들자, 디트리히는 자기도 모르게 차갑게 대답했다.

"각하, 저는 앞날을 예측할 수 있는 요술 방망이를 가지고 있지 않습니다."

잠시 카나리스의 얼굴에 나타나는 번민을 보면서 다시 말을 이었다.

"각하, 제 생각을 물으시는 거라면, 게슈타포가 수사에 관여하게 되면 일이 어려워질 것 같습니다."

"그렇지만 우리가 지나치게 고의로 게슈타포를 피한다면 이것 또한 오히려 우리를 추격하게 하는 위험이 될 수도 있어. 내 생각에는 이미 칼텐부루너가 그물을 쳐 놓았지 않나 싶은데, 그는 대어 한 마리가 그물에 걸려들었다는 백 퍼센트 확신이 설 때까지 기다릴 걸세." 제독은 몹시 조바심이 나는 듯 방 안을 한 바퀴 빙 돌더니, 디트리히 앞에 발을 멈추었다.

"목사님, 우리의 쿠데타 모의가 국가를 배반하는 것은 아니지요?"

카나리스에게 군인으로서 명예를 지키는 것은 생명만큼이나 중요했다.

"제독 각하, 그런 겉치레 명분을 따지는 것은 이제는 무의미합니다. '위대한 총통'이라는 자가 국가 모반과 대역죄를 또 다른 차원으로 끌고 간 셈이죠. 그가 곧 국가이기 때문입니다. 이러나 저러나 우리는 진퇴양난에 몰려 있습니다." 뮐러는 약간 빈정대듯 대답했다.

카나리스가 다시 방 안을 돌기 시작하더니, 갑자기 소리를 질렀다.

"이 망할 놈이 눈썹 하나 까딱하지 않고 수백만의 무고한 생명들을 죽이고 있어! 하찮은 자기 존재를 영웅적인 존재로 내세우기 위해 온 세상을 망하게 하고 있다고!"

"각하, 소리를 낮추십시오." 뮐러가 놀라 주의를 주었다.

거의 동시에 브뤼크너가 문을 열고 들어왔다.

"각하, 무슨 일입니까?" 카나리스는 아무 일도 아니라고 대답하고는 소파에 털썩 앉았다.

"미안하네. 내가 신경이 너무 곤두서 있는 것 같아."

다음날, 디트리히가 베를린으로 떠나기 전 다시 뮐러의 사무실에 들렀다. 그는 넋을 잃고 창가에 서 있었다.

"아! 그렇지 않아도 연락을 하려던 참인데, 이제 연극무대가 옮겨졌어요. 게슈타포가 슈미트후버 영사를 베를린 프린츠 알브레히트 거리 게슈타포 본청으로 압송해 갔어요."

파울라가 채소 가게에 도착했을 때는 아침 8시였다. 가게 앞에는 이미 줄이 길게 늘어서 있었다. 간밤에 내린 눈이 전쟁 잿더미들을 그나마 가려 주었다. 파울라는 추위 속에서 차례를 기다렸다. 미영 연합군이 북아프리카에 상륙한 이후, 베를린의 분위기는 침체할 대로 침체되었다. 게다가 스탈린그라드의 실제 전세에 대해 삼삼오오 모여서 수군거리고 있었다. 하지만 정확한 것은 아무도 몰랐다. 사태가 어떻게 돌아가는지 저마다 듣고 전하는 흉흉한 소식들은 더욱 불안만 키웠고, 신문에서는 전선 사망자의 명단이 늘어만 갔다.

파울라의 머릿속에서는 어제 크리스텔이 한 말이 떠나지 않았다.

"시간문제야, 엄마!"

크리스텔은 한스와 디트리히가 지독한 감시를 받고 있다고 했다. 파울라는 이미 알고 있었다. 디트리히의 행동 하나하나에 묻어 있는 긴장을 놓칠 리 없었다.

"카나리스 제독이 하루하루를 가시방석 위에 앉아 노심초사하고 있어요." 크리스텔이 엄마를 믿고 이야기를 털어놓았다.

"물론 영사가 털어놓은 것이 신빙성이 없는 정보라고 다시 뒤집고자 하지만……."

 상황이 얼마나 절망적인지. 벡 장군의 지시로 오스터는 한스의 저항일지를 포함하여 거사 문서들을 철로 된 서류장 안에 집어넣었다. 서류장은 다시 시가지에서 남쪽으로 25킬로미터 떨어진 초센의 새 정보국 본부 지하실로 옮겨졌다. 이 위험천만한 문서들이 존재한다는 것 자체가 파울라에게는 감당하기 벅찬 짐이었고, 폭탄을 끼고 사는 것 같은 위협이었다. 저항일지 말고도 오스터의 비밀 문서철에는 한스가 작성한, 백성들에게 보내는 쿠데타 선언문과 스웨덴에서 있었던 디트리히와 벨 주교와의 만남, 바티칸과의 평화 협정 등에 대한 수많은 문서가 들어 있었다. 파울라가 알기로는 다행스럽게도 칼 박사와 정신과 의사협회가 연루될 만한 기록들은 없었다.

 차가운 기운이 전신으로 스며들어 서 있기가 힘들었다. 앞에 서 있는 여자들이, 정부가 전선 사망자들의 과부나 가족들에게 상복 마련을 위해 옷 배급표를 더 준다는 이야기를 주고받고 있었다. 비웃음과 냉소가 여과 없이 전해졌다.

 갑자기 여자 하나가 신경질적으로 웃어 대며 고함을 질렀다. "그걸로 어떻게 다 보상이 되냐고!" 옆에 선 여자가 기겁을 하며 끌고 갔다.

 9시쯤 되어서야 파울라는 상점 안으로 들어섰다. 감자가 몇 개 남아 있지 않았다. 주인이 감자를 1킬로그램 정도 달아 주었다. 한 끼 식사도 제대로 만들 수 없는 양이다. 밀가루는 아예 몇 달째 품귀였다. 그나마 조금 싱싱하게 보이는 양배추 한 개와 양파 몇 개를 샀다. 다음 상점에서 또다시 긴 줄을 서야 했다. 다행히 나르드 기름을 조금 구할 수 있었다. 아무리 단골이라도 버터는 구할 수 없었다. 그렇다고 음식 찌꺼기에서 짜낸 대용 기름을 써서 가족들에게 요리를 해 줄 수는 없었다.

'시간문제라!'

조만간에 결론이 날 것이다. 조만간에! 이러하든 저러하든 그녀의 사랑하는 자식들에게 위험이 닥칠 것이다. 집으로 향하는 파울라의 발걸음이 무거웠다.

집으로 돌아오니 남편의 옛 동료 사우어브루흐 박사가 다녀갔다고 했다. 히틀러에게 불려 갔다 온 뒤, 총통의 정신 상태에 대해 남편과 의논하고 싶었다는 것이다.

"사우어브루흐는 히틀러가 이성을 잃었다고 판단하고 있어."

"새로운 이야기가 아니잖아요."

"물론! 박사 말은 히틀러가 진짜 미쳤다는 거야. 히틀러가 많이 늙고 기력이 빠진 채 전혀 앞뒤가 맞지 않는 헛소리를 늘어놓더라는 거야. 자기가 인도를 가야 한다는 둥, 독일군 한 명이 죽으면 적군 열 명을 죽여야 한다는 둥. 또 장군들의 실책으로 전시가 불리하게 되었다며 거의 발작 상태였다고 해. 내 의견을 듣고 싶어 했어."

"뭐라고 하셨어요?"

"동감한다고 했지. 어떤 모종의 조치를 취해야 하지 않느냐며 내 맘을 떠 보는 것 같았어. 하지만 그의 암시를 못 알아들은 것처럼 했어."

아내를 바라보다 칼 박사는 말을 끊었다.

"지겨워. 그만 하자고. 뭐 좀 유쾌한 화제가 없나? 아, 디트리히가 포메른으로 간대."

"알고 있어요."

"레초우 노부인 댁이 아니라 패치히에 있는 마리아 집으로."

"패치히라고요? 이제 그 처녀에 대해 찬찬히 생각해 보아야 되겠네요."

"파울라, 걱정 붙들어 매요. 아이가 상당히 괜찮은 것 같던데. 아주 멋진 여성이더라고!"

"디트리히에게 꼭 맞는 이상형은 아닌 것 같아서요."

"나는 당신의 이상형이었어?" 남편이 놀리면서 웃었다.

파울라는 남편을 바라보며 같이 웃음을 터트렸다.

"아니죠, 절대로 아니죠."

"파울라, 당신은 더 이상 신경 쓰지 마. 걱정 안 해도 돼."

칼 박사는 파울라를 따뜻이 안아 주었다.

젊은 신병들뿐 아니라 나이가 들어 보이는 신병까지 섞여 빽빽이 찬 기차가 철교 위를 천천히 달렸다. 디트리히는 몇 번 책을 읽으려고 해 보았으나, 신경이 더 날카로워져 그만두었다. 곧 만나 뵙게 될 마리아의 어머니와 대화를 어떻게 풀어 가야 할지 생각에 생각이 꼬리를 물었다. 살아오면서 지금처럼 안절부절못한 적이 없었던 것 같다.

지난번 클라인-크로신에서 다시 만났을 때, 마리아가 자기에게 품고 있는 다정함과 연정을 분명히 느낄 수 있었다. 그녀는 해야 할 일을 제쳐 놓고 디트리히 옆에 같이 있고 싶어 했고, 농장을 돌아보고 환자를 방문하는 길에 같이 가자고 청했다. 마리아가 소박한 마을주민들과 함께하면서 보여 준 그녀의 관대함, 따뜻한 마음, 반짝거리는 재치와 활발함은 디트리히의 마음을 사로잡았다. 어디에서든 사랑받는 여성이었다. 그동안 세 통의 편지를 주고받았다. 매번 정성스런 마리아의 답장에는 아직도 '본회퍼 목사님'이라고 자신을 부르고 있었다. 지금 그녀는 할머니 댁에 가 있었고 디트리히가 자기 어머니를 방문하는 일은 전혀 몰랐다.

두 번이나 기차를 갈아타고 베데마이어 부인이 보내 준 마차로 한 시간쯤 달리자, 울창한 나무들 뒤로 높은 지붕으로 덮인 웅장한 저택이 나타났다.

네 명의 어린 자녀들과 식탁에 앉아 있는 베데마이어 여사의 눈빛은 지난 세월의 아픔을 고스란히 담은 듯 몹시 지쳐 있었다. 디트리히의 청혼 이야기에 부인은 별로 놀라는 것 같지 않았다. 환영의 표시인지 거절인지 종잡을 수 없었다. 키가 크고 강한 인상의 베데마이어 부인은, 마치 앞으로 벌어질 논쟁에 맞서기라도 하듯 몸을 꼿꼿이 세운 채 디트리히를 거실로 안내했다. 거실은 조금 어둡다는 것 외에는 별로 주의를 끌 만한 게 없었다. 소파 옆 테이블 위에 램프가 있었고 벽난로 안에는 장작이 타고 있었다. 부인의 발 밑에는 셰퍼드 한 마리가 곰 가죽 위에 기분 좋게 누워 있었다.

"딸아이와 이야기해 보셨어요?"

"아직 못했습니다, 베데마이어 여사님. 어르신과 상의 없이 그렇게 해서는 안 된다고 생각했습니다. 어르신 허락을 받은 후에……."

"대단히 점잖군요. 그렇게까지 생각지는 못했는데."

부인의 목소리는 나지막하면서 고운 음성이었으나, 권위가 배어났다.

"마리아나 저희 집안으로서도 영광이죠. 제 어머니도 당신을 존경하세요, 본회퍼 목사님. 그 존경심은 저희들도 마찬가지예요. 그러나 저는 우선 딸에 대해서 책임이 있는 어미입니다. 남편이 없는 지금, 이전보다 더 책임을 느낍니다."

"당연히 그러시지요."

"우선 딸애는 아직 어려요. 물론 자기 생각이 있을 만큼 다 있지만요. 어릴 때부터 그랬으니까요. 그럼에도 불구하고 너무 쉽게 감동을 받는 면이 있어요. 이 결혼이 자기 인생에 무엇을 의미하는지 스스로 정확히 판단하기에는 아직 어린 것 같아요."

"무슨 말씀인지 잘 납득이 되지 않는데요."

"음, 목사님이 쿠데타 모의에 관련돼 있는 것……."

"마리아도 알고 있습니다. 숨기지 않고 이야기했습니다."

"그럴까요? 딸애가 제대로 이해했다면, 받아들이지 못했을 것입니다. 저도 마찬가지고요. 오해는 말아 주세요. 남편은 양심상 그런 모의에 가담할 수 없다고 했는데, 목사님은 어떻게……. 제 남편은 단호한 나치 반대자였어요. 너무 단호하여 나치들에게서 여러 번 비난을 받고 어려움에 빠지기도 했지요. 나의 조카들인 슐라브렌도르프 대위와 트레스코프 장군은 목사님과 같은 과격한 길을 택했죠. 서로 잘 알고 있지요?"

"네, 잘 알고 있습니다."

부인은 뒷짐을 진 채 한숨을 쉬었다.

"남편은 자기가 한 충성 서약에 충실했어요. 자기 명예를 세워 준 자기와의 맹세 말입니다. 히틀러가 아닌, 전쟁 중인 조국에 대해 그는 책임을 느꼈습니다."

디트리히는 아무 말이 없었다. 그의 눈빛을 읽은 부인이 급히 말을 이어 갔다.

"목사님의 주장과 생각을 다 알아요. 그러나 적지 않은 사람들에게 결코 지나칠 수 없는 다른 점도 있어요. 그래서 그들은 러시아 전선에서 죽고 쓰러지고 있어요. 그러한 행동은 명예스러운 것입니다. 마리아와 나는 이 끔찍한 사건들을 목사님과는 완전히 다른 관점에서 보고 있어요."

"완전히 다르다고요! 물론 어떤 점에서는 그렇겠죠. 그러나 저희를 서로 떼어 놓을 만큼 그렇게 다르지는 않습니다. 적어도 지금까지는. 저희는 이미 그런 이야기를 나누었어요."

"그렇겠죠. 하지만 마리아가 얼마나 그것을 이해했는지는 다른 문제지요."

디트리히는, 마리아가 어머니가 생각하는 것보다 훨씬 많이 이해한다고 확신했다. 그러나 그렇다고 굳이 주장하지 않았다.

"그게 가장 큰 문제는 아니에요." 이제야 부인이 본심을 꺼냈다.

"마리아가 한두 살 더 나이가 들었다면 스스로 자기 장래를 위한 판단을 할 수 있을 텐데, 이제 막 열여덟 살입니다."

"성숙한 십팔 세 여성이지요."

"당신에게는 그렇지요."

디트리히는 마땅한 대답을 찾지 못해 가만히 있었다. 마리아가 자기를 어떻게 여기는지도 스스로 잘 알지 못하지 않는가. 베데마이어 부인에게 구태여 이를 눈치 채게 할 필요는 없었다.

"그 아이는 지금 아버지와 오빠 막스의 죽음으로 슬픔에 빠져 있습니다."

"알고 있습니다."

"그 애 아빠가 살아 있다면 무어라고 할지 생각해 봐야겠어요. 남편은 마리아가 자기가 진정으로 원하는 것을 알고, 감정이나 사건에 휘둘리지 않도록 시간을 갖기를 원할 거예요."

"제가 그토록 오랫동안 주저하며 시간을 끈 이유가 바로 그 때문이지요."

"그토록 오래라고요? 그 애 아빠와 오빠가 죽은 지 이제 겨우 석 달밖에 되지 않습니다."

하인이 장작을 들고 들어와 벽난로에 넣었다. 부인은 타는 불을 아무 말 없이 한참을 쳐다보았다.

"마리아에게는 시간이 필요해요. 일 년은 기다려 주셨으면 합니다."

"일 년! 지금 같은 상황에 일 년이 얼마나 긴 시간인지. 저에게는 오 년 내지 십 년이라고 들립니다. 일 년? 존경하는 베데마이어 여사님, 부탁드립니다."

"적어도 그 애는 일 년이 필요해요!"

디트리히는 충격에 휩싸여 아무 말도 할 수 없었다. 겨우 자신을 극복하면서 대답했다.

"어머니로서 딸에 대한 책임을 이해합니다만, 현재와 같은 상황에서 그런 조건은 수용하기가 힘듭니다."

"죄송하군요. 나로서도 별 도리가 없군요."

더는 주고받을 이야기가 없었다. 잘 자라는 인사를 나누고 침대로 발걸음을 옮겼다. 오랫동안 창문 가에 서서 달빛 비치는 마을 풍경을 바라보고 있었다. 좀 더 설득할 수도 있었을 텐데. 아니야! 그렇다면 부인의 현재 약점을 이용하는 셈밖에 되지 않는다. 마리아의 아버지 앞이라면 끝까지 논쟁을 했을 것이다.

시간이 흐르자 생각이 조금씩 정리되고 마음이 가라앉았다.

아침식사 때, 어제저녁 일을 누구도 언급하지 않았다.
작별 인사를 나누며 다시 용기를 내었다.
"다시 한 번 숙고해 주셨으면 합니다."
부인은 빙그레 웃었다.
"머잖아 다시 들르겠습니다."
마차가 나무로 둘러싸인 길로 꺾어 들어가자 디트리히는 뒤를 돌아보았다. 베데마이어 부인이 베란다에서 손을 흔들었다. 그녀는 슬프고 불안해 보였다. 곧 다시 오게 되리라.

35

 약혼식은 대성공이었다. 식품도 제대로 구할 수 없고 여행도 제한되고, 도시 분위기는 음산하기 짝이 없었지만, 그럼에도 불구하고 우르젤은 딸 레나테의 약혼식을 멋지게 준비했다. 약혼식 주인공들의 얼굴이 어찌나 환하던지 참석자들의 얼굴까지 환하게 비추는 듯했다. 파란 드레스를 입은 레나테의 모습은 할머니 파울라가 지금까지 본 모습 중에 가장 아름다웠다. 손녀는 자연스런 매력과 젊은 나이에 나타나는 자신감으로 잔치 분위기를 흥겹게 이끌고, 하객들과도 잘 어울렸다.
 파울라는 약혼식 저녁 내내 디트리히의 눈치를 살폈다.
 "좋은 시절 다 지나갔어. 새로운 방해거리가 생긴 날부터 총각 때 누리던 자유로운 삶은 다시는 맛볼 수 없을 것이다."
 클라우스가 에버하르트에게 엄포를 놓자, 디트리히는 아픈 속을 감추면서 친구의 기쁨에 동참했다.
 "여자들이 남자를 방해해야만 세상에 질서가 잡혀!" 아버지

칼의 농담에 모두들 따라 웃었다.

"너도 얼마 안 남았어!" 에버하르트가 디트리히에게 한마디 하자 그제야 디트리히는 겨우 웃었다.

약혼식은 모두들 안전하게 귀가할 수 있도록 폭격이 시작되기 전인 밤 9시 반경 끝났다. 파울라가 연회장을 지나가는데 저쪽에서 디트리히와 한스의 목소리가 들렸다.

"파티가 끝나는 대로 우리 집으로 올 수 있어? 이야기를 좀 해야겠어. 히믈러가 우리를 체포하려고 안달이 났어. 그가 광범위하게 조사하기 위해 게슈타포에게 이 일을 맡기려고 해. 물론 그 흡혈귀 뢰더 놈이 아직까지는 게슈타포와 같이 일하기를 거부하지만 말야."

"언제쯤 수사가 시작될 것 같아?"

"충분한 증거를 확보하는 대로. 시간문제야. 디트리히, 유일한 방법은 체포되기 전에 쿠데타를 시도하는 거야."

파울라는 아무것도 듣지 못한 것처럼 지나치려고 했다. 그러나 발걸음이 떨어지지 않았다.

"시간문제야!"

이 말이 자꾸 머릿속을 빙빙 맴돌았다. 시간문제! 파울라는 부엌으로 가 주전자에 물을 끓였다.

새벽 1시경 디트리히가 파울라를 찾아왔다. 디트리히는 밝은 표정을 지으려고 마음을 단단히 먹은 것 같았다.

"오늘 밤 무척 멋있었죠? 희망을 심는 멋진 약혼식이었어요. 마치 '너희들과 너희 자녀들을 위해 미래를 준비하고, 미래를 악의 세력에 내버려 두지 말라!' 는 음성을 듣는 것 같았어요."

디트리히는 다리를 쭉 뻗더니, 두 손을 포개어 머리에 댄 채 의자 뒤로 기댔다.

"물론 쉽지는 않아요. 대부분의 사람들이 현실을 망각하고 예수님의 재림의 소망 안으로 서둘러 도망을 가죠. 그러나 전 그렇게 할 수 없어요! 내일이 바로 마지막 심판의 날이라면, 조금이라도 더 나은 미래를 위해 일하는 것을 멈출지 모르지만, 그 전에는 결코 아니죠. 이 점은 어머니와 제가 닮은 점이 아닐까요? 그렇지 않아요, 어머니?"

"그럴지도 모르지. 그렇지만 결정적일 때 용기를 갖는다는 것이 쉽지는 않지. 디트리히, 너와 한스가 이야기하는 것을 들었어. 많이 위험한 상황이니?"

"갑작스러운 일이 아니잖아요. 매순간 이런 일이 닥칠 것을 알고 한순간이라도 마음 놓은 적이 없잖아요?"

"피할 수 있을 때 피하는 것이 지혜롭지 않겠니?"

디트리히는 웃으며 대답했다.

"한번 해 봤잖아요."

"그것과는 달라."

"같은 거예요. 더구나 이제는 내가 피신한다면 우리 가족들에게 피해가 올 겁니다. 그렇게는 안 돼요, 어머니."

파울라는 아들을 설득하려고 했지만 마치 벽을 보고 이야기하는 것 같았다.

"이건 영웅적인 일이 아니에요. 다만 어린 발터, 안드레아스 그리고 에버하르트와 레나테의 자녀들의 미래를 조금이라도 준비하는 거지요."

"네가 감옥에 간다면 나은 미래를 위해 무얼 할 수 있겠니?"

"그런 결과를 배제하지는 않지만, 아직 우리 계획에 희망이 있습니다. 성공할 가능성이 더 커요. 거사 전에 끌려갈지라도 걱정하지 마세요. 금방 풀려 나올 거예요."

"하지만 게슈타포가……."

"현재로서는 아직 게슈타포가 관여하지 않고 있어요. 한스와 입을 맞추고 있고요. 이번 계획은 성공할 가능성이 큽니다. 야전 사령관들과 몇몇 수도 사단들이 협력하기로 되어 있어요. 스탈린그라드 전선의 실제 상황이 알려지면 국민들의 지지를 받는 것도 어렵지 않을 거예요. 걱정하지 마세요."

그날 밤, 디트리히는 침대에 누워 잠을 이루지 못했다. 혹시나 어머니에게 허황한 희망을 주지는 않았는지 조심스러웠다. 언급한 야전 사령관은 클루게 장군이었는데 지난 11월 괴어델러에게 협력 의사를 통보해 왔다. 이 소식을 듣자 모든 동지들이 환호성을 질렀다. 그러나 얼마 후에 클루게 장군이 히틀러에게 25만 마르크 상당의 하사금을 받았다는 정보가 입수되었다.

디트리히는 긍정적인 면을 보기로 했다. 클루게 소속 장교들 중 상당수가 이미 클루게 장군 없이도 히틀러 제거 계획을 마련해 놓고 있었다. 베데마이어 부인의 조카 폰 트레스코프 장군과 파비안 폰 슐라브렌도르프 대위는 저항 동지들 중 핵심 인물에 속했다. 그들은 이미 오스터 계파와 긴밀한 연락을 취하고 있었다. 슐라브렌도르프가 연락 책임자여서 자주 베를린으로 와서 저항 지도자들과 대화를 나누곤 했다. 그의 계획은 히틀러를 스몰렌스크 작전 본부로 오게 하는 것이었다. 그것이 히틀러를 둘러싸고 있는 경호부대를 한꺼번에 체포할 수 있는 유일한 길이었다. 그런 식으로 히틀러를 체포 또는 사살한 후에 베를린 팀에서 정부를 장악한다는 계획이었다.

사태가 이렇게 심각한 중에도 디트리히의 마음은 여전히 마리아에게 향해 있었다. 그녀의 할머니에게서 마리아가 적십자 간호사 직업 교육을 받기 시작했다고 들었다. 벌써 두 달째 마리아를 보지 못했다. 편지를 쓰고 싶었지만 현재 상황은 모든 것이 불안했다. 에버하르트도 조금 더 기다리라고 충고했다.

드디어 1943년 새해가 밝았다. 1월 중순경 한스의 사무실에서 회의를 마치고 집으로 돌아가는 길이었다. 게슈타포의 그림자가 그의 뒤를 밟고 있었다. 마리엔부어거 알레 거리로 접어들면서 솔다우어 알레에서 따라오는 그림자를 잠깐 볼 수 있었다.

현관 복도에서 디트리히는 어머니와 대화를 나누며 책상 위에 있는 편지를 살펴보았다. 갑자기 요술을 부린 것처럼 자기 앞으로 날아온 편지 한 장을 발견했다. 그는 편지를 집어 들고는 계단을 한꺼번에 두 개씩 뛰어 2층 자기 방으로 올라갔다.

마리아는 이제까지 디트리히에게 정중한 표현을 썼다. 늘 본회퍼 목사님이라든가 아니면 좀 딱딱하게 들리는 존칭을 사용했다. 이번에도 그러했다. 그러나 그녀는 단도직입적으로 디트리히가 베데마이어 부인에게 부탁드린 그 제안대로 적절한 때에 그의 평생의 반려자가 되겠다고 적고 있었다. 이 얼마나 놀라운 일인가? 디트리히는 무척 기뻐서 편지를 읽고 또 읽었다.

"때가 오면 기꺼이 당신의 부인이 되겠습니다!"

이 말을 얼마나 기다렸던가? 그녀는 덧붙여 이렇게 늦게 편지를 쓴 것은 자기 마음이 정말 백 퍼센트 그러한지 확인하는 데 시간이 필요했다며, 생각하면 할수록 더욱 그런 마음이 굳어졌다고 적었다. 그럼에도 불구하고 그녀와 그녀의 어머니는 약혼식을 급하게 올리지는 말고 조금 더 기다리자고 했다. 또 지금은 아버지와 오빠의 죽음으로 인한 슬픔의 기간을 보내는 중이니 디트리히의 부모님 외에는 이 사실을 알리지 않았으면 좋겠다고 썼다. 적십자사에서 근무하는 이야기도 적고, 부상자들의 형편이 어떠한지 알려 왔다. 그녀는 디트리히의 안부를 묻고 에버하르트와 레나테에게 안부를 전해 달라고 했다.

열 장이 넘는 편지를 다시 한 번 읽고는 창문을 열었다. 우르젤 누나가 마침 테라스에 나와 있었다.

"누나, 날씨가 참 좋아! 안 그래?"

우르젤은 어리둥절해서 대답을 머뭇거렸다. 디트리히는 대답을 기다리지도 않고 창문을 닫은 후 모자를 썼다. 편지를 안주머니에 곱게 간직하고는 눈덮인 숲을 한 시간이나 거닐었다. 집으로 돌아와 부모님에게 자신이 얼마나 행복한지 한참을 이야기했다. 그들은 아들의 기쁨에 담담하게 참여했다. 다만 베데마이어 부인이 일 년을 기다려 달라고 제안한 것이 마음에 걸렸다. 어머니는 디트리히의 나이를 생각했다.

그날 밤 디트리히는 전화 통화 대신, 마리아에게 장문의 편지를 썼다. 감사와 사랑의 마음을 담아. 기다리는 시간을 최대한 단축해야 하는 모든 이유들을 늘어놓았다. 더 이상 기다리기가 어려웠다. 필요하다면 다시 한 번 베데마이어 부인에게 가야 하리라.

이틀 뒤 마리아의 답장이 도착했다. 구구절절이 조금만 기다려 달라며 2주 후 어머니를 찾아가 다시 잘 이야기해 보겠다는 내용이었다. 하루가 멀다 하고 편지가 오갔다. 하루는 디트리히가 전화를 걸었다. 그녀의 음성이 전화기에서 울려 나오자 디트리히는 보고 싶은 마음을 주체할 수 없었다. 하지만 베데마이어 부인은 완강했고 마리아도 어쩔 수 없었다.

여하튼 마리아가 속마음을 분명히 알려 준 것만으로도 디트리히는 충분히 행복했다. 지나칠 정도로 걱정하는 베데마이어 부인을 마음 상하지 않게 무너뜨릴 방법을 짜내기 시작했다.

내리 2주 동안 발생한 사건들로 디트리히는 분주했다. 카사블랑카에서 만난 연합군 책임자는 무조건적인 항복을 요구했다. 즉 정부 전복 후 모든 사람이 수용할 만한 평화 협정에 대한 희망은 가망이 없어 보였다. 이름만 다르지 내용상 베르사이유 조약과 별반 다르지 않은 조건들을 요구할 것이라는 두려움이 들었다. 스탈린그라드 전선의 패배가 정식으로 보도되면서 정부 전복의 당위성은 점점 확실해져 가고, 이 일을 최대한 빠르게 수행하지 않으면 안 되는 상황이었다. 현재로는 히틀러를 스몰렌스크로 유인하는 데 성공해야만 했다.

2월 말경 디트리히가 한스 집으로 왔다.

"매형, 결정된 게 있어?"

"히틀러가 어떤 경우도 결정적인 것을 보여 주지 않아. 하지만 군 장병 방문이 이루어지도록 트레스코프가 힘쓰고 있어. 그는 히틀러 비서와 개인적으로 알고 지내는데, 이번 군 방문이 사기가 떨어진 부대들에게 절대 필요하다고 알아듣게 말했지. 일이 그렇게 풀리면 우리도 그쪽으로 가서 트레스코프와 같이 행동을 취하게 될 거야."

3주쯤 지났을까, 한스가 통보했다.

"스몰렌스크로 가게 되었어! 카나리스가 늘 해 오던 정보국 회의를 거기서 열기로 했어. 제독이 직접 차를 몰고 오고. 물론 오스터 장군도."

해질 무렵, 한스가 출발하기 직전 그의 가방에 들어 있는 폭탄물을 봤다. 소위 '조개'라고 불리는 영국산 폭탄은 아주 작았다. 프랑스 레지스탕스들을 위해 낙하산으로 투하된 것들인데, 그 중 일부가 독일인들 손으로 흘러 들어와 정보국 저항자들에게 전해졌다.

"독일산은 이번 경우 적합하지 않아서. 크기도 하고, 도화선을 점화할 때 소리 때문에 발각될 것 같아서." 한스가 연필같이 생긴 도화선을 조개 폭탄에서 뽑으며 말했다.

"산으로 된 캡슐을 통해 터지게 되어 있지. 자 봐! 이렇게 말이야. 뚜껑이 열리면 산이 용수철을 점화, 끝 부분에 잡고 있는 줄을 태우면서 폭발이 일어나지."

"트레스코프가 어떻게 시행하지?"

"상황에 따라. 그 전에 성공하지 못하면, 히틀러가 타고 돌아갈 전용기에 폭탄을 몰래 장치해야 돼."

"무고한 사람들이 다치지 않을까?"

"그건 감수해야 해. 아무튼 최대한 희생을 줄여야지. 하지만 우리 계획에 변경은 없어, 디트리히! 우리는 너무 생각이 많아서 이런 일에 적합하지 않은 인물들이야. 실패하면 어느 누구도 우리의 동기는 아랑곳하지도 않을 거야. 오직 무자비한 비난만 남게 되지."

한스는 위로를 구하는 듯 디트리히를 쳐다보았다. 하지만 매형이 바라는 위로를 해 줄 수 없었다.

"이제 와서 바꿀 수 없어. 성공하든 실패하든 해야만 해! 우리의 동기에 대해서는, 우리가 생명의 이름으로 이 일을 하는 것을 하나님은 아실 거야."

한스가 근심에 잠겨 창가로 갔다.

"역으로 나를 데려다 줄 사람이 필요해. 너 말고."

"에버하르트는 어떨까? 내일 시간이 있을 거야."

다음날, 에버하르트가 한스의 가방을 싣고 역까지 데려다 주었다. 물론 한스의 가방에 들어 있는 것이 무엇인지 모르는 채. 이틀 후 한스는 돌아왔고 계획은 완료되었다.

히틀러는 다가오는 주말에 스몰렌스크에 오기로 예정되었다. 밤늦도록 정보국의 한스, 군부 측의 슐라브렌도르프와 트레스코프는 상세한 사안까지 검토하며 의견을 맞추어 갔다. 만약의 사태에 대해서도 대비했다. 베를린에서는 거사 후의 일들이 계획대로 진행될 것이다. 베를린뿐 아니라 쾰른, 뮌헨, 비엔나 등 모든 중요한 핵심 인물들에게는 비상 근무령이 내려져 있었고, 히틀러의 죽음이 알려지는 즉시 모든 전선의 장군들도 협조하기로 되어 있었다.

특히 비밀 유지가 중요했다. 가족들 중에도 이 사실을 알고 있는 사람은 디트리히와 한스, 크리스텔뿐이었다. 드디어 그날이 왔다. 디트리히는 불안과 조바심 때문에 견딜 수 없어 점심 식사 후에 크리스텔에게로 갔다.

하지만 크리스텔도 아직 아무것도 들은 바가 없었다. 디트리히는 불안을 잊기 위해 조카들과 카드놀이를 시작했다. 그러나 디트리히도 크리스텔도 좀체 게임에 집중할 수 없었다. 어른들이 다른 생각에만 잠겨 있자 아이들은 게임에 흥미를 잃고, 바깥에 나가 눈싸움을 시작했다.

"누나, 라디오를 틀어 볼까?"

크리스텔은 아무 말 없이 라디오를 틀었다. 라디오에서는 행진곡과 일상적인 나치 선전구호만이 흘러나왔다.

"방송이 나오기에는 아직은 너무 일러." 디트리히는 이번에는 절대로 실패하지 않을 것이라며 누나를 격려했다.

"디트리히, 우리가 상황을 너무 분홍빛으로만 보는 것이 아닐까? 만에 하나라도 잘못될 경우, 다가올 모든 상황에 대해 준비해야 하지 않을까? 그런데 만약 한스가 잘못된다면?"

"누나, 인간은 우리가 믿는 이상으로 위험과 고난을 감당할 수 있는 존재야."

디트리히는 자신도 불안했지만 크리스텔을 위로해야 했다.

그날 오후는 왜 그렇게 시간이 가지 않는지! 오후 6시경 한스가 집으로 왔다.

"일이 틀어졌어. 도대체 어디에서 문제가 생겼는지 알 수가 없어. 슐라브렌도르프가 오전에 '번개 임박'을 알려 왔어. 오후 두 시경에 두 번째 전화를 해서 '작전 수행 중'이라고 했는데, 두 시간을 더 기다렸는데 아무 소식이 없었어. 그 뒤에 슐라브렌도르프가 '작전 실패'라고만 보고해 왔어."

한스는 소파에 털썩 주저앉아 두 손으로 얼굴을 감쌌다. 크리스텔은 눈을 감았다. 디트리히는 순간 어떤 생각도, 감정도 느낄 수 없었다. 실망감 아니면 허탈감?

이틀 뒤에 슐라브렌도르프가 베를린으로 와서 보고했다. 디트리히는 그때 마침 오스터의 사무실에서 다시 나온 징집 명령에 대해 이야기를 나누고 있었다. 뮌헨 병무청에서 디트리히에게 일주일 안으로 모든 서류를 제출하라고 통보가 왔다. 오스터 장군은 정보국에서 아직 그가 필요하다며 모든 힘을 동원해 징집 명령을 막아 주겠다고 약속했다.

"이삼 주 내에 목사님을 로마로 파견할 이유를 만들어 낼 겁니다. 나와 도나니 부관이 책임질 겁니다."

이런 대화를 나누고 있는데, 키가 큰 파비안 폰 슐라브렌도르프 대위가 문 앞에 서 있었다. 오스터 장군은 즉시 한스를 자신의 사무실로 불렀다. 슐라브렌도르프는 무표정한 얼굴로 실패한 작전에 대해 설명했다.

"폭탄이 터지지 않았습니다. 제가 직접 브란트 소령에게 그 폭탄을 전달했습니다. 히틀러가 비행기를 타기 이 분 전에 제가 폭탄의 안전핀을 제거했고요. 브란트는 당연히 그것이 무엇인지 모르지요. 폭탄이 마치 장군들에게 줄 술병처럼 생겼으니까요. 비행기가 이륙하고도 한참 관찰하다가 두 시간 후에 라스텐부르크에 전화하니 이미 비행기가 안전하게 착륙해 있었습니다."

"그럼 브란트 소령은 어떻게 되었소?"

"다행히 그는 그 소포를 전달하지 않았습니다. 제가 어제 그것을 도로 가져와 빈 기차 안에서 폭발물을 제거했습니다."

이 젊은 장교는 배터리가 없는 손전등을 다루듯 아주 능숙하게 자기 서류 가방에서 그 문제의 소포를 꺼내더니 폭발물이 담겨 있는 조개처럼 생긴 폭탄을 쪼개 보였다.

"폭발 물질 안에 있는 산이 흘러나와 점화선이 상해 있었습니다. 그래서 점화가 되다 말았습니다. 불이 붙지 않았다고요.

저와 트레스코프가 몇 번이나 연습했지만, 아무 문제가 없었습니다. 정말 알 수 없는 일입니다."

전화가 걸려 왔다. 스몰렌스크에 있는 트레스코프의 전화였다. 슐라브렌도르프가 전화를 끊고는 나직하게 말했다.

"기회가 또 왔습니다. 우리 장교 중에 한 명이 이번 일요일, 같은 작전을 수행하고자 합니다."

그는 평소와는 달리 상당히 흥분되어 있었다.

"삼월 이십일일은 전쟁용사 기념일입니다. 이 기념식에 저희 중앙사단이 전쟁 노획 무기를 전시합니다. 히틀러가 이 전시회를 돌아보게 되어 있는데, 게르스도르프 장군이 안내하며 질문에 대답하게 되어 있습니다. 게르스도르프는 히틀러와 함께 폭파되어 죽을 준비가 되어 있습니다. 그의 아내가 작년에 유명을 달리했는데, 자기 목숨을 이를 위해 기꺼이 드리겠다고 합니다."

아무도 입을 열지 않았다. 결국 오스터 장군이 침묵을 깼다.

"대위, 그 조개를 집어넣으시오! 우리는 제독에게 이 사실을 보고해야겠소."

파울라는 눈을 떴다. 그녀는 자신이 잠을 잔 것에 대해 놀랐다. 게르스도르프 장군이 자기 목숨을 걸고 시도한 작전도 실패로 끝나고 2주 동안 한숨도 잠을 청하지 못했다. 디트리히는 아무 말이 없었지만 이제 각오한 것 같았다.

시계를 보니 3시 반이었다. 살며시 일어나 2층으로 가 보았다. 디트리히는 방에 없었다. 그때 초인종 소리가 들렸다. 밖에는 갈색 유니폼을 입은 남자와 게슈타포 한 명이 서 있었다. 용기를 내 문을 열었다.

"디트리히 본회퍼 목사, 집에 있죠? 불러 주시지요."

"지금 집에 없습니다." 어머니는 안정을 찾으려고 애를 썼다

"그러면 당장 찾아오시오! 우리는 그의 방에서 기다리겠소."

파울라 여사는 움직이지 않고 가만히 서 있었다.

"무슨 말인지 모르겠소? 당신 아들은 지금 수배 중이오. 아들 방이 어디요?"

칼 박사가 환자를 보다가 나와 그들을 디트리히의 방으로 안내했다. 파울라 여사는 더 이상 서 있지 못하고 벽에 기대어 사위가 한 말을 기억했다.

"게슈타포가 이 일에 관여하게 되면 고문과 온갖 잔인한 수단을 동원해서 진상을 파헤치려고 할 거예요."

칼 박사가 2층에서 내려오자 파울라가 물었다.

"이제 우리는 무엇을 해야 하지요?"

"아무것도 할 수 없어. 내가 가서 데려와야지."

잠시 뒤, 파울라는 창문 가에 서서 아들과 남편이 정원 뜰로 들어오는 것을 보았다. 서둘러 뒷문으로 나갔다.

"어머니, 걱정하지 마세요. 아무 일도 없을 겁니다."

아무 말도 할 수 없었다. 아들의 담담한 태도를 보니 그는 모든 것을 알고 있었다. 그리고 치울 것을 치우고 정리했다. 게슈타포는 결코 찾을 수 없을 것이다. 그렇게 생각하며 아들을 더 괴롭게 하지 않기 위해 그녀는 이를 악물었다.

형사들이 디트리히의 방을 수색하는 데 두 시간이나 걸렸다. 두 시간 뒤 디트리히의 손에는 차가운 수갑이 채워졌다. 그녀는 아무 말 없이 디트리히의 얼굴에 키스를 했다. 그러고는 나치가

차의 뒷좌석에 아들을 밀어 넣는 것을 지켜볼 수밖에 없었다. 디트리히는 차 안에서 뒤를 돌아보며 수갑에 묶인 손을 흔들어 주었다.

4부

영광의 길, 순교자의 길

36

 감방의 밤 추위는 견디기 힘들었다. 그렇다고 기름기 잔뜩 묻은 냄새나는 이불을 덮자니 꺼림칙했다. 동틀 즈음에야 겨우 새우잠이 들었다.
 "야, 빌어먹을 돼지 새끼야! 뭘 꾸물거려! 문 앞으로 밥통 냉큼 가져오지 못해! 팔 다리가 썩었어? 멍청한 놈!"
 간수들의 왁자지껄한 소리에 잠을 깼다.
 열쇠 돌리는 소리가 나고 곧 디트리히의 방 철문이 열렸다. 훤한 빛을 등지고 간수의 그림자가 비치더니 뭔가 휙 하고 날아와 바닥에 떨어졌다.
 "밥통, 이리 내놔!" 간수의 명령이 떨어졌다.
 디트리히는 일어나 배식기를 문 앞으로 내밀었다.
 "저기에!" 간수가 문 앞 바닥을 가리키며 소리쳤다.
 디트리히 손에 컵 한 개를 쿡 쑤셔 넣더니 커다란 주전자에서 커피를 따라 부었다. 꼼짝도 않고 있는 디트리히에게 고함이 떨어졌다.

"뭘 기다려? 이 몹쓸 새끼야! 빵 받았으면 꺼져!"

디트리히가 뒤로 물러서자 철문이 철컹 닫혔다. 감방 바닥에 내동댕이쳐진 빵조각을 바라보자니 속이 메스꺼웠다. 하지만 허기를 견딜 수 없었다. 커피가 든 컵을 의자 위에 올려놓고 빵을 주워 먼지를 털어 냈다. 손수건을 펴서 의자에 펼치고 빵을 그 위에 놓았다. 식사기도를 시작하려고 했다. 그런데 기도가……, 늘 해 오던 식사기도가 나오지 않았다. 대신 감방 식사에 감사하는 마음을 달라고 구했다. 말라서 딱딱해진 빵을 천천히 꼭꼭 씹었다. 컵 속에 담긴 갈색 액체를 굳이 커피라고 한다면 마시기에 너무 쓰지만 그나마 따뜻해서 다행이었다.

간수가 금세 다시 돌아오더니 네 명의 다른 수인들과 함께 앞마당으로 끌고 갔다. 다른 곳으로 보내 주려나? 바깥 햇빛으로 나오자마자 간수가 냅다 소리 질렀다.

"뛰어, 뒈져 죽을 새끼들아!"

"멈춰!"

"뛰어!"

"멈춰!"

"줄 똑바로 서지 못해! 이 멍청이 같은 새끼들아!"

똑바로 나란히 줄을 세웠다. 바지에 줄을 세운 녹색 유니폼을 입은 헌병 장교가 마주 보는 건물에서 나오더니 맨 앞에 서 있는 남자부터 인적 사항과 수감 이유를 확인해 나갔다. 도둑질, 명령 불복종, 탈영……. 음란하고 추잡한 욕설을 퍼부어 대던 헌병이 탈영범 앞에서는 거의 이성을 잃은 것 같았다. 탈영병은 디트리히 바로 옆에 서 있었다. 겨울 내내 러시아 전선에서 싸웠던 그가 왜 탈영을 했는지. 자기도 모르게 일어난 일이었고, 눈속에 의식을 잃고 쓰러져 있다가 탈영 12시간 뒤 체포되었다고 했다.

"동료들을 버려 두고 혼자 살겠다고. 이 비겁한 돼지 새끼야! 모두가 조국을 위해 피를 흘리는데. 기다려, 그 피 맛을 단단히 보여 줄 테니!"

헌병 장교가 디트리히 앞에 서더니 매섭게 노려봤다. 얼굴에는 조롱과 비웃음이 섞여 있었다.

"너는 왜 여기 들어왔어?"

"모릅니다."

"몰라? 왜 들어왔는지 모른다는 말이지?"

"모릅니다. 정말 모릅니다!"

"하, 이 새끼가. 조만간에 충분히 알게 될 거야. 내가 보니까 맹세코 군인은 아닌데, 직업이 뭐야?"

"목사입니다."

"목사? 목사라고! 와, 이거 황당하네! 목사까지 여길 들어와 있네! 다음 타자로는 어떤 놈들이 여기 들어오는지."

장교가 간수에게 소리쳤다.

"저 목사를 독방으로 보내! 상부의 지시야."

여러 방을 거치며 신고, 조사, 보고를 마친 뒤, 의무실에서 신체검사를 받았다. 몸이 우락부락하고 험상궂게 생긴 간수가 가방과 지갑, 시계를 돌려주었다.

"성경이 들어 있지 않은데요." 가방을 열며 디트리히가 말했다.

"곧 돌려줄 거야." 간수가 대꾸했다.

"무슨 이유입니까?"

"모든 소지품 하나하나를 철저히 검열받아야 해."

"왜요?"

간수가 기가 찬 듯 웃었다.

"책갈피에 무엇을 숨겼는지 누가 알겠어?"

다른 헌병 간수가 디트리히를 인계받더니 밖으로 데려갔다. 30미터쯤 떨어진 곳에 높은 담으로 둘러져 있고 셀 수 없이 많은 철창들이 달린 건물이 서 있었다. 간수가 찬 열쇠뭉치가 철그렁거렸다. 사무실 담당 간수가 매일 30분씩 산책하며, 우편물은 추후 통보가 있을 때까지 금지라고 엄포를 놓았다.

"독방! 상부의 명령!"

간수가 무거운 철문을 열기 전에 디트리히는 마지막으로 푸른 하늘을 애타게 바라보았다.

형무소 안은 넓은 복도 양쪽으로 철문이 빽빽하게 서 있고 위로는 천장까지 3층으로 되어 있었다. 건물은 십자가형으로 사방으로 뻗어 있었고, 각 층마다 감시소가 있었다. 디트리히는 복도 저편에 있는 철 계단을 통과해 가장 높은 곳에 있는 독방으로 끌려갔다. 헌병 간수가 문을 열자 디트리히가 그의 눈을 쳐다보며 말했다.

"제 성경을 돌려주셨으면 합니다."

"알아보겠습니다."

뜻밖에도 공손한 대답이 돌아왔다. 여기서도 인간성이라는 것을 느낄 수 있을까?

"고맙습니다!"

등 뒤로 문 닫히는 소리가 나고 문은 잠겼다. 지난번 감방처럼 좁았지만 그래도 깨끗했다. 그리고 작지만 높이 달린 창문으로 하늘이 보였다. 하늘이 보인다면 독방이라도 견뎌 낼 수 있을 것 같았다.

절망적인 흐느낌, 철사슬 흔들리는 소리가 옆 감방에서 몇 시간째 계속 들려왔다. 그러다 감방 사이 벽을 절망적으로 계속 두드리는 소리로 이어졌다. 디트리히도 벽 너머 상대방의 손을 잡으려는 듯 조심스레 벽을 두드렸다. 흐느끼는 소리가 잠시 그쳤다가 점점 더욱 강렬해졌다. 그를 만날 방법은 없고 다른 사람들은 아랑곳하지 않는 것 같았다. 이 지옥 같은 곳에서는 저런 소리들이 일상에 속한다는 것인지…….

독방은 지난번 방보다는 춥지 않았다. 이불의 기름기는 여전하나 악취는 조금 덜해 발은 덮을 수 있었다. 밤에는 뭔가 꿈틀거리며 기어다니는 것 같았는데, 어두워 무엇인지는 알 수 없었다. 그러다 어느새 잠이 들어 버렸다. 이런 지옥 같은 곳에서도 잠을 자야 하는 인간이란 도대체 어떤 존재인가?

새벽 미명에 감옥의 육중한 문들이 '뻭!' 하면서 닫히고 열리는 소리, 간수들의 험악한 욕설이 들려왔다. 그를 꿈나라에서 다시 무시무시한 테겔 육군 형무소의 현실 세계로 돌아오게 했다. 늘 같은 비참한 일상이 반복되었다. 변기통을 비우고 말라비틀어진 아침식사를 한 뒤에 조그만 세면기에서 찬물로 세수하고, 손수건만 한 수건으로 물기를 닦아 내고, 간혹 간수의 입회 하에 거울 없이 면도를 했다. 세수를 할 때 보니 긁어서 피가 난 자국들이 팔 여기저기에 보였다. 침대 밑으로 붉은 빛이 나는 벌레들이 기어다녔다. 빈대! 이제까지 한 번도 본 적이 없었다. 다만 어머니가 프리드릭스부룬의 여름 별장에서 빈대 때문에 매트리스 하나를 다 태운 것을 기억했다. 수많은 빈대들과 전쟁을 하며 과감하게 손가락으로 짓눌러 죽이기 시작했다. 8시 이후에는 할 일이 없었다. 아무 일이 없는 하루가 너무 길게 느껴졌다. 이제까지 자신의 생애에서 하루라도 무료하게 지낸 적이 없었다. 그러나 지금은 종이도 없고 읽을 책도 없었다. 벽을 쳐다보니 의미 있는 낙서가 쓰여 있었다.

'백년 안에는 모든 것이 끝장이 나리라!'

3일째 되는 날 성경을 돌려받았다.

"이렇게 돌려주시니 고맙습니다."

"천만에요. 어차피 돌려받을 것이었어요. 그 속에 톱이나 자해할 수 있는 작은 칼 같은 것이 없는지 확인하려고 한 것뿐이에요." 첫날 이곳으로 데려다 준 친절한 젊은 헌병 하사관이 웃으며 대답했다.

"하사관님, 이곳에 도서관이 있습니까?"

"있기는 한데요."

"신문이나 책 한두 권을 가져다 주시겠습니까? 부탁입니다."

"글쎄요, 할 수 있는 대로 힘써 보겠습니다. 하지만 약속은 못합니다."

늦은 오후에 젊은 하사관은 도이체 알게마이네 신문과 책 두 권을 가져다 주었다. 《돈과 영성》이라는 책과 무명의 전도자가 쓴 팔레스타인 여행기였다. 디트리히는 감격해서 바로 간이침대 한구석에 앉아 책을 탐독했다. 그런데 자꾸 어머니 얼굴이 떠올랐다. 아들을 그렇게 떠나보낸 어머니의 아픈 가슴을 어떻게 달래 드릴 수 있을까? 마리아의 얼굴도 떠올랐다. 푸른 원피스를 입은 아름다운 여인이 눈앞에 아른거렸다. 에버하르트와 한 시간이라도 대화할 수 있으면 얼마나 좋을까?

며칠이 지나갔다. 디트리히는 점차 안정을 찾았고, 기도와 묵상으로 위로와 힘을 얻어 갔다. 어느 날, 한밤중에 요란한 사이렌 소리에 잠이 깼다. 연합군의 폭격이 시작된 것이다. 두려움과 증오가 온 감옥을 채웠다. 엉겁결에 조그만 감방 창문으로 바깥을 내다보았으나 아무것도 보이지 않았다. 테겔 공항에서 비행기가 뜨는 요란한 엔진 소리만 들릴 뿐 어느 편 비행기인지 도무지 알 수 없었다. 조금 있으니 폭탄 터지는 굉음이 잇달아 들렸고, 기이한 빛의 섬광들이 하늘에서 번뜩거렸다. 그러나 형무소 근처는 폭격이 없었고, 한 시간쯤 지나자 해제 사이렌이 울렸다.

테겔에 온 지 6일이 지났지만 별다른 조치가 없었다. 디트리히는 매일 아침 넥타이를 매고 양복을 입었다. 비록 구겨지고 더러운 옷이었지만 심문받을 준비를 이렇게라도 해야 했다. 어떤 심문을 누구에게 받을지 알지 못해 괴로웠다.

7일째 되는 날 아침 8시, 드디어 헌병 간수 둘이 들어오더니 수갑을 채워 데리고 나갔다.

육군 최고 군법 재판소는 육중한 석조 건물로 비츠레벤 거리에 있었다. 디트리히가 유년 시절을 보냈던 생가와 가까운 곳이라 그런지 무서운 법정도 조금은 친밀한 감이 들었다. 헌병 간수들이 그를 2층에 있는 대기실로 쑥 밀어 넣었다. 잠시 뒤 유니폼을 입은 수사관이 취조실로 데리고 갔다. 보고서를 작성할 비서도 따라 들어왔다. 갑자기 요란한 소리와 함께 그 악명 높은 육군고등군법회의 수석 검사 뢰더가 들어왔고, 그 뒤로 존더레거 게슈타포 형사가 따라 들어왔다. 아마도 게슈타포도 디트리히의 취조와 재판에 관여할 모양이었다. 뢰더는 먹잇감을 눈앞에 둔 짐승처럼 흡족한 표정으로 존더레거 옆자리에 앉았다.

뢰더가 눈짓을 보내자 법정 직원이 디트리히의 손에서 수갑을 풀어 주었다. 디트리히는 뢰더의 책상 앞에 선 채로 심문을 받아야 했다.

"자, 이제 시작합시다. 본회퍼 박사, 우리는 지난날 인연을 맺었는데 이제 협조할 때가 되었죠? 그렇지 않습니까? 당신도 정부의 권위는 어떤 대가를 치르더라도 존중되어야 한다는 생각에는 우리와 같은 의견이지 않습니까?" 그는 디트리히에게 모종의 기대를 걸고 있다는 듯이 친절하게 말했다.

"당연합니다." 디트리히도 가볍게 응수했다.

"그러면 우리 사이에 별문제가 없겠습니다. 본회퍼 박사, 먼저 알려 줄 것이 하나 있소. 도나니와 뮐러, 그리고 도나니의 부인도 지금 우리 손에 있소. 그 부인이 당신 누나 맞지요?"

크리스텔이 체포되었다니? 어떻게 그럴 수가?

"누이인 것은 맞지만, 누이는 아무것도 모르오. 심지어 정보국이 뭐하는 곳인지도 알지 못하오. 그녀를 체포하다니! 부질없는 일이오."

"신성한 법정을 비판하지 마시오. 우리는 할 일을 할 뿐이오. 여하튼 도나니와 그의 부인은 정보국 내부의 매국 행위에 대한 슈미트후버 영사의 정보를 시인했소."

디트리히는 언급을 회피했다.

"이것마저 부인할 만큼 어리석다고 생각하지 않소!" 뢰더는 점점 강도를 높였다.

"정보국 내부에 대해서는 전혀 모릅니다. 또한 정보국이 매국 행위를 한다는 어떠한 정보도 알지 못합니다."

"당신 매형이 당신을 공범자라고 불었단 말이오. 알겠소?"

디트리히는 피 한 방울 나올 것 같지 않은 존더레거의 얼굴을 흘깃 쳐다보고는 다시 뢰더를 향해 말했다.

"매형은 거짓말을 하지 않습니다. 그럴 리가 없습니다."

"그러면 내가 거짓말을 한단 말이오?" 뢰더가 버럭 소리를 질렀다.

"그런 말이 아니라, 다만 도나니 씨가 거짓 증언을 하지 않는다는 말입니다."

뢰더는 서류 가방에서 문서 하나를 꺼내 디트리히 앞에 놓았다.

"이 매국적인 문서에 대해서도 모른다고 할 것이오?"

그 문서는 디트리히와 한스가 세밀하게 작성하여 벡 장군에게 동의를 구한 것으로, 그 안에는 디트리히가 로마에 가서 요청할 내용들이 들어 있었다. 비록 많은 부분이 암시적으로 작성되었으나, 벡 장군이 그의 비밀 코드 'O'로 서명했고, 본회퍼와 뮐러는 로마에서 귀국 즉시 보고하도록 되어 있었다. 문서 내용은 다음과 같았다.

〈로마 가톨릭교회의 대표들에게 보내는 독일 개신교 지도자들의 요청〉
- 우리는 현재 벌어지고 있는 전시 사태에 즈음하여 정의와 평화가 정착되도록, 또 기독교의 기본 정신 아래 사회의 모든 시스템이 구축되도록 하기 위해 가톨릭교회의 도움을

요청합니다.

- 우리는 영국, 미국, 네덜란드, 노르웨이 그리고 프랑스의 개신교회들이 이 사안에 지대한 관심을 가지고 있음을 알고 있으며, 결정적인 시기가 왔을 때, 모든 교회가 평화 정착을 위한 공동 의견을 내놓는 것이 매우 중요하다고 확신합니다.

- 우리는 이미 두 번의 성탄 메시지를 통해 선포하신 교황의 '평화를 위한 목표'를 들은 바 있으며, 모든 교회는 근본적인 점에서 찬성한다고 믿습니다.

- 우리는 이에 대한 홍보물을 제작하고, 적당한 시기에 공개적으로 배포할 계획입니다.

- 교회연합과 평화 정착이라는 이 공동의 주제를 위해 독일 개신교 지도자, 로마 가톨릭교회의 대표자와 전 세계 개신교 지도자들이 제네바에서 토론과 회합을 가질 것을 요청드립니다.

"어떤 바보도 이 문서가 매국적이라는 것을 알지 않겠소, 박사? 더군다나 나는 바보가 아니오. 도나니가 이 문서를 당신의 도움으로 작성했다고 자백했단 말이오! 또 오스터가 서명을 했고. 부인해도 소용없는 일이오."

뢰더는 'O' 사인을 오스터의 서명으로 오해하고 있었다. 한스가 무어라고 대답했을까?

"제가 도움을 준 것은 맞습니다만, 검사님은 오해하고 계십니다. 도나니 소령에 의하면 정보국에서 외국으로 내보내는 문서는 전부 비밀암호로 작성된다고 했습니다. 바티칸에 보내는 공식 요청서는 실제로는 저의 정보국 요원 신분을 위장하기 위한 거죠."

"내게 혼란을 주려는 거요?"

"천만에요. 바티칸이 이 문서에 신빙성을 가진다면, 아마도 더 많은 정보를 우리에게 주었을 겁니다. 겉으로는 평화 협상을 하는 척하면서 실제로는 연합군의 약점과 그들의 작전 내용을 알아 오는 것이 나의 임무였소."

뢰더는 머리를 뒤로 넘겼다. 디트리히는 이렇게 말하면서도 한스가 똑같이 말해 주었기를 간절히 바랐다. 한스와 디트리히는 많은 부분에서 입을 맞추었지만 이 문서에 대해서는 그런 적이 없었다. 그러나 오스터를 중심으로 한 저항 동지들은 만약의 사태가 발생하면 모든 저항 문서들에 대해 정보국의 위장 문서라고 한다는 묵시적 동의가 있었다.

"그럴듯하군요, 박사. 하지만 그것만 가지고는 안 되지요. 만약 그 주장이 맞다면 왜 오스터가 이 문서를 숨기려고 했을까요?"

"제가 어떻게 내부 사정을 모두 알겠습니까?"

"우리 형사 양반께서 오스터 장군을 현장에서 목격했단 말입니다."

이어 존데레거가 자랑스러운 듯이 말하며 끼어들었다.

"오스터 장군이 도나니의 책상에서 이 문서를 치워 자기 가방에 넣으려고 했소. 그러나 내가 조금 더 빨랐지. 아시겠소?"

"이 망할 놈의 오스터를 다시는 정보국으로 돌아가게 하지 않을 거요. 이 팀들을 내가 일망타진할 거란 말이오. 슈미트후버 영사가 '장군들의 클럽'이라고 털어놓았는데, 그들이 누구요? 이름을 대시오!"

"전혀 모르는 일입니다. 나는 그런 위치에 있지도 않을뿐더러, 단지 목사로서 에큐메니컬 운동의 지도자 중 한 사람으로 정보국에서 나를 유용하게 보았을 뿐입니다. 그리고 나는 조국을 위해 기꺼이 스파이 역할을 받아들였습니다. 제가 어떻게 그런 이름들을 알겠습니까?"

"그러면 오스터가 왜 이 문서를 없애려고 했느냐 말이오?" 뢰더가 신경질적으로 말했다.

"내가 그걸 어떻게 알겠습니까?" 디트리히는 더 확신을 주며 응수했다.

"본회퍼 박사, 오늘은 여기까지 합시다. 하지만 이 일은 근원부터 철저히 추적할 것이오. 진실을 캐기 위한 우리 나름대로의 방법이 있소. 필요하다면 위대하신 총독 지도자의 허가를 받아서 그 임무를 수행할 것이오. 아시겠소?"

뢰더가 법정 직원에게 신경질적으로 명령했다.

"데려가!"

37

"진리를 좇는 자는 빛으로 오나니"(요 3:21).

요한복음 구절이 귀에 맴돌았다. 오후 내내 '진실을 말한다'는 것이 도대체 무슨 뜻일까 고민했다. 매형 한스 폰 도나니와 입을 맞추는 작업을 할 때부터 이 고민은 시작되었지만 해답은 없었다. 거짓말을 한다는 것, 더욱이 궁지에서 빠져나가기 위해 거짓말을 해야 하는 것을 받아들이기 힘들었다. 다른 한편으로 진실을 말하는 것은 이번 경우에는 동지들을 나치에게 고발하는 것이 아닌가? 언젠가 자기가 아담 폰 트로트에게 했던 말을 돌이켜보았다.

"진리의 대변자가 거짓을 말하는 것보다, 거짓말쟁이가 진리를 말하는 척하는 것은 훨씬 악하다."

저녁 8시가 되면 모든 전등이 꺼졌다. 소등된 감방 안에서는 아무것도 할 수 없어, 디트리히는 매일 저녁 시편을 한 장씩 떠올리며 외우곤 했다. 오늘은 시편 11편 차례였다.

"그 눈이 인생을 통촉하시고 그 안목이 저희를 감찰하시도다. …… 여호와는 의로우사 의로운 일을 좋아하시나니 정직한 자는 그 얼굴을 뵈오리로다."

"정직한 자는 그 얼굴을 뵈오리로다." 이 말씀을 외우고 또 외웠다. 무엇이 정직하고 경건한 일인가?

다음날 아침부터는 새로운 마음으로 하루 일정을 계획했다. 6시 기상, 냉수로 세면하고 식사한 뒤 성경을 창세기부터 계시록까지 읽어 내려갈 작정이었다. 그리고 기도와 명상 시간을 가진 뒤 체조를 할 것이다. 나머지 시간은 책을 읽고 운동하며, 그동안 쓰지 못한 책들을 써 나가리라. 오후 4시에 저녁밥이 들어오니 그 이후 한 2시간 정도 더 유용하게 쓸 수 있을 것이다. 그러나 계획대로 잘 되지 않았다. 딴 생각들이 그를 괴롭혔다. 하루가 지나자 간수가 다시 뢰더와 존더레거에게 데리고 갔다.

"당신은 현재 국가에 대한 모반과 정부 전복 미수죄로 기소되었다는 것을 알고 있소?" 뢰더가 디트리히를 맞으며 말했다.

"대체 무슨 근거로 그런 죄목이 나왔는지 모르겠군요."

"곧 알게 될 거요. 오스터는 그 문서에 대해 알지도 또 서명하지도 않았다고 주장하고 있소. 자신은 절대로 'O'라는 사인으로 결재하지 않을뿐더러, 위장 문서에 대해 모른다고 주장하고 있소. 또 정보국 본부는 에이전트를 고용하지 않기에 당신이 절대로 로마에 갔을 리가 없다는 것이오. 누구 주장이 맞소?"

"공식적으로는 그렇습니다. 그러나 나는 1940년 9월부터 정보국 해외 담당 부서에서 민간 요원으로 일했소."

"어떤 자격으로? 무슨 역할을?"

"이미 말한 그대로입니다. 겉으로는 에큐메니컬 운동을 하는 척하면서 외국의 정보를 캐내 오는 일, 그게 전부요."

뢰더가 위협조로 말했다.

"본회퍼 박사, 진실을 말하는 것이 서로에게 수고와 고통을 줄이는 길이오. 진실 말이오!"

"알지 못하는 사실을 어떻게 안다 말하겠소?"

"오스터의 말과 서로 틀리지 않소?"

디트리히는 순간적으로 방향을 틀어야겠다고 생각했다.

"나의 임무는 카나리스 제독에게서 직접 온 것입니다. 제독이 이를 확인해 줄 거요."

뢰더는 이 말을 듣자 취조를 중단했다.

테겔 육군 형무소 도서관에서 구겨진 종이 몇 장을 발견한 디트리히는 당장 부모님께 편지를 썼다. 자신의 상황을 최대한 낙관적으로 설명했다. 그리고 마리아에게도 이 편지를 전해 주고, 될 수 있는 대로 그녀를 베를린으로 초대해 달라고 부탁했다. 아직 우편물 송수신 금지령이 풀리지 않은 상태라 변칙적인 방법을 찾아야 했다. 호의적인 젊은 하사관이 저녁 순찰을 나왔다.

"금지된 일인데요."

"알고 있습니다, 하사관님. 그러나 늙으신 부모님이 소식을 기다리고 있습니다. 부탁합니다."

"좋습니다. 일단 보초 대장에게 전달하지요."

"고맙습니다. 성함이 어떻게 되십니까?"

"크노블로흐, 한스 크노블로흐예요."

디트리히는 악수를 청했다.

"저는 디트리히 본회퍼라고 합니다."

크노블로흐는 약간 어색하게 손을 흔들었다.

"하사관 님, 여기 근무하신 지 오래되었습니까?"

"한 일 년 되었습니다. 원래 전선에 배치되었지요. 그런데 머리 부상을 당해 철판을 끼워 넣는 수술을 받은 후 여기로 왔습니다." 크노블로흐는 씁쓸한 미소를 지어 보였다.

"이곳 수감자들 중에 군인도 있나요?"

"거의 다 군인들이죠."

디트리히가 옆 감방에서 매일 우는 소리가 난다고 하자, 사형 언도를 받은 수감자가 있다고 했다.

"왜요?"

"……."

크노블로흐는 그제야 자기가 근무 규정을 어기고 있는 것을 깨닫고 황급히 일어났다.

"이제 가야 합니다. 내가 말해 줄 수 있는 것이 아니죠."

"감사합니다. 크노블로흐 씨, 편지 부탁드려요."

편지가 감옥을 떠나 제대로 전달될 수 있을까? 거의 가능성이 없는 희망사항이었다.

달력을 만들었다. 1943년 4월 16일 금요일이 달력 위에서 지워졌다. 지옥의 문턱 같은 이곳에서 꼬박 2주가 지나갔다. 세 번째 심문이 시작되었다.

"본회퍼 박사, 정보국 서류들을 면밀히 검토했지만, 당신 월급 명세서도 없었고 민간 요원 목록에 이름도 올라와 있지 않았소. 어떻게 된 거요?"

"이미 말했다시피 나는 이 임무를 조국에 봉사한다는 의미에서 무보수로……."

"게다가 비밀 유지를 위한 보안 서약서도 제출하지 않았더군요?"

뢰더가 말을 가로막았다.

"제 경우에는 그것이 필요 없었습니다."

"모든 것이 이상해. 이상하단 말이야. 앞뒤가 맞는 게 하나도 없어요." 뢰더는 존더레거를 쳐다보며 말을 이었다.

"카나리스 제독은 당신의 직분이 정보국 규정에 어긋난다고 인정했소."

디트리히는 놀라기도 하고 안심이 되기도 했다.

'뢰더가 카나리스와 이야기를 하긴 했구나.'

"검사님, 제독이 내 진술을 확인해 주었지요?"

"당신이 게슈타포의 추적과 보호를 받는 요주의 인물이라는 것, 특히 여행과 설교 등 온갖 금지 조치 아래 놓여 있는 목사라는 것을 듣고는 아주 화가 나 있어요. 그렇죠, 존더레거 형사?"

존더레거는 즉시 기계적으로 대답했다.

"예, 그렇습니다."

다시 뢰더의 질문이 계속되었다.

"그런데 왜 도나니 씨가 제독에게 사실을 은폐했는가 말이오. 아니면 제독이 거짓말을 했든지? 여하튼 우리는 도나니가 유대인들을 국경 너머로 피신시키고 국민의 혈세로 도주를 도운 사실을 알고 있단 말이오."

"은폐 사실은 금시 초문이지만 만일 그렇다면 나에 대한 금지 조치들이 전혀 근거가 없거나 보고하기에는 경미한 것이어서 그렇게 했을 테죠. 실제로 제국 보안국에다가 편지를 써서 금지를 철회해 달라고 한 상태죠."

"알았어요, 알았소."

디트리히가 존더레거를 보며 말했다.

"보안국 서류철에 제 편지가 들어 있을 거요. 확인해 보시죠."

"그럴 필요 없소. 입수된 정보로도 당신을 내란죄로 고소하기에 충분하오! 자, 이제 분명히 밝히시오. 다 털어놓으라고!"

"더는 자백할 것이 없습니다."

"날 가지고 장난을 치는 거요? 속이지 마시오. 아무도 당신을 변호해 줄 수 없다는 것을 아직도 모르겠소?"

디트리히는 뢰더가 화가 나서 얼굴이 붉어지고 욕을 하며 발을 동동거리는 것을 보면서 더 이상 아무 말도 하지 않았다.

다음날, 아침식사 후에 간수 한 명이 와서 수감실을 옮겨야 한다고 했다

"이유가 뭡니까?"

"소장의 지시입니다, 박사님."

존칭을 붙인 이런 정중한 말을 수감 이후 처음 들었다. 무슨 일이지? 주섬주섬 몇 가지 안 되는 짐을 쌌다. 간수는 문을 열어 주고 짐도 들어 주려고 했다. 참 이상한 일이었다. 새 감방은 같은 층으로 먼저 방 반대편에 있었다. 방은 비교적 넓고 깨끗했다. 소독약을 방금 뿌려서인지 냄새가 났다. 벽이나 천장, 침대도 깨끗했다.

"보초실로 와 보세요. 소포가 와 있습니다."

12일 동안 외부 세계와 차단되어 있다가 아버지 칼 박사와 우

르젤 누나의 편지와 소포를 받는 순간, 디트리히는 눈물이 왈칵 쏟아졌다. 간수가 소포를 목록과 대조하는 내내 감사의 눈물이 핑그르르 어리었다. 소포 속에 들어 있는 빵은 벌써 곰팡이가 피어 있었다. 살라미 소시지는 분명 우르젤 누나가 넣어 보낸 것이리라. 사과, 이불, 털조끼 그리고 말끔한 와이셔츠, 양말들이 들어 있었다.

"부모님께 보내는 편지는 뢰더 검사에게 전달했습니다." 나이가 비슷해 보이는 조그마한 체구의 보초대장이 말했다.

그는 한쪽 다리를 절었다. 아마도 전쟁터에서 부상당한 것이리라. 이런 곳에 근무하는 직원들은 대개 여러 가지 이유로 최전방에 배치될 수 없는 군인 출신들이었다.

"고맙습니다. 그런데 왜 하필이면 뢰더 검사에게."

"당신과 관련된 모든 것은 뢰더 검사의 손을 거치게 되어 있습니다."

"잘 알겠습니다."

"나의 약혼자에게도 편지를 보낼 수 있는지."

"유감스럽게도 검사님께서 단지 부모님에게만 쓰는 것을 허락했습니다. 그것도 열흘에 한 번씩. 소포는 일주일에 한 번씩 받을 수 있고요. 모든 수감자가 이런 특혜를 받는 것은 아닙니다. 그리고 매일 감방을 청소할 간수를 보내겠습니다. 새 방이 조금이라도 편했으면 합니다. 미안합니다. 박사님이 시청 고위층과 친인척이라는 걸 미리 알았더라면……."

이제야 이유를 알았다. 파울 외삼촌이 손을 썼구나.

점심때, 30분 정도 형무소 마당에서 산책하는 것이 허락되었다. 처음에는 신선한 공기를 마시는 것만으로도 무척 좋았다.

차차 자기를 둘러싸고 있는 움직이는 것들, 생명의 현상들이 눈에 띄기 시작했다. 보리수 나무에 돋은 파란 잎, 나무와 나무 사이를 날아다니는 참새도 보였다. 마당에 서서 촘촘한 철창문 사이에 있는 자기 감방을 찾아내고는 발견의 기쁨을 만끽했다. 간수가 30분이 지났다고 통보해 왔다. 모두들 태도가 정중했다. 몇몇 간수들은 찾아와 자신들의 무례함을 용서해 달라고까지도 했다. 아, 권력이란 얼마나 좋은 것인가!

다음날은 종려주일이었다. 간수 하나가 꽃 한 다발을 전해 주었다. 마리아라고 하는 아가씨가 넣어 준 것이라고 했다. 디트리히의 마음에 기쁨과 놀라움과 감사가 넘쳤다.

월요일이 되자 다시 법원 취조실로 가게 되었는데, 놀랍게도 한스가 와 있었고 대질 심문이 시작되었다. 서로 너무 놀라서 한동안 말을 하지 못했다.

"서로 아는 사이가 아니오? 무슨 말이든 해 보시오." 뢰더가 독촉했다.

"매형, 잘 있었어?"

"그래, 너도?"

"나는 불편 없이 잘 있어."

한스는 창백하고 피곤해 보였다. 며칠 잠을 못 잔 것 같았다. 혹시 매형이 크리스텔 누나도 이곳에 있는 것을 알고 있을까?

"자, 이제 시작합시다. 당신들 둘 다 거짓말을 하고 있는 것이 분명해. 본회퍼 박사, 당신이 로마에 놀러 가지는 않았을 것이고, 오스터 장군이 당신은 정식 요원이 아니며 자기가 명령을 내리지도 않았다고 하는데. 그렇다면 당신은 누군가의 사주를 받지 않았겠소? 그 누군가가 바로 문제의 배반자란 말이오.

이 문서가 그것을 증명하지 않소?" 뢰더의 날카로운 질문이었다.

"누가 당신 뒤에서 이 문서에 서명했냐는 말이오! 오스터의 서명이 아니라면 누구요?"

"오스터 장군은 명령권을 가지고 있습니다. 이미 말한 대로 그 문서는 로마에서 나의 신원을 위장해 주는 형식적인 위조 문서에 불과합니다." 디트리히는 말이 헛나가면 어쩌나 싶어, 한스를 바로 쳐다보지도 못했다.

"묻는 말에만 답하시오. 'O'라고 서명한 사람이 누구요?"

"나는 아무것도 모르오. 정식 요원이 되면 해외 활동을 할 때 위장이 어렵습니다. 그래서 내 신분에 관해서는 정보국 상부에 일임했습니다."

"도나니 씨는 누가 'O'라고 서명했는지 모른다는데, 당신은 알 것 아니오? 말하는 게 좋을 거요."

"이미 오스터 장군이라고 말하지 않았습니까?"

디트리히는 숨을 돌렸다.

"그러면 당신은 오스터가 거짓말을 한다는 거요?" 뢰더가 더 신경질적으로 다그쳤다.

"오스터 장군이 조심하는 것은 당연하죠. 검사님이 문서를 오해할까 봐 모르는 것처럼 할 수 있죠. 오스터 장군의 반응은 지극히 자연스러운 게 아닌가요?"

"정보국 장교들이 그렇게 소심하고 치밀하지 못한 인물들인 줄 몰랐어. 당신 같은 엉터리 민간 요원을 고용할 만큼 허술하다면……."

그제야 한스가 입을 열었.

"에큐메니컬 지도자들은 독일 정보국에서 정식 요원을 보낸다면 절대로 믿지 않습니다."

"그럴듯하군요. 하지만 내가 그걸 믿을 것 같소?" 뢰더가 일어서더니 이번에는 한스에게 이야기했다.

"내가 알기로 당신은 보기 드문 애처가인데, 계속 그렇게 나오면 당신 아내를 계속 여기 붙잡아 두겠소. 도나니 부인의 운명이 당신네 두 사람에게 달려 있다는 것을 명심하시오!" 거의 위협조로 나왔다.

"악마 같은 놈!" 한스의 힘없는 분노가 터져 나왔다.

"데려가!"

법원 문밖에서 디트리히와 매형은 눈빛을 주고받았다. 한스는 힘들여 입술을 움직여 나지막이 메시지를 전했다.

"아주 잘했어, 디트리히!"

38

"이런 건 들여보내지 못해요. 병과 깡통류는 금지 품목이오! 깨트려서 자해할 수 있단 말이오."

검열관이 잼이 든 유리병을 도로 내밀었다. 그리고 짐 속을 마구 뒤졌다. 속옷, 구두 크림, 편지지와 봉투, 잉크, 면도 크림, 바늘과 실, 갈색 양복. 파울라가 적어 낸 목록과 대조하고 살피더니 C3-10이라고 적힌 상자 안에 다시 집어넣었다.

"아들을 면회하는 것이 거부되었어요. 이 쪽지 좀 전달해 주세요."

"어떤 쪽지도 들여보낼 수 없소. 대신 면회실에서 기다려요. 당신 아들이 전할 것이 있는지 알아보겠소."

파울라 여사와 형수 에미는 거의 한 시간을 기다렸다. 그들이 대기 번호를 부르더니 디트리히가 전해 준 봉투 하나를 전달했다. 세탁물과 영치품 목록을 적은 쪽지가 들어 있었다. 악필로 소문난 디트리히답지 않게 아주 알아보기 쉽게 또박또박 쓰여 있었다.

'갈색 신발, 빗, 파이프, 성냥, 그리고 쉴링의 신학윤리 교과서 제2권.'

그러나 인사나 서명은 없었다.

형무소를 나와 집으로 돌아가는 발길이 떨어지지 않았다. 눈길은 창살로 가로막힌 형무소 창에서 떠날 줄 몰랐다. 저 창살 뒤에 새장 안의 새처럼 내 아들이 갇혀 있다니.

"어머니, 빨리 가요. 차라리 집으로 가는 게 맘이 편해요." 며느리가 슬픈 목소리로 재촉했다.

집에 돌아오니 칼 박사도, 집안 일을 도와주는 로테도 외출하고 없었다. 옆집에 사는 우르젤은 눈앞에 닥친 레나테의 결혼식을 준비하느라 분주했다. 디트리히는 에버하르트와 레나테의 결혼식을 자기 때문에 미뤄서는 안 된다고 강력히 주장해 왔다. 아무도 없는 텅 빈 집에서 파울라는 혼자 커피를 마셨다.

지난 4주 동안의 악몽이 주마등처럼 지나갔다. SS 친위대원들이 찾아온 것이며, 막내아들과 딸, 사위가 게슈타포 손에 넘어간 것이며, 큰딸 우르젤 집이 수색당했고, 사위 뤼디거를 통해 디트리히는 테겔 육군 형무소로, 한스는 레어터 정치범 독방 수용소로, 크리스텔은 샬로텐부르크의 여자 형무소로 수감된 것을 알게 된 것……. 파울라는 즉시 베를린 시청의 고급 공무원인 사촌동생에게 전화를 했으나, 그는 출장을 가고 자리에 없었다. 출장에서 돌아온 사촌동생이 힘을 써 보겠다고 약속했으나 자기 손에서 할 수 있는 일이 별로 없다고 전해 왔다. 칼이 뢰더에게 신청한 면회 신청은 계속 거절당했다. 편지와 영치품이 그나마 제대로 전해졌으면 하는 실낱같은 소망으로 들여보내는 것 외에 아무것도 할 수 없었다.

집으로 돌아온 칼 박사가 가져온 소식도 새로운 것이 없었다. 히틀러 참모장인 카이텔을 잘 아는 삭 박사를 찾아 크리스텔 일을 부탁했는데, 다행히 뢰더가 면회를 허가했다는 것이다.

크리스텔은 그로부터 이틀 뒤, 갑작스레 풀려났다. 얼굴은 말이 아니었고 눈은 퀭했다. 아무도 가까이 오지 못하게 하며, 머리부터 발끝까지 소독 비누로 씻고 입었던 옷들은 삶게 했다. 딸이 정신없이 식사를 하는 동안, 파울라는 한스에 대해 알고 있는 바를 전했다. 오늘 한스에게 영치품을 넣을 것이라 하자, 꼭 전해 줄 쪽지가 있다고 했다.

"그게 허락이 안 돼."

"몰래 들여보내야죠! 내가 나왔다는 것을 한스에게 꼭 전해야 해요."

크리스텔은 종이 컵 두 개의 바닥을 뜯어 낸 뒤 그 속에 편지를 집어넣고는, 다시 붙이더니 푸딩으로 채웠다.

"한스가 쪽지를 찾을 수 있을까?"

"엄마, 붉은 잉크를 좀 가져다 주세요."

크리스텔이 종이컵 위에 빨간 꽃을 그려 넣었다.

"빨간 표시가 '쪽지를 찾으라' 는 우리끼리의 암호예요."

우르젤과 레나테도 그 사이에 와 있었다. 크리스텔 이야기에 모두 숨을 죽였다. 형편없는 식사와 무자비한 간수들, 불결함, 끝없는 심문들······.

"뢰더는 정말 악마 같은 인간이야. 나는 무조건 아무것도 모르는 멍청이처럼 처신했고, 그것이 그래도 먹혀 들어간 것 같아."

그날 오후 파울라는 짐을 챙겨 한스가 수감되어 있는 레이터 거리 정치범 독방수용소로 향했다. 검열관은 별 시비 없이 짐을 들여보냈다. 한 주 뒤에는 크리스텔이 찾아가 새 보따리를 들여보내고 세탁해야 할 옷가지들을 받아 왔다. 그녀는 돌아오자마자 짐을 뒤져 종이컵을 찾아내 바닥에 붙어 있는 쪽지를 발견했다. 엄마와 딸은 전등 아래서 깨알같이 써 놓은 한스의 쪽지를 읽었다.

"내가 체포될 때 오스터가 옆에 있었어. 내 책상 위에는 벡 장군이 'O'라고 서명한 디트리히의 로마 여행에 관한 문서가 있었어. 오스터에게 당신에게 연락해 달라고 보낸 신호를 오스터가 오해하고 그 문서를 숨기려다 존더레거에게 발각되었지. 오스터는 'O'가 본인의 서명이 아니라고 부인하는데, 오히려 본인의 서명이라고 시인해야 우리에게 유리해. 우리의 변호를 위해서 아주 중요한 안건이야!"

"어떻게 하지?" 크리스텔이 안달했다.

"너는 절대로 안 돼. 오스터의 집은 계속 감시당하고 있어."

"혹시 유스투스 아니면 삭 박사, 아니면 오스터 친구가 찾아가면 어떨까?"

"내가 한번 가 보면 어떨까?"

"안 돼요, 엄마. 너무 위험해요!"

"간단하게 할 수 있어. 일단 시내로 가서 시장에 가는 척하며 모든 미행자를 따돌리고 오스터에게 가면 될 것 같아. 나 같은 늙은이를 의심하지는 않을 거야."

파울라 여사는 오후에 집을 나섰다. 예상대로 미행이 있었다. 파울라는 미행하는 사내에게 눈길 한번 돌리지 않으면서 먼저 시립도서관으로 향했다. 도서관 입구에 붙어 있던 조각상이나 그림들은 지하대피소로 다 옮겨 가고 건물은 텅 비어 있었다. 고서들이 있는 방으로 들어가 마주 보이는 쪽 문으로 급히 빠져나가 복도를 통과하여 자서전들이 모여 있는 방으로 갔다. 복도를 하나 더 지나 화장실로 들어가, 시장 바구니에서 푸른색 모자를 꺼내 쓰고 있던 갈색 모자와 바꾸었다. 푸른색 목도리를 어깨까지 늘어지게 둘렀다. 갈색 모자가 든 시장 바구니는 화장실 구석에 내버렸다. 복도에는 아무 인기척도 없었다. 옆문에 서 있는 수위에게 작은 손가방을 열어 소지품 확인을 받은 뒤 급히 빠져나갔다.

파울라 여사는 오스터와 마주 보고 앉았다. 오스터는 혼자 있기가 무척 힘들다며 파울라 부인의 방문을 진심으로 반겼다. 그의 아내는 시골에 내려가 있었다. 얼굴에 수심이 가득 차 있고 실망과 두려움의 빛이 역력했다. 오스터는 디트리히가 지난 성탄 때 저술한 〈10년 후〉라는 에세이를 선물한 몇 안 되는 핵심 저항 동료 중 한 사람이었다. 당시 디트리히가 오스터에 대해 한 이야기가 생각났다.

"오스터 장군은 때론 비이성적인 면도 보이지만 아주 용감하신 분이죠. 자기 몸을 사리느라 이것저것 따지는 겁쟁이들보다 훨씬 마음에 들어요."

파울라가 본론을 꺼냈다. 오스터는 크리스텔의 석방을 반가워하면서도, 디트리히와 한스의 안부 때문에 여간 걱정이 아니었다.

"일이 이렇게까지 되다니!" 오스터가 탄식했다.

"게슈타포에게 모의 전모가 드러나지 않는다면 끝장이 난 것은 아니잖아요. 한스와 디트리히가 허위 진술을 꾸며 대느라 애쓰고 있어요."

"알고 있습니다! 다행스럽게도 현재까지는 그들의 진술이 먹혀 들어가는 것 같습니다."

"그래서 장군님의 도움이 필요해요."

"어떻게 말입니까? 제 처지도 저들과 같이 감옥소에 갇혀 있는 거나 마찬가지인걸요."

파울라는 한스가 크리스텔에게 보낸 비밀 메모 내용을 전했다.

"'O'라고 서명된 문서에 관한 것입니다. 장군님이 한스의 신호를 오해했다고 하는군요."

"도나니 부관은 나에게 그 문서를 없애라고 신호를 줬어요."

"아닙니다! 그게 아니고요, 장군님이 크리스텔에게 연락을 해 주었으면 하고 바랐던 거예요."

그제야 오스터는 무슨 일이 일어났는지 어렴풋이 알아차리기 시작했다.

"전, 한스가 그렇게 말하는 줄 알고……."

"아니에요! 그 문서가 겉으로는 저항 혐의를 불러일으키듯 해야 한다는 거죠."

"아, 그 문서가 위장 목적으로 작성된 것으로 보여야 한다는 말이군요." 오스터가 괴로워했다.

"그리고 장군이 서명한 것으로 보여야 한다고 했어요."

"오, 맙소사! 이런 실수가 있나! 그런데 내가 이제까지 절대 내 서명이 아니라고 주장했기 때문에 번복한다는 것이 그리 쉽지가 않습니다." 오스터가 맞은편 벽을 응시하며 절규했다.

"오, 하나님! 우리를 도와주소서!"

"장군님! 잘 생각해 보시면 방법이 있을 거예요."

"카나리스 제독이 나에게 힘을 실어 주고 밀어 주어야 하는데. 물론 제독이 그렇게 하겠지만, 우선 제독에게 이 소식을 전해야 합니다." 오스터의 눈이 파울라의 근심 어린 눈빛과 부딪쳤다. 오스터는 재빠르게 말을 이었다.

"염려 마십시오. 제 나름대로 방법이 있으니까요."

파울라가 자리에서 일어서자 오스터는 문까지 배웅했다.

"여사님, 위험을 무릅쓰고 방문해 주셔서 고맙습니다."

"뭘요, 별로 어려운 일도 아닌데." 파울라는 자신이 도서관으로 간 일과 미행자들을 따돌린 일을 설명했다.

"여사님은 일급 스파이에 버금가십니다. 우리 정보국에서 일하시겠습니까?"

오스터의 농담이 잠시 파울라를 즐겁게 했다.

집에 돌아오니 피곤이 몰려왔다. 미행하는 사내를 따돌리려고 얼마나 신경을 곤두세웠던지 잠자리에 들어도 좀체 잠이 오지 않았다. 다시는 이런 일이 없기를 간절히 바랐다.

"박사님, 편지도 한 장 왔습니다." 디트리히가 영치품을 받아들자 링케 하사관이 말해 주었다. 어머니의 필체였다.

"감사합니다, 하사관님. 부인은 좀 어떻습니까? 많이 괜찮아졌습니까?"

"박사님이 가르쳐 주신 대로 온찜질을 했더니 아주 기적처럼 좋아졌어요. 감사합니다. 정말 감사합니다."

"잘됐군요. 오늘 오후에 잠시 저에게 와 주시겠습니까? 중요한 일이 있어서요."

헌병 하사관은 즉시 약속했다.

"오후에 들르겠습니다."

어머니의 편지를 읽었다. 어머니는 사흘 뒤에 있을 에버하르트와 레나테의 결혼식을 알리며 편지 끝에 이렇게 썼다.

"언젠가 네가 '인간의 마음과 의식 속에 기쁨과 슬픔, 환희와 고뇌가 나란히 깃들어 있다는 것은 얼마나 경이로운 일인가!'라고 한 말이 기억나는구나."

디트리히는 링케 하사관에게 에버하르트와 레나테를 위해 쓴 결혼식 주례 설교문과, 또 몇 달 전에 놀렌도르프 광장의 골동품 가게에서 눈여겨봐 둔 아연 장식의 접시를 결혼 선물로 마련해 주기를 부탁하며 돈과 약도를 건넸다.

한 달이 지나갔다. 뢰더의 심문은 계속되었고 디트리히가 관련자들의 이름을 불지 않을 경우 게슈타포로 이 사건을 넘길 수밖에 없다고 협박했다. 디트리히는 자기는 정보국 직원이므로 게슈타포가 관여할 일이 아니라고 계속 항변했다.

뢰더는 디트리히에게서 카나리스와 오스터의 혐의가 잡힐 만한 자백을 받아 내려고 안간힘을 썼다.

마침내 냉혹하게 협박을 해 왔다.

"나는 누구든 필요하면 연행하여 수사할 수 있소. 도나니 부인, 뮐러 부인. 듣자 하니 당신도 젊은 약혼녀가 있다고 하던데."

"절대로 안 됩니다!"

"나에게 이래라 저래라 마시오!" 뢰더가 벼락같이 고함을 질렀다.

"내 약혼녀는 국경 지방에서 왔어요. 여기에서 일어나는 일은 아무것도 몰라요. 아직 우리 가족에게조차 제대로 인사도 못한 처지요."

"그 여자를 이리로 들여보내!" 뢰더가 헌병에게 고함쳤다.

문이 열리자 마리아가 서 있었다. 디트리히는 망연자실하여 아무 말도 하지 못했다. 마리아가 머리를 꼿꼿하게 세우고 또박또박 걸어 들어왔다. 어느 사이 디트리히도 한 걸음을 겨우 떼 그녀에게로 다가갔다.

"잘 있었어요, 디트리히!" 마리아의 음성은 차분했다.

디트리히는 마리아가 내미는 손을 잡았다. 생명과의 유일한 접촉이었다. 지금까지는 그녀의 면회도, 서신 교환도 금지되어 있었고 단지 디트리히의 부모님을 통해 안부 쪽지와 작은 선물을 보내왔다. 일주일분의 버터, 커피 가루……. 마리아가 보내준 귀한 선물들은, 자기 몫으로 할당된 것을 고스란히 디트리히에게 보낸 것이었다.

마리아의 차분하고 초롱초롱한 눈빛이 군 법원의 위압과 협박에 위축되지 않고 있으니 걱정하지 말라고 말하는 것 같았다.

"마리아, 미안해." 디트리히가 입을 열자 마리아가 고개를 흔들며 말을 막았다.

"디트리히, 잘 있었어요? 건강해요?"

"넌?"

디트리히는 적십자 병원에서 근무하기가 어떤지, 그녀의 어머니도 잘 계신지 물었다. 어머니는 마리아와 함께 베를린으로 와서 디트리히의 부모님 집에 머물고 있다고 했다. 그들의 대화 속에서 혐의 단서를 잡아 내려던 뢰더의 술책은 수포로 돌아갔다.

에버하르트의 안부가 궁금했지만 에버하르트라는 이름이 뢰더 귀에 들어갈까 봐 꾹 참았다. 대신 아프리카와 러시아 전선에 있는 마리아 사촌들의 안부를 물었다.

뢰더의 거친 음성이 천상에 머물던 두 연인을 다시 지상으로 불러 내렸다.

"자, 이제 시간이 다 됐소. 이 아름다운 약혼녀를 다시 보고 싶으면 협력하시오. 알아듣겠지요, 박사?"

디트리히는 마리아의 눈을 바라보았다. 둘은 말없이 눈으로 이별을 나누었다. 그리고 문이 철컥 닫혔다.

39

 디트리히는 형무소 마당의 모랫길을 걸었다. 셔츠 주머니에 들어 있는 마리아의 첫 편지를 생각하니 행복했다. 지난 주 뢰더의 엄청난 위협 속에서도 마리아의 편지는 감동과 설렘을 주었다. 마리아는 면회 신청이 거절되더라도 끝까지 포기하지 않고 계속 시도하겠다고 썼다. 그녀를 위해 무엇을 할 수 있으랴? 우선 부모님을 통해 그녀의 편지에 답장을 보내는 것으로 만족해야만 했다.

 디트리히는 마당 구석에 쭈그리고 앉아 개미 무리들을 관찰했다. 그러다 우연히 형무소 건물의 불쑥 튀어나와 있는 처마 밑을 쳐다보았는데, 가늘고 작은 나무에 박새 한 쌍이 둥지를 틀고 있었다. 엄마 새, 아빠 새가 쉼 없이 아기 새들에게 먹이를 물어다 주느라 부산했다. 자신과 마리아도 그렇게 될 수 있을까? 생명의 힘은 얼마나 경이로운가!

 검열관이 디트리히의 짐에서 마지막 물건을 꺼냈다. 스티프터의 《여름이 지난 후》라는 소설이었다. 책 표지를 넘기자 디트리히의 이름 밑에 밑줄이 그어져 있었다. '책 안에 전해 줄 메시지가 들어 있다'는 부모님의 암호였다. 아무렇지도 않은 듯이 평상심을 유지하느라 애를 썼다. 짐을 돌려받자 서둘러 감방으로 돌아와 숨겨진 소식을 찾아내기 시작했다. 'd'자와 'e'자 밑에 점들이 있었다. 아버지 칼 박사의 암호는 완벽했다. 책 안에 점들이 찍혀 있는 알파벳을 퍼즐 맞추듯이 조합하니 문장이 만들어졌다.

"'O'가 로마 문서 서명을 시인."

한 주가 지나서, 다시 디트리히는 카나리스가 오스터의 이 진술을 지지한다는 암호 메시지를 아버지로부터 받았다.

뢰더는 더 이상 로마 문서에 대해서는 거론하지 않았다. 대신 그는 '작전 7호'에 대해 집중 추궁했다. 디트리히는 주변에서 그 작전을 약간 도왔다고 시인했다. 슈미트후버와 스위스의 쾨흘린과의 만남을 주선한 것도 인정했다. 그리고 그 만남이 언제였냐는 질문에 잘 기억나지 않지만 1942년 초라고 대답했다.

"역시, 내 짐작대로. 제국의 유대인 추방 정책을 반항한 것이군요."

디트리히는 자신이 실수한 것을 깨달았다.

"절대로 그런 것은 아니오. 오래된 일이라 정확한 날짜는 기억하지 못하겠소. 그때는 나도 너무 바빠서 정신이 없었소."

다음 심문을 위해 디트리히는 철저하게 준비했다. 그는 두 가지 사건을 서로 엇갈리게 진술했다고 번복하고 슈미트후버와 쾨흘린은 1941년 가을에 만났다고 수정했다. 그러니까 유대인 추방 정책이 시작되기 전이었다고 주장했다. 뢰더는 디트리히의 진술 번복을 받아들이는 것 같았다.

디트리히가 다시 수갑을 찬 채 두 간수들과 함께 취조실에서 내려와 호송차로 가는 길목에 뜻밖에 부모님이 초조하게 서 있었다. 디트리히는 이 귀한 시간을 1초라도 연장하기 위해 일부러 천천히 걸었다.

"어머니, 아버지!"

어머니는 디트리히의 수갑 찬 손을 만지면서 흐느꼈다.

"얘야, 얼마나 고생이 많으냐?"

"어머니, 저는 잘 있습니다. 걱정하지 마세요."

"보낸 물건들은 다 받았니?" 칼 박사가 물었다.

"예. 아주 고맙게 쓰고 있습니다, 아버지."

간수들이 디트리히를 재촉했다.

"이런 면회는 불법이오."

디트리히의 부모님은 사랑하는 아들이 간수들에 의해 호송차에 실려 감옥으로 떠나는 것을 인도에 서서 물끄러미 쳐다보았다.

다음 편지가 오기까지는 마치 영원을 사는 것 같았다. 무료함과 쓸쓸함. 6월 말, 디트리히는 마음을 가다듬고 저술에 마음을 쏟았다. 어느 날 크노블로흐 하사관이 면회가 있다고 전했다.

"누구죠?" 디트리히가 놀라며 벌떡 일어섰다.

하사관은 빙긋 웃으며 '마리아'라고 써 있는 쪽지를 전했다. 서둘러 손과 얼굴을 씻고 머리를 단정하게 빗었다. 와이셔츠 단추를 잠그는 손이 떨렸다. 넥타이 매듭이 좀처럼 매어지지 않았다. 감방을 나와 계단을 내려가면서 겉옷을 서둘러 걸쳐 입었다. 반쯤 열린 면회소 문 사이로 마리아가 서 있는 게 보였다. 디트리히가 안으로 들어오자 마리아가 정신없이 양 팔을 펼치고 마주 뛰어나왔다. 보초 간수들 맞은편에 있는 나무 의자로 가서 앉았다. 둘이는 포옹한 채 꼼짝도 안 했다.

"필요하고 소중한 물건들을 챙겨 보내 줘서 고마워." 디트리히는 더듬거리며 겨우 입을 떼었다.

"하지만 네가 먹지 않고 날 그렇게 챙겨서는 안 돼. 그리고 왜 그렇게 힘든 일을 찾아 하는 거야? 왜 하필이면 군인 병원에서?"

"하지만 그건 오히려 특권이에요."

마리아는 디트리히 부모님이 폭격을 피해 군인 병원 지하실로 대피한 것도 알려 주었다.

"그곳은 안전한 거야?"

"절대적으로 안전한 곳은 없어요. 당신은 어때요?"

디트리히가 고개를 가로 저으며 말했다.

"감옥에는 대피소가 없지. 폭격을 받아도 수감자들은 감방에 갇힌 채 가만히 있는 수밖에 없어."

배석하고 있는 보초가 엿듣고 있을까 싶어 디트리히는 일부러 더 분명한 목소리로 말하기 시작했다.

"여기에 오래 머물지는 않을 거야. 나를 붙잡아 놓을 근거가 전혀 없거든. 석 달쯤 지나고 나니 그들도 차차 진상을 파악하고 인정하는 것 같아."

디트리히는 마리아의 눈을 바라보며 말을 이었다.

"하나님이 작년에 너를 얼마나 혹독한 고난이라는 인생의 학교를 거치게 하셨는지 매일 생각하고 있었어. 그리고 이제는 나 때문에 말이야……."

"디트리히, 그렇게 생각하지 말아요." 마리아는 디트리히를 달래듯 위로하며 말했다.

"당신 죄가 아니잖아요. 기쁜 소식이 있어요. 엄마가 우리 약혼을 승낙했어요. 벌써 엄마랑 약혼식 때 입을 드레스를 만들고 있어요."

디트리히는 마음이 찡해 와 아무 말도 할 수 없었다.

"구약의 예레미야 선지자가 눈앞이 깜깜한 비관적인 상황에서 이스라엘 백성들에게 뭐라고 선포한 줄 알아?"

"뭐라고 했어요?"

"그 땅의 집과 토지, 포도원도 다시 사라고 했지. 우리가 이 세상을 포기하지 않고 동시에 하늘을 경건하게 사모하는 것은 너무나 중요한 일이야. 예레미야 선지자가 말한 대로 해. 한 발로만 이 세상에 서 있는 사람은 마찬가지로 한 발로만 하늘에 발을 디디는 자와 같은 거야."

디트리히가 미소를 지어 보였다. 마리아도 따라 웃었다. 그녀의 미소 속에는 자기들에게 펼쳐질 미래가 있을 것이라는 희망이 들어 있었다.

"면회 시간이 끝났습니다!" 당직 보초의 위압적인 소리가 울려 퍼졌다.

"내가 감방에서 힘들게 지낸다고 생각하지 마. 오히려 감사해야 할 일들이 많아."

디트리히는 마리아가 출구로 이어진 긴 복도를 걸어가는 동안 뒷모습을 물끄러미 바라보았다. 마리아는 다시 한 번 뒤를 돌아보며 손을 흔들었다. 디트리히는 계단을 뛰어 올라 감방으로 돌아와 철창이 쳐진 창문으로 내다보았다. 마리아가 형무소 마당 저편에 나타났다. 그녀가 완전히 사라질 때까지 그는 하염없이 바라보았다.

다음날도 평소와 같이 형무소 마당을 돌다가 구석진 곳 처마 밑에 이르렀다. 그런데 박새들의 집이 바닥에 내동댕이쳐 있고, 새끼 세 마리가 죽어 있었다. 간수 두 명이 죽은 새를 가지고 공중으로 던지면서 장난 치는 게 보였다.

'짐승만도 못한 인간들!'

디트리히는 죽은 아기 새 한 마리를 집어 들었다. 아직 몸이 따뜻했다. 그러나 이미 숨이 끊어진 뒤였다.

바깥 열기가 감방 지붕으로 그대로 내리쬐었다. 디트리히는 책 한 쪽 한 쪽을 살피며 점을 찾고 있었다. 드디어 내용이 드러났다.

'삭 박사가 네가 무혐의 처리되도록 카이텔을 설득했다.'

기적이었다. 실제로 뢰더는 요즈음 심문 과정에서 디트리히의 해외 여행건은 접어 두고, 왜 디트리히가 군대에 징집되지 않았는지, 그리고 다른 젊은 목사 동료들의 징집 기피를 도운 일에 대해 집중적으로 추궁했다.

'뢰더가 정말 아직 저항운동의 전모에 대해 오리무중일까? 아니면 그런 척하는 것일까?'

뢰더는 추후 심문에서 디트리히의 징집 명령 거부에 대한 수사와 재판을 신청하겠다고 통보했다. 디트리히로서는 역시 간단한 사안은 아니지만, 변호에 확신이 섰다. 어쩌면 감옥에서 풀려 날 수도 있으리라.

그러나 예상 밖으로 모든 일이 지연되었다. 심문도, 법정 통보도 계속 연기되었다. 편지도 2주가 지나야 전달되었다. 감옥 내에서는 이런저런 소문들이 흉흉하게 떠돌았다. 소문 중에서 사실과 희망사항을 각자가 구별해야 했다. 따라서 떠도는 소문을 쉽게 믿지 않는 버릇이 디트리히에게 생겼다. 연합군이 시칠리아 섬에 상륙했다는 소식과 무솔리니 정권이 무너졌다는 소식을 믿기까지는 꽤 오랜 시간이 걸렸다. 8월 첫 주, 감옥 내에는 함부르크에 연합군의 대대적인 폭격이 시작되었다는 소식이 퍼졌다.

"오늘 함부르크면, 연합군이 내일 여기까지 오는 건 시간문제 아니겠어요?" 모두들 수군거렸다.

달이 밝은 어느 밤, 연합군 공군의 폭격이 베를린 하늘에서 시작되었다. 디트리히는 조그만 창을 통해 수천 개의 빛이 하늘에서 목표물을 향해 비치는 것을 보았다. 뒤이어 폭탄이 투하되었다. 몇 분 있으니 여기저기에서 요란한 소리와 함께 사이렌이 울렸다. 마치 불꽃놀이를 하듯이 하늘에는 빛이 가득했고, 베를린의 아름다운 거리가 폐허가 되는 것이 눈에 선했다. 전승탑 근처, 제국국회, 라디오 전송탑이 불타고 무너졌을 것이다. 연합군 공군의 전투기들과 큰 폭탄을 실은 폭격기들이 형무소 근처로 오는 것 같았다. 형무소 건물도 흔들려 디트리히는 바닥에 엎드려 매트리스로 몸을 덮었다. 흔들림이 가라앉자 일어나서 창문 쪽으로 갔다. 베를린 하늘이 온통 불길에 휩싸인 듯했다. 불길이 얼마나 밝던지 손목에 찬 시계를 읽을 수 있을 정도였다. 새벽 1시 10분이었다.

크노블로흐 하사관이 메츠 대위를 소개해 주었다. 그는 디트리히가 자신의 상관과 친척 관계인 것을 안 이후 상당한 배려를 해 주었다. 크노블로흐 하사관은 이미 친구가 되어 있었다. 맹렬한 폭격이 있은 뒤, 메츠 대위는 디트리히를 감옥 내 의무실 위생병으로 배치했다. 하루에 4시간 병동에서 근무해야 했다. 그의 일은 환자들과 장기를 두거나 식사를 배급하는 것이었다. 가끔씩 라디오를 들었는데 심지어 영국 BBC 방송을 들을 수도 있었다. 그 다음 주에도 두 번 대대적인 폭격이 있었다. 디트리히는 이제 다른 수감자들을 심리적으로 영적으로까지 돕는 일을 감당해야 했다.

9월이 되자 부모님은 또 암호 메시지를 보내왔다.

'성공 확률이 높은 새 모의, K와 R도 참여.'

클라우스 형과 뤼디거 매형까지 모의에 합류하다니!

얼마 후 부모님과 면회가 이루어졌다. 지난 5개월 동안 부모님의 마음 고생이 얼마나 심했는지 얼굴에 고스란히 나타났다.

"전쟁 일 년은 평상시 이 년 세월이라는데, 나에게는 사 년 세월과 같구나." 어머니의 목소리가 지쳐 있었다.

아버지도 많이 피곤해 보였다. 부모님은 요즈음 사크로우에 있는 크리스텔 누나 집에 머물고 있다고 했다. 레나테와 에버하르트도 그들의 새 집이 폭격으로 살 수 없게 되어 그곳에서 함께 지낸다고 했다. 아이들은 시골에 가 있다고 전했다.

"폭격 때마다 네가 제일 걱정이야. 이곳은 방공호가 없지 않니? 언제나 이 전쟁이 끝이 날까?" 어머니가 초조한 듯이 손가방을 가슴에 문지르며 말했다.

면회가 끝날 무렵, 어머니가 무심결에 하는 말을 디트리히는 놓치지 않았다.

"불쌍한 레나테!"

"무슨 일이에요, 어머님? 레나테가 어떻게 되었어요?"

"에버하르트에게 다시 징집 명령이 나왔어. 레나테는 임신 중인데."

"징집? 언제? 왜 그런 이야기를 나에게 안 전해 주었어요?"

"다른 일들을 더 신경 쓰느라 챙기지 못했구나."

보초들이 입회한 곳이라 정작 묻고 싶은 말들은 할 수가 없었다. 신학원 출신 제자들 중 벌써 30명이 러시아 전선에서 사망했다.

"어디로 배치됩니까?"

"아직은 몰라. 이 주 후에 알게 된다고 하네."

"걱정하지 마. 우리도 최선을 다하고 있어. 레나테는 이월에 해산할 거야. 하나님을 사랑하는 자 곧 그 뜻대로 부르심을 입은 자들에게는 모든 것이 합력하여 선을 이루게 되는 것을 잊지 마, 내 아들아!"

40

 얼마 전까지만 해도 자신들의 보금자리이던 집이 폭격으로 파손되고 살림살이가 여기저기 흩어져 나뒹굴고 있는 것을 에버하르트와 레나테는 넋을 잃고 쳐다보고 있었다. 유일하게 피아노만은 그대로 있었다. 레나테가 피아노 뚜껑을 열고 건반을 눌렀다.
 "에버하르트, 습기가 많아서 건반이 잘 두드려지지 않아요. 빨리 옮겨야 할 것 같아요."
 피아노는 피신한 유대인 친구의 것이었다. 레나테는 친구의 피아노를 소중히 보관하고 싶어 했다. 그러나 베를린 시내에 몇 대 안 되는 화물차들은 주말까지 예약이 다 되어 있었다.
 "할 수 없어. 이제 그만 가자. 조금 있으면 다 좋아질 거야." 에버하르트는 아내를 위로했다.
 "좋아지기보다 더 나빠질 것 같은데요." 남편의 외투에서 실을 털어 내는 레나테의 목소리는 한없이 쓸쓸하게 들렸다.

"당신도 먼 전선으로 가야 하고. 아이가 태어나도 당신이 없을 것을 생각하면 끔찍해요."

에버하르트는 무슨 말로 아내를 위로해야 할지 난감했다. 아직 정보국에 남아 있는 유스투스 델브뤽이 에버하르트를 이탈리아 정보국 지부에 보내기 위해 노력하고 있었다.

"아직 시간이 있잖아. 좋은 생각만 하고, 불길한 생각은 될 수 있는 한 머리에서 몰아내야 해."

첫 주말에 에버하르트와 레나테는 마리엔부어거 알레에 있는 레나테의 친정으로 이사했다. 칼 박사와 파울라 본회퍼 부인도 다시 자기들의 집으로 돌아갔다. 그런데 바로 그날, 또 무서운 공습이 계속되었다. 집 전체가 흔들렸다. 레나테, 에버하르트, 뤼디거, 우르젤은 집 지하실에 모여 기도를 하기도 하고, 괴테의 작품을 읽기도 했다. 폭격이 심해지면서 전기가 나가더니 엄청난 폭음과 함께 온 집이 무너지는 듯한 소리가 들렸.

갑자기 우르젤이 소리쳤다.

"레나테, 외할아버지와 외할머니에게 가 봐야 해."

뤼디거가 손전등을 켜며 말했다.

"기다려, 우르젤! 내가 가 볼게."

뤼디거는 금방 돌아왔다. 집은 무너지지 않았다. 아직도 타오르는 불과 전투기에서 비치는 빛으로 대낮처럼 환했다.

"아직 나가면 안 돼. 너무 환하다고."

공습 경보가 해제되었다. 본회퍼 박사 부부는 무사했다. 폭탄이 정원에 있는 소나무에 부딪쳐 터지면서 지붕을 부숴 버렸다. 모든 창문이 거의 다 부서졌다. 더 이상 그곳에서 생활할 수 없어 사크로우에 있는 크리스텔 집으로 다시 피신했다.

이틀 뒤, 다시 무시무시한 공습이 베를린 시가지를 공포로 몰아넣었다. 엄청난 양의 폭탄이 하늘에서 떨어졌다. 크리스텔은 다음날 아침 일찍 도나니가 갇혀 있는 감옥으로 갔다. 그녀는 힘없이 돌아왔는데 한스의 감방이 폭탄으로 파괴되었고 한스도 부상을 당했다고 했다.

"네가 보았니, 크리스텔?" 칼 박사가 물었다.

"아니요, 들어가는 것을 허락하지 않았어요."

"어디를 다쳤대? 그들이 아무 말도 안 해 주던?"

"머리에 부상을 입은 것 같아요. 응급실로 옮겼다는데, 거기서 죽을지도 몰라요." 크리스텔이 흐느끼기 시작했다.

"큰 병원으로 옮겨야겠다. 내가 삭 박사에게 가 보마. 에버하르트 자네가 운전 좀 해 주게."

크리스텔이 끼어들었다.

"아버지, 나도 갈게요."

"아니야, 너는 벤들러 거리에 나타나면 안 돼. 그를 큰 병원으로 옮길 수 있을지는 아직 몰라. 최대한 조용히 신속하게 움직여야 해. 뢰더가 알게 되면 가능성이 없어. 사우어브루흐가 있는 '자비의 병원'으로 옮기고 나면 네가 방문할 수 있을 거야. 크리스텔, 조금만 참아."

크리스텔이 조금 진정되는 걸 보고 나서야 에버하르트와 칼 본회퍼 박사는 출발했다. 그들이 이 작은 자동차를 아직도 쓸 수 있는 것은 칼 박사가 의사였기 때문이다. 시내 전체가 폐허 그 자체였다. 벤들러 거리에 있는 국방부 본부에 도착하여 에버하르트는 차에서 기다리고, 칼 박사만 의사 자격으로 들어갔다. 한 시간 후에 나온 칼 박사가 말했다.

"형무소 앰뷸런스가 한스를 자비의 병원으로 수송할 거야. 우리는 그쪽으로 가서 기다리면 되네."

감옥에서 병원은 멀지 않았다. 그런데도 두 시간이 지나서야 한스를 실은 앰뷸런스가 도착했다. 에버하르트와 칼 박사는 의식을 완전히 잃은 한스를 위생병들이 들것에 싣고 복도로 들어오는 것을 보았다. 칼 박사는 오랜 친구인 병원장을 따라 응급실로 들어갔다. 사우어브루흐 원장이 직접 한스를 진찰했다. 3시간쯤 지나서야 칼 박사와 사우어브루흐 박사가 응급실에서 나왔다.

"크리스텔 말이 맞았어. 이곳에 데리고 오지 않았다면 한스는 이미 이 세상 사람이 아닐 거야. 머리에 타박상을 입었는데 피를 많이 흘렸어. 사우어브루흐 박사는 훌륭한 의사야. 그가 곧 회복될 거라고 하네."

이틀이 지났다. 에버하르트와 칼 박사 부부가 베란다에 앉아 있는데, 크리스텔이 돌아왔다. 한스를 만나고 온 그녀의 얼굴은 창백하고 두려움에 사로잡힌 표정이었다.

"뢰더가 병원으로 와서 한스를 다시 독방수용소로 데려가려고 해요. 어떻게 해요, 아버지?"

"사우어브루흐 박사가 허락하지 않을 텐데."

"그래도 뢰더가 계속 요구하면 어쩔 수 없잖아요. 한스는 뢰더에게는 큰 노획물이에요. 놓치고 싶지 않을 거예요."

크리스텔이 두 손을 외투 주머니에 넣은 채 베란다를 이리저리 서성거리더니 말을 이었다.

"디트리히의 재판이 연기되어야 할 것 같아요. 한스와 따로 떨어져 재판을 받는다면 위험하기 짝이 없어요."

"그게 정말이냐?" 파울라가 믿을 수 없다는 듯 되물었다.

"이번 재판의 공소 내용은 하찮은 것이잖아?"

"저자들이 이 상태로 사건을 종결할 것인지 미심쩍어요. 계속 들춰내기 위해 기묘한 유도 작전을 쓰면, 디트리히는 한스처럼 빠져나갈 구멍을 찾지 못하고 그물에 걸려들 수도 있어요."

"디트리히가 그렇게 어리석지는 않아."

"알아요, 어머니. 그러나 한스만큼 정보국의 모든 상황을 잘 아는 사람은 없어요. 만약 디트리히가 실 하나를 잘못 푼다면 모든 게 다 엉켜 버리고 말아요. 그리고 게슈타포가 이 사건을 맡게 된다면 그건 고양이에게 쥐를 맡기는 것이나 다름없어요. 비록 디트리히의 재판이 늦어져 석방이 지연된다 하더라도 한스가 병원에 있는 한 미루는 것이 좋다고 생각해요. 또 혹시나 그 사이에 지금 모의하고 있는 새 계획이 성공할 수도……. 아무튼 변호사를 통해 디트리히의 마음을 준비시키는 것이 좋겠어요."

한스가 사우어브루흐 원장의 치료를 받는 동안, 크리스텔은 마음껏 한스를 방문할 수 있었다. 어느 날 크리스텔이 한스를 방문하고 돌아와 에버하르트에게 한스의 고민을 털어놓았다. 그는 자신이 초센 정보국 지하에 숨겨 둔 저항일지와 다른 관련 문서들 때문에 걱정이 많다고 했다.

"누군가 벡 장군을 설득해 그 문서를 없애 버려야 한다고 했어. 그런데 벡 장군은 우리들이 저항운동을 시작한 것은 패전 기미가 나타날 때가 아니라, 독일이 승승장구하던 아주 오래전부터 계획한 것임을 나중에 전 세계에 증명해 주는 문서이기 때문에 보관해야 한다며 그대로 두고 있다는데……."

"그 말도 맞긴 한데." 에버하르트가 반신반의하며 대답했다.

"그렇지. 그러나 한스에게는 그 문서 하나하나가 사형 선고나 다름없다는 거지."

"만약 그 문서철들이 발견된다면 한스뿐 아니라 오스터, 벡 장군을 포함한 모든 관련자들도 위험하다고. 벡 장군은 그걸 알면서도 고집을 부리고 있어."

크리스텔은 깊은 한숨을 몰아쉬었다.

유스투스 델브뤽은 그 사이에 에버하르트를 이탈리아 정보국 지부로 파견하기 위한 조치를 마쳤다. 정보원이 아니고 지부 행정요원으로. 에버하르트는 이탈리아로 떠나기 전 디트리히로부터 뜻밖의 편지를 받았다. 크노블로흐가 도운 것이다. 크노블로흐는 디트리히의 가족과 친구들에게 기꺼이 편지를 전하겠다고 스스로 제안했고, 편지는 결혼식장에서 빵집을 하는 크노블로흐의 동생 집 주소가 중간 경유지가 되어 전달되었다. 에버하르트가 디트리히의 편지를 직접 받게 된 것은 처음이었다. 편지 봉투에는 '혼자만 읽고 아무에게도 보여 주지 말 것'이라고 적혀 있었다. 부모님께 보낸 편지보다는 훨씬 더 자세하고 솔직한 현재의 형편이 담겨 있었다. 그리고 디트리히의 고민과 절망을 읽을 수 있었다. 그럼에도 불구하고 디트리히 특유의 여유도 보였다. 에버하르트는 여전히 걱정스러웠지만, 그래도 편지를 읽고 훨씬 가벼운 마음으로 이탈리아로 갈 수 있을 것 같았다. 그러나 떠나기 전 한 번은 꼭 사랑하는 친구이며 스승인 디트리히를 보고 싶었다. 하나님께서 도와주신 것일까? 이틀 뒤, 디트리히를 면회해도 좋다는 허가를 받았다.

책상 한 개와 나무 의자 두 개가 덩그러니 놓여 있는 면회실에서 에버하르트는 가만히 앉아 기다릴 수가 없어서 안절부절 못하며 서성거렸다. 몇 번이나 철계단에서 발자국 소리가 들리는가 싶더니 드디어 디트리히가 보초 한 명과 함께 긴 복도를 따라 나타났다.

"드디어 보게 되었네!" 디트리히가 힘주어 악수하며, 동행인 링케 하사관을 '좋은 친구'라고 소개했다.

디트리히는 웃고 있었으나 얼굴은 마르고 여위었고, 입고 있는 갈색 바지는 허리띠에 겨우 매달려 있었다. 에버하르트는 친구의 모습에 가슴이 저려 왔지만 애써 태연한 척했다.

"단독 면회가 허락되다니!"

"특별 예우야. 더구나 내가 방해를 받지 않고 면회할 수 있도록 강력히 부탁했어. 메츠 대위가 힘이 닿는 대로 나를 잘 도와주고 있거든."

디트리히가 의자를 가져다 앉으라고 건네며 이야기를 시작했다.

"사람들이 '영적인 생활'이라고 부르는 것은 나에게 더 이상 존재하지 않고 말라 버렸어. 자네 편지는 정말 오랜만에 청량제 같은 역할을 했어. 비록 이 말이 멜로드라마의 대사같이 좀 과장되었을지라도 말야."

"아니야, 아니! 나도 같은 심정이야. 자네 편지도 나에게 크나큰 힘이 되었어." 에버하르트가 디트리히의 말을 막으며 말했다.

"그래, 북부 이탈리아로 간다면서?"

"유스투스가 힘을 많이 썼어."

"잘됐어. 이탈리아 말을 배워야겠네. 에버하르트 너라면 팔

주 정도면 웬만큼 할 수 있을 거야."

그러자 에버하르트가 큰소리로 웃으며 대꾸했다.

"자네가 팔 주 만에 배우니 나도 그런 줄 알고?"

"너도 할 수 있어. 내가 보기에 언어는 귀가 발달되어 있으면 빨리 배우게 되는 것 같아. 특히 너는 듣는 귀가 아주 좋지."

디트리히는 계속해서 한스에 대해 묻고 한스가 사우어브루흐의 자비의 병원에 있다는 말을 듣고 안심했다. 그러나 에버하르트가 한스의 한 가지 걱정, 즉 초센 정보국에 있는 문제의 저항 일지와 벡 장군의 의사에 대해 언급하자 디트리히도 불안을 나타냈다.

"한스가 걱정하는 건 당연해. 그걸 없애야 하는데."

"디트리히, 그 일지가 어디 있는지 누가 알고 있어?"

"오스터 장군과 벡 장군 외에 한두 명 더."

"문서실 열쇠는?"

"적어도 6개월 전까지는 초센 사람들 중에는 아무도 없었어. 새로운 모의에 많은 기대를 걸고 있어." 디트리히가 새로운 히틀러 암살과 쿠데타에 거는 기대를 나타냈다.

"하지만 디트리히, 새로운 거사가 언제쯤 일어날지 클라우스는 아주 입을 닫고 있어."

"틀림없이 다시 착수하게 될 거야. 확실해."

에버하르트는 젊은 장교, 슈타우펜베르크 소령이 암살 책임을 맡게 된 것과 끝까지 그 일을 완수하려는 결심이 대단하다고 알려 주었다.

디트리히가 잠시 생각에 잠겼다.

"성탄절에 풀려 날 것 같지 않아. 식구들은 벌써 알고 있으면서 나에게는 쉬쉬하고 있는 듯해. 그렇게까지 하지 않아도 되는데, 그것을 알면 내가 정신을 잃을까 봐. 아니면 하루하루 나를 헛된 희망으로 그럴듯하게 위로하는 것이 낫다고 생각하는지." 디트리히는 몸을 반듯이 세우고 테이블 주위를 돌고 있었다.

"가족들 생각은 너와 한스가 하는 진술들이 맞아떨어져야 된다는 거지."

"왜?"

"게슈타포가 다른 새로운 단서를 찾아낼까 봐 두려워해."

"어떤 혐의를 찾아내도 하나님의 도우심으로 나는 상황에 맞게 대처할 수 있는데. 가족들은 그것을 믿지 못하지만. 게다가 어떤 경우에는 원수들이 친구보다 덜 위험하다고. 친구들은 생각을 너무 복잡하게 한단 말이야, 알아?" 디트리히는 한숨을 길게 내쉬었다.

"변호사들은 이월까지 걸릴 거라는데, 기다리는 수밖에 다른 방법이 없지. 가만, 에버하르트! 내가 내 문제만 너무 쏟아 놓네." 디트리히가 에버하르트에게 고개를 돌렸다.

"에버하르트 너도 곧 더 큰 어려움을 당할 텐데."

그러면서 바티칸 사람들과 영국 벨 주교의 주소를 에버하르트에게 건넸다.

"혹 연합군에게 체포되면 필요할지도 몰라. 그리고 이번 성탄절에 나가지 못하면, 내년 부활절에는 나가겠지. 그러면 함께 부활절을 축하하자고." 애써 밝고 느긋한 척하지만 디트리히의 목소리에는 계속 두려움과 불안이 묻어 있었다.

"구약 율법에는 자유를 온전히 앗아 가는 감옥 형벌은 왜 없지?"

에버하르트가 이제까지 한 번도 생각해 보지 못한 것이었다. 정말 그랬다.

예상한 대로 디트리히는 가슴에 가장 깊이 품고 있는 마리아 이야기를 꺼냈다.

"약혼 후 한 시간도 같이 보낸 시간이 없어! 그녀의 면회는 짧다기보다 스쳐 가는 거였고 매번 우리를 비참하게 갈라놓았어. 그녀가 얼마나 침착하고 감정을 잘 다스리는지 놀라울 뿐이야. 왜 그녀가 그런 고통을 당해야 하는지? 내가 그녀에게 너무 많이 요구하는 것이 아닐까?"

"아니, 디트리히. 결코 그렇지 않아."

그때, 열쇠 구멍에 열쇠 꽂히는 소리가 났다. 에버하르트가 시계를 쳐다보았다. 1시간 반이 훌쩍 지났다. 둘은 일어섰다. 서로의 눈을 바라보았다.

디트리히가 힘주어 말했다.

"미국에서 돌아온 것을 한 번도 후회하지 않았어. 자넨, 내 마음을 알 거야."

악수를 하며 말을 이었다.

"집에 가면 잠언 십팔 장 이십사 절을 읽어 봐. 잊지 마."

사크로우에 도착하자마자 에버하르트는 제일 먼저 성경을 폈다.

"많은 친구를 얻는 자는 해를 당하게 되거니와 어떤 친구는 형제보다 친밀하니라."

41

 청년 하사관이 체스판을 내려다보며 인상을 잔뜩 찌푸린 채 고심하더니 도와 달라는 표정으로 디트리히를 쳐다보았다. 디트리히는 표정 하나 바꾸지 않고 모른 척했다. 청년 스스로 체스 하나하나의 길을 파악하지 않고서는 체스를 배우기는 어렵다. 조금 연상의 슈미트 하사관은 옆에서 입을 다문 채 게임을 바라보고 있었다. 그때, 문밖 복도에서 거친 목소리가 들렸다.
 "주둥이 닥치지 못해! 너희 같은 종자들의 신음 소리 때문에 아주 미칠 지경이야. 여기가 어딘 줄 알기는 하는 거야? 어서 들어가란 말이야!"
 어깨가 넓은 한 간수가 수감자 하나를 발로 차며 의무실 안쪽으로 밀어 넣었다. 창백한 수감자는 허리가 아파 책상을 의지하고 간신히 서 있었는데 하사관이 부축하지 않으면 바로 쓰러질 것 같았다.
 디트리히는 너무 화가 나서 간수에게 항의했다.

"이보시오, 당신은 힘없는 사람을 이렇게 폭행해도 된다는 명령을 받은 겁니까?"

간수는 아무 대답도 하지 않았다.

"당신은 이런 사람을 도우라고 여기 있지, 더 괴롭힐 의무는 없지 않소?"

"그러니 내가 이놈을 여기에 데려다 준 것 아니오!" 간수는 신경질적으로 버럭 고함치며 사라졌다.

그 수감자는 급성 맹장염으로 판명돼 육군 병원으로 수송되었다. 환자 수송은 끝났고 디트리히는 다시 감방으로 돌아왔다. 동행한 청년 하사관이 감방 문앞에서 잠시 머뭇거리더니 입을 열었다.

"저 무지막지한 사람들을 혼내 주어서 통쾌합니다. 목사님, 오늘은 공습 사이렌이 안 울리도록 기도해 주세요."

디트리히는 미소를 지으며 대답했다.

"우리에게 어떤 일이 발생하든지 하나님께서 함께하시도록 기도하겠습니다."

청년 하사관은 안정을 찾는 듯했다. 1년 전만 해도 헌병들과 위생병들의 이런 변화는 디트리히에게 교만을 일으켰을 것이다. 그러나 이제 그러한 '교만'이라는 악령의 세력은 더 이상 그를 공격하지 않았다. 한때는 강하고 힘이 넘치던 그의 손에 이제는 수갑이 채워져 있다. 그는 이제 설 땅이 없는 신세였다. 어릴 때, 집 정원 구석에서 수북이 쌓인 나뭇잎 속에 승리의 월계관을 숨기던, 완전히 기분을 망가뜨린 가련한 소년의 모습이 떠올랐다. 드디어 차가운 감옥에서 디트리히는 그 소년을 용서할 수 있었다. 그리고 이제 그 월계관을 도로 가지고 나올 수 있을 만큼 자유함을 느꼈다.

성탄절을 하루 앞두고 마리아가 큰 성탄 트리를 들고 면회를 왔다. 디트리히는 감방을 성탄 트리에게 내주고 자기는 서서 지내겠다며 기분 좋게 웃었다. 결국 성탄 트리는 간수들의 방에 두었다. 마리아는 돌아가신 아버지가 남기신 손목시계를 성탄 선물이라며 내밀었다. 무척 감격스러웠다. 그러나 디트리히는 아무것도 줄 것이 없었다.

"나가게 되면 예쁜 반지를 직접 끼워 줄게."

마리아는 디트리히의 간절한 진심을 이해했다.

마리아는 가고 감방에 어둠이 찾아왔다. 디트리히는 침대에 누워 감방 안에서 나는 밤의 소리에 귀를 기울였다. 나무 침대의 삐걱거리는 소리, 탄식, 수감자들의 흐느낌, 기합을 받는 소리, 간수들의 큰 발소리와 고함, 개들의 무서운 울부짖음이 들려왔다. 감옥 다른 한편에서는 노래하는 소리와 웃는 소리가 들렸다. 하나님을 그리워하며 디트리히는 평소에는 잘하지 않던 십자가 그리는 행위를 반복했다.

그는 마음속으로 파울 게르하르트의 합창을 들어 보고자 했다.

"당신은 기쁨의 영, 우리에게 기뻐하는 마음과 힘을 주소서!"

지난 주 내내 디트리히는 그 합창을 기억해 내려고 애썼다. 그가 거의 완벽하게 기억해 낼 수 있는 레퍼토리에는 바흐의 B단조 미사곡도 포함되어 있었다. 적당한 예술 행위를 통해 소망과 기쁨을 맛볼 수 있었다.

에버하르트에게 편지를 써서 깊이 생각하는 몇 가지 질문을 하고 싶어졌다. 둘도 없는 그 친구는 나의 질문에 답해 줄 수 있으리라는 희망으로 새로운 용기를 내어 1944년 새해를 맞아 이 일을 하기로 했다.

1월의 새까만 그믐 밤, 공습 사이렌이 울리자 간수들은 수감자들을 작은 감방에 내버려 둔 채 자기들만 벙커로 숨었다. 디트리히는 창가에 서서 폭격의 목표물을 하나하나 새겨 보았다. 테겔 공항이 집중적으로 폭격을 맞았다.

열쇠를 꽂아 돌리는 소리와 함께 문이 열렸다. 의무실에 있는 젊은 하사관이 흥분하여 소리쳤다.

"목사님, 급히 오십시오! 당신이 필요합니다."

병동에 들어서니 비행기가 아주 가까이 있는지 천둥번개가 치는 듯했다. 첫 번째 폭탄이 떨어지자 모든 창문이 흔들리고 등이 꺼져 사방이 어둠에 휩싸였다.

"여기 불 좀 비춰 주세요!" 누군가 소리쳤다.

그러나 디트리히와 슈미트 하사관은 창을 최대한 가리고 불빛이 새 나가지 못하게 했다. 또 하나의 폭탄이 위에서 떨어지는 것 같았다. 폭탄이 터지며 타오르는 소리가 '지글지글' 들렸다. 바닥에 엎드렸다. 병이나 의료기구들이 머리에 떨어질까 봐 디트리히는 손으로 머리를 감싸고 있었다. 디트리히 옆에 엎드려 있던 위생병은 두려움에 떨며 하나님을 외쳐 댔다.

"하나님! 오, 하나님! 제발!"

평소 디트리히를 비웃고 놀려 대며 괴롭히던 자였다. 이 순간에 그를 위해 위로의 말을 해 줄 수 있을까?

"한 십 분 있으면 괜찮아질 거예요!" 디트리히가 그를 진정시키며 확신 있게 말했다.

다음 폭격은 불과 몇 미터 밖에 떨어졌다. 건물 전체가 금이 가고 무너져 내리기 시작했다. 수감자들은 죽음의 공포로 인해 문을 두드리고 구조를 요청했다.

"구급약 어디 있어요? 저들을 도와야 합니다." 디트리히는 이리 뛰고 저리 뛰며 소리쳤다.

그는 벽돌을 치우며 부상자들을 찾았다. 그러나 여전히 폭탄이 떨어졌고, 건물이 계속 무너지는 통에 제대로 움직일 수가 없었다. 경보가 해제된 뒤에야 비로소 심한 부상자들을 병동으로 옮기고, 응급 조치를 할 수 있었다. 새벽이 오는 줄도 모르고 환자들을 돌보다가 감방에 돌아와서는 지쳐서 차가운 침대에 쓰러졌다.

다음날 그는 〈나는 누구인가?〉를 썼다.

> 나는 누구인가?
> 남들은 말하길
> 내가 감방에서 걸어 나올 때
> 마치 성에서 걸어 나오는 영주처럼
> 여유롭고 환하며 당당하다는데.
>
> 나는 누구인가?
> 남들은 말하길
> 내가 간수들과 말을 나눌 때
> 마치 명령을 내리는 것처럼
> 주저함 없고 친절하며 분명하다는데.

나는 누구인가?
남들은 말하길
내가 불행의 날에도
마치 승리에 익숙한 자처럼
태연하고 미소 지으며 떳떳하다는데.

진정 나는 남들이 말하는 그런 인물일까?
아니면 단지 내 자신이 스스로 알고 있는 그런 인간에 불과할까?
불안해하고, 그리워하며, 새장의 병든 새처럼
누군가에게 목이 죄인 채 마지막 한순간의 호흡을 위해 헐떡이는 자처럼
화려한 색깔과 꽃들과 새들의 노랫소리에 굶주린 채
다정한 말들과 사람들과의 만남을 목말라 하고
멋대로 돌아가는 횡포와 사소한 모욕에 분을 내어 떨면서
마치지 못할 큰일에 매달리며
한없이 먼 곳에 있는 친구들을 위해 아무것도 할 수 없어 안절부절못하며
기도하기도, 생각하기도, 그 무엇을 하기에도 기진맥진하고 허탈한 채
이 모든 것으로부터 이별하고 싶은지?

나는 누구인가?
이런 사람인가, 아니면 저런 사람인가?
오늘은 이런 사람이었다가 내일은 또 다른 저런 사람인가?

아니면 내 안에 두 사람이 들어 있는가?
남들 앞에서는 위선자이고
혼자 있을 때는 하찮고 가련한 약골인가?
아직도 내 속에는 이미 주어진 승리를 앞둔 채 허둥지둥 흩어지는 패잔 군단 같은 것이 있을까?

나는 누구인가?
이 고독한 물음이 나를 조롱하지만
내가 누구이든지 간에 당신은 나를 아시나이다.
오 하나님! 나는 당신의 것입니다!

정확하게 밤 10시가 되자 의무실의 젊은 하사관이 BBC 라디오 방송을 틀었다. 영국 아나운서의 딱딱한 목소리가 흘러나왔다.
"연합군이 로마 남쪽 안치오 근처에 상륙했습니다. 이제 유럽 대륙 중심부로 진격이 가능해졌습니다."
에버하르트는 분명 로마 북쪽에 배치되었다. 그렇다면 조만간에 부딪치게 될 텐데. 디트리히는 에버하르트를 위해 간절히 기도했다.
"주님, 에버하르트를 지켜 주소서!"
그 순간 시편 50편 15절 말씀만이 그의 위로요, 도움이었다.
"환난 날에 나를 부르라. 내가 너를 건지리니 네가 나를 영화롭게 하리로다!"

다음 면회 시간에 마리아는 놀라운 소식을 가져왔다. 디트리히의 생일 하루 전날인 2월 3일, 에버하르트와 레나테가 아들을 얻었다는 소식이었다. 아들의 이름은 디트리히. 그날 저녁 디트리히는 에버하르트에게 편지를 썼다.

"네가 나에게 할아버지가 되는 영광을 주었다는 사실을 알고 있는지?"

그 주 내내 어쩜 시간이 그렇게도 안 가는지. 디트리히의 부모님이 패치히에 머물고 있다고 마리아가 편지를 보내왔다. 부모님이 마침내 마리아 어머니의 초청을 받아들여 장래 사돈집을 방문한 것이다. 한 주가 흘러갔다. 마리아가 다시 베를린에 도착했다며 내일 오후에 방문하겠다는 반가운 쪽지를 넣었다. 디트리히는 자신이 가지고 있던 깃발을 아래 위로 흔들어 감옥을 관리하는 크노블로흐 하사관을 오게 했다. 그리고 마리아와 단둘이 면회 시간을 보낼 수 있게 해 달라고 부탁했다. 놀랍게도 선뜻 허락해 주었다.

두 연인 뒤로 문이 닫혔다. 약혼한 이후 처음으로 단둘이 만나는 시간이었다. 디트리히가 먼저 그녀를 안았다. 마리아는 그의 넓은 품에 자신을 맡겼다. 마리아의 부드러운 금색 머리카락 속에 디트리히가 얼굴을 묻었다. 감옥의 고약한 냄새는 어느덧 잊고, 마리아를 처음 만났던 클라인-크로신의 초원이 눈앞에 끝없이 펼쳐졌다. 먼 초원에서 불어오는 그윽한 향기가 디트리히를 감쌌다. 친친 감고 있던 마음의 어두운 쇳덩어리가 가벼운 먼지가 되어 살포시 내려앉는 것 같았다. 행복 이상의 그 무엇의 신비한 기운이 그들을 덮었다.

원래 달변인 디트리히도 할 말을 잊은 채 그녀의 손을 잡고 만지며 부드러운 입술로 키스를 했다.

"참으로 이상한 약혼 기간을 보내는 것 같아! 꿈에도 상상하지 못한 일이야."

"누가 그런 상상을 할 수 있겠어요?"

"마리아에게는 정말 힘든 기간이지. 내가 미리 말해 주어야 했는데."

"그래요, 적어도 나에게는……. 먼저 알았어도 그렇게는 놀라지 않았을 거예요." 마리아는 웃으며 말했다.

"정말 몰랐어?"

"내가 어떻게 알아요? 당신이 나에게 조그마한 표시도 하지 않았는데."

'무슨 표시'를 말하는 것일까?

"어떻게 시작해야 할지 몰랐어."

"그러나 디트리히……."

"정말이야, 나는 여자들에게는 인기가 없었어. 학창 시절에는 알고 지내던 몇 명의 여자친구들이 있었지만 그 후에는 단 한 명만 남았지." 그는 엘레노레에 대해서 말해 주었다.

"그녀는 당신을 오래 기다린 것 같아요. 혹시 그녀를 일방적으로 떠나 버린 거 아니에요?"

"그런 게 아니야. 그 뒤에 그녀는 곧 결혼했어."

왜 이렇게 이야기가 흘러갈까? 원래 이 이야기를 하려고 한 것이 아닌데.

"패치히에 갔다 왔다고? 어머니는 잘 계셔?"

"예. 당신 부모님 안부는 안 물어요?" 그녀는 패치히에서 있었던 디트리히 아버지의 생일 잔치 이야기를 해 주었다. 디트리히는 아버지가 얼마나 기뻐했을까 상상할 수 있었다.

"그녀가 미인이었어요?"

"누구?"

"엘레노레."

"응, 아름다운 여자였지."

"그녀랑 신학적인 토론도 할 수 있었지요?"

"그랬지."

"나, 요즘 당신 책을 읽고 있어요."

"정말이야? 무슨 책을?"

"《성도의 교제》(Sanctorum Communio)."

"와우, 어때?"

"솔직히 말하면 어려워서 이해를 잘 못하겠어요."

"마리아, 그건 네 잘못이 아니야. 그 책은 내가 처음 쓴 책인데, 그때만 해도 신학적인 어려운 말들을 나열하는 것이 학문적인 거라고 오해하고 있었거든. 《제자도》를 한번 읽어 보는 게 좋을 거야. 더 좋은 것은 조금 기다려서 내가 출옥하면 같이 읽자고."

"출옥이 빠른 시일 내에 이루어질까요?"

"왠지 모르지만 재판이 자꾸 미뤄지고 있어. 나도 어쩔 수가 없어."

"희망을 잃어서는 안 돼요."

디트리히는 미소를 머금으며 대답했다.

"나는 이곳에 잘 적응하고 있어."

"배고프지는 않아요? 너무 야윈 것 같아요."

"식사가 충분하지는 않지만 견딜 만해!" 그는 자신이 얼마나 굶주림과 싸워야 하는지 말하지 않았다.

마리아가 가져온 칼 박사의 생일 잔치 음식을 먹으며 서로의 미래에 대해 대화를 나누었다. 디트리히가 출옥하면 바로 결혼하기로 약속했다. 디트리히는 결혼식이 어떻게 진행되는지 궁금했다. 마리아의 설명에 의하면 아침에 '신부를 위한 예배'를 드린 후에 하객들과 함께 아침식사를 하고, 정오가 되면 신랑 신부가 결혼식이 행해지는 교회로 행진하게 된다. 저녁에는 또 한번 교회에 모여 신혼여행을 위한 축복 기도를 받는다. 그들의 결혼식은 마리아의 아버지가 지은 패치히에 있는 조그만 교회에서 거행될 것이다.

"디트리히, 그날이 빨리 오면 좋겠어요!"

마리아는 꿈을 꾸어 본다. 그러나 한편으로는 또 언제 러시아 군대가 밀어닥칠지 걱정이었다.

"패치히가 불가능하면 프리드릭스부룬에서 결혼식을 올리면 좋겠어."

"그래, 어서 그날이 왔으면 좋겠어."

그때 마리아가 살며시 일어나더니 그녀의 외투를 전화 위에 덮었다. 그러고는 최대한 전화기에서 멀리 떨어져 히틀러 암살 기도에 참가한 사촌 이야기를 했다.

"작전이 실패로 돌아갔어요. 어쩐 일인지 히틀러는 나타나지 않았어요. 왜 일이 항상 이렇게 되는지 모르겠어요."

"그렇지만 희망은 버리지 말아야 해."

"또 새로운 계획이 검토되고 있다고 아버님한테서 들었어요."

"알고 있어. 그러니 절망하지 말아야지."

피할 수 없는 이별의 시간이 다가왔다. 그녀를 가슴에 안았다. 그들의 미래에 어떠한 시련이 다가올지. 하지만 이 순간, 마리아가 옆에 있고 생명과 사랑의 환희가 넘치는 이 순간에 다른 어떤 것도 생각하고 싶지 않았다. 마리아의 얼굴을 가슴속에 새기고 싶었다. 사랑의 확약으로 뜨거운 키스를 나누었다.

열쇠로 문을 여는 소리가 들렸다.

"곧 다시 올 거예요." 마리아가 나지막이 속삭였다.

디트리히가 더 이상 재판을 받지 않을 것이라고 삭 박사가 전해 주었다. 재판이 디트리히에게 더 위험할 수도 있다는 판단에서였다. 게슈타포의 과대한 관심을 끌 수 있기 때문이었다. 그렇지 않아도 게슈타포는 디트리히의 주변을 주도면밀하게 조사하고 있었다. 더구나 요세프 뮐러는 재판을 무사히 넘겼는데도 석방되지 않고 작센하우젠 수용소로 보내졌다. 다시 감옥에 돌아온 한스 폰 도나니도 여전히 재판받을 수 있는 상태가 아니었다. 재판이 잊힌 상태로 일단 그냥 그대로 두는 것이 제일 좋겠다는 게 삭 박사의 의견이었다.

디트리히는 이 모든 것을 받아들이기 힘들었다. 그는 자신에게 신학적인 질문들을 던지지 시작했다. 그리고 신년에 작정한 대로 에버하르트에게 편지를 쓰기 시작했다. 5월, 6월 동안 비행기 폭격 때문에 종종 중지하는 것 외에 디트리히는 쉬지 않고 작업에 몰두했다. 그러다가 영국 BBC 방송을 통해 연합군이 노르망디에 상륙했다는 소식을 들었다. 또 연합군이 이탈리아 쪽에서 순조롭게 진격하고 있다는 이야기도 들었다. 두 가지 소식 다 그에게는 희망과 걱정을 아울러 가져다 주었다. 놀랍게도

6월 말에 파울 외삼촌이 그를 방문했다. 파울 폰 하제는 그 사이 저항 세력에 가담하여 그들과 함께 새로운 거사를 준비하고 있었다. 그의 임무는 유사시 정부 건물을 접수하고 관리하는 것이었다. 이를 위해 국민 기동대를 통솔해야 했다. 이 모든 일이 곧 이루어지리라.

디트리히가 병동에서 환자들을 돌보고 있을 때, 갑자기 라디오에서 음악이 멈추고 아나운서의 경직된 목소리가 들려왔다.

"위대한 지도자의 생명을 노리는 사건이 발생했지만 우리의 지도자는 가벼운 부상만 입었습니다. 더 이상의 진상은 아직 밝혀지지 않았습니다."

디트리히는 들고 있던 약병을 떨어뜨릴 뻔하였다.

"맙소사, 들었습니까?" 한 위생병이 어처구니없다는 표정을 지었다.

"도저히 믿을 수가 없어. 누가 도대체 히틀러를 죽이려고 하는 거야?" 다른 위생병이 충격을 받은 듯 더듬거렸다.

"반역자! 현재 상황에서 우리 등을 치는 행위는 강도 같은 짓이야!" 슈미트 하사관이 소리를 버럭 질렀다.

"총통 지도자에게 아무 일도 없다고 했잖아. 분명히 아나운서가 그랬다고. 총통은 심하게 다치지 않았다고. 그렇죠, 박사님?"

"그래요." 디트리히는 아주 무뚝뚝하게 기계적으로 대답했다.

그는 시계를 보았다. 벽에 걸린 시계추는 오후 6시 38분을 가리키고 있었다.

15분, 20분 간격으로 같은 내용의 뉴스가 방송되었다. 그러다가 밤 9시 즈음에 곧 총통이 국민들에게 직접 연설할 거라고 전했다. 새벽 1시경 드디어 독재자의 쉰 목소리가 라디오에서 흘러나왔다.

> 독일 제국 국민 여러분!
> 내가 이렇게 여러분 앞에 서서 연설을 하는 데는 두 가지 이유가 있습니다. 첫째로 여러분에게 내가 건강하다는 것을 알려 드리고자 함입니다. 둘째로 독일 역사상 있을 수 없는 범죄 행위를 발표하고자 합니다. 무식하고 양심이 없는 범죄성 있는 교만한 장교들이 나를 제거하고 독일군의 지휘 체계를 무너뜨리기 위해 음모를 꾸몄습니다. 그라프 폰 슈타우펜베르크 대령이 설치한 시한폭탄 가방이 나의 오른편에서 이 미터 떨어진 곳에서 폭발했습니다. 그 폭탄으로 인해 나의 중요한 동지들이 많이 부상하고, 한 명이 죽고 말았습니다. 그러나 나 자신은 약간의 타박상과 화상을 제외하고는 무사합니다. 나는 이를 나의 임무를 끝까지 완수하라는 신의 섭리로 이해합니다. …… 이런 어리석은 테러 무리들은 극히 소수에 불과합니다. 그들은 독일 국방성과 전군의 지휘 체계와는 전혀 무관합니다. 이들은 이유를 막론하고 철저히 진멸되어야 하는 범죄 조직의 잔당에 불과합니다!

연설이 끝나자 디트리히는 달력을 보았다. 1944년 7월 20일이었다.

42

다음 날 아침, 디트리히는 펜을 책상에 막 내려놓았다. 에버하르트가 성탄절 선물로 준 《오늘의 묵상》이 그의 앞에 펼쳐져 있었다.

"여호와는 나의 목자시니 내가 부족함이 없으리로다!"

"나는 선한 목자라. 내가 내 양을 알고 양도 나를 안다."

디트리히는 1944년 7월 20일, 슈타우펜베르크 대령을 중심으로 추진된 쿠데타 기도가 무산되어 버린 그 운명적인 날의 말씀이 무엇인지 궁금해서 책장 하나를 뒤로 넘겼다.

"병거와 말을 의지하나 우리는 여호와 우리 하나님의 이름을 자랑하노라!"

"하나님이 우리를 위하시면 누가 우리를 대적하리요?"

디트리히는 불안한 잠에서 깨자마자 앞으로 다가올 일에 대비해야 한다는 생각에 사로잡혔다. 그러나 무엇을 해야 하는가? 무엇보다도 에버하르트에게 서신을 보내는 일이 중요하리

라. 크로블로흐가 비밀리에 서신들을 전달해 주는 한 될 수 있는 대로 많은 옥중 서신을 쓸 것이다. 또 디트리히는 여러 창작문들과 논문들을 정리하기로 했다. 게슈타포에게 압송되기 전에 그것을 부모님에게 전하리라. 우선 디트리히는 에버하르트에게 꼭 전하고 싶었던 생각들을 간추려서 정리하기 시작했다.

사람이 삶의 현장에서 믿음을 배운다는 것이 어떤 것인지, 지금 이 시간까지 경험한 것을 고백한다. 그가 성자이든지, 이제 막 회심한 죄인이든지, 교회 직분을 맡은 목회자이든지, 의인이든 불의한 자이든지, 병자든지 건강한 사람이든지 간에 모든 사람은 주어진 수많은 삶의 과제에 둘러싸인 채 살아간다. 그동안 삶에 대한 질문을 던지며 성공과 실패, 노련함과 미숙함을 경험한다. 만약 사람이 자기 힘으로 무엇인가를 하겠다는 것을 철저히 포기한다면, 결국은 자기 스스로 아무것도 할 수 없다는 것에 부딪치는 삶의 현장에서 자신을 하나님의 품 안에 던지게 된다. 그렇게 될 때, 거기서 나 자신의 고난으로부터 벗어나게 되고, 오히려 이 세상의 고난을 짊어지고 세상과 함께 고통하는 그리스도의 고난을 진실로 만나게 된다. 그때 우리는 겟세마네 동산의 그리스도와 함께 깨어 있게 된다. 생각하건대 이것이 바로 믿음이요, 회개이며, 이렇게 하여 참 인간이요 참 그리스도인이 된다(예레미야 45장을 참조하기를!). 사람이 삶의 현장에서 하나님의 고난을 당하며 동참하다 보면, 성공했다고 교만해지고, 실패했다고 좌절할 수 있는가? 내가 비록 짧게 썼지만, 자네는 이것을 이해하리라 믿네. 하나님께서 이제까지 내가 걸어온 길을 통해서 나에게 이러한 진리를 깨닫게 하신 것을 감사한다네.

그는 급하게 편지를 마무리하고 그날 남은 시간을 자신이 쓴 창작문을 검토하는 데 할애했다. 그러면서도 매순간 크노블로흐 하사관이 가져올 소식을 기다렸다. 논문들을 넘기는데 예레미야서를 주석한 한 구절이 특별히 와 닿았다.

"하나님의 종이 옥에 갇혀 철창 속에 있다 하여도 하나님의 입으로부터 나오는 말씀은 결코 가둘 수 없습니다. 심지어 죽음의 세력이 입을 막는다 해도 하나님께서 그의 종을 통해 전달한 말씀은 살아 있고 자유합니다. 죽음은 말씀에 대해서는 어떠한 힘도 행사할 수 없습니다. 말씀은 절대로 무덤에 갇혀 있을 수 없습니다."

그는 자신이 쓴 이 구절을 통해 위로 받으며 '윤리학' 원고들을 정리해 나갔다. 자신에게 더는 이 주제를 보충하여 쓰거나, 집 서재에 있는 미완성인 다른 논문들과 연결해서 구성할 시간이 남아 있지 않음을 직감했다. 그런 작업은 에버하르트에게 넘겨주면 될 것이다. 앞으로 더 고민하고 깊이 연구해야 할 주제들을 최근 에버하르트에게 보내는 서신에 잇달아 언급해 왔다. 이 모든 사상을 집대성하여 하나의 신학적 결정체로 완간되기를 바랐지만, 이제 그 모든 일을 하나님께 넘겨 드려야 했다. 그리고 친구 에버하르트에게 그 일을 남겨 두어야 했다.

저녁이 되어서야 크노블로흐가 왔다. 쿠데타 실패에 관련된 정확한 정보를 알아내기까지 기다리느라 늦은 것이었다.

"이 핑계, 저 핑계를 대면서 메츠 대위 사무실에 있었지요.

전화통이 불이 났어요. 쉴 새 없이 알렉산더 광장에서, 운터 덴 린덴에서 전화들이 엄청 걸려 왔어요." 크노블로흐는 상기된 표정으로 계속 말을 이었다.

"히틀러가 국방군의 지극히 적은 소수만이 쿠데타 세력이라고 말했지만 그게 아닌 것 같아요. 아주 고위직부터 아래까지 체포의 폭풍이 전국적으로 휩쓸고 있습니다."

하사관의 얼굴이 하얗게 질려 있었다.

디트리히는 조바심이 났다.

"체포 명단이 나왔습니까?"

"구하지 못했습니다."

"알겠어요."

"메츠 대위는 못 믿는 것 같았어요. 그는 계속 '이 잡새끼들!' 하며 욕만 하고 있었어요. 정확한 것은 아무도 몰라요. 소문만 흉흉합니다. 밤늦게 벤들러 거리에서 즉결 재판이 있었다고 해요. 전시 재판인 거지요. 체포된 주모자들을 법원 뜰에서 즉시 총살했다는 말도 들리고……."

"주모자들이 누구랍니까?"

"슈타우펜베르크 대령, 벡 장군, 올브리히트 장군. 그 밖에 몇 명이 더 있었는데, 잘은 모르겠군요."

크노블로흐는 디트리히의 감방 안을 둘러보았다. 그 안에는 책과 수많은 논문들이 쌓여 있었다.

"하사관님, 상자를 좀 구해 주시겠어요? 부모님에게 다 보내려고 합니다." 이렇게 말하면서도 디트리히의 머리에는 온통 창백하고 예민한 벡 장군의 얼굴만이 떠올랐다.

"혹시 또 다른 곳으로 이송되는 것입니까?"

"그건 아무도 모르지요." 디트리히는 자기 손가락에서 한 번도 뺀 적 없던 반지를 뺐다. 본회퍼 가문의 문장인 콩 덩굴을 쥐고 있는 사자가 새겨진 반지였다. 반지를 크노블로흐의 손에 건네주며 말했다.

"이거 가지세요. 저는 이제 필요가 없습니다."

크노블로흐가 깜짝 놀랐다.

"이건 박사님이 간직하셔야 합니다."

디트리히가 계속 고집을 부리자, 그는 손바닥에 놓인 반지를 바라보며 다짐하듯 말했다.

"그러면 박사님이 석방되실 때까지 제가 잘 보관하고 있겠습니다."

"사랑하는 친구! 그건 이제 당신 겁니다. 손가락에 한번 끼워 보세요."

하사관은 반지를 손가락에 끼우며 더듬더듬 말했다.

"이제까지 한 번도 이런 귀하고 비싼 것을 가진 적이 없어요. 그런데 감옥 안에서 이런 선물이."

그는 반지를 빼 다시 주머니에 집어넣었다. 그러고는 헌병 모자를 벗고 머리를 뒤로 쓸어 올리면서 말했다.

"목사님, 목사님을 감옥에서 빼내는 것이 그렇게 어려울 것 같지는 않은데요."

"도대체 무슨 말입니까?"

"탈출입니다. 제가 적극 돕겠습니다."

"감히, 어떻게 탈출을?" 디트리히는 믿을 수 없다는 표정으로 반문했다

"그건 너무 위험해요!"

"요즈음은 위험하지 않은 것이 없지요. 특별히 가치 있는 일은 더더욱 그렇지요."

그의 눈은 디트리히를 존경하기 때문에 이 일을 한다는 의지로 빛났다.

디트리히는 책상에 놓여 있는 책을 편 채 물끄러미 쳐다보며 생각에 잠겼다. 한참을 생각하다 드디어 입을 열었다.

"크노블로흐 씨, 진심으로 감사합니다. 그런 위험한 일을 저를 위해 하시려고 하다니요? 하지만 일단 기다려 봐야 할 것 같습니다. 어쩌면 아무 증거도, 명확한 혐의도 찾지 못할 거요. 무엇보다 저는 여기에 갇혀 있은 지가 오래되어 이제 적응이 되었습니다."

"그렇지만 한번 더 생각해 보세요. 만약을 위해서 계획은 세워 볼 수 있지 않겠어요, 목사님?"

"그렇기는 하지요."

해가 중천에 떠 있었지만 방 안 커튼이 두껍게 닫혀 있었다. 파울라가 잠에서 깨어나자, 간밤에 일어난 끔찍한 사건들에 대한 기억이 되살아나는 것 같았다. 히틀러의 연설 후에 파울라와 칼은 클라우스가 돌아오기까지 기다렸다. 새벽 4시가 되어서야 클라우스가 들어왔다. 그러나 그도 많은 것을 알지 못했다. 그의 동료 오토 요한이 어제 오후 5시경 사무실로 히틀러가 사망했다고 전화로 알려 왔다고 했다. 요한은 쿠데타 핵심 세력들이 정권을 이양받기 위해 모여 있는 벤들러 거리로 오라는 요청을 받았다며 전화로 계속 상황을 알려 주겠다고 했단다.

"기다리고 또 기다렸어요. 그러나 결국 전화는 오지 않았어요. 창문으로 내다보니 우리 측 군대들이 정부청사 주변에 배치되고 삼엄한 경계를 펴기 시작했어요. 그런데 조금 있으니 라디오에서 히틀러가 죽지 않았다는 방송이 나오기 시작했어요. 그것은 우리 측 세력이 방송국을 장악하지 못했다는 증거지요. 온 거리가 북새통을 이루며 혼잡하더니 밤 아홉 시경에 SS 친위대원들이 출동하는 것이 보였어요. 저항 세력의 반격도 없었고, 친위대와의 총격전도 일어나지 않았어요. '일이 잘못 돌아가고 있구나!' 하고 있는데, 바로 그 시각에 라디오에서 히틀러가 연설한다는 방송이 나왔어요."

클라우스가 실패한 원인을 추측하기 시작하자, 칼 박사는 그런 의미 없는 추측은 그만하고 잠이나 자자며 잘라 말했다.

아침 8시경에 일어나 보니 남편은 이미 침대에 없었다. 그때 누군가 문을 두드리는 소리가 들렸다. 가운을 걸쳐 입고 창문으로 내려다보니 집 앞에 디트리히를 체포해 갔던 검정 자동차들이 서 있었다. 그리고 파울라가 언젠가 전범 재판소에서 뢰더와 같이 봤던 존데레거도 서 있었다. 칼을 데리러 왔을까?

그녀와 칼 박사는 급히 계단을 내려가 문을 열었다. 두 사람의 목소리는 가깝고 아주 분명하게 들렸다.

"한스 폰 도나니를 알지요?"

칼같이 섬뜩한 목소리가 떨어졌다.

"사위입니다." 칼 박사가 힘없이 대답했다.

"아! 그래요. 그러면 그가 오스터 장군과 공모한 사실을 아시겠군요."

"오스터 장군이라고요?"

"그렇소, 한스 오스터 장군."
"나는 모르오."
"정보국 장군 말이오. 도나니가 같은 부서에서 일을 했소."
"사위는 직장 일을 나에게 이야기하지 않소."
"박사, 그런 말을 누가 믿겠소?"
"사위가 하는 일은 민감한 정보부서 일이오. 나는 그런 일을 물어본 적이 없소."

잠시 침묵이 흘렀다.

"그러면 당신 딸이 우리를 도울 수 있을 것 같군요. 딸이 사크로우에 살지요?"
"그렇소만."
"그러면 거기로 바로 가겠소. 잘 계시오, 교수."
"안녕히 가시오."

한동안 침묵이 흘렀다. 칼 박사가 아내를 불렀다.

"파울라, 이제 내려와도 돼."

파울라는 칼에게 안겨 흐느꼈다.

"칼, 이번에는 당신을 데리러 온 줄 알았어요."
"그렇게 생각할 줄 알았어. 너무 걱정하지 마. 하지만 지금은 크리스텔에게 전화해야 해!"
"여보, 조심해요!"

그날 오후에 크리스텔이 왔다. 존더레거가 찾아와 오스터에 대한 정보를 캐내려고 했다고 전해 주었다. 그러나 그녀는 전혀 아는 것이 없는 것처럼 대답했다.

한 주가 지나고 카나리스와 오스터를 포함해 저항운동에 관련된 모든 동지가 체포되었다. 신문에는 몇 명의 이름만이 거론

되었고, 이들을 아주 위험하고 흉악한 배반자로 낙인찍었다. 거기에는 파울 폰 하제, 폰 비츠레벤 장군도 포함되어 있었다. 심지어 이들의 가족도 체포되었는데 파울 폰 하제의 부인도 그 중 하나였다.

크리스텔이 한스 폰 도나니를 감옥으로 방문하는 것도 이제는 금지되었다. 칼 박사는 의사 자격으로 사위를 방문할 수 있었다. 한스의 상태는 고문과 디프테리아 발병으로 몸이 마비되어 걸을 수 없을 정도로 처참했다. 한스가 디프테리아에 자신을 노출시켰던 것은 게슈타포의 고문을 피하기 위한 한 방편이었다. 한스가 디프테리아균을 넣어 달라고 비밀 편지를 보냈고, 칼 박사는 영치품을 들여보내면서 그 속에 약한 병균을 넣어서 보냈다. 파울라는 사위가 안쓰러워 꼭 이 방법을 써야 하는지 고민했지만, 크리스텔이 엄마를 말렸다.

"엄마는 게슈타포의 고문을 몰라서 그래요. 게슈타포 고문보다 차라리 그게 나아요."

7월 20일에 무슨 일이 발생했는지 아무도 정확히 알지 못했다. 다만 슈타우펜베르크 대령이 설치한 시한폭탄이 터진 뒤 라스텐부르크(동부 독일의 총통 사령부 작전실로 당시 히틀러 주재하에 작전회의가 개최됨.-옮긴이)의 저항 세력들과 국방성이 있는 벤들러 거리에 있던 저항 장교군들 사이에 통신이 제대로 되지 않았다는 것만 알았다. 그러나 그 이유는 아무도 몰랐다.

슈타우펜베르크가 히틀러 암살에 성공했다는 확신으로 베를린으로 오면서 4시간이라는 중요한 시간을 흘려 버리고 말았다. 저항 세력들이 군을 출동시켰을 때는, 이미 나치 수뇌부들도 충격에서 벗어나 히틀러 지지 장성들에게 비상 경계령을 내린 뒤였다. 저항군들이 무너지는 것은 시간문제였다. 베를린뿐 아니라 비엔나, 프라하, 파리에서도 결국 똑같은 실패만이 되풀이되었다.

7월 20일 이후, 한 주가 지나서야 파울라와 칼 박사 부부는 디트리히를 방문할 수 있었다. 아무도 이 상황이 디트리히에게 어떤 영향을 미칠지 알 수 없었다. 면회에 입회한 간수는 자신의 서류를 읽고 있는 듯하였지만 그들의 대화를 주의해서 듣고 있었다. 디트리히는 편안해 보였고, 목소리는 힘이 있고 분명했다. 아무 일도 없는 듯 평소대로 가족들의 안부를 물었다. 칼 박사는 한스의 병에 대해 알려 주었다.

"어떤 경우에도 희망을 잃어서는 안 돼요. 이런 어려운 일 가운데서도 선한 일이 나타날 수 있어요."

파울라는 아들의 얼굴 표정에서, 아직 혐의가 완전히 밝혀지지 않은 데다, 혹시나 이렇게 장기간의 옥살이 끝에 석방되지 않을까 하는 실낱같은 희망을 가지고 있음을 읽을 수 있었다.

"그래, 사람은 마음으로 계획하고, 인도하시는 분은 하나님이시지."

"요즈음 새로운 책을 하나 쓰고 있어요."

"정말이냐? 무엇에 관해서?" 부친은 관심과 호기심을 감추지 못했다.

"교회에 관해서요." 디트리히는 잠시 말을 끊고 아버지의 표정을 살폈다. 아버지가 잠시 실망한 듯한 표정을 이내 바꾸자 디트리히는 용기를 내어 말을 이었다.

"교회에 관해서, 또 '그리스도인으로 산다는 것'이 무엇인가,

우리가 정말 목숨을 걸고 믿어야 하는 것이 무엇인가 하는 질문들에 대한 답변을 하려고 노력해요. 오늘날 우리의 교회는 사람들에게 전해야 하는 말씀을 바로 전하지 못하고, 신뢰성을 잃어버렸지요. 교회가 잃어버린 권위를 회복하기 위해서는 선지자 미가의 말씀대로 실행하는 길밖에 없어요. '여호와께서 네게 구하는 것이 오직 공의를 행하며 인자를 사랑하며 겸손히 네 하나님과 함께 행하는 것이 아니냐'(미 6:8). 교회에게 모든 소유를 팔아 필요한 사람들에게 나누어 주라고 말하려고 해요. 교회 목회자들에게 국가로부터 봉급을 받지 말고 성도들이 낸 헌금으로 생활하라고 제안하려고요. 그러나 이 모든 시도는 시작에 불과하지요."

"정말 좋은 생각이야, 디트리히. 정말 필요하고 긴요한 일이야." 칼 박사는 과연 그러한 개혁이 교회 내에서 일어날까 의심하면서도 표시 내지 않고 디트리히를 격려했다.

본래 칼 박사는 디트리히의 영적인 사명에 대해서 큰 관심을 보이지 않았다. 영적으로 냉담한 아버지 때문에 디트리히가 얼마나 아파했는지 파울라는 잘 알고 있었다. 그런데 이제 디트리히도 이런 아버지께 스스럼이 없어지고, 아버지도 교회 문제에 관심을 갖는 것 같았다.

디트리히는 동부에서 밀려오는 피난민들 때문에 새롭게 공포된 여행 제한 법령을 언급하며 말했다.

"그렇게 되면 나를 방문하지 못할 사람이 생기게 되는 것 아닙니까?"

디트리히가 누구를 염려하는지 금방 알 수 있었다.

"아버지, 병원에 보조 간호사가 필요하지요?"

칼 박사는 빙긋이 웃으며 대답했다.

"그래. 그리고 그 일을 할 만한 젊은 여인을 알고 있지. 포메른 출신 처녀인데, 그녀만 원하면 바로 오게 될 거야."

"정말이세요? 아버지, 고맙습니다."

면회 후 한 주가 지났다. 칼 박사 내외는 마리아를 박사의 병원에 보조 간호사로 등록하고 자기 집으로 이사할 수 있는 모든 준비를 마쳤다. 연합군의 노르망디 상륙 이후로 베를린에 대한 폭격이 상당히 줄었고, 칼 부부는 비교적 안전하게 베를린에 머물 수 있게 되었다.

신문들은 연일 쿠데타 주축 세력과 관련자들의 사진과 함께 체포 및 재판 과정과 형 집행을 대대적으로 보도했다. 한스를 법무부에서 몰아내려고 몇 년 동안 괴롭히던 유명한 나치 판사 롤란드 프라이슬러 앞에, 위엄과 품위는 온데간데없고 굴욕을 당한 채 서서 재판받는 저항 인사들의 모습이 사진으로 보도되었다. 한때 명성이 하늘까지 치솟던 폰 비츠레벤 사령관도 텁수룩한 수염과 헝클어진 머리, 풀린 셔츠 단추에 바지 끈이 잘려 흘러내리는 바지를 쥐고 있는 초라한 늙은 노인으로 서 있었다. 신문들은 나치에 저항하면 어떻게 되는지 보여 주기라도 하듯이 경쟁적으로 보도했다.

주말이 되자 식구들이 파울라의 거실로 다시 모였다. 클라우스는 늦게 참석했는데 무척 초조해 보였다. 그는 가만히 앉아 있지 못하고 방을 왔다 갔다 하며 불안해했다.

"무슨 일이야, 클라우스? 우리에게도 말 못할 것이 있어?" 칼 박사가 물었다.

"어쩜 그럴 수가! 내 생애에 이렇게 끔찍한 이야기는 처음 들었어요."

"무슨 이야기야?"

클라우스의 음성이 파르르 떨렸다.

"히틀러가 저항자들의 교수형 장면을 필름에 담아서는 잔인하기 그지없는 그 장면들을 마치 영화 보듯 감상하며 즐긴다고 하는군요. 오, 맙소사!"

"누가 그런 말을 전해 주었어?"

"우리 항공국 내에 쫙 퍼진 이야기예요. 괴벨스가 공군 사령관 괴링에게 말했는데, 어젯밤 총통관저로 가서 같이 그 필름을 보았다는 거예요."

자정 무렵, 맹렬한 폭격이 다시 시작되었다.

며칠 뒤에 마리아가 베를린에 도착했다. 그러나 그녀를 환대하며 맞기에는 본회퍼의 가족들은 모두 너무 지쳐 있었다. 비록 장래의 며느리가 왔지만 파울라 여사는 그녀를 따뜻하게 맞아 줄 여유가 없었다. 그럼에도 마리아는 한 가지 한 가지 자신이 할 일들을 찾아 감당해 나갔다. 마리아는 고향에서 신선한 치즈와 소시지, 채소들을 가지고 왔다. 그것으로 디트리히와 한스에게 들여보낼 소포를 정성스럽게 만들었다. 칼 박사는 평소 잘하지 않던 칭찬을 아끼지 않았다. 특히 그녀의 용기는 칼 부부를 놀라게 했다. 그녀는 폭격이 심할 때도 지하실에 있는 책상 의자 위에 누워 잠을 자기도 했다.

디트리히의 자세한 지시대로 우르젤과 뤼디거는 베를린-니더쇤하우젠에 있는 한 농장에서 크노블로흐 하사관을 만나 소포와 편지를 전달하고 받았다. 레나테도 동행했는데 일요일 가족들의 소풍처럼 위장하기 위해서였다. 파울라 여사는 디트리히가 갈아입을 옷가지들을 챙겨 종이 상자에 넣었다.

"어머니, 잠깐만요! 식품표와 돈을 아예 옷 주머니에 넣는 것이 더 좋지 않을까요?" 우르젤의 의견이었다.

"그렇구나, 그렇게 하자."

우르젤은 200마르크를 접어서 안주머니에 넣었다. 클라우스도 나흘치 식품권을 구해 왔다. 파울라 여사는 더 많이 보내고 싶었지만, 그것은 어머니의 바람일 뿐이었고 실제로는 이것도 제대로 전해질지 미지수였다.

두 달 전부터 게슈타포는 선동된 국민의 신고를 받으며 전국적으로 저항 혐의자들을 대거 잡아들이기 시작했다. 수많은 동지들이 절망하며 자살을 시도했다. 게슈타포의 손에 들어가기보다는 차라리 그게 낫다는 생각에 그런 선택을 주저하지 않았다. 그런 와중에 디트리히에게 탈출 기회가 생겼다. 그는 영리하고 치밀했다. 거기에다 그를 도와주는 많은 친구들이 있었다. 포메른에 있는 친구들은 그의 탈출과 은거를 도와줄 것이다.

크노블로흐는 우르젤과 뤼디거가 전해 준 소포를 받았다. 그는 곧 뤼디거 슐라이허의 집으로 와서 디트리히의 탈출 계획에 대해 의논하겠다고 약속했다. 그동안 가족들은 그와 디트리히를 위해 위조 여권 두 개를 구해 놓으라고 했다. 뤼디거가 여권 두 개를 구하는 데 며칠이 걸렸다.

오후에 파울라는 마리아가 친정에서 가져온 감자와 사과를 우르젤에게 갖다 주었으면 해서 뒤편 테라스로 가고 있었다. 그때 막 클라우스가 정원 문쪽으로 급히 가는 것이 눈에 띄었다. 부엌에 식품들을 두고 우르젤과 클라우스의 말이 들리는 복도로 갔다.

"그 차인 줄 어떻게 알아요?" 우르젤이 막 묻고 있었다.

"그자들 차야! 나는 그 차를 안다고! 차 안에서 내가 집에 오기까지 기다리고 있었던 거야."

"잘못 생각하는 거 아니야?"

"아니야, 우르젤!"

"그렇다면 더 더욱 그들이 멍청하네요. 오빠가 자기들을 보면 도망할 줄 분명히 알 텐데."

"무슨 일이냐?" 이미 알고 있으면서도 파울라가 물었다.

"게슈타포! 정원 문 앞에서 그놈들이 나를 기다리고 있어요!" 클라우스의 눈빛이 쫓기듯 했다.

"이젠 여기 있을 수가 없어요. 저놈들이 제일 먼저 여기부터 찾아올 거예요."

"어떻게 할 작정이냐?"

"딕만 씨 댁으로 피하겠습니다. 저자들이 그곳은 찾지 못할 거예요."

딕만 씨는 구두 수선공으로 본회퍼 가족의 단골 가게였다. 대부분 소규모 상인들은 혐의를 받지 않을 뿐 아니라, 히틀러의 지지 기반이기도 했다. 딕만 씨는 본회퍼 식구들만큼 나치를 싫어 했고, 유달리 클라우스를 좋아했다.

30분쯤 지나자 전화벨이 울렸다.

"아뇨, 아무것도 몰라요! 오늘 못 봤어요." 우르젤의 통화 목소리가 또랑또랑했다.

동시에 문을 두드리는 소리가 났다. 파울라가 문을 열었는데 크노블로흐 하사관이 서 있었다.

"탈출 계획 때문에 왔군요?"

"그렇습니다, 여사님!"

"염려가 돼요. 상황이 좋지 않아요." 파울라가 전화한 사람이 누군지 궁금하다는 듯 우르젤을 보며 말했다.

"게슈타포 전화였어요. 클라우스 오빠를 찾고 있어요. 하사관님이 여기 오신 것을 알면 안 돼요."

"그렇군요, 여사님! 아드님께 뭐라고 전하죠?"

"사실대로 전하시고 내일, 아니 월요일에 다시 들르는 것이 좋겠습니다."

"죄송합니다만, 여권에 대해서는 뭐라고 전할까요?"

"준비가 다 되었다고 전해 주세요. 제 아들을 위해 이렇게 수고해 주시다니! 깊이 감사드려요."

크노블로흐는 인사를 하고 떠났다.

우르젤이 집으로 빨리 돌아가라고 파울라를 재촉했다. 게슈타포가 엄마네도 살피고 있을 것이다. 파울라가 게슈타포를 피해 집에 가려고 뒷문을 열었는데 거기 클라우스가 서 있었다.

"딕만 씨가 너무 두려워해서 숨겨 달라고 할 수가 없었어요."

"들어와."

클라우스는 꼼짝도 않고 있었다.

"딕만 씨도 가정이 있으니까. 충분히 이해가 돼요."

"클라우스, 어서 들어오너라! 바깥에 서 있지 말고. 빨리, 빨리! 문을 꼭 닫아!"

"집에 다시 가 봤는데, 그들이 아직 있더군요."

"곧 이리로 올 게다."

파울라가 아까 우르젤이 받은 전화 이야기를 해 주었다.

클라우스는 잠시 생각하는 듯하더니 문 쪽으로 향했다.

"기다려, 오빠! 어디 가려고? 우선 생각을 좀 해 보자고. 숨어 있을 만한 곳을."

"여기 말고, 이 집 말고 말이야! 이 두 집은 안 돼, 우르젤!"

파울라가 창문으로 내다보니 집 뒤 울타리가 무성했다.

"뒤 울타리에 숨어! 서둘러! 난 집으로 갈게."

클라우스가 무성한 덤불 속으로 사라지기까지 파울라는 밖을 바라보고 있었다.

"하나님께서 우리를 지켜 주시기를!" 속으로 되뇌며 집으로 발걸음을 옮겼다.

"이상 없어!" 파울라가 덤불 앞에 서서 속삭였다.

무거운 마음으로 저녁을 먹는 파울라와 칼 부부의 눈길은 집 옆 덤불에 가 있었다. 감옥생활은 클라우스에게는 더 없이 잔혹할 게다. 어렸을 때 학교도 싫어했다. 교실에 갇혀 있는 것을 견디지 못해 반발이 심했다. 파울라와 칼 부부는 아들을 훈계하기 위해 현미경을 빼앗은 적이 있다.

그러자 의사는 절대 되지 않겠다며 대항하더니 아버지의 염려대로 자기 결정대로 해 버린 아이다.

"그때 현미경을 빼앗지 말았어야 하는데." 파울라가 후회하듯 혼잣말을 했다.

"뭐?"

"클라우스 현미경 말이에요. 기억 안 나요?"

칼이 이맛살을 찌푸리며 포크를 접시 위에 놓았다.

"파울라, 무슨 말이오? 그런 말들이 지금 무슨 소용이 있어."

"물론 알아요." 파울라가 한숨을 길게 내쉬었다.

자동차 안에서 주시하는 눈빛이 파울라를 완전히 얼어붙게 만들었다. 파울라는 급히 남편의 팔을 의지한 채 차에서 두 명의 대원이 내려 우르젤 집 앞으로 가는 것을 지켜보았다.

30여 분 뒤, 파울라의 집을 찾아왔다. 나치 대원들이 집을 수색하는 동안 파울라와 칼은 거실에 앉아 두근거리는 가슴을 진정하고 있었다. 한 시간쯤 지나자 나치 대원들은 한마디 말도 없이 사라졌다.

차가 완전히 사라지고도 한참 뒤에야 파울라와 칼 부부는 창문으로 가 덤불 쪽을 살폈다. 전화 사용을 안 하기로 했다. 저쪽 구석 가로등 옆에 낯선 남자 한 명이 서 있었다. 어둠이 깔리고 있었고 덤불에서는 움직이는 것이 없었다. 마침내 시커먼 물체가 나타나더니 우르젤 집 쪽으로 조심스레 기어가고 있었다. 뒷문이 열리더니 다시 닫혔.

날이 밝자 우르젤이 왔다. 눈가가 검게 움푹 패이고, 아름다운 두 눈이 슬픔에 잠겨 있었다.

"이제 겨우 잠들었을 거예요. 이야기하느라 밤을 새웠어요. 어떻게 해야 할지 오빠도 판단을 못하고 있어요."

"그들은 포기하지 않을 거야. 끝까지 찾아낼 거라고."

"오빠도 그렇게 말했어요. 올케가 동해 쪽 아는 어부들에게 오빠를 숨길 수 있대요. 그런데 오빠는, 나치가 자기 때문에 어부 가족들이나 부모님을 가만히 두지 않을 것을 두려워하죠. 자살까지 생각했다던걸요."

"그건 안 돼! 안 돼! 안 돼!" 파울라는 절규했다.

"저와 이야기 나눈 게 그래도 도움이 된 것 같아요. 오랫동안 이야기를 나누었어요. '게슈타포가 와서 나를 데려가기까지 기다리는 것 외에는 다른 방법이 없구나'라며 탄식했어요."

파울라와 칼이 우르젤과 함께 돌아왔다. 밤 10시를 알리는 교회 종소리가 무거운 밤공기를 뚫고 울려 퍼졌다. 클라우스는 결국 누이 우르젤 집에서 게슈타포에게 체포당하여 압송되었다.

43

"박사님 말씀이 옳았습니다. 저는 어디론가 몸을 피하실 줄 알았습니다. 하지만 형님께서는 지난밤에 누이 집으로 돌아와 거기 머물렀습니다. 그리고 교회의 저녁 종소리가 울릴 때, 게슈타포들이 체포해 갔습니다. 제가 멀리 길가에 숨어서 직접 보았했습니다."

"그렇군요." 디트리히로서는 이제 무엇을 해야 하는지 분명해졌다.

"그런데 하사관님은 집 안으로 들어가지 않았지요?"

"물론이죠. 말씀하신 대로 즉시 돌아왔습니다. 아무도 저를 보지 못했습니다."

"잘하셨습니다."

낮은 의자를 벽에 대고 폐허가 된 베를린 전경을 바라보았다. 탈출 계획은 완벽했다. 며칠째 세부 계획 사항 하나하나를 다시금 살피고 검토했다. 드디어 오늘 밤, 크노블로흐와 함께 수리공으로 위장하여 공구통을 들고 감옥을 빠져나갈 것이다. 일단 크노블로흐의 집에 도착하여 군 장교 제복으로 갈아입는다. 새벽 일찍 각자 떨어져 베를린을 출발하여 슈테틴으로 가 상봉한다. 슈테틴에는 프린츠 오나쉬의 삼촌 한 분이 스웨덴의 이스타드를 오가는 화물선을 항해하고 있었다. 프린츠가 삼촌에게 미리 부탁하여 화물선 일꾼으로 승선하게 도와주기로 했던 것이다. 크노블로흐가 인조 수염과 가발을 내놓았다. 모자 밑으로 이것들을 달고는 수리공으로 변장해야만 했다. 디트리히는 눈을 감고 슈테틴 부두에서 닻을 내리고 자기를 통해 바다를 건너 자유의 땅으로 실어 주기 위해 기다리는 배를 상상해 보았다. 마치 모세가 느보 산에서 약속의 땅 가나안을 바라보는 그 벅찬 심정을 알 것 같았다.

하지만 디트리히는 아직 좁디좁은 감옥에 갇힌 신세다.

"오! 크노블로흐 씨, 계속 거기 서 계시게 했네요. 죄송합니다." 디트리히가 상념에 빠져 있다가 뒤를 돌아다보며 낮은 의자에서 내려왔다.

"아무래도 탈출 계획을 포기해야 할 것 같습니다."

"사실 그 말씀을 하시지 않을까 걱정했습니다. 게슈타포들이 박사님 형님을 체포해 가는 것을 보면서, 왠지 박사님도 탈출 계획을 포기하실 것 같은 느낌이 들었습니다. 하지만 저는 포기할 수 없습니다." 크노블로흐 하사관은 등을 돌리며 고개를 숙이더니 다시 디트리히를 쳐다보았다.

"성공하지 못하리라 생각하십니까, 박사님? 이것이 당신을 위한 유일한 기회입니다. 하나님이 도와주실 겁니다."

"그럴 수 있겠지요. 그러나 당신이 말해 주셨던가요? 괴어델러가 탈출을 시도하자 즉시 온 가족들이 구속되었다고요. 그리고 그가 다시 체포되었지만 그 가족들을 풀어 주지 않고 있다고 말입니다. 안 됩니다. 오, 나의 친구여! 가끔은 자신의 자유를 포기함으로써 그 자유를 진정으로 얻을 수 있다고 믿습니다."

크노블로흐는 입을 다문 채 디트리히의 말을 듣고 있었다.

"그러나 크노블로흐 씨, 어떠한 순간에도 희망을 포기해서는 안 됩니다. 세상이 아무리 어둡게 보여도, 하나님은 이 세상을 그분의 손으로 붙잡고 있지요. 탈출 계획이 무산되었다고 우리 가족들에게 전해 주셨으면 합니다."

"예, 그렇게 하지요."

그날 밤 디트리히는 감방에서 〈요나〉라는 제목의 시를 써 내려갔다.

> 죽음 앞에 소동하는 무리들,
> 폭풍우에 철썩거리며 흠뻑 젖은 밧줄에 엉켜 붙는 몸뚱어리들,
> 두려움에 질린 채 혼돈스러운 눈빛들,
> 거세게 격동하는 광란의 바다.
>
> "영원하시며 선하시며 진노하시는 신들이시여,
> 숨은 죄악으로 우리를 고난에 빠뜨린 자,
> 살인자나 서원을 지키지 않은 자나 조소자나,
> 조그마한 자존심을 위해 죄악을 숨기고 우리에게 재앙을 불러온 자를

적발하시고 우리에게 알려 주옵소서!"
그들이 부르짖고 간구했네.

요나는 절규했네.
"바로 나요! 내가 하나님께 범죄했고 내 삶은 끝장났다오.
나를 저 흉흉한 바다에 던지시오! 나 때문이오!
하나님이 나에게 매우 진노하셨다오.
의인이 죄인과 함께 망할 수 없소!"

그들이 떨고 있네.
힘차게 요나를 바다에 넘겨주자
바다는 잔잔해졌네.

 자신에게 남은 시간이 그리 많지 않음을 알고는, 디트리히는 새 저술에 박차를 가했다. 영치품이 들어오는 금요일이 되었다. 어쩌면 마리아가 물건을 가지고 올지도 몰랐다. 마리아를 볼 수도 있으리라. 크노블로흐와 함께 감방을 나와 복도를 꺾어 걸어갔다. 입구에 마리아와 비슷한 모습이 나타났다. 조금 떨어진 곳에 헌병 간수 두 명이 서 있었고, 그녀는 자전거 바퀴를 살펴보는 척하며 지체하고 있었다.
 디트리히와 크노블로흐가 다가오자 마리아는 낯선 사람을 대하듯 말했다.
 "오, 실례합니다. 이곳으로 지나가시다니! 자전거 바퀴 둘 다 공기가 빠져 버렸답니다. 공기 펌프가 있긴 한데……."
 "괜찮아, 마리아. 크노블로흐 씨는 나를 도와주는 분이야. 안

심해도 돼."

디트리히가 마리아를 안심시키며 조용히 하사관을 소개했다.

그러자 마리아는 펌프와 고의로 자신이 뺀 벨브를 크노블로흐에게 넘겨주었다.

"클라우스 형이 어디 있는지 알아?" 입술을 최대한 조금 움직여 디트리히가 속삭였다.

"레어터 거리에 있는 정치범 교도소에 갇혀 있어요."

"다행이야. 프린츠 알브레히트 거리의 친위대 본부 감옥이 아니라니!"

"에미는 슐레스비히 홀슈타인에서 막 돌아왔어요. 아이들은 친척들에게 맡겨 놓았대요."

마리아는 크노블로흐와 자전거 타이어 일로 주거니 받거니 하는 것처럼 짐짓 행동하고, 디트리히도 웅크리고 앉아 크노블로흐 하사관을 도와주는 척하면서, 두 연인은 재빠르게 소식들을 주고받았다.

"더 심각한 것은 뤼디거가 체포되었어요. 수요일에 그의 사무실에서. 우르젤은 지금 제정신이 아니에요."

"어머니는?"

"말도 말아요. 어머님도 혼수상태예요. 내가 정신을 바짝 차리고 있어야 해요."

"어머니를 잘 보살펴 줘서 정말 고마워. 네가 부모님 옆에 있어 주니 얼마나 힘이 되는지 몰라." 무릎을 웅크린 채로 마리아에게 속삭였다.

디트리히가 일어나자 마리아의 눈에는 눈물이 맺혔다. 그녀는 크노블로흐로부터 자전거 펌프를 넘겨받고 자전거를 움직여보았다. 뜨거운 악수와 함께 작별 인사를 나누었다.
"디트리히, 잘 있어요. 건강하게 잘 있어요."
마리아는 차마 뒤도 돌아보지 못하고 자전거에 올라 두 헌병 간수를 지나 교도소 문을 나갔다.

3일 후에 게슈타포들이 디트리히를 호출했다. 예상한 일이었다. 그동안 디트리히는 신변을 정리했다. 버릴 수 없는 몇몇 소지품들, 마리아의 편지와 사진, 부모님 사진, 제복 차림의 에버하르트 사진, 최근에 쓴 창작물, 빈 편지지와 필기도구들을 챙겨 보관했다. 감방 문 사이로 크노블로흐의 근심 어린 얼굴이 보였다. 친위대원들은 디트리히의 손에 수갑을 채웠다. 디트리히는 자기에게 친절을 베풀어 준 크노블로흐 하사관의 눈을 바라보며 소리 없는 감사와 축복의 인사를 보냈다. 크노블로흐가 이 모든 사실을 부모님께 알려 주리라.

디트리히는 호송차 안에서 무서운 폭격으로 폐허가 된 베를린을 처음으로 제대로 볼 수 있었다. 생각했던 것보다 더 끔찍했다. 폐허더미로 도로가 막혀 호송차가 중간에 몇 번씩이나 멈춰 서서 도로를 치울 때까지 기다려야 했다. 삽으로 도로를 치우는 사람들은 대부분 노인들이었고, 전선에서 다친 부상자들이 태반이었다. 슈테틴 역에 이르렀을 때는 이미 저녁 7시가 다 되었다. 테겔 육군 형무소에서 8킬로미터밖에 되지 않는 거리를 오는 데 1시간 반이 걸린 셈이다. 그리고 또 시내를 통과하는 데 1시간이 더 걸렸다.

호송차는 옛 삼위일체 교회에서 커브를 틀었다. 언젠가 저 교회에서 설교한 적이 있었는데, 그 기억이 마치 아주 영원 전이었던 것처럼 까마득했다. 그들은 '카이저호프' 호텔을 지나 항공방위국을 지나 게슈타포 본청이 있는 거리로 차를 몰았다.

친위대원 두 명이 총을 뽑아 겨눈 상태로 디트리히를 계단 아래 작은 취조실로 끌고 가더니 옷을 완전히 벗으라고 명령했다. 디트리히가 항의하자 그 중 키가 크고 한쪽에 인조 다리를 한 사내가 그의 얼굴에 주먹질을 했다.

"여기는 대학처럼 토론하는 곳이 아니야, 이 새끼야."

그들이 거친 손으로 몸과 소지품을 일일이 다 뒤졌다. 무엇을 찾는 것일까? 혹시 독약이라도 가지고 들어왔을까 봐 야단법석일까? 다시 옷을 입으라고 명령했다. 수갑을 다시 채우고 한 층 더 아래 지하 감옥으로 데려갔다. 19번 방에 당도하자 수갑을 벗기고 밀어 넣었다.

감방은 테겔 육군 형무소에 비해 엄청 작았다. 방 한가운데 서서 양손을 펴면 손가락이 벽에 닿았다. 가구라고는 책상 하나, 낮은 의자 하나, 벽에 고정되어 있는 접을 수 있는 철로 된 간이침대 하나가 고작이었다. 창문은 없었고 철창 사이로 실낱같은 빛이 들어왔다. 그래도 천장에 달린 백열전구가 차가운 감옥을 따뜻하게 해 주었다. 디트리히는 가방을 내려놓고 자신이 아끼는 성경과 괴테의 작품을 꺼내 놓았다. 종이 몇 장을 책상에 올려놓고 마리아와 부모님, 에버하르트의 사진을 한쪽에 세워 놓았다. 저녁 배식은 받지도 못했다. 지난 주 마리아가 가져다 준 말라 버린 사과와 약간의 빵을 꺼내 채 먹기도 전에 공습경보가 울렸다. 모든 문이 열리고 비상벨이 울렸다.

"빨리 나와, 이 자식들아! 살고 싶으면 나와!"

한 간수가 디트리히의 손에 수갑을 다시 채우면서 복도 쪽으로 밀었다. 복도에는 벌써 SS 친위대원들이 기관총으로 위협하며 빨리 움직이라고 수감자들을 재촉하고 있었다. 아무도 저항하지 않고 묵묵히 따랐다. 디트리히는 몰려가는 무리 속에서 오스터와 카나리스 제독을 보았다. 뜰을 지나 한 20미터 정도 가니 벙커가 있었다. 친위대원들에게 떠밀려 벙커로 들어가니 생각보다는 넓고 밝았다. 직사각형 방인데 다른 쪽으로 또 방들이 연결되어 있는 것 같았다. 다른 쪽 문을 통해 여인들과 아이들도 벙커로 밀려 들어왔다. 수감자들은 손이 묶여 있었고 서로 아무 말도 나누지 못하도록 간수들이 소리를 지르고 있었다.

디트리히는 오스터, 카나리스 외에도 요세프 뮐러, 칼 삭, 괴어델러 그리고 또 마리아의 사촌오빠 파비안 폰 슐라브렌도르프도 보았다. 히틀러 정권에 저항한 동지들이 그들의 마지막 생애를 이곳에서 보내고 있었다. 디트리히는, 슐라브렌도르프가 히틀러의 전용기에 폭탄을 장치하려다 실패한 후에 처음으로 그를 만난 셈이었다. 슐라브렌도르프는 디트리히를 알아보고 깜짝 놀랐지만 디트리히는 모르는 척 태연한 표정을 지었다. 폭격 소리가 요란했다. 건물이 떨리고 벽들이 흔들렸다. 수갑을 채운 손이 조여 왔다. 오스터가 무겁고 큰 서류장 옆에 서서 서류장의 가장자리를 만지다가 손을 들더니 손가락을 자신의 입술에 가져다 대는 행동을 반복하며 무언의 메시지를 보내왔다. 그가 무슨 말을 하려는 것일까? 디트리히는 고개를 흔들어 무슨 말인지 모르겠다고 했다. 오스터는 손가락을 입술에 대며 다시 그 서류장을 만졌다. 아! 게슈타포들이 초센에 있는 비밀 서류장을 수색하여 숨겨 놓은 저항일지를 찾아냈구나. 걱정한 대로 그것이 화근이었다.

첫날 밤은 무척 길었다. 매트리스가 테겔 육군 형무소에 있는 것보다 더 얇아 잠이 오지 않아 뒤척거렸지만 결국 잠이 디트리히를 삼켜 버렸다. 다음날 아침, 세면장에서 오스터를 만났다. 그곳에는 화장실이 네 군데 있었지만 간수들이 오가며 지키고 있어 수감자들끼리 이야기를 나누는 것은 불가능했다. 그러나 차가운 샤워를 하는 동안 물소리가 그들을 지켜 주었기 때문에 오스터와 디트리히는 드디어 이야기를 주고받을 수 있었다.

"초센의 저항일지가 발견되었나요?"

"네. 누군가가 털어놓은 거죠. 모든 것이 발각되었어요. 저들은 우리를 죽이기 전에 하나라도 더 알아내려고, 특히 관련자 이름 하나라도 더 알아내려고 혈안이 되어 있습니다. 친위대 놈들을 엉뚱한 방향으로 관심을 돌리도록 하면서 시간을 끌어야 합니다. 연합군은 지금 어디까지 와 있습니까? 희망이 있는 겁니까?"

"계속 진격 중입니다. 이미 라인 강 가까이 와 있습니다."

"아직도 라인입니까? 너무 늦어요."

디트리히와 오스터의 감방은 나란히 붙어 있었다. 디트리히가 19호, 오스터는 20호에 수감되어 있었다. 다시 방으로 가는 길에 디트리히는 카나리스 제독을 만났다. 간수들이 자기들끼리 이야기하는 틈을 타 카나리스가 디트리히에게 먼저 말을 건넸다.

"목사님, 이곳이 바로 지옥입니다."

몸집이 작은 편인 카나리스의 상태는 말이 아니었다. 눈이 깊이 들어가 마치 불타는 석탄처럼 붉게 충혈돼 있었다. 디트리히는 이 사람에게 목사로서 어떻게 믿음과 소망, 확신을 심어 줄 수 있는지 고민하며 주위를 살피다가 간수들이 오기 전에 짧은 한마디를 아주 나지막이, 하지만 힘주어 속삭였다.

"용기!"

개구멍이라 부르는 배식 구멍으로 넣어 주는 아침식사는 호밀 커피 한 잔, 끈적끈적한 잼이 드문드문 발라진 검은 보리빵 두 조각이 전부였다. 디트리히는 성경을 찾아 한 시간 명상과 기도의 시간을 가졌다. 아, 얼마나 귀한 시간인가?

갑자기 위층에서 고문을 이기지 못해 고통스러워하는 비명이 들려왔다. 수감자들은 이 처절한 소리가 남의 소리가 아니라는 걸 알았다. 신음과 절규, 이 건물 안에서 일어나는 고문을 디트리히는 이미 듣고 있었지만 그런 정보가 자기에게 무슨 도움을 주랴.

다음날 아침, 세면장에서 슐라브렌도르프를 만났다. 그의 다리와 등은 온통 시뻘건 채찍 자국이었다.

"고문을 많이 받았군요!"

"네, 그렇지만 아직 배반하지 않았습니다. 그러나 얼마나 견딜 수 있을지 자신이 없어요."

그의 목소리는 힘이 하나도 없었다.

간수들이 오는 소리가 나자, 둘은 말없이 계속 몸을 씻었다.

간수가 지나가자 슐라브렌도르프는 디트리히에게 부탁했다.

"목사님, 나를 위해 기도해 주세요."

"예, 매일 그렇게 하고 있습니다."

방으로 돌아오면서 손과 발이 다 묶여 있는 카나리스 제독을 14번 감방에서 보았는데 그 앞에는 기관총을 든 친위대 보초가 지키고 있었다. 며칠 지나서 13번 감방에 괴어델러가 있고, 18호실에 요세프 뮐러, 8호실에는 삭 박사가 수감되어 있는 것을 알게 되었다. 디트리히는 아침 세면장에서 적어도 저항 동지들을 한 번씩은 만나 급히 몇 마디씩 나누곤 했다. 뮐러에 대한 혐의는 아직 발각되지 않은 것 같았다. 그의 방은 24시간 불이 환하게 켜져 있어 잠을 자지 못하는 고문을 당했다. 삭 박사는 체포되기 전에 디트리히와 뮐러의 혐의를 입증해 주는 문서를 불태운 뒤, 비행기 공습 때 폭격으로 문서들이 다 없어졌다고 둘러댔고, 카나리스는 끝까지 저항 세력과의 관련 사실을 부인했다고 했다.

"그런데 오스터가 너무 많이 불어 버렸소. 초센의 서류 때문이기도 하지요. 오래전에 그 문서를 없애 버려야 했는데 너무 어리석었어요." 카나리스는 오스터에게 약간의 불만을 나타내며 말을 이었다.

"하지만 그 문서가 결정적으로 다 말해 주는 것은 아니지요. 아직은 희망이 있으니까. 사실을 실토하면 안 돼요. 아직 게슈타포들이 저항운동 전모를 알고 있지 못해요. 히틀러가 연합군에게 사람을 보내 평화 협상을 하고 있다는 소문이에요. 괴링까지 합세했고요. 목사님, 이를 잘 이용하면 일이 잘 풀릴 수도 있어요."

괴어델러는 이미 사형 언도를 받았다. 그는 이미 게슈타포에게 거사 목적과 규모를 다 자백했다고 디트리히에게 자책하듯 말했다. 그러나 동지들의 이름은 밝히지 않았다고 했다.

"그들은 나에게 새로 수립될 정부 구상에 대해 하루 종일 써 내도록 강요하고 있소. 혹시 히틀러가 내가 쓴 자백서를 읽고 자신의 정책을 바꿀 수는 없을까 생각하기도 하고, 혹시 그가 나를 불러서 대화를 하지는 않을까, 적어도 히믈러가 그렇게 하지는 않을까 희망하고 있소."

디트리히는 아무 말도 하지 않았다. 아직도 히틀러와 그 추종자들에게 품고 있는 그의 환상을 깬다는 것이 쉽지는 않으리라.

디트리히는 시끄러운 소리에 잠을 깼다. 창살 사이로 SS 친위대 한 명이 괴어델러를 협박하고 윽박지르는 것을 보았다. 그는 괴어델러가 계속 히틀러 정부를 전복할 쿠데타 관련자 명단을 불지 않을 경우 즉시 사형을 집행하겠다고 협박하며 고함을 질렀다.

"그러면 즉시 사형을 집행하시오. 나도 그게 더 편하오! 나는 이제 삶에 미련이 없소." 이렇게 죽음을 각오한 괴어델러를 SS 친위대원들도 어찌할 수 없었다.

거의 매일 아침 괴어델러 감방에서 나오는 끔찍스러운 비명을 들어야 했다.

슐라브렌도르프가 가장 심하게 고문을 받는 것 같았다. 일주일 뒤에 디트리히는 24번 수감실로 옮겨졌는데, 바로 슐라브렌도르프의 옆방이었다. 수요일이 되자 이곳 감옥에서도 디트리히는 영치품을 받을 수 있었다. 집에서 보내 주는 소포에는 갈아입을 속옷과 마른 사과, 빵과 담배가 들어 있었다. 그는 약간의 음식과 시가 몇 개를 간수들이 보지 않는 틈을 타서 슐라브렌도르프의 감방에 밀어 넣어 주었다. 다음날 저녁에 슐라브렌도르프를 세면실에서 만나자, 3층에 갇혀 있던 저항 동지 쿠르트 폰 플라텐부르크가 3층에서 뛰어내려 자살했다고 전해 주었다.

"목사님 부친이 의사 아닙니까?"

"그렇습니다."

"다음 소포에 독약을 좀 얻을 수 있을까 해서요. 더는 견딜 수 없습니다. 부탁드립니다, 목사님."

대위의 절망과 고통이 너무나 커 보였다. 디트리히도 그 아픔을 함께 느끼며 눈시울을 적셨다.

"대위님, 한번 알아보겠습니다. 그러나 용기를 잃지 마세요. 생의 현장에서 싸움은 포기하는 즉시 지는 법입니다. 마음을 굳게 먹어야 합니다!"

이 얼마나 빈약하고 공허한 위로인가? 직접 그 고통을 경험하지 않는 내 입에서 나오는 말이, 고통당하는 자에게 한 조각의 위로라도 줄 수 있으랴!

그날 밤부터 디트리히는 성경에서 소망과 위로의 말씀을 찾아 조그만 쪽지에 적어, 기회가 되는 대로 슐라브렌도르프에게 전달하기 시작했다.

다음날 아침, 디트리히가 건물 위층으로 호출되었다. 건물 천장 곳곳에 크레인같이 생긴 이동 수단이 있었다. 음산한 죽음의 분위기를 자아냈다. 건물 구석을 지날 때마다 간수는 열쇠로 육중한 철문을 열고 다시 닫았다. 2층에 다다르자 긴 복도를 지나 기관총으로 무장한 경호원이 지키는 대기실에서 호명될 때까지 기다려야 했다. 두 시간쯤 지나자 이중 문이 열리더니 상당히 귀에 익은 목소리가 들려왔다.

"이 개자식을 끌고 나가!"

한 남자가 손은 뒤로 수갑에 묶이고 다리도 묶인 터라 걷지도 못한 채 껑충껑충 뛰어 겨우 움직였다. 신발은 끈이 풀려 있고,

얼굴은 피와 상처로 얼룩져 차마 눈을 뜨고 볼 수가 없었다.

디트리히가 이 남자를 부축해서 도와주려고 하자 간수 한 명이 고함을 질렀다.

"이 새끼야, 간섭하지 마!"

디트리히는 그제야 고문당한 남자를 알아보았다. 고백교회에서 함께 일하던 친구이자 동료인 유스투스 페렐스 목사가 아닌가! 페렐스도 디트리히를 알아보더니, 자기 몸도 추스르지 못하면서 '조심하라'는 경고의 눈빛을 보냈다.

그때 문 너머에서 부르는 소리가 들렸다.

"죄수, 본회퍼!"

거기에는 악명 높은 프란츠 사버 존더레거가 서 있었다.

44

"당신 친구, 페렐스를 똑똑히 보시오. 당신도 협조하지 않으면 저렇게 될 거요."

존더레거는 서류를 거들떠보지도 않고 거친 목소리를 내뱉으며 의자에 등을 기댔다.

"저 흉악범이 친구 맞소?"

"친분이 있는 분이지요." 그러고는 디트리히는 마음을 진정하려고 애를 쓰며 물었다.

"그의 죄목이 무엇이든 간에 저렇게까지 다루는 것은 너무 심한 것 같소!"

"사실대로 불지 않으니 당한 것이오. 내 임무는 꼭 채워져야 하오. 반드시 해내야 하는 일이 있소. 그 일과 관련해 필요하다고 여기는 모든 수단을 동원할 거요."

존더레거 수사관의 콧소리, 사투리 억양, 얼굴에 깔려 있는 경계하는 듯한 표정이 다시 나타났다. 깔끔하게 다려 입은 유니폼은 그가 게슈타포 신분을 얼마나 자랑스러워하는지 말해 주는 듯했다. 그는 게슈타포 임무를 수행함으로써 자신을 새로운 엘리트 계급으로 신분 상승을 시킨 셈이었다.

존더레거가 교활한 미소를 던지며 윽박질렀다.

"지금까지는 당신들은 우리를 감쪽같이 속이고 잘 처신했소! 당신과 도나니! 그러나 내 눈은 못 속이오. 당신네들이 비밀리에 진행하고 있던 일, 카나리스를 주축으로 음모자들이 진을 치고 있는 걸 잘 알고 있소. 지금부터 내 추측이 맞다는 것을 보여 주지. 그래, 그래! 우리는 당신네들 음모를 정확히 알고 있어. 더는 변명을 갖다 대는 것은 아무 소용이 없어."

"나는 테겔 육군 형무소에서 할 수 있는 한 신학 저술을 하는데 마음을 쏟았을 뿐이오."

"그 이전 말이오, 그 이전! 내가 말하는 게 뭔지 잘 알지 않소. 나는 당신이 함께 활동하는 패거리 모임에 대해 알고 싶은 거요!"

"모임이라뇨, 수사관님?"

"벡, 괴어델러, 오스터, 도나니 물론 카나리스까지."

"저는 전혀 모르는 일입니다."

"다시 말하지만 증거를 가지고 있소. 속이지 않는 것이 좋을 거요. 그럼 벡 장군부터 시작하죠! 그에 대해 알고 있는 것을 다 말하시오!"

"벡 장군? 금시초문입니다."

"루드비히 벡 장군 말이오."

"아! 루드비히 벡 장군? 아, 네. 들은 적이 있어요. 그러나 아주 오래된 일입니다. 최근에는 신문에서 말고는 그의 이름을 듣지 못했습니다."

"그만! 당신은 그놈으로부터 명령을 받았어."

"저는 카나리스 제독으로부터 지시를 받았습니다."

"물론이지, 카나리스한테도 받았지. 그리고 벡한테도 받고, 벡한테서 말이야."

"말도 안 됩니다. 나는 그를 몰라요."

여비서가 급하게 기록을 하고 있었다.

존더레거는 두툼한 서류철을 꺼내더니 디트리히 앞에 내보였다.

"쓸데없이 부인하지 말고, 이것을 읽어 보시오."

"팔목에 이런 것을 달고 책장을 넘길 수 있소?" 디트리히가 수사관을 쳐다보며 따졌다.

존더레거가 보초에게 수갑을 풀어 주라고 눈짓을 보냈다.

서류철 앞장들은 매형 한스가 벡 장군과 괴어델러를 위해 작성한 선언문들이었다. 이어서 오스터 장군의 필체로 된 국가 전복 계획과 바티칸에서 이루어진 협상에 대한 뮐러의 보고서가 나왔다. 디트리히가 스위스와 스웨덴을 방문한 것에 대한 보고는 빠져 있었다. 존더레거의 날카로운 시선이 느껴졌다.

"듣지도 보지도 못한 일입니다." 오스터가 미리 경고해 준 덕분에 완전히 남의 일인 양 태연자약한 표정을 지으며 단호하게 발뺌했다.

"당신이 이들과 함께 공모했어요!"

"나는 단지 뮐러 씨와, 그리고 매형하고만 업무상 관계가 있습니다."

"죄를 자백한 배반자가 있어! 배반자가 있다고! 그가 다 불었다니까!"

"수사관님, 내가 당신 말을 믿을 것 같습니까?"

존더레거는 마치 기회를 포착하려는 듯한 눈빛으로 직접 오스터 장군에 관해 묻기 시작했다.

"오스터 장군은 정보국에서 몇 번 만났을 뿐입니다."

"디트리히 당신은 오스터가 총독 지도자 암살 음모에 깊이 가담한 것을 알고 있었지요?"

"놀랄 일이군요. 나는 그를 잘 알지 못합니다만, 크게 의심을 가져 보기는⋯⋯."

"똑같은 이유로 당신들은 서로 만났어요." 존더레거는 강하게 주장했다.

"놀랍군요, 수사관님! 알다시피 매형이 내가 유럽 에큐메니컬 지도자들과 폭넓은 인맥을 가지고 있는 걸 알고 정보국에서 필요한 정보들을 입수하기 위해 나를 민간 에이전트로 정보부에 발을 들여놓게 한 것뿐입니다."

"그 뒤에 숨겨 놓은 게 많소! 훨씬 많아요! 당신의 충성심에 의심이 가는 근거들이 많아요. 왜 당신에게 강연과 저술 금지가 떨어졌겠소? 당신은 병역을 기피하고 다른 사람에게도 병역 기피를 권했어요. 당신 집과 누나 집에는 다윗의 별을 단 유대인들이 찾아 들고 있었어요. 한결같이 다 박자들이 들어맞아요. 확실히!" 존더레거가 억지 미소를 짓더니, 갑자기 사납게 다그쳤다.

"사실을 말하는 게 좋아! 확실히 말해 두지만, 사실을 캐내기 위해 우리만의 방법과 길이 있어. 누구의 허락이나 절차도 구할 필요가 없다고."

"알고 있는 것을 다 말했습니다. 수사관님도 전시 군사재판소에서 피고인들의 진술을 다 들었지 않았습니까!"

"당신 양친을 철창 뒤에서 만나고 싶소?"

디트리히가 놀라며 뒤로 물러섰다.

"그분들은 이 일과 아무 관련이 없는데, 왜 그런 잔인한 일을 한단 말이오? 그분들은 끌어들이지 마시오!"

존더레거의 눈빛이 사나워지며 언성을 높였다.

"당신이 한 번만 더 내 임무를 방해하면. 또 다시 말이오! 그 점을 명심하시오!"

존더레거는 보초에게 고개를 끄덕하며 명령했다.

"데려가!"

클라우스가 체포된 지 3주째 되던 날, 에버하르트가 이탈리아에서 체포되어 클라우스와 뤼디거가 있는 형무소로 호송되었다. 레나테가 엄마 우르젤과 숙모 에미와 함께 매일 신문지와 베갯잇으로 음식을 싸서 정치범 독방수용소 안으로 들여보내는 동안, 파울라와 마리아는 프린츠 알브레히트의 SS 형무소에 있는 디트리히에게 사식을 넣어 주기 위해 백방으로 애를 썼다. 그러나 일주일에 한 번 조그마한 소포 한 상자 외에는 들여보낼 수 없었다.

디트리히가 체포된 지 일 년 반이 흘렀다. 파울라는 디트리히의 젊은 약혼녀가 점점 사랑스러워져 갔다. 마리아는 그 사이 소란스러웠던 집안 분위기 속에서도 할 일을 찾아 묵묵히 해 나갔고, 종종 몸져누워 있는 시어머니 옆에서 힘과 위로가 되었다. 특히 에미와 친해졌다. 에미는 감옥을 다녀오는 길에 꼭 들러 마리아를 보고 갔다.

어느 날 오후, 파울라는 부엌에 있는 두 며느리를 만났다. 에미가 흐느끼고 있었다.

"짐승 같은 놈들이에요. 아니! 짐승보다도 못해요. 짐승이라도 그렇게 잔인하지는 않을 거예요."

그러다 문에 들어서는 시어머니를 보자마자 서둘러 옷가지를 가방에 쑤셔 넣었다.

"무슨 일이냐?" 파울라가 근심스레 물었다.

"죄송해요, 어머니! 방 안에 계시는 줄 알았는데."

"금방 가방에 집어넣은 게 뭐냐? 에미, 숨기지 말고 말해 보거라."

"어머니가 보시면……." 에미가 말을 제대로 잇지 못했다.

"내가 봐야지!"

그제야 에미가 가방을 열어 내의 한 벌을 꺼냈다. 온통 핏자국이었다. 양말은 아예 피에 흥건히 젖어 있었다. 파울라는 마리아와 에미를 번갈아 보며 꼼짝도 하지 않았다. 파르르 떨리는 손으로 내의를 집어 들어 가슴에 꼭 안고는 흐르는 눈물을 삼키며 한참을 서 있었다. 며느리에게 내의를 돌려주고는 아무 말 없이 나갔다.

한 주가 지나고, 또 한 주가 기대와 실망 속에서, 희망과 좌절 속에서 너무도 느리게 지나갔다.

한번은 에미가 찾아와 마리아에게, 집까지 가는 데 조금만 동행해 달라고 부탁했다.

"조심하거라." 파울라가 두 며느리에게 일렀다.

그런데 30분이 지나도록 마리아가 돌아오지 않았다. 파울라는 마리아가 걱정이 되어 안절부절못했다.

"여보, 이리 와 앉아요. 당신이 그렇게 왔다 갔다 하며 밖을 쳐다본다고 해서 그 애가 빨리 돌아오지는 않아." 칼 박사가 아내를 진정시키려고 애썼다.

파울라는 남편 옆에 앉았다. 그 뒤로도 꽤 오랜 시간이 지났지만 마리아는 돌아오지 않았다. 파울라는 가만히 앉아 있을 수 없었다. 다시 일어나 문과 창문 사이를 서성거렸다. 10시를 알리는 종이 울렸다. 문앞에서 발소리가 났다. 문이 열리더니 마리아가 들어왔다.

"오, 네가 왔구나!" 파울라는 울먹이며 마리아를 맞았다.

지금껏 태연한 척 있던 칼 박사도 뛰어나왔다. 마리아는 이해할 수 없다는 듯이 두 노부부를 번갈아 바라보았다. 그러다 곧 점점 이해하겠다는 표정을 지으며 말했다.

"죄송해요! 제가 정말 그렇게 늦었어요?"

"그렇고 말고, 너무 오래 밖에 있었어! 어머님이 얼마나 걱정하실까 생각 안 했니?" 평상시 칼 박사답지 않게 약간 격앙된 목소리였다.

"정말 죄송해요. 에미와 이야기하느라 시간 가는 줄 몰랐어요."

파울라는 마리아를 안으며, 무사히 돌아온 그녀가 고맙기도 하고, 마음이 놓여 무슨 말을 해야 할지 몰랐다.

그날 밤에는 연합군의 기습이 없었다. 다음날 아침식사를 마치고 파울라가 마리아에게 말을 걸었다.

"잘 잤지?"

"감사합니다. 어머님도 잘 주무셨어요?"

"그래, 아주 잘 잤어. 미군들의 공습이 없었으니까."

"군인들이 감기가 들었나 봐요." 마리아가 장난기 가득한 얼굴로 웃었다. 마리아는 간간이 우스개로 어른들의 마음을 위로하려고 했다.

잠시 뒤 파울라가 단도직입적으로 말했다.

"디트리히를 진심으로 사랑하는 것 같구나. 그렇지?"

마리아는 깜짝 놀랐다.

"네, 어머니. 그이를 정말 사랑해요."

"늙은 우리랑 여기서 같이 지내는 게 쉽지 않지? 어디 딴 곳으로 방을 얻어 가지 않으렴? 아니면 친정으로 가도 되고."

"아니에요, 여기 있고 싶어요." 그 얘기라면 생각해 볼 여지도 없었다. 마리아는 시원하고 분명하게 의사를 밝히고는 환하게 웃어 보였다.

"마리아, 왜 디트리히를 사랑하니?"

"친정어머니도 그걸 물어보셨어요. 뭐라 말씀을 드려야 할지. 그냥 같이 있으면 좋아요. 같이 웃고, 그이 옆에 있으면 기쁘고, 내가 좋아하는 것처럼 디트리히도 나를 좋아해요. 경기의 트로피처럼 억지로 애를 써서 나를 차지하려는 것이 아니고요. 그냥 제 마음을 차지했어요. 그게 얼마나 좋은지 몰라요."

파울라는 마리아가 부엌일 하는 것을 유심히 바라보았다. 한때 마리아에게 가지고 있던 못마땅한 감정들은 눈 녹듯 사라지고, 대신 따뜻한 마음과 사랑스러운 마음만 남았다.

취조와 협박 등 집중 수사를 받은 두 달이 정말 지겹도록 힘들게 지나갔다. 존더레거는 더 이상 디트리히의 부모를 체포하겠다는 협박은 하지 않았다. 그러나 갑자기 존더레거는 디트리히가 암호로 작성한 스웨덴 여행에 대한 보고서에 관해 조사하기 시작했다. 디트리히가 잘 둘러대기는 했지만 존더레거는 벨 주교와의 대화에 대해 집중적으로 추궁했다.

"이 여행이 카나리스의 명령이었다면 당신 임무는 무엇이었소? 당신이 제국을 위해 캐내 올 정보가 무엇이었나 그 말이오."

"영국군의 군사 계획에 대해 정보를 최대한 많이 알아내는 것이 내 임무였소. 예를 들어 영국과 러시아가 어떤 협상을 진행하는지, 또 러시아 군사력에 대해 영국군이 어느 정도 알고 있는지 말이오."

존더레거가 귀를 쫑긋 세웠다. 디트리히가 바라는 대로 일이 진행되고 있었다. 감방에서 심문에 대비해 대답할 내용을 미리 생각해 두었던 것이다. 히믈러와 괴링이 연합군과의 평화 협상 가능성을 찾는다는 것을 카나리스 제독에게서 들어 알고 있는 디트리히는, 다른 사람을 다치지 않고 시간을 벌기 위해 나름대로 머리를 짜내 할 말들을 만들어 냈다.

"그래, 무엇을 알아냈소?" 존더레거가 끝까지 추격하겠다는 표정으로 물었다.

"많은 것을 알아냈지요. 영국 내에서 러시아 군사력이 과소평가되고 있다고 영국 정부관료들이 염려하고 있소."

"누가 그런 생각을 가지고 있었소?"

"예를 들어 스태포드 크립스 경이오. 그는 러시아 군대가 브란덴부르크 개선문까지 오는 것을 연합군이 막을 수 없을 것이라 했소."

존데레거의 눈에 당혹감과 불안이 서렸다.

"이 결과가 영국에 어떤 영향을 미칠지는 아무도 예측할 수 없다고 했소."

"그것이 당신이 얻은 정보의 전부요?"

"그것만이 아니지요. 크립스 경은 말하기를 비버브룩 경이 이미 스위스로 가서 독일 기업가들과 함께 평화 협정과 러시아에 대한 서부 공동전선을 형성하는 것에 대해 회담을 가졌다고 했어요."

존데레거 형사는 더 가까이 오며 말했다.

"어떤 독일 기업가와 그런 회담을 했단 말이오? 그들이 도대체 누구요?"

"그건 주교도 모르고 있었소."

존데레거는 한동안 침묵하며 생각에 잠겼다. 그러고는 벨 주교가 어떤 사람인지 궁금해했다. 디트리히는 벨 주교는 평화를 사랑하고 특히 독일 민족을 사랑하는 사람이라고 설명했다.

"물론 그것만이 그분이 캔터베리의 랑 대주교의 후계자가 된 이유는 아닙니다."

"이 일에 대한 보고서를 제출했소?"

"그렇습니다. 정보국에 제출했습니다."

"판단을 잘못했어요. 그런 정보를 가지고 정보국 놈들에게 갈 것이 아니라 우리 친위대로 왔어야 했소."

"그렇지만 그들이 나의 상관이었소."

대기실에서 이미 비서가 디트리히의 진술 사항에 대해 취조 보고서를 작성해 두고 있었다. 늘 하던 대로 디트리히는 취조 보고서를 읽고 서명했다.

그날도 디트리히는 잠을 이루지 못했다. 갑자기 복도에서 요란한 소리가 들리더니 SS 친위대원 하나가 괴어델러의 감방으로 들어갔다.

"야, 일어나! 네 놈 동생에 대해 물어볼 게 있어."

"내 동생 말이오?" 괴어델러는 아직 잠이 덜 깬 상태로 반문했다.

"네 동생도 7월 20일 네놈들의 계획에 대해 알고 있었지? 그래 안 그래?"

"그렇소!" 그 순간 괴어델러는 엉겁결에 말이 잘못 나온 것을 깨달았지만 주워 담을 수는 없었다.

"그렇지만 그건 순전히 나 때문이오. 그는 정치에는 전혀 관심이 없소. 형제끼리 이야기하다가 내가 말해 주어서 아는 것뿐이오."

"좋아. 내가 알고자 하는 것은 그가 알고 있었다는 사실 한 가지뿐이야." 그 대원은 곧장 어디론가 사라졌다.

이틀이 지난 후, 디트리히는 괴어델러가 세면장에서 울고 있는 것을 보았다.

"무슨 일이오? 무슨 일 있습니까?"

"동생이 처형당했어요. 나 때문에."

괴어델러가 그날 밤 일이 어찌 되었는지 들려주었다.

"나 때문이오."

"하지만 당신은 완전히 잠에 취해 있었어요! 잠이 덜 깨 정신이 없는 상태였습니다. 그들이 그것을 노리고 함정을 파 놓은 거예요."

그때 간수가 힐끗 쏘아보았다. 뭐라 위로하고 싶었지만 더는 이야기를 나눌 수 없었다.

감방으로 돌아온 뒤 디트리히는 종이 쪽지에 시편 116편 말씀을 적어 내려갔다.

"여호와께서 내 음성과 내 간구를 들으시므로 내가 저를 사랑하는도다. 그 귀를 내게 기울이셨으므로 내가 평생에 기도하리로다."

"성도의 죽는 것을 여호와께서 귀중히 보시는도다."

저녁에 다시 세면실에서 괴어델러를 만났을 때, 쪽지를 주머니에 슬쩍 넣어 주었다.

그 밤에 디트리히는 빌립보서를 읽어 내려갔다. 사슬에 매여 감옥에 갇혀 있던 사도 바울이 그렇게 기록하고 있었다.

"나의 간절한 기대와 소망을 따라 아무 일에든지 부끄럽지 아니하고 오직 전과 같이 이제도 온전히 담대하여 살든지 죽든지 내 몸에서 그리스도가 존귀히 되게 하려 하나니"(빌 1:20).

오랜 간청 끝에 마리아에게 편지를 써도 된다는 허락이 떨어졌다. 마리아와 부모님을 안심시켜 드리기 위해 잘 있고 대우도 그렇게 나쁘지 않다고 썼다. 그렇게 기다리던 그녀의 답장도 받았다. 그는 그 편지를 외울 정도로 읽고 또 읽었다.

하지만 곧 존더레거는 작게 타오르는 따뜻한 촛불 같은 편지 교환을 무참히 중단시켰다.

"자! 지금부터 다시 당신이 알고 있는 것들을 다 말해요. 아니면 내일 당신 약혼녀를 호출하겠소. 이 감옥에는 적지 않은 여자들이 있소! 괜한 위협이라고 생각하지 마시오!"

"알고 있는 것은 모두 말했습니다."

이렇게 말하는 것이 얼마나 힘들었는지 하나님만이 아실 것이다.

"바로 그 말을 믿지 못하겠소! 당신의 공범자 중 하나가 당신에게 죄를 지웠소."

"말도 안 되는 소리요! 만일 그렇다면 고문을 이기지 못해 위증을 했을 거요."

"당신 친구 페렐스가 거짓말을 했다는 말이오?"

언젠가 보았던 페렐스의 처참한 얼굴이 떠오르자 숨이 막혀 왔다. 페렐스는 이 일에 대해 상당히 많이 알고 있었다. 7월 20일 전까지 그는 체포된 동료들과 벡 장군을 연결하는 연락통이었으며, 디트리히를 대신해 가택 연금 상태인 오스터 장군을 방문하기도 했다.

"페렐스 박사는 거짓말을 하지 않습니다."

"됐소." 존데레거가 만족스럽다는 듯이 고개를 끄덕였다.

"그렇다면 이제 페렐스와 그 외 몇 사람과 함께 1942년도에 프라이부르크에서 함께 쿠데타를 모의한 사실을 시인하겠소?"

"프라이부르크? 1942년? 프라이부르크에 간 적 없소."

존데레거가 서류철 마지막 페이지를 펼치며 페렐스의 사인을 가리켰다. 그것은 페렐스 박사가 프라이부르크에서 히틀러 제거 후 독일 미래에 대해 직접 작성한 기록이었다.

디트리히가 그 당시 고백교회연합회 대표 자격으로 페렐스 박사와 함께 이 모임에 참석할 것을 제안하고 추진한 회의였다. 다행스럽게도 그 당시 디트리히가 히틀러 전복 이후 교회와 국가의 관계에 대해 작성한 문서는 거기에 포함되어 있지 않았다.

"이 문서에 대해서는 아는 바가 없소." 디트리히는 완강하게 부인하면서 추가로 설명했다.

"그럼에도 불구하고 페렐스 박사가 분열된 교회를 회복하는 일, 즉 조국을 바로 세우기 위해 노력한 것은 나에게는 새로운 일이 아니오." 디트리히는 자연스럽게 페렐스를 변호했다.

"괴어델러도 거기에 있었소! 그가 그날 모임이 쿠데타 후에 세워질 새 정부 수립에 대한 회의였다고 자백했소."

"나는 전혀 모르는 이야기요."

"계속 이렇게 비협조적으로 나올 거요? 그 아가씨를 이곳으로 데려와야 알아듣겠소?"

디트리히는 시간을 끌며 수사의 초점을 흐려 놓고자 별로 중요하지도 않은 이 정보, 저 정보들을 늘어놓았다.

"가끔씩 정보국 내부의 업무를 돕기도 했습니다."

"어떤 정보 업무 말이오? 모든 국내 정보 업무는 친위대 통제 아래 있어야 한다는 것을 모른단 말이오?"

"업무 관할 영역에 대해 서로 간에 갈등이 있는 것을 알고는 있었습니다만, 그건 내가 관여할 문제가 아니지요. 그렇지 않습니까?"

"누가 그런 지시를 내렸소?"

이제는 더 이상 말을 돌리기 힘들었다.

"카나리스 제독이오. 그는 군대의 정보 개선을 위해 노력하고 전쟁의 어려움을 극복하기 위해 노력하는 장군이었소."

존더레거는 디트리히가 숨을 돌릴 수 있도록 여유를 주고는 다시 영국군의 평화 협상 추진에 관해 묻기 시작했다.

"당신이 말한 비버부룩 신부 외에 독일군과 함께 소련군에 대항하여 서부 공동전선 구축에 동의할 만한 사람을 알고 있소?"

"모르지만, 아마 그럴 사람이 있을 거요."

"벨 주교와 당신이 좋은 친구 사이라고 알고 있는데……."

"그렇소."

"영국 정부에 큰 영향력이 있는 편이오?"

"그렇소."

"자, 좀 쉽시다. 이제 가도 좋소."

감방으로 돌아오는 길에 디트리히는, 존더레거가 태도를 갑자기 온순하게 바꾸고 던진 마지막 질문의 의도가 무엇인지 궁금했다.

성탄절이 지나갔다. 어둠침침한 감옥의 유일한 빛은 순간순간 부르는 디트리히의 성탄 찬송가뿐이었다. 그의 찬송은 바울과 실라가 빌립보 감옥에서 부르던 찬송처럼 지하 감옥을 밝게 해 주었다. 1945년 1월, 폭격이 더 심하게 계속되자 수감자들은 하루에도 두세 번씩 방공호로 피신해야 했다. 폭격으로 수도관이 파괴되면서 감옥 바닥이 쓰레기와 오물로 진창이 되어 버렸다. 카나리스와 요세프 뮐러에게 이런 쓰레기들을 치우는 일이 주어졌다.

간수들이 그들을 조롱하며 침을 뱉었다.

"야, 먹물 출신들이 이런 공사판 쓰레기를 치우게 될 줄은 몰랐지?"

그러나 카나리스와 뮐러는 이렇게라도 바깥에서 공기를 마시며 자유롭게 움직일 수 있게 된 것에 감사했다. 그때, 수인 한 명이 들것에 실려 들어오더니 10번 감방으로 내던져졌다. 7월 20일 히틀러 암살 미수 사건의 수사 총 책임을 맡은 발터 후펜

영광의 길, 순교자의 길 **573**

코텐 검사가 뒤를 따라오고 있었다.

"이 녀석을 어떡하죠? 손발을 조금도 움직일 수 없으니." 간수 중 한 명이 후펜코텐 검사를 쳐다보며 물었다.

"내버려 둬. 그놈은 지가 싼 똥 속에서 죽어도 돼. 그렇지 않으려면 입을 열어야지."

누굴까? 디트리히는 궁금했다. 쇠창살 너머로 이리저리 기웃거리니 철 침대 가장자리가 보였다. 누군가 내동댕이쳐진 채 누워 있었다. 매형 한스였다.

45

"클라우스! 어디에 있어? 디트리히! 어디에 있어?"

파울라가 엷은 신음 소리를 흘리고 있었다. 내 아들들, 사위들이 어디에 있을까? 꿈속에서 내 앞에서 절을 하던 희미한 얼굴들은 대체 누구지?

"여보, 나야. 정신 차려, 여보! 좀 괜찮아?" 칼 본회퍼 박사는 아내의 손을 굳게 잡았다.

청진기를 목에 걸고 앉아 있는 남편의 얼굴이 어렴풋이 눈에 들어왔다. 그 옆에 마리아의 모습도 보였다. 파울라가 손을 이마에 얹으며 더듬거렸다.

"어떻게 된 거죠?"

"당신이 잠시 정신을 잃었어. 조금 있으면 나아질 거야."

세 사람은 식탁에 둘러앉아 디트리히에게서 온 편지를 읽던 중이었다. 그 편지는 디트리히가 게슈타포 감옥으로 이감되고 나서 세 번째로 온 편지였다. 두 달 동안 소식이 뚝 끊겼다가 마리아에게 처음으로 편지가 오더니, 12월 말 파울라 생일에 축하시와 함께 편지가 왔다. 그 이후로 다시 한 달 만에 세 번째 편지가 도착했던 것이다. 디트리히는 이 편지에서 책 몇 권을 부탁했고, 칼 박사는 오후에 도서관에 가서 책을 찾아보겠다고 했다. 그런데 그 다음 기억이 떠오르지 않았다. 파울라는 근래 들어와 종종 정신을 잃는 일이 잦아졌다.

"여보, 미안해요."

"아니, 아무 말도 하지 말고." 칼 박사가 아내의 입술에 손가락을 갖다 댔다.

다음날 마리아가 친정어머니와 전화 통화를 했다. 마리아의 어머니는 당장 패치히로 와서 어린 동생들을 데리고 서쪽 안전한 곳으로 피난하라고 부탁했다. 벌써 여기저기서 러시아 군대가 진격해 오는 총성이 들린다고 했다.

"어머니도 함께 피난을 떠나야죠."

"내 걱정은 안 해도 돼. 나는 다 살 길이 있어!"

"마차를 이용해야만 해. 피난민들은 서쪽으로 가는 기차를 이용할 수가 없어. 화물차도 안 된다는구나. 히틀러의 새 명령이야. 오더 강을 넘어가는 다리마다 검문이 심해. 하지만 걱정 안 해도 돼. 내가 마차가 다닐 수 있는 샛길을 알아 놨어."

같은 날, 레어터 형무소에서 클라우스의 편지가 왔다. 재판 날짜가 2월 2일로 잡혔다고 했다. 이틀이 남았다. 악명 높은 프라이슬러 판사가 재판을 진행할 것이며, 무죄 판결은 기대할 수 없었다. 클라우스는 편지에서 자신의 영혼이 죽음과 악마 사이에서 얼마나 고통당하는지 적었다. 차라리 이럴 바에는 죽는 것이 더 나을 것 같다고 했다. 파울라는 그 편지를 가슴에 안고 멍하니 앉아 있었다. 레나테가 들어오더니 아빠도 같은 날 재판을 받는다고 전했다.

재판 날이 다가왔다. 희망과 절망이 교차하는 가운데 파울라, 칼, 에미, 우르젤은 법정 대기실에서 재판이 끝나기를 기다리며 가슴을 졸였다. 오후 7시가 되자 드디어 육중한 이중 문이 열렸다. 칼 박사는 법원 직원에게 어떻게 판결이 났는지 물었다.

"사형이죠. 반역자들에게 다른 형벌은 없지 않소?"

파울라는 남편의 팔에 기대어 겨우 몸을 가누었다. 이럴수록 마음을 강하게 먹어야 한다. 칼 박사는 파울라의 팔을 잡아끌며 재촉했다.

"아이들 얼굴이라도 보려면 빨리 서둘러야 해!"

바깥에는 이미 호송차들이 대기하고 있었다. 차가운 달빛이 검은 구름 사이로 힘겹게 새어 나와 비치고 있었다. 법원 문이 열리고 수갑을 찬 수인들이 나왔다. 맨 먼저 뤼디거가 나왔다. 아내를 알아보고는 다가가서 키스를 하며 속삭였다.

"우르젤, 희망을 잃지 마!"

간수들이 거칠게 외쳤다.

"시간 없어. 출발! 출발!"

클라우스는 아내를 보고 미소만 지을 뿐 가까이 갈 수 없었다. 에미를 보며 파울라는 다시 쓰러질 뻔했다. 그 뒤로 유스투스 페렐스와 한스 요한이 따라 나왔다. 그들도 간수들에 의해 호송차에 짐짝처럼 실렸다. 차 문이 닫히고 쏜살같이 사라졌다.

이틀이 지난 1945년 2월 4일, 디트리히의 서른아홉 번째 생일이었다. 두 며느리 에미와 우르젤은 법원에 사면 신청서를 제출하러 가고, 파울라와 칼 박사는 디트리히에게 보낼 편지와 생일 선물을 포장해서 게슈타포 감옥으로 향했다. 전차를 기다리는데 경고 사이렌이 요란하게 울렸다. 모두 지하로 피신해야 했다. 지하로 모여든 사람들의 얼굴에는 두려움보다는 될 대로 되라는 체념과 절망, 또 한편으로는 위험을 견디고 피하려는 인간의 본능이 뒤섞여 있었다. 두 시간이 지나서야 경고 사이렌이 해제되었다. 시내 온 천지가 건물 타는 냄새와 화약 냄새, 그리고 재로 아수라장이 되어 있었다. 게슈타포 본청의 육중한 건물도 반쯤 내려앉은 채 시꺼먼 연기를 뿜어내고 있었다. 파울라의 심장이 멎는 것 같았다.

"여보, 게슈타포 본청이 당했어요. 게슈타포 본청이 폭격을!"

손수건으로 입을 막은 채 허둥지둥 건물 입구 쪽으로 들어섰다. 폭격으로 내부가 어수선하다는 이유로 출입이 금지되었다.

"부인, 내일 다시 오시오. 어쩔 수가 없소."

사복을 입은 직원이 다소 누그러진 톤으로 대답했다.

"그럴 수 없어요. 아들의 생사를 알기 전까지는 절대 돌아갈 수 없습니다."

그러나 아무 소용이 없었.

그날 오후 늦게 다들 부모님 집에 모였다. 아직은 모두가 살아 있는 것이 확인되었다. 다만 디트리히의 소식은 알 수 없었다. 만약 그가 살아 있다면 지금 어디선가 끔찍한 곳에서 생일을 외롭게 보내고 있으리라! 파울라의 가슴에 또 하나의 비수가 꽂혔다.

이날 디트리히는 새벽 일찍 잠이 깼다. 고문으로 거의 다 죽어 가는 한스 매형이 자신과 가까운 곳에 있었다. 이틀째 속수무책으로 별 방도를 찾지 못하다 오늘 아침에야 겨우 틈을 타 쪽지를 한스의 방에 던져 넣었다.

'건너편에 있어. 만날 수 있도록 기도하고 있음. 디트리히.'

부모님이 오늘 자기 생일을 축하하기 위해 찾아올 것이라는 생각이 들었다. 하지만 헛수고를 할 것이다. 밀려오는 배고픔과 허기가 고통스러웠다. 아침 배식을 실은 수레가 오는지 알아보기 위해 귀를 쫑긋 세우고 있었다.

'쿵! 쿵! 쿵!'

갑자기 무거운 가죽 장화들이 몰려왔다. 저 소리는 저승사자의 발걸음 소리였다. 군화 소리들이 자기 감방을 지나치더니 조금 더 가서 멈추어 섰다.

"일어나. 따라와!"

친위대원들이 거의 정신을 잃고 비참한 모습을 한 괴어델러를 감방에서 끌어냈다. 괴어델러는 마음이 준비된 것 같았다. 머리를 꼿꼿이 들고 몸을 똑바로 세워 당당히 걸어 나갔다. 감방 문마다 저항 동지들이 괴어델러의 마지막 모습을 지켜보고 있었다.

이날 오전, 디트리히는 성경을 읽고 있었다. 다시 경고 사이렌 소리가 들리고 건물이 흔들리는 소리가 났다. 수감자들이 복도로 쏟아져 나왔다. 이 틈을 이용해서 디트리히는 한스를 찾아갔다. 한스의 얼굴은 백지장 같았다. 수염은 텁수룩하게 자라 얼굴을 덮었고, 눈은 쑥 들어가 있었다. 머리에는 비듬이 심해 곰팡이가 필 지경이었다. 옷은 오물로 덮여 있었다.

한스가 겨우 말을 건넸다.

"페스트 환자같이 썩은 냄새가 지독하지? 여기에서는 이런 게 어울려."

"며칠째 아무도 안 온 거야?"

"응."

"내가 세면실로 데리고 갈게."

"오 하나님, 감사합니다!"

"갈아입을 옷은?"

한스는 손으로 간이침대 밑을 가리켰다.

디트리히는 가방에서 속옷과 바지, 셔츠를 꺼냈다. 그리고 한스를 부축해 일으켰다.

"네가 나를 부축해 주면 일어설 수 있어. 이래 봬도 힘은 아직도 남아 있는 셈이야. 내가 조금이라도 힘이 있어 보이면 그들은 나를 고문으로 죽일 거거든. 이 방법이 내가 쓸 수 있는 유일한 수단이야." 한스가 미소를 짓는 듯 얼굴을 찡그렸다.

웃어야 할지 울어야 할지. 디트리히는 한스를 부축해서 세면실로 갔다. 전투기 폭격 소리가 요란했다.

"연합군 친구들이 열심히 일하는 소리야. 내 귀에는 음악 소리로 들려."

그토록 고통스러운 중에도 한스는 여유를 잃지 않았다.

디트리히는 세면실에서 한스가 옷을 벗도록 도와주었다. 한스가 화장실에 있는 동안 디트리히는 한스의 속옷을 빨았다. 그리고 몸에 묻은 핏자국과 오물들을 닦아 내고 씻는 것을 도와주었다. 이렇게 하는 동안에도 폭격은 계속됐다. 그들이 감방으로 돌아왔을 때 벽이 흔들리고 돌들이 떨어졌다.

"매형, 지금 죽는다면 얼마나 좋을까?"

"맞아. 이곳에서 살아 나간다는 것은 어차피 불가능해. 그런데 누가 우리를 배반했을까? 도대체 누가?"

"지금 그게 무슨 의미가 있어, 매형."

"하긴 그래. 아마도 여러 명이 그렇게 했겠지. 아마 지금부터 게슈타포가 우리를 한 사람 한 사람씩 괴어델러처럼 데리고 나갈 거야."

"괴어델러를 보았어?"

"응."

디트리히는 잠시 침묵하다가 다시 입을 열었다.

"나도 일부 자백했어. 존더레거가 마리아를 체포해서 이 지옥 같은 곳에 가두겠다고 위협해 왔거든."

"뭐라고 자백했는데?"

"내가 정보국의 민간 요원으로 일했다는 것."

"그게 다야?"

"존더레거는 누가 나에게 그런 업무를 맡겼는지 내 상관이 누군지 추궁했어. 카나리스 제독이라고 했지."

"그 정도는 이미 알고 있는 거야. 대답 잘했어!"

폭격이 퍼붓는 지하 감방에서, 한스의 말대로 폭음을 음악 소리로 들으며, 한스와 디트리히는 서로의 진술이 일치했는지 대조해 가며 서로의 진술에 큰 오차가 없음을 확인했다. 한스는 이제까지 어떤 고문과 위협에도 입을 열지 않았고, 자신이 친필로 작성한 문서들 외에는 어떤 사실도, 어떤 관련자 이름도 자백하지 않았다고 했다.

"나 외에 단 한 명의 이름도 불지 않았어. 정 도리가 없을 때는 기절한 것처럼 행동했지. 현 상태에서는 그들이 공식적인 기소를 하지 못해. 그러나 이런 연극을 언제까지 할 수 있을는지. 디프테리아균이 다시 필요해." 한스는 괴로운 듯 내뱉었다.

"너무 위험한 일이야. 매형 몸이 말이 아니야."

"더 이상 잃을 것도 없잖아. 다만 시간을 얻는 것이 필요해. 시간을 끌어야 한다고!"

한스는 더 이상 견디지 못하고 침대에 누울 수밖에 없었다.

"한 가지 견딜 수 없는 것은 크리스텔에게 무슨 일이 일어나는 것이야. 매일 그녀와 아이들의 안전을 위해 기도하고 있어."

무서운 굉음과 폭음이 한스의 목소리를 덮었다. 이번에는 지하 감방 전체가 흔들렸다.

"이곳 지하는 벙커처럼 지어져 있거든." 한스는 디트리히의 근심스런 얼굴을 쳐다보며 말을 이었다.

"가장 큰 염려는 그들이 나를 베를린에서 다른 곳으로 옮기는 거야. 그렇게 되면 크리스텔을 볼 수가 없어. 그녀를 위해서라도 우리는 이 싸움에서 승리해야만 해! 그런 아내는 이 세상에 없어. 내가 작센하우젠에 갇혀 있는 몇 달 동안 서로 보지 못했는데도 항상 그녀가 내 옆에 있는 것 같았어. 참 신기하고 이상해. 내 기분을 이해하겠어?"

"적어도 상상은 돼."

"자네가 살아서 이곳을 나가면 꼭 내 마음을 크리스텔에게 전해 줘."

"물론. 하지만 우리 두 사람 모두 희망을 잃지 말아야지."

"언젠가 자네가 마태복음 26장으로 '검을 쓴 자는 검으로 망한다' 는 말씀을 한 적이 있지?"

"응, 기억나."

"그 말씀이 뇌리에서 지워지지가 않아."

"나도 그럴 때가 많아. 하나 우리가 구원을 하나님의 손에 맡기고 그분의 용서의 약속을 의지한다면, 바로 거기에 구원이 있고 바로 거기에서 구원이 이루어지는 거야! 하나님은 우리의 진심을 보시고, 또 알고 있어." 디트리히가 매형의 눈을 바라보았다.

"그래, 나도 그렇게 바라고 있어."

"매형, 충분히 그렇게 믿을 수 있는 근거가 있고, 또 그렇게 믿어야만 해!"

"디트리히, 우리가 정말 바르게 행동한 걸까? 도대체 이러한 행동들이 어떤 의미가 있는 것이었을까?"

"만약 성공했을 때 어떤 결과가 초래될지는 알 수 없지만, 적어도 그렇게 행해야만 했던 절대적인 당위성이 있었다고 나는 확신해!"

"수적으로 너무 적었고, 너무 늦게 행동한 거야." 한스의 목소리가 점점 작아졌다.

"디트리히, 자네가 미국에 머물렀더라면 더 낫지 않았을까?"

"아니! 내가 있어야 할 곳은 바로 여기야. 한 번도 후회한 적 없어. 오래전부터. 특히 작년 칠월 이십일 이후로, 하나님의 손이 나를 인도하고 계시는 것을 더욱 강하게 느껴. 이 확신이 나를 자유롭게 할 뿐 아니라 담대하게 해 주고, 자유를 완성하기 위해 취한 우리의 행동이 이 감방 안에서도 계속 진행되고 있음을 보도록 눈을 열어 줬어. 일이 어떻게 마무리되더라도 말야."

"자유라고? 자유라니?"

"저들은 진정한 '나의 존재'인 내적 존재에는 접근할 수도 건드릴 수도 없지. 진정한 자유인은 우리이지, 저들이 아니야!"
잠시 침묵이 흐르다 한스가 다시 입을 열었다.
"가끔씩 바흐의 〈마태 수난곡〉이 드문드문 귀에 들려와. 디트리히, 성찬을 받고 싶은데 가능할까?"
디트리히는 자기 감방으로 돌아와 어머니가 일 년 전에 보내준 포도주 병을 열어 그릇에 부었다. 매주 수요일 들어오는 소포 속에서 깨끗한 수건과 빵도 꺼냈다. 한스의 감방으로 다시 가 수건을 펴고 그 위에 빵과 포도주를 놓았다. 그리고 마가복음을 읽었다.
"저희가 먹을 때에 예수께서 떡을 가지사 축복하시고 떼어 제자들에게 주시며 가라사대 받으라 이것이 내 몸이니라 하시고 또 잔을 가지사 사례하시고 저희들에게 주시니 다 이를 마시매 가라사대 이것은 많은 사람을 위하여 흘리는 바 나의 피 곧 언약의 피니라."
디트리히는 한스의 간이침대 옆에 무릎을 꿇고 자신들을 위한 그리스도의 희생을 감사하는 기도를 드렸다. 그리고 빵을 한스에게 떼어 주며 말했다.
"이것은 당신을 위한 그리스도의 몸입니다."
또 잔을 건네며 선포했다.
"이것은 당신을 위한 그리스도의 피입니다."
그러고는 매형에게 자기에게도 똑같이 성찬을 거행해 달라고 부탁했다.
"평신도인 나에게 성찬을 받겠다고?"
"물론! 그리스도 안의 형제들은 서로에게 제사장이 되는 거야." 디트리히는 확신에 차서 대답했다.

한스는 어색하지만 떨리는 손으로 디트리히에게 빵과 포도주 잔을 건넸다. 그리고 두 사람은 〈하나님을 찬양하라!〉라는 성찬찬송을 함께 불렀다.

그 사이 폭격이 좀 멈추는 듯하더니 다시 맹렬한 폭격이 프린츠 알브레히트 거리에 가해졌다. 투하된 폭탄 한 개가 SS 친위대 건물에 명중했다. 천장에서는 파편이 튀며 수도관이 터져 물이 쏟아지기 시작했다.

"책상 밑으로 들어가!" 한스가 소리쳤다.

"매형부터!" 디트리히는 한스를 이불로 감아 책상 밑으로 데려왔다. 유리조각이 날아오고 전등이 다 나가 칠흑같이 캄캄했다. 바닥을 손으로 만져 보았다. 물이 올라와 축축했다.

"이렇게 앉아 있다간 폐렴에 걸리겠어!"

"그러면 좋겠어. 디프테리아보다는 나으니까."

디트리히는 흩어진 유리조각을 한군데로 쓸어 내고 엎드려 있던 곳에서 일어났다. 그리고 한스를 일으켜 주었다. 서서히 폭격이 약해졌다. 디트리히는 희미한 불빛 사이로 시계를 보았다. 오전 11시였다. 미군의 폭격이 무려 두 시간이나 계속된 것이다.

"이제 지나간 것 같아. 연필과 쪽지 있어?"

"저쪽 책상 위에."

디트리히는 베드로전서 3장 14절을 정성스럽게 썼다.

"그러나 의를 위하여 고난을 받으면 복 있는 자니 저희의 두려워함을 두려워 말며 소동치 말고."

그는 그 쪽지를 접어 한스에게 건네주며 말했다.

"도움이 될 거야. 나에게는 이 말씀이 언제나 큰 도움을 주었어."

"고마워, 디트리히. 정말 고마워. 그런데 에버하르트가 체포된 거 알아?" 한스는 디트리히의 손을 굳게 잡으며 말했다.

"아니! 근데 매형은 어떻게 알았어?"

"존더레거가 말해 주었어."

"이럴 수가! 에버하르트는 어디 있어?"

"몰라. 그는 에버하르트가 왜 우리 집에 살게 되었는지 물었고, 나는 크리스텔이 레나테의 이모라고만 말해 주었지."

"혹시 나 때문에? 그래서 편지를 보낼 때도 늘 조심했는데."

"존더레거는 자네 이름은 언급하지 않았어. 자네와 에버하르트의 관계는 전혀 모르는 것 같았어."

"뤼디거와 관련이 있을 것 같아."

경보 해제 사이렌이 울렸다.

"이 건물이 많이 부서진 것 같은데, 이제 우리는 어떻게 될까?"

"다만 우리가 함께 있도록 기도할 뿐이야."

복도 저쪽에서 소리가 들렸다. 아픈 매형을 두고 자기 감방으로 돌아가야 할 때가 왔다. 춥고 어두운 작은 감방에서 디트리히는 에버하르트를 생각하며 가슴 아파했다. 지하 감방에 물과 전기가 중단되었다. 배식도 끊겼다. 간수들이 램프 하나만 복도에 덜렁 달아 놓았다.

조그만 구멍 사이로 슐라브렌도르프가 속삭였다.

"그 악한이 이제 죽었어요."

"누구 말이오?"

"프라이슬러 판사. 큰 대리석 기둥이 그의 머리를 내리쳤어요. 경고 사이렌이 울리기 전에 재판을 한창 진행하고 있었죠.

에발트 폰 클라이스트가 히틀러 저항운동을 했다고 분명하게 시인하며 자신은 절대로 하나님의 계명대로 행동했다고 말했어요. 프라이슬러가 그 말을 듣자마자 분을 이기지 못하고 그 자리에서 바로 사형을 내렸죠. 바로 그때 경고 사이렌이 울렸어요. 그 다음이 내 차례였는데, 그만 기둥이 떨어진 거죠!"

간수들이 수감자들을 새로 판 우물로 데리고 나갔다. 감옥 마당 여기저기서 러시아 군대가 곧 베를린으로 진입해 올 것이라는 소문이 자자했다. 간수들에게는 러시아 군대가 프린츠 알브레히트 거리의 게슈타포 건물을 접수하게 된다면 모든 죄수들을 사살하라는 명령이 내려져 있다고 했다.

수요일마다 집에서 오는 영치품 소포 안에 이번에는 어머님이 만든 생일 케이크와 아버지가 보낸 칼 프리드리히가 쓴 플루타르크 전기집, 편지가 들어 있었다. 추측한 대로 그의 생일에 면회를 왔던 일, 그러나 오는 도중 연합군의 공습 때문에 더는 거리를 다닐 수 없었던 일들이 적혀 있었다. 더 불안한 소식은 마리아가 자기 동생들을 서부 독일로 데리고 오기 위해 패치히로 갔다는 소식이었다. 그러나 소문에는 이미 패치히는 러시아 군대에 점령당했다는 것이다.

늦은 오후가 되자 간수 한 명이 감방 문을 열었다. 떠날 준비를 하라고 호령했다.

"어디로 말입니까?"

"묻지 마!"

간수는 다른 감방에도 같은 지시를 내렸다.

디트리히는 짐을 꾸렸다. 특히 감옥에 들어온 날부터 쓴 글들을 챙겨 넣었다. 한스에게는 쪽지를 짧게 써서 감방 안으로 던져 넣었다.

'다른 곳으로 이송. 목적지 미정. 하나님께서 동행하시기를 바람! 디트리히.'

운동장에는 폐허가 된 건물 사이에 두 대의 호송차가 이미 대기하고 있었고, 많은 수감자들이 짐을 들고 승차를 기다리고 있었다. 그 주위로 친위대원들이 기관단총을 들고 지키고 있었다. 치솟는 연기와 재 사이로 태양빛이 힘겨운 싸움을 하며 힘겹게 비치고 있었다.

장교 한 명이 명단을 들고 호명했다.

"죄수 본회퍼!"

디트리히는 맨 마지막에 호명되었다. 그 옆으로 요세프 뮐러, 폰 팔켄하우젠 장군, 비스마르크 백작, 뮐러의 동료 루드비히 게흐레가 서 있었다. 게흐레는 체포되기 전에 자살 시도를 했으나 실패하여 다시 수감되었다. 다른 호송차 옆에는 카나리스 제독, 오스터 장군, 삭, 할더 그리고 디트리히가 알기에는 전 오스트리아 수상 슈쉬니히가 서 있었다. 두 대의 호송차에 나누어 오르기 시작했다. 후펜코텐은 디트리히와 요세프 뮐러의 손에 수갑을 채우도록 따로 명령했다.

"왜 다시 수갑을? 도망 같은 건 생각지 않습니다."

"주둥이 닥쳐!"

뮐러가 디트리히에게 말을 건넸다.

"저항해도 소용없는 일이오. 우리 모두 훌륭한 그리스도인답게 당당하게 교수대로 갑시다!"

'교수대로? 지금 이 길이 교수대로 가는 길? 그렇다면 왜 짐

을 챙겨 가지고 가게 하지?'

  두 명의 군인이 수인들 양 옆에 앉았다. 드디어 시동이 걸리고 호송차가 게슈타포 본부 건물을 벗어나기 시작했다. 남아 있는 한스에 대한 걱정 때문에 뒤에서 눈길을 뗄 수 없었다. 건물이 보이지 않게 되어서야 앞으로 고개를 돌렸다. 곧 '어디로 가는 것일까?' 하는 궁금증과 함께 불안감이 온몸을 죄어 왔다. 그래도 지옥 같은 그곳을 떠나는 것만으로 왠지 마음이 가벼워지는 것 같았다.

46

 마리아는 파울라 여사가 타 준 진한 커피를 한 모금씩 음미하며 마시고 있었다. 칼 박사는 맞은편에 앉아 마리아가 패치히에서 가지고 온 사과를 깎고 있었다.
 "고향 집에 도착하니 벌써 어두워졌어요. 멀리서 러시아 군인들의 총소리가 들리고, 대포들이 쏜 폭탄이 터지는 것도 보았어요. 어머니는 이미 피난 갈 마차를 다 준비해 놓고 계셨어요. 마차 위에는 장작까지 쌓아서 젖지 않게 카펫과 천으로 덮어 놓았어요. 밤새 어머니랑 짐을 꾸렸어요. 전 아무 생각 없이 은 쟁반과 잔들도 가방에 챙겨 넣었는데 어머니가 웃으며 빼시더라고요. 정말 꼭 필요한 것들, 그러니까 식량, 두꺼운 옷가지들, 말 사료, 장작들만 챙겼는데, 생각보다 장작은 많이 사용되지 않았죠. 다행히 가는 곳마다 사람들이 친절하게 잠잘 곳을 내주어 얼마나 감사했는지 몰라요."
 "다른 사람들은 아직 피난길에 오르지 않았니, 마리아?" 파울라가 궁금해했다.

"피난 가는 사람들도 더러 있었지만, 아직 많은 사람들이 무슨 일이 일어났는지 잘 모르는 것 같았어요. 날씨가 추워서 어머니가 밍크 코트를 내주셨어요."

"어린 세 동생들하고 혼자서 그 길을 오다니!"

"아니에요. 베를린에서 동부로 피신했던 할머니 두 분이 다시 서부로 피난을 가야 한다고 해서 같이 왔어요. 또 젊은 부인 한 명이 어린아이와 함께 동행했고요. 모두 여덟 명이나 되었는걸요."

"어머니는?"

"모시고 오려고 했는데, 농장일과 집안일을 봐주는 식구들을 그냥 버려 두고 떠날 수 없다고 하셨어요."

칼 본회퍼 박사는 불안한 기색을 감출 수 없었다. 파울라도 마찬가지였다. 파울라는 마리아가 오더 강을 어떻게 건넜는지 물어보았다.

"강이 얼었어요. 정말 끔찍한 일이었어요. 강가에 도착했을 때 이미 얼음이 약간씩 부서지는 소리가 나더라고요. 하지만 돌아갈 수도 없고, 다른 방법이 없어서 마부 아저씨와 제가 강을 건너기로 결정했죠. 장작하고 바닥의 짐들은 버렸어요. 일행은 먼저 보내고, 마부 아저씨와 제가 제일 나중에 마차를 끌고 갔는데, 중간쯤 가니 얼음이 쩍 갈라지는 소리가 나서 죽는 줄 알았어요. 다행히 아무 사고 없이 강을 건넜지만요. 서쪽으로 넘어와서는 별 어려움이 없었어요. 다만 마구간이 없어 말들이 바깥에서 자야 했을 때 혹시나 말들을 도둑맞을까 봐 저도 마차에서 잤어요."

"춥지는 않았니?"

"많이 추웠어요. 밍크 코트 덕을 많이 봤죠. 코트를 여기 오는 내내 입고 있었어요. 이쪽 서부로 들어오니 연합군 비행기가 폭격을 해 오는데, 폭탄이 우리 코앞에서 터지기도 했어요. 낮에는 너무 위험해서 밤에만 주로 이동했지요. 대신 낮에는 나뭇가지들을 꺾어 마차와 짐을 덮어 놓고 숨어 있었어요. 철없는 어린 동생들은 여간 재미있어라 하지 않았어요. 우습기도 하고 두렵기도 하고. 오버뵈메에 계신 삼촌 댁에 무사히 도착하고 나니 얼마나 감사하고 기쁘던지요."

다음날 마리아는 디트리히의 부모님과 함께 프린츠 알브레히트 거리에 있는 게슈타포 본청으로 갔다.

"본회퍼라는 수감자는 없소."

파울라는 펄쩍 뛰며 말했다.

"여기 없다니, 그럼 어디로 간 거죠?"

"일주일 전에 다른 수용소로 이감되었소."

가슴이 철렁 내려앉았다.

"어디로 갔는지 대충은 알 것 아니오?" 칼 본회퍼 박사가 따져 물었다.

"여하튼 대부분의 죄수들이 다른 곳으로 이감되었소." 키가 작은 보초가 군대식으로 간단히 대답했다.

"나는 디트리히 본회퍼 박사의 약혼녀입니다. 제발 존데레거 수사관을 만나게 해 주세요." 마리아가 울부짖으며 간청했다.

"아가씨, 그것은 불가능합니다. 수사관님은 매우 바쁜 분입니다."

"수사관님도 저를 만나고 싶어 할 거예요. 나는 방금 동부 전선에서 왔어요. 그에게 꼭 전할 중요한 정보가 있다고 말씀드려 주세요."

보초는 마리아를 한동안 노려보더니 아무 말도 하지 않고 잠시 자리를 비웠다가 다시 돌아왔다. 그리고 마리아에게 퉁명스럽게 말했다.

"이쪽으로 오시오, 아가씨."

마리아는 존더레거 수사관과 그리 오래 있지 않았다. 죄수들은 남부에 있는 수용소로 이송되었다고 했다. 존더레거 자신도 정확한 장소는 모른다고 주장했다.

마리아는 디트리히의 부모님 집에 머물며 모든 가능한 방법을 동원해 디트리히의 행방을 수소문했다. 또한 패치히 집으로 전화하려고 시도했다. 그러나 모든 전화선이 불통이었다. 마침내 친정 어머니가 마리아에게 전화를 하는 데 성공했다. 어머니도 러시아 군대가 진입하자 눈길을 따라 피난길에 올랐다고 했다.

며칠 후 마리아는 다시 한 번 게슈타포 본청으로 가서 존더레거를 만나고자 했다. 파울라는 말렸지만 결국 마리아는 디트리히가 부헨발트, 다카우, 플로센뷔르크 수용소 중 한 곳에 있다는 것을 알아내고야 말았다. 정보를 알자, 마리아는 디트리히를 찾기 위해 바로 남쪽으로 떠났다.

"걱정하지 마세요, 어머님. 그가 어디 있든지 꼭 찾아낼 거예요. 자주 소식 전할게요. 오래 걸리더라도 실망하지 말고 기다리세요. 요즘은 우편물이 너무 오래 걸리잖아요."

3주가 지나서야 마리아의 편지가 도착하기 시작했다. 그러나 한결같이 디트리히를 찾지 못했다는 소식이었다. 부헨발트, 다카우, 플로센뷔르크 수용소 보초들이 수용자들의 명부를 보았지만 어느 곳에서도 디트리히의 이름을 발견하지 못했다고 했다.

그녀의 마지막 편지는 마리아의 사촌이 사는 바이로이트에서 온 것이었다.

> 사랑하는 어머님, 전화를 하려고 하는데 모든 전화선이 고장이네요. 너무나 끔찍해요. 디트리히는 플로센뷔르크 수용소에도 없어요. 직원들이 찾아본다고 했는데, 결국은 찾지 못했어요. 이제는 무엇을 믿고 무엇을 해야 할지 모르겠어요. 무엇인가 새로운 소식을 전할 수만 있다면 얼마나 좋을까요? 이곳으로 오는 기차가 폭격을 맞았는데 간발의 차이로 생명을 건질 수 있었어요. 이제는 저도 많이 지친 것 같아요. 너무 힘들어요, 어머님.
>
> 플로센뷔르크로 오는 길은 험하고 멀어요. 기차가 시골 마을 플로스까지 오고는 더 이상 가지를 않아 나머지 6킬로미터를 걸어서 가야만 했어요. 두 시간을 걸어서 갔는데 허탕만 치고 말았지요. 아, 어머님! 이제 이 세상에서 제게 남은 건 아무것도 없어요. 돌아오는 기차 안에서 완전히 기진맥진해 있는데, 옆에 앉은 나치 장교 한 명이 나와 이야기를 하고 싶어 했어요. 그는 나이보다 많이 늙어 보였는데 상당히 쫓기는 듯했어요. 자기가 프리드릭스부른에서 왔다고 했어요. 믿을 수 없는 이야기이지만 저는 그의 가방에 써 있는 '요르크 뮐하우젠'이라는 이름을 확인했어요. 어머님도 아시지요? 그 청년. 청년은 전쟁이 자기를 완전히 미치게

했다고 하면서 자기 직위를 내팽개치고 탈영하여 집으로 가는 중이라고 했어요. 체포되어 군법에 회부되어도 상관하지 않는다고 말했어요. 그때 앞의 철로가 폭격으로 파손되어 기차가 멈춰 섰고 미군 전투기는 계속 날아다녔어요. 사람들은 전부 기차에서 내려 몸을 숨겼는데 저는 너무 지쳐서 그냥 기차에 머물고 있었지요. 그런데 그 장교가 저를 억세게 낚아채더니 철로 옆 숲으로 던져 버렸어요. 물론 가방은 들고 나오지도 못했죠. 그 순간 폭탄이 제가 앉았던 기차를 완전히 박살내 버렸어요. 그 후에 저를 다시 철로 쪽으로 나오도록 도와주었어요. 그러고는 저에게 "내가 당신의 생명을 살렸소, 알겠소?" 하더군요. 청년 나치 장교는 무엇인가 좋은 일을 했다는 것을 확인하는 것이 필요한 것 같았어요.

사랑하는 어머님, 제가 너무 시시콜콜 이야기를 늘어놓은 것 같아요. 사촌오빠가 한동안은 이곳에 머물라고 하는데, 저도 그럴까 해요. 그렇게 오래 있지는 않을 거예요. 어머님, 아버님의 소식이 궁금합니다. 베를린 폭격 소식을 듣고 가슴을 늘 졸이고 있어요. 곧 뵐 수 있기를……

파울라는 편지를 남편에게 건네주며 말했다.
"그곳에도 없다고 하네요. 마리아가 아직 찾지 못했대요."

잠을 깨자마자 살 타는 냄새가 역겹게 풍겨 왔다. 오늘은 유독 심했다. 튀링겐 주의 부헨발트로 온 지 거의 2개월이 되어 갔다. 부헨발트에 온 이후로 이 냄새가 계속 디트리히를 괴롭혔다. 바람이 부는 때면 사방에서 죽음의 냄새, 악취를 풍기는 분뇨 냄새가 진동했다. 새벽부터 작업반 배치 때문에 스피커에서 죄수들의 번호가 귀를 찢을 듯이 울려 퍼졌다.

라베나우 장군이 디트리히 바로 밑 간이침대에서 자고 있었다. 디트리히는 위 천장에 부딪히지 않게 조심스럽게 몸을 일으켜 창밖을 내다보았다. 누런 건물이 시야를 가려 잘 볼 수 없었지만 멀리 길과 언덕이 보였다. 저기 어디엔가 미군들이 진치고 있을 것이다. 그들이 이곳을 점령해 준다면 자유의 몸이 될 수 있다.

비가 한참 오더니 멎었다. 그렇지만 수용소 안쪽 벽으로 물이 줄줄 흘러내려 침상이 젖었다. 이렇게 습기가 많은 날씨가 계속되면 곰팡이가 곳곳에 피어날 것이다. 나무신 발자국 소리가 가깝게 들리더니 수감자들이 행진하며 오는 것이 보였다. 그들은 정말 피골이 상접해 산 사람들이 아닌, 뼈에 살가죽을 씌워 놓은 해골들이 움직이는 것 같았다. 저들이 어떻게 일을 할 수 있을까?

튀링겐 주의 4월은 아직도 습하고, 추위가 살을 에는 듯했다. 노 장군을 깨우지 않기 위해 다시 담요 속으로 들어갔다. 노 장군 라베나우는 몇 주 전에 디트리히가 있는 방으로 들어왔다. 장군은 배려가 깊고 사람을 편안하게 해 주었다. 군 기밀 서류 보관청 책임자로 있다가 1942년 은퇴한 장군은 늦은 나이에 베를린 대학에서 신학 공부를 시작했다. 신학자이기도 한 노 장군과 때로 신학적인 주제에 관해서 토론하기도 했다. 그는 1940년부터 벡 장군과 여러 고위급 장군들과의 가교 역할을 수행해 오다가 체포된 것이다.

"장군들을 설득하지 못한 것은 내 생애에서 가장 큰 실수였소. 소경 같은 장군들이 도무지 눈뜰 생각을 못해요!" 라베나우 장군이 추위에 몸을 떨며 비통한 심정으로 자책했다.

디트리히는 두 개 있는 담요 중 하나를 주며 말했다.

"온기는 위로 올라오니까 저는 괜찮아요."

노 장군은 웃으며 응수했다.

"온기 자체가 없는데, 올라갈 온기가 어디 있습니까?"

부활절 주일이던 사흘 전부터 서쪽에서 무시무시한 폭격 소리가 들려왔다. 오늘 아침에는 더 가깝게 대포와 기관총 소리가 귀를 자극했다. 승리가 연합군 쪽으로 기울어진 것이 확실함에도 불구하고, 간수장 디트만은 자신은 절대로 항복하지 않을 것이라고 큰소리쳤다.

"네 놈들은 여기서 절대로 살아 나가지 못해! 만약에 도망한다면 그 자리에서 총살이야!"

영국군 대위 페이네 베스트의 집단 탈출 계획이 기적적으로 성공할 수 있을까? 가능성은 희박했다. 수용소장 지파흐에게 달려 있었다. 지파흐는 팔켄하우젠 장군을 불러내 매일 독일 국방군의 상황과 미군과 러시아 군대의 진지가 어디에 있는지 전선 상황을 설명하라고 윽박질렀다. 부헨발트를 사이에 두고 영국과 러시아 양쪽 연합군들의 간격이 점점 좁아지고 있었다. 지파흐 수용소장은 러시아 군인이 들이닥치면 밤에 도주할 것이라고 말했다.

"잔인한 러시아 놈들은 내 사지를 갈갈이 찢어 죽일 거야!"

나치 장교를 어찌 믿을 수 있으랴. 게다가 지파흐 소장은 신경이 곤두서서 변덕스러웠다. 그의 말은 이랬다 저랬다 해서 도

영광의 길, 순교자의 길

무지 믿음이 가지 않았다. 하지만 디트리히는 이 정보를 영국군 정보 첩자로 잡혀 온 페이네 베스트 대위에게 전달했다. 대위는 안경을 바싹 당기더니 말했다.

"지파흐에게 남은 길은 하나뿐입니다. 소장은 먼저 일종의 신변 보장을 원할 거요."

"영국군 대위님이 있지 않습니까?"

"맞습니다. 또 독일 목사님도 있고요. 다른 포로들과 수용자들도요."

페이네는 잠깐 생각에 잠기더니 다시 말을 이었다.

"다른 수용자들을 설득하는 것이 급합니다. 많으면 많을수록 좋아요. 그리고 지파흐를 설득해 우리를 미군 진영으로 인도하게 해야 합니다. 우리가 그의 신변을 지켜 주고 보장한다는 조건으로. 본회퍼 목사님, 뮐러 씨와 라베나우 장군부터 시작해 주세요. 나는 팔켄하우젠 장군을 설득하겠습니다."

두려움이 없는 페이네 영국 대위가 이곳으로 온 뒤, 간수들은 그의 눈치를 살살 보기 시작했다. 아마 영국군의 유리한 전세가 영향을 끼쳤으리라. 페이네는 마치 수용소가 자기 집 마당인 것처럼 행동하면서 수용자들을 보호해 주기도 하고, 영향력을 행사했다. 1939년 독일 친위대 군대의 교란 전술에 걸려 체포된 그는 디트리히에게 종종 모험적인 전선 이야기를 들려주었고, 디트리히는 페이네 대위가 들려주는 이야기가 흥미로웠다.

디트리히는 즉시 뮐러에게로 갔다. 뮐러는 즉각 동의했다. 그러나 라베나우는 이 계획이 매우 위험하다며 주저했다. 페이네도 좋은 결과를 얻지 못했다. 그가 설득하기로 한 수용소 포로들은 지파흐를 믿을 수 없다며, 위험천만한 집단 탈출보다 곧 해방이 찾아올 것이라는 기대에 오히려 의지했다. 페이네는 흥분했다.

"에이, 이 겁쟁이들! 정 그렇다면 우리 셋이라도 시도해 봅시다. 오늘 저녁에 내가 지파흐와 이야기를 해 보지요."

그런데 그날 지파흐가 나타나지 않았다. 페이네는 오후에는 올 것이라고 내내 기다렸다. 밤 9시경 지파흐 소장이 불쑥 장교한 사람을 대동한 채 나타나더니 1시간 내에 수용소를 떠날 준비를 하라고 지시했다.

"상부의 명령이야!"

밤 10시. 간수들이 수용자들을 지하에서 끌어내 트럭에 실었다. 열여섯 명의 수감자들은 조금도 움직일 틈이 없이 짐짝처럼 실렸다. 디트리히는 자신이 가진 것 중에 가장 소중하게 생각하는 논문집을 품 안에 간직했다. 디트리히 옆에는 페이네 베스트 영국 대위가 앉았고, 그 옆으로 스탈린의 최측근 몰로토프의 조카 바실리 코코린이 앉았다. 디트리히는 코코린에게서 러시아말을 배우기도 했다. 요세프 뮐러와 루드비히 게흐레가 전임 스페인 대사 부부와 같은 줄에 앉아 있었다. 또 그 앞쪽에는 친위대 의사 라셔 박사가 보였다. 그가 왜 여기에 잡혀 와야 했는지 아는 사람이 없었다. 디트리히는 되도록 그와의 접촉을 피했다. 트럭은 밤새 덜컹거리며 숲속 길로 모습을 감춘 채 시속 30킬로미터 이상을 내지 못했다. 덜컹거리는 트럭 안에서 뜬눈으로 밤을 새웠다.

다음날 정오, 바이덴 근교 노이스타트에 다다랐다. 플로센뷔르크로 가는 길목에서 트럭이 멈췄다.

"플로센뷔르크! 죽음의 수용소 플로센뷔르크!" 라셔 박사가 겁에 질려 소리쳤다.

수감자들의 얼굴에도 두려움이 역력했지만, 입술을 굳게 다문 채 침묵했다. 간수들이 길가에 서 있는 건물로 들어갔다. 뮐러가 경찰서 같다고 일러 주었다. 간수들이 다시 돌아오더니 말했다.

"여기는 만원이야. 계속 가야 해. 출발!"

얼마를 달리자 두 장교가 오토바이를 타고 다가오더니 트럭을 세웠다. 두려움에 가득 찬 눈들이 숨을 죽인 채 그들을 쳐다보았다. '삑' 소리를 내며 문이 열렸다. 거친 목소리가 들렸다.

"뮐러, 리디히! 짐 가지고 내려서 따라와!"

플로센뷔르크로부터 새로운 명령이 내려온 게 확실했다. 디트리히는 혹시 자기 이름이 불리나 기다렸다. 카나리스 제독의 측근인 프란츠 리디히와 뮐러가 엉켜 있는 짐들 속에서 자기 짐을 꺼내는 사이에 갑자기 뮐러와 같은 방을 썼던 루드비히 게흐레가 가방을 챙겨서는 차에서 뛰어내렸다. 게흐레는 뮐러와 운명을 같이하고자 했던 것이다.

트럭 문은 닫혔고 다시 출발했다. 왜 게슈타포는 두 사람만 불러 놓고 세 사람을 데리고 갔을까? 어쩌면 명단에는 세 명이 적혀 있었을 것이고, 그 세 번째 사람이 바로 나인지도 모른다.

해가 질 무렵, 레겐스부르크에 도착했다. 트럭은 법원 옆에 있는 국립 교도소 앞에 정차했다. 그곳도 꽉 찼다며 간수들이 불평했다. 지하 2층으로 데려가더니 한 방에 한 명씩 수용했다. 복도도 수감자들로 꽉 차 있었다. 대부분 저항운동 지도급 인사들의 가족이었다.

그 다음 24시간은 놀라운 일들의 연속이었다. 저녁식사가 나왔는데 야채수프와 함께 큰 덩어리 빵이 나왔다. 디트리히는 짚으로 엮은 매트리스 위에서 쓰러지다시피 잠들었다. 아침이 되니 감방 문이 활짝 열려 있었고, 감옥소 분위기라기보다 일종의 환영회 분위기였다. 인사들을 나누고, 서로 소개하고, 정보들을 나누었다. 괴어델러, 슈타우펜베르크, 할더, 함머스타인, 하셀…… . 저항 지도자들의 부인과 자녀들, 형제자매들이 거기 다 있었다. 오후에는 괴어델러 부인에게 남편의 최후 소식을 알려야 했다.

오후 5시. 부헨발트 수용소 간수들이 와서 수감자들을 다시 차에 태웠다. 비가 많이 내렸다. 얼마 못 가 핸들이 고장나 움직일 수 없게 되었다. 간수는 뒤따르던 차 운전수에게 다시 레겐스부르크로 돌아가서 추가 차량을 보내 주도록 부탁했다. 하지만 아무리 기다려도 차는 오지 않았고, 결국 차 안에서 밤을 새웠다.

다음날 아침, 간수들은 수감자들을 차에서 내리게 해 신선한 공기를 마시도록 해 주었다. 여전히 차량은 오지 않았다.

오전 11시. 안락한 시설을 갖춘 여행버스 한 대가 지나갔다. 나치 간수들은 버스를 세우더니 수감자들을 기관총으로 위협하며 오르게 했다. 오후가 되자, 버스는 하얀 교회 건물에 높은 탑으로 유명한 쉔베르크에 들어서더니 '여자 학교'라는 간판이 붙은 건물에 섰다. 학교 내의 크고 밝은 홀 안에 다들 수용되었다. 침대도 있고 초록색, 노란색 담요도 있고 긴 책상도 있었다. 맑은 공기와 은은한 라일락 향기를 마시며 모두들 꿈꾸는 듯했다. 참으로 오랜만에 보는 세상다운 세상이었다. 지칠 대로 지친 수용자들도 웃을 수 있다는 것이 신기하기만 했다. 페이네 베스트는 침대 앞에 서서 안경을 올렸다 내렸다 하며, 자기 눈을 의심했다.

"침대, 진짜 침대야!"

여기저기서 이런 탄성을 수없이 연발했고, 어떤 이는 침대에다 자기 이름을 써 넣기도 했다.

심각한 문제는 먹을 것이 없다는 것이었다. 피난민들이 계속 밀려오자 쉔베르크 시장은 비축해 놓은 식량을 수용소 수감자들을 위해 내주려고 하지 않았다. 그러나 한 부인이 이 소식을 듣고 삶은 감자를 두 통 가득 담아 왔다. 감자는 금세 동이 났다. 적었지만 잠시나마 허기를 달랠 수 있었다.

주말을 맞았다. 아직도 게슈타포 상부의 명령이 없는 것 같았다. 수감자들은 모처럼 방해받지 않은 좋은 하루를 보냈다. 페이네 베스트의 전기 면도기를 한번 사용해 보려고 줄을 서서 기다리며, 서로 웃어 가며 활기 있는 대화를 나누기도 하고, 시골 마을 주민들이 가지고 온 감자 샐러드, 빵을 먹었다. 창문으로 바라보는 시골 풍경은 무척 아름다웠다. 무엇보다 승냥이 같은 무시무시한 게슈타포의 감시가 없다는 것이 행복했다. 디트리히의 마음에 '죽음의 수용소인 플로센뷔르크는 가지 않아도 되는가?' 하는 실낱같은 희망이 떠오르기 시작했다.

부활절이 한 주가 지난 일요일, 퓐더 박사가 디트리히에게 주일예배를 인도해 달라고 요청했다. 디트리히는 무척 기뻤지만, 수감자 중 절반 이상이 가톨릭 신자인데 개신교 예배를 받아들일지 조심스러웠다. 러시아에서 온 코코린이 더 적절한 설교자가 아닐까? 그러나 코코린을 포함해서 모두가 디트리히에게 예배를 인도해 달라고 부탁했다. 각자가 침대를 의자 삼아 앉고,

디트리히는 책상머리에 서서 예배를 인도하기 시작했다.

찬송가를 부른 뒤 디트리히가 감사와 예배의 기도를 드렸다. 그리고 디트리히는 조용하게 입을 열었다. 그들이 부당하게 받는 고난에 대해서. 그럼에도 불구하고 그 고난 속에 있는 선에 대해서. 이 고난 중에 그들은 서로 의지하고 사랑하는 것을 배웠고, 지극히 작은 것이라도 소중히 여기고 감사하는 법을 배웠다. 무엇보다도 '세상과 그들을 향한 하나님의 뜻'을 보는 눈이 얼마나 열리게 되었는지 감사할 일이었다. 디트리히는 이사야 53장 5절을 본문으로 읽었다.

> "그가 찔림은 우리의 허물을 인함이요, 그가 상함은 우리의 죄악을 인함이라. 그가 징계를 받음으로 우리가 평화를 누리고 그가 채찍에 맞음으로 우리가 나음을 입었도다."
>
> 이 예언의 말씀은 예수님의 고난을 가리킵니다. "나의 하나님, 나의 하나님, 어찌하여 나를 버리시나이까?"(마 27:46) 고난 받은 예수님, 버림받은 예수님은 외치셨습니다. 우리는 어느 때보다도 지금 이 예수님의 외침을 잘 이해할 수 있습니다. 모든 그리스도인은 언젠가 한번 자신의 생애 가운데 이러한 질문을 하게 됩니다. 모든 일이 거꾸로만 돌아가고 있을 때, 이 땅의 모든 소망이 사라질 때, 저항할 힘도 없이 원수의 손에 넘겨질 때, 누구나 다 이런 질문을 자신에게 하게 될 것입니다. 그러나 예수 그리스도의 십자가 안에서 하나님을 보고 만난 자는 하나님께서 얼마나 신기한 방법으로 이 세상 한가운데 숨어 계시며, 이 세상에서 걸어 나와 십자가로 향하시는지 보게 됩니다. 주님께서 제자들에게

겟세마네 동산에서 말씀하신 대로 "한시도 나와 함께 깨어 있을 수 없느냐?"고 우리에게도 경고하십니다. 하나님은 우리를 이 세상에서 그리스도와 함께 고난을 나누도록 부르고 계십니다. 개인적인 필요, 개인들의 문제, 죄와 걱정, 자기 중심적인 사유와 관심을 벗어나서 예수님의 길에 동행하도록 부르십니다. 낮아짐의 길이요 고난의 길이기는 하지만 사랑과 용서의 길 말입니다. 그리하여 "그가 채찍에 맞음으로 우리가 나음을 입었도다"라는 말씀이 성취되는 것입니다.

소망과 확신을 가지고 다른 본문을 묵상해 봅시다. "찬송하리로다. 우리 주 예수 그리스도의 아버지 하나님이 그 많으신 긍휼대로 예수 그리스도의 죽은 자 가운데서 부활하심으로 말미암아 우리를 거듭나게 하사 산 소망이 있게 하시며"(벧전 1:3). 하나님이 약속하시고 성취하신 것을 우리의 것으로 만들기 위해서는, 예수의 삶과 행함, 고난과 죽으심과 부활의 말씀에 귀를 기울여야 합니다. 분명한 것은 우리가 항상 하나님의 임재 아래에서 살고 있으며, 그러한 삶은 완전히 새로운 삶이라는 것입니다. 우리에게는 불가능이 없습니다. 왜냐하면 하나님께 불가능한 것이 없기 때문입니다. 이 세상의 어떤 권력도 세력도 하나님의 뜻이 없이 우리를 다치게 할 수 없습니다. 오히려 그러한 위험과 환난은 우리를 하나님께 더 가까이 나아가게 합니다.

우리는 하나님께 요구할 수는 없으나, 모든 것을 기도드릴 수 있습니다. 확실한 것은 고난 속에 기쁨이 숨어 있고, 죽음 속에 생명이 숨어 있는 것이 진리입니다. 이 안에 하나님이 우리를 안고 가는 연합과 교제가 이루어지는 것입니다. 하나님께서는 예수님 안에서 우리를 향하여 '예 그리고 아멘'이라고 선포하셨습니다. 예 그리고 아멘이 우리가 서 있는 든든한 기초입니다.

디트리히가 기도로 설교를 마쳤다.

"하나님, 당신의 뜻이라면 우리로 하여금 다시금 태양의 황홀함을 볼 수 있게 해 주시고 이 세상의 기쁨을 다시 한 번 느낄 수 있도록 해 주시옵소서. 모든 힘들었던 경험들을 늘 기억하게 하시고, 이로 인해 우리의 삶이 전적으로 당신께 속해 있는 것을 알게 하옵소서. 앞으로 무엇이 우리에게 닥치든지 두려워하지 않고, 감사함으로 당신의 선하신 사랑의 손에서 받을 수 있게 하옵소서. 아멘!"

눈을 뜨고 주위를 살폈다. 경건한 표정들, 감사에 찬 눈빛들……. 그런데 그때 갑자기 복도에서 무거운 가죽 장화 발자국 소리가 들려왔다. 열쇠를 돌리는 소리가 나더니 두 명의 게슈타포가 들어섰다. 디트리히는 삶의 마지막이 온 것을 직감했다. 피할 수 없는 마지막 순간이 그에게 다가온 것이다.

"죄수 본회퍼, 따라오시오!"

디트리히는 조용히 짐을 챙겼다.

'디트리히 본회퍼, 베를린-샬로텐부르크 9, 마리엔부어거 알레 43번지.'

플루타르크 전기집 앞과 중간, 마지막 장에 이름과 주소를 큰 필체로 쓰고는 책상 위에 올려놓았다. 저술 원고에도 사인을 하고 라베나우 노 장군에게 건넸다.

"제 부모님께 전해 주시면 감사하겠습니다."

노 장군이 눈물을 글썽이며 대답했다.

"최선을 다하지요."

디트리히는 수용소 동료들과 일일이 악수했다. 마지막으로 페이네 베스트와 악수한 뒤, 그의 손에 자신의 성경을 쥐어 주었다.

"영국으로 돌아가시게 되면 이 성경을 치체스터의 벨 주교에게 전해 주시고, 나의 이 마지막이 나에게는 삶의 시작이라고 전해 주시겠습니까?"

페이네 대위는 한사코 희망을 버리지 않았다.

"하지만 사랑하는 본회퍼 목사님, 결코 그런 일이 목사님께 닥치지 않을 것입니다."

디트리히는 잡고 있던 손을 다시 흔들며 말을 이었다.

"제가 주교님과 함께 민족의 이익을 초월하는 우주적인 그리스도의 신앙 공동체를 믿고 있으며, 이 우주적인 교회는 반드시 승리할 것이라고 전해 주십시오."

좀처럼 자기 주장을 굽히지 않던 페이네 대위도 할 말을 잊은 채 슬픔에 잠긴 목소리로 약속했다.

"목사님의 모든 말씀을 다 전해 드리겠습니다."

"그리고 벨 주교님과의 마지막 만남에서 저에게 해 주신 말씀을 절대로 잊지 않고 있다고 전해 주십시오!" 다시 한 번 페이네 대위의 손을 굳게 잡았다.

그리고 게슈타포 장교들과 함께 압송 차량에 올랐다.

47

'그가 채찍에 맞음으로 우리가 나음을 입었도다!'

디트리히를 태운 압송차가 좁고 험한 길을 끼고 북쪽으로 달리는 내내, 이사야 53장 말씀이 디트리히의 머리에서 떠나지 않았다. 앞좌석에 앉은 게슈타포 형사들은 아무 말 없이 앞만 바라보며, 수갑이 채워진 채로 뒤에 앉아 있는 디트리히에게는 관심조차 없었다. 다가오는 죽음을 생각하며 미리 신변을 정리해 온 디트리히였다. 자신의 내면과 영혼과 하나님과의 관계는? 마음과 영혼을 위해 기도했다.

지난 4일 동안 뮐러, 게흐레, 리디히가 어떻게 되었을까 궁금했는데, 다시 그들 생각이 났다. 지금쯤 그들은 어떻게 되었을까? 어, 지금 내가 무슨 생각을? 마지막으로 자신에게 닥칠 일을 겸허하게 맞이하도록 마음을 가다듬었다. 창밖을 바라보았다. 푸른 들판, 끊임없이 이어지는 소나무 숲과 자작나무 숲들. 어느새 봄이었다. 봄의 계절이 나에게는 무슨 의미가 있을까?

'그가 채찍에 맞음으로 우리가 나음을 입었도다. 그는 멸시를 받아서 사람에게 싫어 버린 바 되었으며 간고를 많이 겪었으며 질고를 아는 자라!'

디트리히는 희미한 어린 시절의 기억으로 빠져 들어가고 있었다. 비 내리는 저 너머, 아주 오래된 돌다리의 모습이 어렴풋이 떠올랐다.

"나랑 같이 가, 다람쥐야!"

소년 하나가 작은 소녀에게 소리쳤다. 스프레 강을 건너는 다리는 길고, 다리 밑으로는 시커먼 강물이 넘실거렸다.

"디트리히! 다른 애들이 놀릴 거야. 너는 학교에 다니잖아."

"그러면 너는 다리 건너편에서 기다려. 꼭 기다려야 해."

강 저편 학교로 가는 길은 으스스하고 길었다.

그러나 소녀는 그를 떠나지 않았다.

비가 내리는 저 너머, 높게 치솟은 소나무와 축축하게 젖은 숲 사이로 길이 꾸불꾸불하게 나 있었다. 막 비치기 시작한 햇빛을 받으려는 듯 자작나무들이 여기저기서 질세라 소나무 사이로 가지를 뻗고 있었다. 나무 그림자가 비치는 호수 위로 고독한 백조 한 마리가 떠다녔다.

"아빠, 산지기 아저씨가 우리보고 백조 알을 훔치려 했대요. 백조를 좋아해서 그런 것뿐이라고 해도 우리가 거짓말을 했대요. 앞으로 절대로 그런 짓을 하지 않을 거라고 했는데." 형 발터가 울먹였다.

"우리는 그냥 숲에 숨어 있었거든요." 디트리히가 편을 들었다.

"가까이 가지도 않았어요. 진짜예요, 아빠! 형은 정말 엄마

백조가 보금자리에 깃든 모습만 사진기에 담으려고 했어요. 그래서 엄마 백조를 기다리고 있었다고요. 사진기까지 보여 줬는데도 산지기 아저씨는 믿지 않아요. 정말 나쁜 사람이에요. 아빠, 아저씨한테 가서 이야기 좀 해 주세요."

아빠는 형의 어깨를 감싸며 고개를 저었다.

"아니야, 얘들아. 세상은 그렇단다. 앞으로 살다 보면 세상이 너희를 이해하지 못할 때가 많을 거야. 그러니까 너희가 이런 세상을 배워 두는 게 좋은 일이란다. 너무 늦게 배우는 것보다 지금 배울 수 있는 게 훨씬 낫지."

'그가 곤욕을 당하여 괴로울 때에도 그 입을 열지 아니하였음이여. 마치 도수장으로 끌려가는 어린 양과 털 깎는 자 앞에 잠잠한 양같이 그 입을 열지 아니하였도다.'

길 아래쪽으로 강이 계곡을 따라 굽이굽이 흐르고 있었다. 강 건너편에 기찻길이 있고, 양치기 소년이 양떼를 거느리고 길 건너편으로 가고 있었다. 그 앞으로 달려오던 자동차 한 대가 멈춰 섰다. 머리를 짧게 깎은 운전사가 거친 욕을 퍼부었다.

"디트리히, 네 형을 위해 노래를 한번 불러 주렴." 다음날 아침, 전선으로 떠나야 하는 발터 형을 쳐다보며 어머니가 말씀하셨다.

어머니의 얼굴은 창백했다. 디트리히는 형을 위해 노래를 부르면서, 이 노래가 어머니의 마음을 풀어 주기를 바랐다.

"우리 갈 길 다가도록 예수 인도하시니. …… 우리 갈 길 마칠 때에 예수 따라가리라."

'그는 실로 우리의 질고를 지고 우리의 슬픔을 당하였거늘 우리는 생각하기를 그는 징벌을 받아서 하나님에게 맞으며 고

난을 당한다 하였노라.'

채석장 뒤로 큰 산이 양 옆으로 나뉘어 있고, 그 사이로 넓은 계곡이 펼쳐져 있었다. 멀리 나란히 솟은 두 개의 교회 탑이 보였다.

"도대체 교회가 하는 일이 뭐냐고? 가난하고 무력한 소시민들이 모여 부질없는 저항의 몸짓을 하는 것에 불과하다고." 클라우스가 불평했다.

"교회가 그렇게 힘이 없다면, 내가 개혁을 하겠어." 디트리히가 농담을 섞어 장난스레 말했지만, 그 말은 진심 어린 마음에서 나온 단호한 결심이었다.

소박하고 평화로운 마을. 사거리 길가 한쪽에 나무로 만든 십자가에 달리신 예수님 조각상이 조그마한 지붕 아래 보호를 받고 있었다.

'우리는 다 양 같아서 그릇 행하여 각기 제 길로 갔거늘 여호와께서는 우리 무리의 죄악을 그에게 담당시키셨도다.'

압송차는 노이스타트에서 조그만 아스팔트 길로 접어들었다. 플로센뷔르크 방향이라는 이정표가 보였다. 조그마한 시골 마을들을 끼고 차는 속도를 냈다. 가파른 길을 올라 높은 구릉을 지나자 '플로스'라는 마을 팻말이 보였다. 조그마한 기차 역에 선로가 끊겨 있었다.

'그가 산 자의 땅에서 끊어짐은 마땅히 형벌 받을 내 백성의 허물을 인함이라.'

디트리히는 자신이 페이네 베스트에게 한 작별 인사를 기억했다.

"이 순간은 나에게는 새 생명의 시작이요, 영생으로 가는 통로입니다. 그러나 가장 어두운 시간이기도 합니다."

디트리히는 눈을 감았다.

'그 영혼을 속건 제물로 드리기에 이르면 그가 그 씨를 보게 되며 그날은 길 것이요, 또 그의 손으로 여호와의 뜻을 성취하리로다. 가라사대 그가 자기 영혼의 수고한 것을 보고 만족히 여길 것이라.'

그것은 약속이었다. 하나님께서 자신에게 하시는 약속의 말씀이었다.

갑자기 요새같이 생긴 성이 그들 앞에 모습을 드러냈다. 자동차는 가파른 길을 겨우 올라갔다. 막사들이 촘촘히 붙어 있고 그 주위로 감시 탑들이 서 있는 담벼락으로 철조망이 둘러쳐져 있는 수용소는, 언덕 전체를 차지하고 있었다. 석조 건물 앞에서 압송차가 멈추었다.

두 게슈타포 형사가 디트리히를 큼직한 사무실로 데리고 갔다. 넓은 책상에 거만하게 앉은 SS 친위대 장교는 이미 그를 기다리고 있었던 것 같았다.

"그를 잡아 왔습니다."

"좋아!" 장교는 만족한 표정을 지으며 물었다.

"당신이 디트리히 본회퍼요?"

"그렇습니다."

"무사히 도망가리라 생각했소?"

디트리히는 아무 대답도 하지 않았다.

"아직 재판이 진행 중이오. 간수, 그를 지하 벙커로 데려가!"

간수는 디트리히를 호송하여 휘어진 복도를 돌더니 훈련장

쪽으로 끌고 갔다. 이끼는 말라 있고, 야생 딸기가 먼지를 뒤집어쓴 채 길 가장자리에 나 있었다. 피골이 상접한 채 누더기 옷을 걸친 수용자들이 막사 사이로 끌려가는 디트리히를 흘깃흘깃 쳐다보았다. 길을 막고 있는 육중한 철문이 열렸다. 디트리히를 다른 간수에게 인계하면서 호송하던 사내 중 한 명이 비아냥거리며 말했다.

"잃어버렸던 양이야. 우리가 찾았으니 다시 잃어버리지 않도록 잘 지켜."

경비실에서부터 긴 복도가 이어졌다. 디트리히는 24번 방에 수감되었다. 그들은 디트리히의 양손에 수갑을 채우고 한 발을 벽에 묶었다. 그러고는 문을 닫고 나가 버렸다. 이제까지 거쳐 온 어떤 감방보다 음산하고 끔찍했다. 적막함. 발에 묶은 사슬이 부딪히는 소리 외에는 아무 소리도 들리지 않았다. 디트리히는 감방 한가운데 꼼짝도 않고 서 있었다.

이 시간 이후 이루어지는 재판을 통해 좋은 일이 생길 가능성은 전혀 없었다. 그때 문득 쉔베르크를 떠나기 전에 얼핏 보았던 압송 차량의 번호판이 기억났다. 'B-ㅇㅇㅇㅇ' 베를린에서 온 차량이었다. 압송 차 안에서도 게슈타포들이 한두 번 '후펜코텐'이라는 이름을 언급하는 것을 들었다. 후펜코텐 같은 고위 게슈타포 검사가 최상부의 명령이 아니면 이런 시골 구석 플로센뷔르크까지 올 리 만무했다. 최상부의 명령이란 단 한 가지를 의미했다. 여기서 빠져나갈 수는 없고, 더 이상 자신을 숨길 이유도 없다.

날이 저물자 간수들이 찾아왔다. 돌로 나뉘어 있는 길을 지나 수용소 중앙에 위치한 회색 건물로 끌고 갔다. 거기에는 세면대도 있었고 빨래통들도 널려 있었다. 수용소 세탁실을 급히 엉성한 재판 법정으로 꾸며 놓았던 것이다. 전구들이 여기저기 달려 있었고, 중앙에는 책상 두 개, 그 옆으로 작은 책상 위에 타자기가 한 대 놓여 있었다. 발터 후펜코텐 검사가 오른쪽에 앉아 있고 중앙에 검은 판사복을 입은 남자가 앉아 있었다. 그 옆에 아주 키가 큰 친위대 간수가 서 있었다. 그는 프린츠 알브레히트 감옥 내에서 잔인하기로 이름난 슈타비츠키라는 자였다. 디트리히를 위한 변호사는 없었다.

게슈타포 본청에서는 존더레거가 디트리히의 담당 수사관이었다. 그러나 가끔 후펜코텐에게서 심문을 받은 적이 있었다. 유난스런 능청과 그럴싸하게 보이는 유들유들한 태도. 기계처럼 딱딱한 표정과 차가움. 한번 분노가 폭발하면 거의 악마적인 발작을 일으켰다.

재판은 형식적이고 의례적인 절차를 거쳤다. 오토 토어벡 판사가 슈타비츠키에게 공소장을 읽도록 지시했다. 국가 전복 죄와 전시 중 국가 및 국기(國旗) 모독죄가 추가되었다.

독 안에 든 쥐를 찢어 죽일 듯, 후펜코텐 검사가 날카로운 이빨을 드러냈다.

"피고는 오랫동안 국가 전복 음모에 가담하고 있었소. 피고는 지금까지 이 사실을 부인했는데, 지금도 부인합니까?"

"어떤 음모를 말하는 겁니까?"

후펜코텐이 이맛살을 찌푸리더니, 슈타비츠키에게 오스터 대령의 쿠데타 모의 내용을 상세히 낭독하도록 지시했다.

"피고는 알고 있었지요?"

"그렇습니다."

"역시! 그러면 피고는 어떤 역할을 수행했습니까?"

"수행한 역할은 없습니다. 단지 그러한 계획을 들었을 때 지지하는 정도였죠."

느닷없이 슈타비츠키의 주먹이 디트리히의 얼굴로 날아들었다.

"그만, 그만! 충분해."

후펜코텐은 디트리히의 스위스와 스웨덴 여행, 그리고 '작전 7호'에 대해 심문하기 시작했다. 디트리히는 여행 목적을 시인했고 더 이상 변호하거나 옹호하지 않았다. 얼굴에 흘러내리는 피를 닦을 생각도 하지 않았다.

"카나리스가 사주를 했지요? 피고가 이제까지 시인해 온 사실을 뒤엎을 작정이오?"

디트리히는 주저했다. 이들이 카나리스에 대해서 얼마나 아는지 알 수 없는 노릇이었다.

"나의 여행을 제독이 허가한 것은 사실이나 제독은 여행의 진의를 모르고 있었습니다."

"우리가 밝혀 주겠소." 후펜코텐은 친위대 장교 한 명에게 지시하여 오스터와 카나리스를 데리고 오게 했다.

한참 만에 그들이 들어왔다. 카나리스 제독의 얼굴은 고문을 받아 알아보지 못할 정도로 부어 있었고, 코뼈가 부러진 것 같았다. 옷은 피로 물들어 있었다. 오스터는 더 심하게 고문을 받은 듯했다. 하지만 오스터의 눈은 여전히 저항으로 이글거렸고, 고개를 끄떡 하며 디트리히에게 인사까지 하는 여유를 보였다.

"자, 이제 다시 시작해 볼까요. 당신들의 상관이 무엇이라 말하는가 한번 들어 보지요. 그는 지금까지 계속 당신네들과 협력한 것을 부인해 왔소. 그는 단지 제국을 위해 일했다고 하는데 당신들은 어떻게 생각하시오?" 후펜코텐이 오스터와 디트리히에게 물었다.

오스터가 디트리히를 쳐다보았다. 그러나 디트리히는 아무 말도 하지 않았다. 오스터가 카나리스 제독을 향해 말했다.

"제독 각하, 아무 소용없는 일입니다. 무엇이라 증언하든 저들은 우리를 처형할 것입니다. 이제 와서 무엇을 더 숨기겠습니까?"

오스터 장군은 카나리스 제독을 향해 떳떳하게 죽자고 호소했다.

그러나 카나리스는 군인으로서의 명예를 걸고 말했다.

"나의 한 모든 일은 조국을 위한 일이오. 제국을 사랑하고 지키려고 했을 뿐이오. 맹세코 나는 반역자가 아니란 말이오!"

"그렇다면 피고 카나리스는 쿠데타 음모에 전혀 관련이 없소?" 토어벡 판사가 물었다.

"다시 말하자면 나는 국가를 반역한 일이 없소. 반역자는 아니오."

"당신이 증언하시오, 오스터 피고?"

"알고 있는 모든 사실을 이미 다 증언한 바요."

"다시 한 번 더 진술하시오."

"우리 모두는 다 함께 모의에 관여하였소." 오스터가 카나리스를 쳐다보며 말했다.

"제독님, 제가 아는 것을 말할 수밖에 없습니다. 숨기기에는 너무 늦었습니다."

카나리스는 절망스러운 눈길로 디트리히를 쳐다보았다. 디트리히는 아무 말도 할 수 없었지만 따뜻한 눈인사로 그를 격려했다.

토어벡 판사는 다시 한 번 카나리스에게 물었다.

"피고는 오스터의 진술을 음해성 위증이라고 주장합니까?"

카나리스는 고개를 떨군 채 들리지도 않는 목소리로 대답했다.

"아니요."

판사는 판결문을 읽었다.

"교수형! 내일 새벽 집행!"

디트리히가 수용소 감방으로 돌아왔을 때는 밤 10시 25분이었다. 이 밤이 지나면 모든 것이 끝나는가? 아니다. 새로운 세상이 열릴 것이다. 감옥의 작은 창문 너머 철조망이 보이고, 그 뒤로 소나무들이 무거운 가지를 늘어뜨리고 있었다. 어둠과 적막 속에서 위로의 소리를 찾았지만 '쿵쿵' 심장 뛰는 소리만 들릴 뿐이었다. 침대 곁으로 가서 무릎을 꿇었다.

"의로우신 하나님 아버지, 나와 함께하옵소서!"

그때 자신이 게슈타포의 지하 감옥에 있는 동료들에게 해 준 말이 들려왔다.

"의를 위하여 고난을 받으면 복 있는 자입니다. 저희의 두려워함을 두려워 말며 소동치 마십시오. 우리의 마음속에 계신 주 예수 그리스도를 거룩하게 하십시오!"

디트리히는 간절히 기도했다. 자신의 죄를 용서해 주시기를 기도했다. 특별히 부모님께 지은 죄를 용서해 달라고, 또 하나님의 위로가 그들에게 있도록, 그리고 마리아, 에버하르트와 모두를 위해 기도했다. 감사가 나왔다. 하나님께서 자기에게 선물

한 한 사람 한 사람을 기억하고 감사드렸다. 감옥에 있는 동안 읽고 또 읽어 외우고 있는 시편 기도를 드리자, 말할 수 없는 평강과 위로와 기쁨이 밀려왔다.

아침 여명이 희뿌옇게 찾아오고 있었다. 수색견들이 요란하게 짖어 대는 소리에 소름이 끼쳤다. 덤빌 듯 으르렁거리는 성난 개들의 소리는 마치 사탄이 삼키려고 포효하는 것 같았다. 여전히 그는 간이침대 옆에서 무릎을 꿇은 상태였다. 아마 이 상태로 잠이 든 모양이었다.

고함 소리가 감방 복도로 울려 퍼졌다.

"나와. 모두들 나와!"

디트리히의 감방 문도 열렸다.

"나와! 당신 차례야!"

디트리히는 일어났다. 생의 마지막 소지품으로 남은 괴테 작품집을 집었다. 자기가 마지막 머물렀던 곳의 흔적이 되리라. 헌병 간수들이 앞서고 복도를 따라 걸어 나갔다. 맞은편에서 칼삭 박사, 루드비히 게흐레 장군이 나왔다. 오스터 장군, 카나리스 제독은 이미 대기실에 와 있었다. 헌병 간수들이 그들을 세면실로 집어넣고 옷을 완전히 벗게 했다. 디트리히는 묵묵히 옷을 벗었다.

'내가 모태에서 적신이 나왔사온즉 또한 적신이 그리로 돌아가올지라.'

괴테 작품집을 대기실 책상 위에 올려놓았다. 카나리스 제독도 그의 마지막 책 한 권을 그 옆에 놓았다. 디트리히가 제독의 손을 조용히 붙잡았다.

"제독님! 하나님께서 함께하십니다!"

창백한 제독의 얼굴에 감사가 번져 갔다. 옆 사람에게 손을 차례로 내밀었다. 오스터 장군에게는 아무 말도 필요가 없었다. 눈빛으로 서로의 마음을 나누었다. 복도로 나와 다시 줄을 섰다. 카나리스, 오스터 그리고 디트리히……. 세 사람은 4월의 차가운 공기 속에서 떨고 있었다.

문이 철컥 열리더니 간수들이 카나리스를 데리고 나갔다. 개 짖는 소리가 유난히 크게 들렸다.

'주께서 심지가 견고한 자를 평강에 평강으로 지키시리니 이는 그가 주를 의뢰함이니이다.'

꽤나 오랜 시간이 흘렀다. 왜 이렇게 오래 걸리는 것일까?

다시 문이 열리고 간수들이 오스터를 데리고 갔다. 열린 문 사이로 호광등의 따가운 불빛 아래 후펜코텐, 슈타비츠키, 청진기를 목에 건 남자 한 명이 있고, 마주 보이는 쪽에 개들을 데리고 있는 간수들이 보였다. 저들이 둘러 에워싸서 무엇을 쑥덕거리고 있는 걸까? 이 자리에 왜 개들이 필요할까? 무엇이 그들로 하여금 이렇게 돌아올 수 없는 길로 가게 했을까?

'아버지여 저희를 사하여 주옵소서. 자기의 하는 것을 알지 못함이니이다.'

그들 뒤로 나무로 된 차양 지붕, 천장 도르래에서 늘어뜨려져 있는 세 개의 밧줄 올가미, 그 앞으로 세 개의 계단으로 된 단상이 놓여 있었다. 오, 나의 하나님! 한 발자국, 두 발자국, 스무 발자국 거리나 될까?

'여호와여 주는 나의 방패시요 나의 영광이시요 나의 머리를 드시는 자니이다!'

친위대 유니폼을 입은 사형 집행관이 디트리히를 기다리고 있었다. 디트리히의 눈빛이 그를 주시하자, 얼른 고개를 돌렸다. 교수대 밑에서 디트리히는 무릎을 꿇었다. 밟고 있는 땅에다 손가락으로 천천히 십자가를 그리고는 몸을 일으켰다. 그리고 자신의 생명을 아버지의 손에 의탁했다.

집행관이 디트리히의 양손을 등 뒤로 묶고 계단을 올라가게 했다. 디트리히는 고개를 들고 한 계단 두 계단 올라갔다. 마지막 계단을 올라섰다.

더 이상 집행관도, 짖는 개도, 험악한 친위대들도 보이지 않았다. 저 멀리 철조망 너머 어둠이 가신 땅에는 여명이 밝아 오고 있었다.

저자 후기

4월 20일. 디트리히 본회퍼가 교수형을 집행당한 지 11일째 되는 날 아침, 미군들은 플로센뷔르크 강제수용소를 점령했다. 4월 9일. 디트리히의 사형 집행을 지켜보았던 요세프 뮐러와 파비안 폰 슐라브렌도르프는 다음날인 4월 10일, 뮌헨 근처 다카우 강제수용소로 이송되었다. 그곳에서 아직도 살아 있던 마르틴 니묄러 목사를 포함한 다른 형제들과 함께 이탈리아로 탈출했다. 그들은 디트리히의 죽음을 제네바에 있는 세계교회협의회 사무총무인 비서트 후프트에게 전했다. 5월 31일. 비서트 후프트 사무총장을 통해 영국 옥스퍼드에 있던 사비네는 사랑하는 쌍둥이 오빠의 소식을 들었다. 그때까지도 베를린에 있는 부모님과 다른 가족은 만날 수 없었다. 디트리히가 쉔베르크에 남겨 둔 기록은 발견되지 않았다. 디트리히의 사형 집행 며칠 뒤에 폰 라베나우 장군도 플로센뷔르크에서 처형되었다.

7월 말, 벨 주교는 프란츠 힐데브란트와 줄리우스 리거의 도움을 받아 런던 킹스웨이에 있는 삼위일체 교회에서 본회퍼 추모 예배를 드렸다. 이 예배는 BBC 전파를 타고 독일에 위성 중계되었다. 그때서야 베를린에 있던 디트리히의 부모님은 아들의 운명에 대해 알 수 있었다.

한스 폰 도나니는 디트리히가 부헨발트 수용소로 보내진 후에도 6주 동안 게슈타포의 지하 감옥에 머물러 있었다. 교도소 주치의 티체 박사가 그를 진단하고 잠시 병원으로 후송했다. 거기서 크리스텔은 그녀의 남편을 다시 한 번 볼 수 있었다. 4월 6일, 존더레거가 그를 작센하우젠 수용소로 옮겼다. 발터 후펜코텐이 '위대한 지도자'의 살인적인 사명을 띠고 플로센뷔르크로 가기 전 작센하우젠에 들렀을 때, 이미 한스는 반죽음 상태에 있었고 법정에서는 사형이 선고되어 있었다. 나치는 그에게 4월 9일, 디트리히와 같은 날 교수형을 집행했다. 크리스텔이 남편 소식을 알기 위해 존더레거를 찾아갔을 때, 그녀의 손에 돌아온 것은 그가 입고 있던 옷가지뿐이었다. 존더레거가 연합군 전범 재판소에서 조사를 받던 중 본회퍼 가족들은 한스의 죽음을 들을 수 있었다. 그가 남긴 〈히틀러 비리 일지〉는 발견되지 않았다. 아마도 게슈타포들이 태워 버렸을 것이다.

1945년 3월부터 4월까지 본회퍼 가족들은 클라우스와 뤼디거를 구출하기 위해 백방으로 노력했으나 역부족이었다. 같은 형무소에 있었던 에버하르트는 그들과 가끔 대화도 할 수 있었다. 4월 22일 주일 저녁, 러시아의 총격이 심해지자 모든 수감자들을 지하 감옥으로 옮겼다. 클라우스 본회퍼와 뤼디거 슐라이허는 열네 명의 다른 수감자들과 한 방에 있었는데 그날 밤 에버하르트는 그 방으로 숨어 들어가서 그들을 잠시 만날 수 있었다. 자정 무렵 에버하르트는 자기 감방으로 돌아왔다. 다음날 아침에 그들이 어디론가 옮겨졌다는 것을 알았다. 많은 나치 간수들도 유니폼을 벗어 놓고 사라져 버렸다. 남은 수감자들이 감옥 문을 열라고 간수장을 설득하는 데 꼬박 이틀이 걸렸다. 러시아 군인들의 기관총 소리가 가까이 들리기 시작하자 간수장도 결국 수감자들의 요구에 굴복했다.

드디어 형무소 철문이 열리고 남은 수감자들은 자유의 몸이 되었다. 에버하르트는 함께 수감되었던 러시아계 유대인 포로를 집으로 초대했다. 두 사람은 러시아 군인들이 샬로텐부르크 성 앞의 삼엄한 경비망을 뚫고 다리를 건너 집에 도착했다. 러시아 군인들이 슐라이허의 집으로 들이닥쳤을 때, 러시아계 유대인 포로가 '이 가족은 나치의 반대자들이었다'고 증언하여 본회퍼 가족의 생명을 구해 주었다.

뤼디거와 클라우스의 부고를 제일 먼저 들은 사람은 에버하르트였다. 헤르베르트 코제니라는 수감자가 뤼디거와 클라우스와 같은 그룹에 속해 있었는데, 다른 곳으로 이동하던 날 밤에 탈출에 성공했다. 그에게서 에버하르트는 추후에 많은 이야기를 들을 수 있었다. 프린츠 알브레히트 게슈타포 본청으로부터 사형 집행 명령이 밤 1시에 내려졌다. 사형이 확정된 수감자들을 다른 곳으로 이동시킨다는 명목으로 불러내더니 수감자 한 사람마다 나치 헌병들을 한 명씩 배치했다. 레어터 역 방향으로 100미터 정도 갔을 때 뒤에서 발사 명령이 내려졌고, 코제니는 바로 이 순간 고개를 돌렸다. 다행히 총알은 얼굴을 약간 스쳐 지나갔을 뿐이다. 그는 넘어져 죽은 것처럼 쓰러져 있다가 탈출에 성공했다. 그날 밤, 뤼디거와 클라우스를 포함한 열다섯 명이 총살형을 당했고, 시신은 폭탄이 터진 큰 구덩이 속에 마구잡이로 버려졌다. 일 년 뒤, 가족들은 그 장소에 기념비를 세우고 합동 장례 예배를 드렸다.

사비네와 게르트 라이프홀츠는 1951년 괴팅겐으로 돌아왔다. 게르트는 전후 독일이 법치국가의 법률적 기초를 확립하는 데 큰 기여를 했으며, 1981년 소천했다.

디트리히의 부모님, 파울라와 칼 본회퍼는 숨을 거두는 날까지 마리엔부어거 알레 43번지에 살았다. 아버지는 1948년, 어머니는 1951년에 생을 마쳤다.

크리스티네 폰 도나니(애칭 : 크리스텔)는 나치 시절 겪었던 엄청난 충격으로부터 헤어나올 수 없었다. 그러나 그녀는 온 힘을 다해 전쟁 후 연합군 조사단에게 아주 중요한 자료를 제공했다. 그녀는 1965년 본향으로 돌아갔다.

우르줄라 슐라이허(애칭 : 우르젤)는 남편의 죽음 이후 거의 몸을 가누지 못할 정도로 큰 충격에 잠겨 있었다. 그러나 자녀들을 위해 절망적인 슬픔을 극복했고, 1983년 죽을 때까지 함부르크 근교에 살았다.

에미 본회퍼는 러시아 군인들을 피해 전쟁이 끝난 바로 직후 엘베 강을 헤엄쳐 탈출했다. 그녀는 자녀들이 머물고 있던 슐레스비히-홀슈타인까지 걸어서 피신했다. 1991년 타계했다. 디트리히의 여동생 수산네 드레스(애칭 : 수지)도 같은 해에 생을 마쳤다.

본회퍼의 부모님이 돌아가신 뒤 독일 개신교회는 마리엔부어거 알레 43번지에 있는 집을 인수해 교회사 연구센터를 세웠다(현재 이 집은 디트리히 본회퍼 기념관으로 꾸며져 방문객을 맞는다. 학생들의 기숙사로 쓰이기도 하고, 에버하르트 베트게 목사의 목사관으로 쓰이기도 했다. 그 옆에 뤼디거 슐라이허 부부가 살던 집이 나란히 있다. -옮긴이).

프란츠 힐데브란트는 다시는 독일로 돌아가지 않았다. 영국에서 가정을 이루고 영국의 감리교회에서 목사로 봉사했다. 스코틀랜드 에딘버러로 돌아갈 때까지 수년간 뉴저지, 매디슨에 있는 드루 대학 신학부에서 교수로 재직했다. 그는 제2회 바티칸 공의회에 초대된 40명의 개신교 지도자들 중 한 사람이었다. 건강 상태가 좋지 않았지만 1984년 캐나다 밴쿠버에서 열린 바르멘 선언 50주년 행사에서 설교하기 위해 여행을 했다. 같은 해 11월, 하나님의 부르심을 받았다. 그의 아내 낸시와 세 자녀를 남긴 채.

마리아 폰 베데마이어는 전쟁 후 괴팅겐 대학에서 수학을 전공했다. 그녀는 한 젊은 독일 청년과 결혼하여 미국으로 이주했다. 슬하에 두 아들을 두었다. 몇 년 동안 매사추세츠에 있는 하니웰 회사에서 매니저로 일했다. 1977년 암으로 사망. 그녀의 유해는 독일 남부 흑림(슈바르츠발트)에 안장되었다.

《독일 저항운동의 역사》(*The History of the German Resistance*)라는 책에서 페터 호프만은 7월 20일의 정부 전복 기도에 맞서한 이유로 4,980명이 처형되었다고 밝혔다. 물론 이 숫자에는 이 사건에 직접 연루되지 않은 자도 포함돼 있을 수 있다. 하지만 오히려 이 숫자는 실제보다 더 적게 추정되었으리라. 이 공식 자료에 포함되지 않은 수많은 사람들이 고문과 기근으로 목숨을 잃었고, 또 게슈타포의 고문이 두려워 스스로 목숨을 끊은 경우도 많았다. 2차 세계대전이 남긴 감동적인 자료 중에는 수감자들이 그들의 아내나 부모에게 보낸 편지를 들 수 있다. 한스 폰 도나니, 클라우스 본회퍼의 편지들도 발견되었다.

전쟁 당시, 레나테가 디트리히의 편지들을 마리엔부어거 알레 43번지 부모님 집 정원에 파묻었고, 다른 편지들은 카데에 계시는 에버하르트의 어머니가 잘 보관하고 있었다. 그것들이 에버하르트가 1951년 출간한 《저항과 복종》(*Wiederstand und Ergebung*)을 내는 데 크게 기여했다. 이 책은 전 세계에서 큰 반향을 일으켜, 수많은 언어로 번역·출판되었다.

이것으로 시작된 출판 사역은 에버하르트의 두 번째 부르심이 되었고, 일생 동안 사랑의 사역이 되었다. 계속해서 아내 레나테와 함께 본회퍼의 저작을 모아 출간했는데 그 중에 《윤리학》(*Ethics*), 또 여섯 권으로 된 전집 《제자도》(*Nachfolge*), 《신자의 공동생활》(*Gemeinsames Leben*)이 유명하다. 에버하르트 베트게는 20여 년이 넘도록 본회퍼의 저작과 생애를 손상되지 않게 보전하기 위해 노력했다(베트게 목사는 2000년 3월에 별세했다.-옮긴이). 우리가 오늘 본회퍼의 사상과 그의 생애에 대해 알고 있는 많은 부분은 바로 에버하르트 베트게의 공이 크다. 바로 이 일을 위해 하나님께서 베트게 목사를 살려 두신 듯싶다.

디트리히 본회퍼 연보

1906 브레슬라우에서 8남매 중 여섯째로 출생

1912 부친 칼 본회퍼, 베를린 의과대학 신경과 주임 교수로 부임

1918 둘째 형 발터 프랑스 전선에서 사망

1923 튀빙겐에서 신학 공부 시작, 로마에 장기간 체류

1924 베를린에서 신학 수업 계속

1927 박사학위 취득

1928 스페인 바르셀로나에서 루터교회 부목사로 재직

1929 베를린 훔볼트 대학 신학부의 빌헬름 뤼트거르트 교수 조교

1930 7월, 2차 신학 국가고시 합격 및 베를린 신학부에서 교수 자격 취득
9월, 미국 뉴욕 유니온 신학부 연구 과정

1931 9월, 케임브리지 청소년 수양회, 세계교회협의회 유럽 청년부 간사로 임명
10월, 베를린 샬로텐부르크 공과대학 교목, 베를린 대학 신학부 강사
11월, 목사 안수, 베를린-베딩에서 학습 교인 지도

1933 1월, 히틀러가 수상에 임명됨

2월, 〈지도자의 원리〉라는 주제로 라디오 강연

5월, 매형 한스 폰 도나니 법무부 발령, 독일적 교인에 저항하는 '젊은 개혁자들 모임' 시작

7월, 루드비히 뮐러가 제국교회 감독으로 선출

8월, '독일적 교인'에 항의하는 베텔 고백문 공동 작성

9월, '긴급 목사 대책위' 결성

10월, 런던 교구 목사

11월, 에큐메니컬 회장이자 치체스터 주교 조지 벨과 만남

1934 5월, 바르멘에서 고백교회 총회와 고백교회 대헌장인 〈바르멘 신학 선언〉 천명

8월, 덴마크 파뇌 세계교회협의회 총회 참석

1935 4월, 런던에서 귀국, 포메른에 위치한 고백교회 설교자 학교(신학원) 책임자로 부임

7월, 고백교회 신학원이 칭스트에서 핑켄발데로 이주

9월, '뉘른베르크법령'으로 유대인 핍박 시작

1936 2월, 베를린에서 마지막 강의

3월, 덴마크, 스웨덴으로 신학원생들과 함께 여행

1937 8월, 교수 자격 박탈

10월, 게슈타포가 핑켄발데에 있는 고백교회 신학원 폐쇄

11월, 《제자도》(*Nachfolge*) 출간, 포메른에서 공동 지하 목회 시작

1938 1월, 베를린에서 추방

2월, 히틀러 전복 계획을 처음 알게 됨

9월, 《신자의 공동생활》(*Gemeinsames Leben*) 저술

11월, '수정의 밤' 사건 발생

1939　3월, 영국 여행, 벨 주교 방문
　　　6월, 4주 동안 뉴욕 여행
　　　8월, 한스 폰 도나니가 카나리스 제독 산하 정보부 부관으로 임명

1940　3월, 게슈타포가 포메른에 있는 지구르츠호프 신학원 폐쇄
　　　6월, 고백교회의 요청으로 프로이센 동부 지역 순회 사역
　　　8월, 순회 사역 외에 국방성 민간 요원 업무 위임 받음
　　　9월, 연설 금지
　　　10월, 정보국 뮌헨 지부로 발령
　　　11월, 장기간 에탈에서 체류

1941　3월, 스위스 여행에서 칼 바르트와 WCC 사무총장 비서르트 후프트 방문, 출판 금지 명령
　　　10월, 정보국에 의한 유대인 구출 계획 '작전 7호' 가담

1942　4월, 크라이사우어 그룹의 지도자 헬무트 제임스 그라프 폰 몰트케와 함께 노르웨이 여행
　　　5/6월, 스웨덴에서 벨 주교와 만나 독일 히틀러 전복 계획을 알림
　　　6월, 프라이부르크 모의 가담
　　　7월, 매형 한스 폰 도나니와 함께 바티칸과 베니스 방문

1943　1월, 마리아 폰 베데마이어와 약혼
　　　3월, 아버지 칼 본회퍼가 75세 생일에 괴테 메달 수상
　　　4월, 한스 폰 도나니 부부, 요세프 뮐러 부부와 함께 체포. 테겔 육군 형무소 수감

1944　1월, 무기한 기소유예
　　　10월, 형 클라우스 본회퍼, 큰매형 뤼디거 슐라이허, 친구이자 수제자인 에버하르트 베트게 체포.
　　　프린츠 알브레히트 거리의 게슈타포 형무소로 압송

1945 2월, 부헨발트 수용소로 이송
4월, 플로센뷔르크 수용소로 이감 / 4월 9일 히틀러의 특별 명령에 의해 카나리스 제독, 오스터 장군과 함께 교수형 / 작센하우센 수용소에서 한스 폰 도나니 교수형 / 클라우스 본회퍼, 뤼디거 슐라이허 총살형 집행

옮긴이 **권영진** Lukas Y. Kwon

1956년 대구 출생. 서울대학교 생명과학대를 졸업했으며, 대학 시절 선교단체에 헌신하여 1980년부터 지금까지 독일에서 평신도 자비량 선교사로 사역하고 있다. 아내 권레베카 선교사와 다섯 자녀들과 함께 개개인이 바른 복음 안에서 자신의 신앙생활에 책임을 지며 살아가는 것을 꿈꾸는 '평신도 가정교회 운동'(www.laymenvision.net)을 섬기며 독일 평신도 교회에서 협동 목회하고 있다. 《아둘람으로 가는 길》(뉴스앤조이)은 이들 부부의 선교생활과 평신도 비전을 담고 있다.

믿음의 글들

2006.01.15.현재

1 낮은 데로 임하소서 이청준
2 재를 남길 수 없습니다 김 훈
3 사랑의 벗을 찾습니다 최장성
4 그분이 홀로서 가듯 구 상
5 당신의 날개로 날으리라 D. C. 윌슨/정철하
6 새벽을 깨우리로다 김진홍
7 사랑이여 빛일레라 구 상·김동리 외
8 나 여기에 있나이다 주여 박두진
9 침묵 (개정증보판) 엔도 슈사쿠/공문혜
10 새롭게 하소서 ① 기독교방송국
11 생명의 전화 (절판) 생명의 전화 편
12 울어라 사랑하는 조국이여 앨런 페이튼/최승자
13 제2의 엑소더스 신시아 프리만/이종관
14 기탄잘리 (절판) R. 타고르/박희진
15 성녀 줄리아 모리 노리꼬/김갑수
16 마음의 마음 김남조
17 이제와 우리 죽을 때에 김남조
18 위대한 몰락 엔도 슈사쿠/김갑수
19 예수의 생애 엔도 슈사쿠/김광림
20 그리스도의 탄생 엔도 슈사쿠/김광림
21 너희에게 이르노니 (절판) B. S. 라즈니쉬/김석환
22 땅끝에서 오다 김성일
23 당신은 원숭이 자손인가 김석길
24 세계를 변화시킨 13인 H. S. 비제베노/백도기
25 어디까지니이까? (절판) 김 훈
26 주여 알게 하소서 (절판) 테니슨/이세순
27 고통의 하나님 (절판) 필립 얀시/안정혜
28 각설이 예수 이천우
29 이디스 쉐퍼의 라브리 이야기 (개정판) 이디스 쉐퍼/양혜원
30 땅끝으로 가다 김성일
31 광야의 식탁 오성춘
32 광야의 식탁 ② (전2권) 오성춘
33 어머니는 바보야 윤 기·윤문지
34 벌거벗은 임금님 (절판) 백도기
35 여자의 일생 엔도 슈사쿠/공문혜
36 양화진 선교사 열전 (개정판) 전택부
37 말씀의 징검다리 정장복·김수중
38 해령(海嶺) 上 미우라 아야꼬/김혜강
39 해령(海嶺) 下 (전2권) 미우라 아야꼬/김혜강
40 우찌무라 간조 회심기 (개정판) 우찌무라 간조/양혜원
41 지금은 사랑할 때 엔도 슈사쿠/김자림

42 두려움을 떨치고 애블린 해넌/박정관
43 빛을 마셔라 김유정
44 제국과 천국 上 김성일
45 제국과 천국 下 (전2권) 김성일
46 천사의 앨범 하마다 사끼/김갑수
47 기도해 보시지 않을래요? 미우라 아야꼬/김갑수
48 십자가의 증인들 임영천
49 이들을 보소서 이재철
50 새롭게 하소서 ② (전2권) 고은아 엮음
51 거지들의 잔치 도날드 비셸리/송용필
52 내 경우의 삼청교육 임석근
53 목사님, 대답해 주세요 박종순
54 위대한 신앙의 사람들 제임스 로슨/김동순
55 두번째의 사형선고 김 훈
56 구약의 길잡이 쟈끄 뮈쎄/심재율
57 신약의 길잡이 쟈끄 뮈쎄/심재율
58 이상구 박사의 복음과 건강 이상구
59 이 민족을 주소서 한국기독여성문인회
60 믿음의 육아일기 나연숙
61 전도, 하면 된다 박종순
62 영혼의 기도 이재철
63 주 예수 나의 당신이여 이인숙
64 뒷골목의 전도사 김성일
65 내 집을 채우라 김인득
66 보니파시오의 회심 ① 권오석
67 보니파시오의 회심 ② (전2권) 권오석
68 빛을 위한 콘체르토 ① 신상언
69 빛을 위한 콘체르토 ② (전2권) 신상언
70 사랑은 죽음같이 강하다 김성일
71 너 하나님의 사람아 ① 서대운
72 너 하나님의 사람아 ② (전2권) 서대운
73 속, 빛을 마셔라 김유정
74 구원에 이르는 신음 신혜원
75 엄마, 난 하나님의 선물이에요 이건숙
76 홍수 以後 ① 김성일
77 홍수 以後 ② 김성일
78 홍수 以後 ③ 김성일
79 홍수 以後 ④ (전4권) 김성일
80 히말라야의 눈꽃―썬다 싱의 생애 이기반
81 여섯째 날 오후 정연희
82 주부편지 ① 한국기독여성문인회

83	러빙 갓 (개정증보판) 찰스 콜슨/김지홍	124	준비된 결혼, 준비된 배우자 (개정판) 린다 딜로우/양은순
84	백악관에서 감옥까지 (개정증보판) 찰스 콜슨/양혜원	125	사랑은 언제나 오래 참고 김성일
85	84번의 합본	126	썬글라스를 끼고 나타난 여자 조연경
86	이 때를 위함이 아닌지 임영수	127	회개하소서, 십자가의 원수된 교회여 허 성
87	가정, 그 선한 싸움의 현장 이근호	128	남자도 잘 모르는 남자의 성 (개정판) 아치볼드 D. 하트/유선명
88	땅끝의 시계탑 ① 김성일	129	새신자반 이재철
89	땅끝의 시계탑 ② (전2권) 김성일	130	아바 ① 정문영
90	하나님 하나님, 사랑의 하나님 이상구	131	아바 ② (전2권) 정문영
91	손바닥만한 신앙수필 김호식	132	즐거운 아프리카 양철교회 프리츠 파벨칙/추태화
92	부부의 십계명 전택부 · 윤경남	133	공중의 학은 알고 있다 ① 김성일
93	저녁이 되며 아침이 되니 정연희	134	공중의 학은 알고 있다 ② (전2권) 김성일
94	임영수 목사의 나누고 싶은 이야기 임영수	135	이 또한 나의 생긴 대로 김유심
95	사해(死海)의 언저리 엔도 슈사쿠/김자림	136	들의 꽃 공중의 새 이기반
96	다가오는 소리 김성일	137	아이에게 배우는 아빠 (개정판) 이재철
97	질그릇 속의 보화 낸시 쵸지/김애진	138	공짜는 없다 정구영
98	그 그을음 없는 화촉의 밤에 이혜자	139	미팅 지저스 (절판) 마커스 보그/구자명
99	주부편지 ② 한국기독여성문인회	140	내 인생, 내 마음대로 할 수 있나요 김석태
100	「믿음의 글들」, 나의 고백 이재철	141	마음의 야상곡 엔도 슈사쿠/정기현
101	양화진 정연희	142	예수의 道 이기반
102	무엇을 믿으며 어떻게 살 것인가 임영수	143	청정한 빛 서종석
103	실존적 확신을 위하여 구 상	144	사랑은 스스로 지치지 않는다 샤를 롱삭/정미애
104	맹집사 이야기 맹천수	145	빛으로 땅끝까지 ① 김성일
105	무거운 새 김광주	146	빛으로 땅끝까지 ② (전2권) 김성일
106	성탄절 아이 멜빈 브랙/손은경	147	평양에서 서울까지 47년 김선혁
107	삶, 그리고 성령 임영수	148	예수에 관한 12가지 질문 마이클 그린/유선명
108	왜, 일하지 않는가 찰스 콜슨 · 잭 액커드/김애진	149	내 잔이 넘치나이다 정연희
109	겸손의 송가 문홍수	150	천사 이야기 빌리 그레이엄/편집부
110	김수진 목사의 일본 개신교회사 김수진	151	도사님, 목사님 김해경
111	산 것이 없어진다 이재왕	152	이것이 교회다 찰스 콜슨/김애진 외
112	기독교 성지순례와 역사 박용우	153	현대인에게도 하나님이 필요한가 해롤드 쿠시너/유선명
113	주여, 사탄의 왕관을 벗었나이다 김해경	154	배신자 스탠 텔친/김은경
114	꼴찌의 간증 이건숙	155	잊혀진 사람들의 마을 (절판) 김요석
115	노년학을 배웁시다 윤경남	156	사이비종교 위고 슈탐/송순섭
116	일터에 사랑 토니 캄폴로/이승희	157	하나님이 고치지 못할 사람은 없다 박효진
117	시인의 고향 박두진	158	열린 예배 실습보고서 에드 답슨/박혜영 · 김호영
118	사도일기 나연숙	159	죽음, 가장 큰 선물 헨리 나웬/홍석현
119	믿는 까닭이 무엇이냐 임영수	160	우리는 낯선 땅을 밟는다 김호열
120	내게 오직 하나 사랑이 있다면 전근호	161	나의 세계관 뒤집기 성인경
121	땅끝의 십자가 ① 김성일	162	행동하는 사랑, 헤비타트 밀라드 풀러/김선형
122	땅끝의 십자가 ② (전2권) 김성일	163	아브라함 ① 김성일
123	가정의 뜻, 금혼잔치 베품의 뜻 전택부	164	아브라함 ② (전2권) 김성일

165	회복의 목회 이재철	206	우리가 알고 있는 것들, 성경에는 없다 오경준
166	부부도 잘 모르는 부부의 성 (개정판) 조셉 딜로우/김선형·김웅교	207	나는 소망을 믿는다 리사 비머/김성겸
167	대천덕 자서전-개척자의 길 대천덕/양혜원	208	헤아려 본 슬픔 C. S. 루이스/강유나
168	예수원 이야기-광야에 마련된 식탁 현재인/양혜원	209	인간의 일생 이재철
169	희망의 사람들, 라르슈 (개정판) 장 바니에/김은경	210	사람도 살리고 교회도 살리는 전인치유목회 이야기 이박행
170	친구에게-우정으로 양육하는 편지 유진 피터슨/양혜원	211	소설 마르틴 루터 I 레그 그랜트/홍종락
171	회복의 신앙 이재철	212	소설 마르틴 루터 II 레그 그랜트/홍종락
172	사랑으로 조국은 하나다 박세록	213	티타임에 나누는 기독교변증 정성욱
173	열흘 동안 배우는 주기도문 학교 임영수	214	하늘에 속한 사람 원 형제·폴 해터웨이/고석만
174	성령의 능력으로 사역하라 잽 브래드포드 롱/홍석현	215	예수를 업고 가는 아프리카 당나귀 스티븐 룽구/고석만
175	시편으로 드리는 매일 기도 유진 피터슨/이철민	216	나와 하나님 대천덕
176	스크루테이프의 편지 C. S. 루이스/김선형	217	비전의 사람 이재철
177	청년아, 울더라도 뿌려야 한다 이재철	218	시편 사색 C. S. 루이스/이종태
178	책읽기를 통한 치유 이영애	219	일일일생 우찌무라 간조/안진희
179	아름다운 빈손 한경직 김수진	220	내 뜻인가, 하나님 뜻인가 정요석
180	거북한 십대, 거룩한 십대 유진 피터슨/양혜원	221	우리와 하나님 대천덕
181	성경, 흐름을 잡아라 존 팀머/박혜영·이석열	222	백투예루살렘 원 형제·폴 해터웨이 외/류응렬
182	복음서로 드리는 매일 기도 유진 피터슨/이종태	223	매듭짓기 이재철
183	정말 쉽고 재미있는 평신도 신학 1 송인규	224	우리가 잘 모르는 것들, 성경에는 있다 오경준
184	정말 쉽고 재미있는 평신도 신학 2 송인규	225	떡의 전쟁 정진호
185	순전한 기독교 C. S. 루이스/장경철·이종태	226	네 가지 사랑 C. S. 루이스/이종태
186	2주 동안 배우는 사도신경 학교 임영수	227	10시간 만에 끝내는 스피드 조직신학 정성욱
187	이기적인 돼지, 라브리에 가다 수잔 맥콜리/김종철·박진숙	228	쉐퍼의 편지 프란시스 A. 쉐퍼 지음/양혜원
188	영적으로 뒤집어 읽는 베드타임 스토리 크리스 패브리/박경옥	229	진노의 잔 M. 글래즈너/권영진
189	고통의 문제 C. S. 루이스/이종태		
190	성령을 아는 지식 J. I. 패커/홍종락		
191	참으로 신실하게 이재철		
192	치유하는 교회 더그 뮤렌/심영우		
193	한밤의 노크 소리 마틴 루터 킹/심영우		
194	날마다 큐티하는 여자 김양재		
195	세기를 뒤흔든 전도자 조지 휫필드 J. C. 라일/홍종락		
196	예기치 못한 기쁨 C. S. 루이스/강유나		
197	아는 만큼 누리는 예배 송인규		
198	강한 딸 키우기 리사 맥민/홍상희		
199	내게 있는 것 이재철		
200	출간 준비 중		
201	여자도 잘 모르는 여자의 성 아치볼드 D. 하트 외/김종철·박진숙		
202	천국과 지옥의 이혼 C. S. 루이스/김선형		
203	사람의 향기, 신앙의 향기 박명철		
204	치유의 꿈, 루카스 이야기 정진호		
205	구하지 않은 것까지 응답받는 기도 정요석		

목회와 설교

창세기 강해설교 / 김서택
하나님의 형상, 사람의 모습 (창 1-3장)
대홍수, 그리고 무지개 언약 (창 4-11장)
약속의 땅에도 기근은 오는가 (창 12-17장)
불의한 시대를 사는 의인들 (창 18-21장)
죽음의 한계를 넘어선 신앙 (창 22-25장)
팥죽 한 그릇의 거래 (창 25-28장)
천사와 씨름한 사람 (창 29-32장)
꿈을 가진 자의 연단 (창 33-39장)
은잔의 테스트 (창 40-44장)
열두 아들이 받은 축복 (창 45-50장)

인물 강해설교 / 김서택
사사기 강해설교 위대한 부흥의 불꽃, 이스라엘의 사사들 1
사사기 강해설교 위대한 부흥의 불꽃, 이스라엘의 사사들 2
사사기 강해설교 위대한 부흥의 불꽃, 이스라엘의 사사들 3
사사기 강해설교 위대한 부흥의 불꽃, 이스라엘의 사사들 4
룻기 강해설교 하나님이 사랑하신 여인
여호수아 강해설교 여호수아처럼 현실의 벽을 돌파하라

소선지서 강해설교 / 김서택
하나님의 불붙는 사랑 (호세아/전2권)
가시 같은 이웃 (오바댜)
부흥을 기다리는 사람들 (요엘)
헐고 다시 세워라 (아모스)
박 넝쿨의 사랑 (요나)
네 원수를 내가 갚으리라 (나훔)
전쟁 없는 나라 (미가)
그리스도인의 우선순위 (학개)
하나님은 왜 악을 허용하시는가 (하박국)
심판과 은혜 (스바냐)
오직 나의 신으로 (스가랴)
치료의 광선 (말라기)

설교론 / 김서택
건축술로서의 강해설교
강해설교의 기초
강해설교와 목회

요한복음 설교집 / 이재철
요한과 더불어-첫 번째 산책 (요 1-3장)
요한과 더불어-두 번째 산책 (요 4-6장)
요한과 더불어-세 번째 산책 (요 6-8장)
요한과 더불어-네 번째 산책 (요 9-10장)
요한과 더불어-다섯 번째 산책 (요 11-12장)
요한과 더불어-여섯 번째 산책 (요 13-15장)
요한과 더불어-일곱 번째 산책 (요 16-17장)
요한과 더불어-여덟 번째 산책 (요 18-19장)
요한과 더불어-아홉 번째 산책 (요 20장)
요한과 더불어-열 번째 산책 (요 21장)
요한과 더불어 에센스 ⑩, ⑨, ⑧
2003 예배와 설교 핸드북 정장복 외

청년·청년사역
대학생활 길잡이 학원복음화협의회 편
청년 사역자 핸드북 학원복음화협의회 편
청년사역, 맨땅에 헤딩하지 말자! 고직한·Young2080
압살롬, 뒤틀린 영성의 길 조호진
요셉의 회상 지유철
예수는 평신도였다 정진호
이재철 목사의 청년서신 이재철
키워드로 풀어가는 청년사역 양형주

어린이를 위한 책/오디오·메시지북 외

어린이

꼬마성경 구약 (전8권) 프랜 쌔취 그림

노아	룻
요셉	다윗
모세	다니엘
여호수아	요나

꼬마성경 신약 (전8권) 프랜 쌔취 그림

첫 번 크리스마스
예수님은 특별한 아이였어요
예수님은 가르쳐 주셨어요
예수님은 놀라운 일을 하셨어요
예수님은 고쳐 주셨어요
예수님은 이야기해 주셨어요
예수님은 재판을 받으셨어요
첫 번 부활절

쌔미와 숨바꼭질 (전4권) 다니엘 제이 훅스타터 그림
음치 종달새 딱꾸 캐롤라인 나이스트롬
보물나무 트렌트·스몰리/주디 러브
만화 성서대전 (전4권) 리비 위드·짐 파게트
성경전과-구약 셀리나 헤이스팅스·에릭토마스
성경전과-신약 셀리나 헤이스팅스·에릭토마스
어린이 낮은 데로 임하소서 조성자 글/신가영 그림
니니는 하나님이 궁금해요 안젤리카 슈탐퍼·베티나 핏첸베에크
오늘 우리 아이에게 무슨 일이 일어났을까? 볼프강 기이스·임에 죄닉센
토비아스의 우물 맥스 루케이도·더글러스 클로바
너를 사랑하기 때문에 맥스 루케이도·밋첼 하인즈
퀼트 할머니의 선물 제프 브렘보·게일 드 마켄
꼬꼬닭 모자가 어때서? 제프 브렘보·게일 드 마켄
엄마 아빠가 들려주는 아름다운 기도 수잔 키스메트·앨리슨 제이
우리 아이 첫기도책 (전3권) 로이스 로크·앨리슨 제이
아주 특별한 모자 맥스 루케이도·데이빗 웬젤

시집

실낙원의 연인들 최일도·김연수
기탄잘리 R. 타고르/박희진
박두진 유고 시집 당신의 사랑 앞에 박두진

역사서

독일사 앙드레 모로아/전영애   **중국사** 구쯔마/윤혜영
소련사 제프리 호스킹/김영석   **중국 개신교회사** 김수진

오디오·메시지북 외

오디오북 낮은 데로 임하소서 이청준 원작/설영범 읽음
메시지북 비전의 사람 이재철
메시지북 하나님의 영으로 한경직
오디오 참으로 신실하게 이재철
오디오 내게 있는 것 이재철
오디오 인간의 일생 이재철
오디오 새신자반 이재철
메시지북 사랑의 초대 ①~⑫ 이재철

예수꾼의 놀이거리-겨울편 전국재
묵상의 숲 속에서 이기반
스위트필그림의 기적 클레이튼 설리번
실베스트르, 나의 어린 왕자 프랑수와즈 르페브르
그 어느 날, 한 마리 개는 모니끄 마르땡 그림
세상에서 가장 멋진 프로포즈 조연경 글/조소희 그림
여호와는 나의 목자시니 곽정명 그림
얏호! 군대 간다 문현덕 글·그림
인생의 사계절 임영수
새로 쓴 성서한국을 꿈꾼다 이승장
매일 기도 수첩 편집부
동방 (전5권) 김성일
야훼의 밤 (전4권) 조성기
with-데니스와 이모 데니스 한·심현지
레프트 비하인드 팀 라헤이·제리 젠킨스/홍종락
대천덕 신부가 말하는 토지와 경제정의 대천덕/전강수·홍종락
KAL 007, 풀리지 않는 의혹들 버트 슐로스버그/홍종락
김마리아: 나는 대한의 독립과 결혼하였다 박용옥
장애인을 잃어버린 교회 안교성
변해야 변한다 유성오
루이스 대 프로이트 아맨드 니콜라이/홍승기

구상 문학 총서 / 구상

제1권 모과 옹두리에도 사연이
제2권 오늘 속의 영원, 영원 속의 오늘
제3권 개똥밭
제4권 황진이

진노의 잔

지은이 **메리 글래즈너** 옮긴이 **권영진**

The Cup of Wrath
Copyright ⓒ 1992 and 1996 by Mary Glazener
Published by Smyth & Helwys Publishing, Inc.
Korean edition ⓒ 2006 by Hong Sung Sa, Ltd.
All rights reserved under International and Pan-American Copyright Conventions.

본 저작물의 한국어판 저작권은 Smyth & Helwys Publishing, Inc.와의
독점 계약으로 ㈜홍성사에 있습니다. 신저작권법에 의해 한국 내에서 보호 받는
저작물이므로 무단 전재와 무단 복제를 금합니다.

2006. 1. 25. 초판 발행
2007. 7. 18. 2쇄 발행

펴낸이 이재철
만든이 정애주
편집 이현주 한미영 한수경 김혜수 최강미 김기민
미술 권진숙 서재은 조은애 문정인
제작 홍순흥 윤태웅
미디어 백경호 한지환
영업 오민택 이재원 이진영
쿰회원관리 국효숙 김경아
관리 이남진 박승기 백창석 안기현
총무 정희자 김은오

펴낸곳 주식회사 홍성사
1977. 8. 1. 등록 / 제 1-499호
121-883 서울시 마포구 합정동 196-1
TEL. 333-5161 FAX. 333-5165
http://www.hsbooks.com
E-mail: hsbooks@hsbooks.com

ⓒ 홍성사, 2006

ISBN 978-89-365-0229-4
값 19,800원 ※잘못된 책은 바꿔 드립니다.
Printed in Korea

홍성사. HONG SUNG SA, LTD.